我们发挥政府投入的主体和主导作用，宁肯少上几个大项目，也优先保障脱贫攻坚资金投入。8年来，中央、省、市县财政专项扶贫资金累计投入近1.6万亿元，其中中央财政累计投入6601亿元。打响脱贫攻坚战以来，土地增减挂指标跨省域调剂和省域内流转资金4400多亿元，扶贫小额信贷累计发放7100多亿元，扶贫再贷款累计发放6688亿元，金融精准扶贫贷款发放9.2万亿元，东部9省市共向扶贫协作地区投入财政援助和社会帮扶资金1005亿多元，东部地区企业赴扶贫协作地区累计投资1万多亿元，等等。我们统筹整合使用财政涉农资金，强化扶贫资金监管，确保把钱用到刀刃上。真金白银的投入，为打赢脱贫攻坚战提供了强大资金保障。

——习近平总书记在全国脱贫攻坚总结表彰大会上的讲话

（2021年2月25日）

财政脱贫攻坚系列丛书

脱贫攻坚　财政故事

——财政脱贫攻坚工作新闻报道集

财政部脱贫攻坚领导小组办公室　编

中国财经出版传媒集团
中国财政经济出版社

图书在版编目（CIP）数据

脱贫攻坚　财政故事：财政脱贫攻坚工作新闻报道集／财政部脱贫攻坚领导小组办公室编．--北京：中国财政经济出版社，2021.6

（财政脱贫攻坚系列丛书）

ISBN 978-7-5223-0295-9

Ⅰ.①脱…　Ⅱ.①财…　Ⅲ.①新闻报道-作品集-中国-当代　Ⅳ.①I253.3

中国版本图书馆CIP数据核字（2020）第264429号

丛书责编：蔡丽兰　梁　飞

责任编辑：潘　飞　　　　责任校对：徐艳丽

封面设计：中通世奥　　　　责任印制：刘春年

脱贫攻坚　财政故事

TUOPIN GONGJIAN　CAIZHENG GUSHI

中国财政经济出版社 出版

URL：http：//www.cfeph.cn

E-mail：cfeph@cfeph.cn

社址：北京市海淀区阜成路甲28号　邮政编码：100142

营销中心电话：010-88191522

天猫网店：中国财政经济出版社旗舰店

网址：https：//zgczjjcbs.tmall.com

北京时捷印刷有限公司印刷　各地新华书店经销

成品尺寸：170mm×240mm　16开　34.25印张　400 000字

2021年6月第1版　2021年6月北京第1次印刷

定价：98.00元

ISBN 978-7-5223-0295-9

（图书出现印装问题，本社负责调换，电话：010-88190548）

本社质量投诉电话：010-88190744

打击盗版举报热线：010-88191661　QQ：2242791300

编委会名单

序言

财政是国家治理的基础和重要支柱，在打赢脱贫攻坚战中肩负着特殊的重要职责。党的十八大以来，各级财政部门坚持以习近平总书记关于扶贫工作的重要论述为根本遵循，认真贯彻落实党中央、国务院的决策部署，把打赢脱贫攻坚战作为最紧要的政治责任、最重要的政治任务、最大的民生工程，坚决优先保障好脱贫攻坚投入，持续完善财税支持政策，切实加强扶贫资金管理，扎实推进定点帮扶工作，引导带动全社会扶贫，为如期打赢脱贫攻坚战、全面建成小康社会作出了积极贡献。2021 年 2 月 25 日，习近平总书记在全国脱贫攻坚总结表彰大会上发表重要讲话，充分肯定了财政脱贫攻坚取得的成绩和作出的贡献。

财政部脱贫攻坚领导小组办公室组织编写的《财政脱贫攻坚系列丛书》，包括《脱贫攻坚　财政担当》《脱贫攻坚　财政使命》《脱贫攻坚　财政故事》三册，以翔实的文字、系统的数据、鲜活的素材、生动的案例，全面回顾了财政脱贫攻坚进程，介绍了财政脱贫攻坚取得的丰硕成果，展现了财政脱贫攻坚工作中涌现的一批先进事迹，充分体现了广大财政扶贫干部为民服务的家国情怀、勇于创新的历史担当、尽职奉献的工作作风。

习近平总书记多次强调，脱贫摘帽不是终点，而是新生活、新奋斗的起点。打赢脱贫攻坚战后，要继续巩固拓展脱贫攻坚成果，接续全面推进乡村振兴。征途漫漫，惟有奋斗。各级财政部门要进一步增强“四个意识”、坚定“四个自信”、做到“两个维护”，在以习近平同志为核心的党中央坚强领导下，积极发挥财政职能作用，强化乡村振兴资金和政策保障，发扬伟大的脱贫攻坚精神，以永不懈怠的精神状态、一往无前的奋斗姿态，真抓实干、埋头苦干，为全面建设社会主义现代化国家，实现第二个百年奋斗目标作出新的贡献。

财政部党组书记、部长：刘昆

2021 年 5 月 1 日

目录

2020 年—2021 年 3 月

2019年

2018年

2017年

2016 年

2015 年

2020 年—2021 年 3 月

切实保障“粮草军需”
全力支持打赢脱贫攻坚战

——专访财政部部长刘昆

新华社，2020 年 12 月 31 日，申铖

脱贫攻坚战中，资金是确保打赢这场硬仗的“粮草军需”。财政部门是如何投入资金、筹集资金、管好资金的？“十四五”如何继续发挥财政力量？财政部部长刘昆日前接受了新华社记者的专访。

持续加力：财政“真金白银”保障“粮草军需”

刘昆介绍，党的十八大以来，财政部把打赢脱贫攻坚战作为最大政治责任、最大民生工程，坚持把脱贫攻坚摆在财政支出优先保障位置，持续加大投入力量，用“真金白银”保障“粮草军需”。

一组数据彰显财政支持力度。“2016 年至 2020 年，中央财政连续 5 年每年增加专项扶贫资金 200 亿元，累计投入 5300 多亿元，带动地方投入 8000 多亿元。”刘昆说。

2020 年是脱贫攻坚决战决胜之年。然而，突如其来的新冠肺炎疫情，给经济社会发展带来严重冲击。

“2020 年财政收支形势较为严峻。与此同时，脱贫攻坚到了

攻城拔寨、全面收官的阶段，必须不折不扣地完成剩余脱贫任务，决不能因为财政投入影响任务如期完成！”刘昆说。

他表示，2020年中央财政专项扶贫资金达到1461亿元，规模不降反增。此外，还一次性安排脱贫攻坚补短板资金300亿元，重点支持补齐因疫情导致的财政减收，完成剩余贫困人口脱贫任务，做好贫困劳动力就业和产销对接工作等。

“我们还着眼于提高扶贫资金使用效益，进一步加快资金下达和支出进度，支持各地聚焦短板弱项精准发力，实现脱真贫、真脱贫。”刘昆说。

积极拓宽：多渠道投入构筑“大扶贫”格局

“近年来，财政部门在加大一般公共预算投入的同时，统筹运用多项财税政策工具，积极拓宽投入渠道，推动形成脱贫攻坚资金多渠道、多样化投入机制，构筑‘大扶贫’格局。”刘昆说。

“大扶贫”格局具体如何构筑？刘昆给记者算了“四笔账”：

第一笔账达1.5万亿元，通过开展贫困县涉农资金整合试点，将目标相近、方向类同的涉农资金的配置权，完全赋予脱贫攻坚一线的贫困县，推动贫困县将“零钱”化为“整钱”，将“整钱”集为“大钱”。

“2016年到2020年前三季度，全国832个贫困县共整合各类涉农资金超1.5万亿元。”刘昆说。

第二笔账，是通过建立土地增减挂钩节余指标跨省域调剂机制，筹集资金近2000亿元，全部用于脱贫攻坚和乡村振兴。

第三笔账，是累计安排政府债务限额近4000亿元，支持脱贫攻坚重点项目，并向“三区三州”等深度贫困地区倾斜。

第四笔账，是通过信贷担保、保费补贴等金融支持政策，降低贫困户农业生产风险，带动贫困户发展产业。

“此外，我们还利用税费优惠、政府投资基金、农业信贷担保等政策工具，引导更多金融和社会资本投向脱贫攻坚，支持贫困户发展生产和就业创业。”刘昆说。

强化监管：确保资金“花得准”“花得好”

财政扶贫资金来之不易、用之关键，必须强化监管。

“必须将强化扶贫资金监管贯穿脱贫攻坚全过程。”刘昆表示，财政部始终把强化扶贫资金监管摆在突出位置，着力扎紧制度笼子，推动资金精准投放，加强追踪问效。

“一方面，是花得准，确保脱贫攻坚资金投放焦点不散、靶心不变。”刘昆说。

他表示，财政部门坚守中央确定的脱贫攻坚目标和标准，贯彻落实精准扶贫、精准脱贫基本方略，瞄准建档立卡贫困人口，重点支持解决“两不愁三保障”突出问题；加大对“三区三州”等深度贫困地区的支持，为啃下最硬的“骨头”提供有力支撑。

另一方面，是花得好，将“好钢”用到“刀刃”上。

“我们完善了扶贫资金管理制度和监管机制，推行扶贫项目资金绩效管理，探索建立财政扶贫资金动态监控平台，严格执行扶贫资金项目公开公示制度。同时，严查资金管理使用中的违法违规问题，坚决斩断伸向扶贫资金的‘黑手’。”刘昆说。

“确保每笔扶贫资金用到实处、用得其所、用出效益。”刘昆说，近年来，随着财政扶贫资金管理制度的不断健全，财政扶贫资金违规违纪问题明显减少，扶贫资金使用的安全性、规范性明显提升。

绝不松劲：巩固脱贫成果，推动乡村振兴

在刘昆看来，“十四五”是巩固脱贫攻坚成果、深入实施乡

村振兴战略的重要时期。财政部将全力以赴支持巩固拓展脱贫攻坚成果同乡村振兴有效衔接。

前瞻“十四五”相关财政政策走向，刘昆给出三个关键词。

一是稳定。刘昆表示，过渡期内，财政政策将总体保持稳定。在此基础上，根据巩固拓展脱贫攻坚成果同乡村振兴衔接的需要和财力状况，合理安排财政投入规模，优化支出结构，为做好衔接工作提供资金保障。

二是巩固。“优先支持巩固脱贫难度大、乡村振兴底子薄的地区发展，重点支持西部地区巩固脱贫成果，对中央确定的国家乡村振兴重点帮扶县予以适当倾斜支持。”他说。

三是提升。他表示，下一步，将逐步提高相关财政涉农资金用于产业项目的投入占比，推动脱贫地区特色产业提质增效，实现“输血式”扶贫向“造血式”扶贫的转变，激发农民群众自我发展的内生动力。

刘昆说，我们将更好发挥财政职能作用，精准施策、真抓实干，持之以恒、久久为功，推动乡村振兴取得新进展，让亿万人民群众过上更加美好的生活。

财政部长刘昆：支持“三大攻坚战”等重点支出只增不减

澎湃新闻，2020 年 5 月 22 日，刁凡超

5 月 22 日上午 9 时，第十三届全国人民代表大会第三次会议在人民大会堂举行开幕会。会议结束后举行了首场“部长通道”采访活动，邀请部分列席会议的国务院有关部委负责人通过网络视频方式接受采访。

党中央、国务院强调，积极的财政政策要更加积极有为，今天公布的《政府工作报告》亮出很多重要举措，财政部 2020 年将如何实施好更加积极的财政政策？

对此，财政部部长刘昆在答记者问时说，财政部将从“质”和“量”两个方面下功夫，既做加法，也做减法，调整结构，有保有压，坚决落实更加积极有为的要求。

加法怎么加？刘昆说，受疫情影响，财政收入将会下降，建议将赤字率提高到 3.6% 以上，比 2019 年提高 0.8 个百分点，增加了 10000 亿元的财政资金。中央财政还将发行 10000 亿元的抗疫特别国债，中央财政还从国有资本经营预算等方面调入了近万亿元的资金。此外，还将增加地方政府专项债券规模 1.6 万亿元，2020 年的一般预算收入预计略高于 18 万亿元，低于 2019 年。2020 年的一般预算支出预计将达到 247000 多亿元，高于

2019年，这一收一支增加了6.76万亿元，加大了力度，做好了对冲，实现了积极。

减法怎么减？刘昆说，主要是惠企惠民，减税降费。2019年我国实施了较大规模的减税降费，减税降费的规模达到2.36万亿元，这是制度性的安排，2020年将继续实施。为了应对疫情的影响，党中央、国务院又出台了一系列的减税降费措施，预计2020年减税降费的新增规模会达到25000多亿元。

结构怎么调？刘昆表示，第一是压本级，征地方。2020年中央财政本级支出将负增长，而对地方的转移支付将增长12.8%，增量资金9500亿元。第二，压一般，保重点。2020年中央本级非刚性，非急需的支出压减幅度超过50%，省出的资金用于疫情防控，支持打好“三大攻坚战”，脱贫攻坚、义务教育、基本养老、城乡低保等方面的重点支出只增不减。第三，直达基层，直达民生，上级的转移支付将细化到基层，细化民生项目，做直通车，直接抵达。中央财政将发挥好财政智能作用，扎实做好“六稳”工作，全面完成“六保”任务，切实兜牢民生底线。

驻财政部纪检监察组积极履责督促财政政策落实

新华社客户端，2020 年 5 月 12 日，陈昊

记者日前从中央纪委国家监委驻财政部纪检监察组获悉，为坚决打赢疫情防控和脱贫攻坚两场硬仗，该纪检监察组切实履行政治监督职责，督促财政部各有关单位积极应对疫情冲击，继续强化投入保障，狠抓政策和工作落实。在提前一个月下达 2020 年中央财政专项扶贫资金的同时，向湖北等受疫情影响较重地区适当倾斜，坚决支持打赢脱贫攻坚战。

疫情发生后，驻财政部纪检监察组多次与财政部党组会商财政脱贫攻坚重点工作，督促财政部相关单位密切关注、持续跟踪疫情对脱贫攻坚造成的影响。针对疫情对农畜产品对接、贫困地区劳务输出的影响和因疫情致贫返贫情况，及时研究出台针对性政策措施，加大对受疫情影响较大产业扶贫项目和贫困劳动力就业的支持，及时落实临时救助等社会救助政策，做好贫困劳动力就业创业工作，保障困难群众基本生活不受影响。

为克服疫情对开展监督工作带来的不利影响，驻财政部纪检监察组积极探索非现场监督工作模式，充分利用办公自动化系统等开展监督，及时掌握财政支持脱贫攻坚和复工复产政策举措出台和落实、中央脱贫攻坚专项资金下达和使用等情况。同时，督

促、指导财政系统纪检监察部门履行监督职责，坚决整治脱贫攻坚工作中不担当、不作为、乱作为，推诿扯皮、消极应付等形式主义、官僚主义问题。

驻财政部纪检监察组负责人介绍，下一步将继续加强对财政脱贫攻坚工作的监督，持续深入开展财政扶贫领域腐败和作风问题专项治理，适时开展对中央财政专项扶贫资金管理使用和扶贫政策执行情况的监督检查，为财政支持打赢脱贫攻坚战提供坚强纪律保障。

创新财税机制，真金白银助力脱贫攻坚

人民日报“中央厨房”，2020 年 12 月 3 日，屈信明

打赢脱贫攻坚战，需要充足的“粮草军需”，资金保障非常重要。

可是，贫困县财力有限，很多助力脱贫攻坚的资金，都是中央和省市通过转移支付下拨到县里的。如何把这些资金整合到一起，真正形成合力办大事，不是一件容易的事。如果是各花各的、各干的各的，那很可能就变成了“撒胡椒面”，雨过地皮湿。

贫困县涉农资金整合政策，刚刚获得了全国脱贫攻坚奖组织创新奖，贫困县干部群众对于这项政策评价也很高。

这一政策是对涉农资金管理方式的创新，它的一大特点，老百姓形象地称之为“打酱油的钱也能买醋”。也就是说，中央和省级将目标相近、方向类同的涉农资金的配置使用，完全“放权”给贫困县，县里可以把这些资金整合到一起，在脱贫攻坚领域“打捆”使用，具体投入到哪个项目，县里可以根据实际情况自主安排。

这项政策的实施效果如何？财政部提供的数据显示：2016 年到 2020 年前三季度，全国 832 个贫困县统筹整合各级财政涉农资金总规模超过 1.5 万亿元，每个贫困县可支配的财政扶贫资金由整合试点前的年均几千万元，提升到整合试点后的年均超 3.6 亿元。

脱贫攻坚战是一场硬仗，大家都是心往一处想、劲往一处

使，有钱出钱、有力出力。打赢脱贫攻坚战，有很多管用的政策和创新举措，涉农资金整合是其中的一项。

12 月 2 日，国新办举行新闻发布会，介绍财税支持脱贫攻坚有关情况。咱们一起来看看，财税部门都有哪些好做法，为脱贫攻坚助力。

发挥政府投入主体和主导作用，财政支出优先保障脱贫攻坚

“党的十八大以来，财政部坚持以习近平总书记关于扶贫工作的重要论述和重要指示批示精神为根本遵循，认真贯彻落实党中央、国务院决策部署，把打赢脱贫攻坚战作为最大政治责任、最大民生工程，全力以赴支持打赢脱贫攻坚战。”财政部副部长程丽华说。

程丽华说，财政部把脱贫攻坚摆在财政支出优先保障地位，确保投入力度与脱贫攻坚任务相适应，充分发挥政府投入主体和主导作用。2016—2020 年，连续五年每年新增中央财政专项扶贫资金 200 亿元，2020 年达到 1461 亿元。2020 年又一次性安排综合性财力补助资金 300 亿元，支持补齐挂牌督战地区脱贫攻坚短板弱项。

程丽华说，行业扶贫方面，在分配农业、水利、生态、交通、教育等行业转移支付时，向贫困地区、贫困人口倾斜，推动解决贫困地区突出问题。

“产业发展是脱贫的根本，支持贫困地区立足资源禀赋发展涉农产业，是实现脱贫的重要一环。”国家税务总局总经济师王道树说，财税部门围绕优化土地资源配置、促进农业生产、鼓励新型经营主体发展、促进农产品流通、支持农业资源综合利用等方面，实施“公司 + 农户”经营模式减免增值税和企业所得税、农林牧渔项目减免企业所得税等一系列税收支持政策，助力贫困地区增强“造血”功能。“此外，‘十三五’时期全国税务系统

帮助贫困地区引进企业 2332 家，扶持龙头企业和农村合作社 5702 个，带动建档立卡贫困人口脱贫 114 万人。”

以农户和小微企业为重点对象，鼓励金融机构加大对扶贫开发支持力度，增强金融对薄弱环节和弱势群体服务保障能力。通过贷款贴息、风险补偿，引导金融机构投放扶贫小额信贷 6000 多亿元。

“在克服疫情、灾情影响方面，财政部会同有关部门及时采取针对性措施，稳定贫困户收入。”程丽华说，加大对受疫情影响较大的产业扶贫项目生产、储存、运输、销售等环节的支持，解决农产品“卖难”问题。此外，通过一次性生产补贴、贷款贴息支持、临时岗位补助等带动贫困户就业，比如将 2020 年光伏扶贫发电收益的 80% 用于公益岗位，127 万贫困人口实现在家门口就业。截至 9 月底，25 个省份已外出务工贫困劳动力 2934 万人，超过 2019 年外出务工总人数。

“加大重点群体创业就业税收优惠政策力度，特别是将建档立卡贫困人口纳入税收优惠政策适用范围，有力增强了贫困地区群众脱贫致富的内生动力。”王道树说。

加强资金全过程绩效管理，“花钱必问效，无效必问责”

扶贫资金是贫困群众的“救命钱”，一分一厘都不能乱花，更容不得动手脚、玩猫腻。随着扶贫投入不断增长，强化资金监管的重要性更加突出。在扶贫资金监管方面有哪些措施？实际成效如何？

“篱笆扎得紧，狐狸钻不进。”程丽华说，各级财政部门严格资金管理使用程序，制定资金使用“负面清单”，着力扎紧制度“笼子”。加强扶贫项目资金全过程绩效管理，建立“花钱必问效，无效必问责”的绩效管理机制，每年开展专项扶贫资金绩效评价。要求中央、省、市、县各级财政专项扶贫资金分配结果一律公开，乡村两级扶贫项目安排和资金使用情况一律公告公示。

近年来，财政部切实加强惠民惠农相关政策供给和投入保障，大量补贴资金通过“一卡通”方式发放到群众手中。这为保障和改善民生发挥了重要作用，但也发现了一些地方补贴资金存在着截留、挪用等问题。

“对此，将向社会公布补贴政策清单，以公开促改革，加快补贴政策和项目资金清理整合进度；规范代发金融机构，从源头上解决‘卡出多行’‘一人多卡’‘人卡分离’等问题；规范补贴资金发放流程，实现规章管理制度化、程序流程规范化、操作权限明确化。”财政部监督评价局局长郜进兴说。

“随着财政扶贫资金管理制度不断健全，财政扶贫资金违规违纪问题明显减少，扶贫资金使用安全性、规范性明显提升。”程丽华说，2020 年审计查出严重违纪违法问题资金占比仅为 0.19%。此外，投入精准性显著提高，重点支持解决“两不愁三保障”突出问题；加大对重点地区支持，2018—2020 年共安排支持“三区三州”等深度贫困地区增量资金 2800 多亿元。

为了让脱贫攻坚相关税收优惠政策应享尽享、便捷享受，税务部门采用“大数据 + 网格化”监督模式，运用“总局牵头主导 + 各地全面自查 + 特派办跟进督查 + 不定期明察暗访”组织方式，建立“发现问题—整改问题—反馈问题—完善制度”工作机制。

“支持脱贫攻坚相关税收优惠政策取得了积极成效。”国家税务总局政策法规司负责人王世宇说，2020 年 1—10 月，税务部门落实支持脱贫攻坚各项税收优惠政策实现减税 950 多亿元，同比增长 38%；从增值税发票数据看，832 个贫困县 2020 年 1—10 月销售收入同比增长 13.3%。

探索建立资产收益扶贫机制，更好支持乡村产业振兴

贫困县涉农资金整合、资产收益扶贫机制……通过优化政策供给，创新政策举措，财政支持政策针对性和实效性不断提高。“贫困县将涉农资金化零为整，形成了扶贫投入新格局，为贫困县打赢脱贫攻坚战提供了充足的粮草军需。”财政部农业农村司司长吴奇修说。

近年来资产收益扶贫机制，受到社会广泛关注。这是指在不改变用途的情况下，财政专项扶贫资金和其他涉农资金，投入设施农业、养殖、光伏、水电、乡村旅游等项目形成资产，具备条件的可折股量化给贫困村和贫困户，尤其是丧失劳动能力的贫困户。

“各地探索资产收益扶贫工作提升了资金使用效益，财政涉农资金由无偿补助变成有偿投入，主要受益对象从特定范围扩大到更多群众。企业、合作社等作为项目实施主体，参与到当地特色优势产业发展，财政资金与产业发展技术、经营能力更好结合。”吴奇修说，下一步将认真总结资产收益扶贫工作探索的经验做法，更好支持乡村产业振兴，促进巩固脱贫攻坚成果。

脱贫摘帽不是终点，而是新生活、新奋斗的起点。程丽华说，财政部将根据巩固拓展脱贫攻坚成果同乡村振兴衔接的需要和财力状况，合理安排财政投入规模，优化支出结构，为做好衔接工作提供资金保障。

“税务部门将着力建立完善巩固脱贫攻坚成果长效机制，对已脱贫摘帽的贫困县、贫困村和贫困人口继续做好政策宣传辅导，确保‘摘帽不摘政策’、税收优惠应享尽享。同时按照缺什么补什么的原则，更加注重分类施策、补短板强弱项，夯实脱贫攻坚成果，持续推动脱贫摘帽地区乡村全面振兴。”王道树说。

推进“三农”工作重心历史性转移

（深入学习贯彻习近平新时代中国特色社会主义思想）

——做好巩固拓展脱贫攻坚成果同乡村振兴有效衔接

人民日报，2021 年 2 月 1 日，吴奇修

全面建设社会主义现代化国家，实现中华民族伟大复兴，最艰巨最繁重的任务依然在农村。我们要坚决守住脱贫攻坚成果，做好巩固拓展脱贫攻坚成果同乡村振兴有效衔接，全面推进乡村振兴。

党的十八大以来，以习近平同志为核心的党中央把解决好“三农”问题作为全党工作的重中之重，把脱贫攻坚作为全面建成小康社会的标志性工程，组织推进人类历史上规模空前、力度最大、惠及人口最多的脱贫攻坚战，经过 8 年持续奋斗，如期完成了新时代脱贫攻坚目标任务，现行标准下农村贫困人口全部脱贫，贫困县全部摘帽，消除了绝对贫困和区域性整体贫困。在 2020 年年底召开的中央农村工作会议上，习近平总书记指出：“在向第二个百年奋斗目标迈进的历史关口，巩固和拓展脱贫攻坚成果，全面推进乡村振兴，加快农业农村现代化，是需要全党高度重视的一个关系大局的重大问题。”“脱贫攻坚取得胜利后，要全面推进乡村振兴，这是‘三农’工作重心的历史性转移。”我们要深入学习贯彻习近平总书记重要讲话精神，坚决守住脱贫

攻坚成果，接续推进巩固拓展脱贫攻坚成果同乡村振兴有效衔接，全面推进乡村振兴。

坚持共同富裕方向，努力巩固拓展脱贫攻坚成果。习近平总书记指出："随着我国全面建成小康社会、开启全面建设社会主义现代化国家新征程，我们必须把促进全体人民共同富裕摆在更加重要的位置。"党的十九届五中全会强调："坚持共同富裕方向。"经过坚持不懈努力，我国农村民生显著改善，乡村面貌焕然一新，贫困地区发生翻天覆地的变化，解决困扰中华民族几千年的绝对贫困问题取得历史性成就。同时也要看到，全面建设社会主义现代化国家，实现中华民族伟大复兴，最艰巨最繁重的任务依然在农村。我国发展不平衡不充分的问题仍然突出，巩固拓展脱贫攻坚成果的任务依然艰巨。必须坚持系统观念，从全面建设社会主义现代化国家、逐步实现全体人民共同富裕的高度，认识和把握巩固拓展脱贫攻坚成果与乡村振兴有效衔接。加强前瞻性思考、全局性谋划、战略性布局、整体性推进，聚焦脱贫地区发展中存在的突出问题，顺应高质量发展要求，把推进农业农村现代化作为解决发展不平衡不充分问题的重要抓手，着力补短板、强弱项，下好巩固拓展脱贫攻坚成果的先手棋。以慎终如始的态度、扎实过硬的作风，把巩固拓展脱贫攻坚成果抓得细之又细，坚决防止出现规模性返贫；把衔接乡村振兴的绣花功夫下得实之又实，建立健全长效机制，确保实现全面脱贫到乡村振兴的平稳过渡，向着共同富裕的目标不懈奋斗。

坚持兜住底线，健全防止返贫动态监测和帮扶机制。脱贫攻坚取得胜利后，仍会有部分易返贫户存在返贫风险，部分易致贫户存在发生贫困的可能。对于易返贫致贫人口来说，受身体素质、职业技能、家庭负担、发展环境、意外事件等影响，巩固脱贫攻坚成果的任务仍然较重。习近平总书记强调："要健全防止返贫动态监测和帮扶机制，对易返贫致贫人口实施常态化监测，重点监测收入水平变化和‘两不愁三保障’巩固情况，继续精准施策。”为此，需要系统发挥政府部门现有数据平台作用，充分利用脱贫攻坚普查结果，积极运用“互联网+”、大数据等信息化手段，建立健全快速发现和响应机制，一旦发生返贫致贫风险，及时跟进帮扶，确保贫困人口动态清零。加强制度建设，坚持分类施策精准帮扶，形成全面覆盖、分层分类、综合高效的救助帮扶体系。加强对农村低收入人口的监测筛查，加强对特困供养人员、低保对象、低保边缘家庭、刚性支出较大的困难家庭的识别。通过农村最低生活保障制度，实现应保尽保、应兜尽兜。通过社会救助制度，确保因需施救、精准施救。坚持预防性措施和事后帮扶相结合，坚持开发式帮扶方针，推动有劳动能力的脱贫群众依靠双手勤劳致富。

坚持产业振兴，推进农业现代化与脱贫群众增收互促共赢。产业兴旺是乡村振兴的重要基础，是解决农村一切问题的前提。习近平总书记指出：“要加快发展乡村产业，顺应产业发展规律，立足当地特色资源，推动乡村产业发展壮大，优化产业布局，完善利益联结机制，让农民更多分享产业增值收益。”乡村产业根植于县域，但脱贫县的产业扶贫帮扶成效还不稳定。特别是西部一些刚刚脱贫摘帽地区，优势特色产业带动能力偏弱、可持续性不强，脱贫地区的产业振兴需要持续努力。要推动脱贫地区整合涉农资金，更多投向资源禀赋优势明显的乡村产业，实施特色种养业提升行动，着力建设特色农产品优势区。深入实施藏粮于地、藏粮于技战略，在高标准农田任务安排和建设过程中，提高脱贫群众的参与度，让农民群众有活干、有钱挣。坚持提质增效的发展目标，支持脱贫地区积极培育绿色食品、有机农产品、地理标志农产品，着力推动品种培优、品质提升、品牌打造和标准化生产，切实提升粮食和重要农产品供给保障的能力质量，通过优质优价促进脱贫群众增收。延长脱贫地区的产业链条，使农林牧渔等行业跨越“粮头食尾”“农头工尾”，实现“接二连三”，把依托脱贫地区资源禀赋的二三产业尽量留在县域，推动一二三产业融合发展，促进农民就近就业和增收致富。抓好产销衔接，加快脱贫地区农产品和食品仓储保鲜、冷链物流设施建设，补上技术、设施、营销短板，支持农产品流通企业、电商、批发市场与区域特色产业精准对接。促进相关行业企业巩固联农带农机制，完善利益联结机制，让脱贫群众更多分享产业增值收益，依托生产、加工、制造、流通、服务等全产业链，以产业强实现农民富。盘活农村存量建设用地，优先保障乡村产业发展用地需求。加强对农业信贷担保放大倍数的量化考核，扩大农业信贷担保规模，推动解决乡村产业发展“融资难”“融资贵”问题。尊重市场规律和产业发展规律，通过以奖代补支持地方优势特色农产品保险发展，提高脱贫地区产业的市场竞争力和抗风险能力。

坚持持续帮扶，强化易地搬迁后续扶持。构建以国内大循环为主体、国内国际双循环相互促进的新发展格局，需要把战略基点放在扩大内需上。在这方面，农村大有可为。脱贫攻坚期间，全国 960 多万人通过易地扶贫搬迁实现了“挪穷窝”，但脱贫群众就业增收压力大、安置区配套设施和公共服务不健全等问题依然突出。习近平总书记指出：“要强化易地搬迁后续扶持，多渠道促进就业，加强配套基础设施和公共服务，搞好社会管理，确保搬迁群众稳得住、有就业、逐步能致富。”乡村建设行动作为实现农业农村现代化的重要内容，已经成为“十四五”时期实施乡村振兴战略的重点任务，可将易地搬迁后续扶持同乡村建设行动统筹考虑、一体推进。聚焦原深度贫困地区、大型特大型安置区，强化后续配套设施建设，着力完善水、电、路、气、通信、广播电视、物流等基础设施。加强安置区信息化建设，缩小数字鸿沟。支持安置区因地制宜推进农村改厕、生活垃圾处理和污水治理，持续改善农村人居环境。着力构建基础设施运营管护长效机制，多渠道吸收具备从业能力的脱贫群众就业，实现农村美与农民富相互促进。主动适应安置区人口结构和经济社会形态变化，均衡配置公共资源，注重加强普惠性、兜底性、基础性民生建设，不断改善基本公共服务，提升安置区社区管理服务水平，做足做好“稳”的文章，促进易地搬迁脱贫群众更好融入当地社会。

坚持突出重点，培育和激发乡村振兴重点帮扶县发展的内生动力。习近平总书记强调：“接续推进全面脱贫与乡村振兴有机衔接，着重增强内生发展动力和发展活力，确保脱贫后能发展、可持续。”832 个原贫困县脱贫摘帽以后，整体发展水平仍然较低，自我发展能力仍然偏弱。总体上看，西部地区低收入人口较多，集中了大部分脱贫县，且脱贫摘帽时间较短。可在西部地区处于边缘或高海拔、自然环境相对恶劣、经济发展基础较为薄弱、社会事业发展相对滞后的脱贫县中，确定一批国家乡村振兴重点帮扶县，给予倾斜支持，着力增强重点帮扶县的内生发展能力。坚持先富带动后富，完善东西部协作和对口支援、社会力量参与帮扶等机制，优化结对帮扶关系和协作帮扶方式。同时，各省份可自行确定一批本省份乡村振兴重点帮扶县。坚持突出重点，从财政、金融、土地、人才、基础设施、公共服务等方面给予集中支持，不断激发乡村振兴重点帮扶县发展的内生动力。建立跟踪监测机制，定期评估发展状况，坚持实事求是，动态调整重点帮扶县名单，支持重点帮扶县加快推进乡村全面振兴。

坚持“四个不摘”，强化实现有效衔接的体制机制保障。习近平总书记指出：“要落实‘四个不摘’，建立健全防止返贫长效机制，深入研究接续推进全面脱贫与乡村振兴有效衔接。”“十四五”时期，脱贫地区“三农”工作重心将转向全面推进乡村振兴。顺应形势任务变化和目标要求转变，需要及时调整优化原有的组织领导、工作体系、资源配置、政策措施等，将脱贫攻坚期内形成的行之有效的办法逐步转化为实施乡村振兴战略的制度机制和政策体系，实现平稳转换。脱贫攻坚目标任务完成后，脱贫县从脱贫之日起设置 5 年过渡期，过渡期内严格落实“四个不摘”的要求，摘帽不摘责任，防止松劲懈怠；摘帽不摘政策，防止急刹车；摘帽不摘帮扶，防止一撤了之；摘帽不摘监管，防止贫困反弹。保持主要帮扶政策总体稳定，该延续的延续、该优化的优化、该调整的调整，逐步实现由集中资源支持脱贫攻坚向全面推进乡村振兴平稳过渡。过渡期内，要做好财政投入政策衔接，在保持财政支持政策总体稳定的前提下，根据巩固拓展脱贫攻坚成果同乡村振兴有效衔接的需要，结合财力实际，合理安排投入规模，优化支出结构，调整支持重点。同时，抓好金融服务政策、土地支持政策、人才智力支持政策衔接，协力推动脱贫地区在乡村振兴的康庄大道上行稳致远。

脱贫不松劲　攻坚再发力

人民日报，2020 年 3 月 29 日，顾仲阳、常钦

2020 年是脱贫攻坚战收官之年，有不少硬仗要打，突如其来的新冠肺炎疫情又带来了新的挑战。各地如何统筹推进疫情防控和脱贫攻坚，把疫情影响降到最低，确保如期打赢脱贫攻坚战？记者采访了有关部门负责人、专家和贫困地区干部群众。

帮助贫困劳动力尽快返岗就业

据国务院扶贫办统计，2019 年全国有 2729 万建档立卡贫困劳动力在外打工，外出务工为 2/3 左右贫困人口贡献了 2/3 左右的收入。

“化解疫情给贫困群众就业增收带来的冲击，需要打出组合拳，千方百计帮他们多找饭碗、多造饭碗。”国务院发展研究中心农村经济研究部部长叶兴庆说。

“点对点、一站式”服务，帮助贫困劳动力有序返岗。近日，四川省广元市青川县石坝乡中心村的贫困户王立学坐上返岗专车，前往浙江省湖州市复工。县里发出 69 辆“春风行动”专车，已累计运送 1189 名农民工安全返岗。

企业复工复产、重大项目开工优先使用贫困劳动力。国务院扶贫开发领导小组提出，对吸纳贫困劳动力就业的企业和市场主体无论大小都有支持，对贫困户愿意复工的加大奖补。

为贫困户科学开发更多公益性岗位。国务院扶贫办和财政部明确要求，2020 年光伏扶贫的收益 80% 用于贫困人口承担公益岗位工资和贫困户参加村里面公益事业建设的工资。各地因地制宜开发公益性岗位，吸纳贫困劳动力就近就业增收。

截至 3 月 20 日，贫困劳动力外出务工 1879.23 万人，占 2019 年外出务工总数的 68.85%，52.59% 的扶贫项目已开工，扶贫车间复工率 86.98%，扶贫龙头企业复工率 92.76%。随着全国疫情防控形势持续向好，统筹推进疫情防控和经济社会发展工作取得积极成效，贫困劳动力务工就业规模会不断扩大。

拓宽产销对接渠道，缓解农畜牧产品滞销

疫情一定程度上带来人流、物流的中断，导致一些扶贫农畜牧产品出现滞销问题。农业农村部市场与信息化司司长唐珂分析，究其根源主要因为贫困地区设施不足、运距较远、成本较高，还有缺资金、缺技术、缺人才等。“化解扶贫产品‘卖难’，必须拿出过硬的措施持续加力。”

长短结合促进产销对接。唐珂说，从短期措施来看，重点是动员行业协会、批发市场、大型电商、龙头企业等开展应急促销，目前已推动销售了 85 万吨农产品，其中南方柑橘类水果“卖难”得到明显缓解。截至 3 月 17 日，农产品滞销信息线上收集发布平台累计撮合销售贫困地区滞销农产品 7000 余吨。从长效机制来看，要实施“互联网 +”农产品出村进城工程，实施农产品仓储保鲜冷链物流工程，促进龙头企业、批发市场与产地，特别是与贫困地区建立长效稳定的购销关系，搭建常态化的产销对接平台，常年进行交易促销。

利用“互联网 +”拓宽销售渠道。前不久，江西省寻乌县县长杨永飞走进拼多多直播间，给农民黄洪林的店铺当起了“临时主播”。一个小时，售出近5万斤滞销的百香果和脐橙，10万多人成为店铺粉丝。截至3月18日中午12时，拼多多“抗疫助农”专区成交订单量已达2750万单，累计帮扶近6.7万户农户。阿里巴巴发起“爱心助农计划”，截至3月15日，已为20多个省份紧急搭建农产品数字供应链，累计售出11.8万吨滞销农产品。

开展消费扶贫，促进扶贫产品稳定销售。国务院扶贫办等七部门依托政府采购政策，联合开展消费扶贫行动，全方位帮助贫困户解决农产品“卖难”问题。近日，帮扶干部来到江西峡江县仁和镇彭家村贫困户彭志良家里，帮他把杀好的黄毛春鸡送到各单位。目前全县已有30多家单位参与消费扶贫行动，采购鸡鸭、蘑菇等扶贫农产品140余万元。

一系列缓解“卖难”的举措精准发力，加上疫情防控形势持续向好、交通逐步恢复，近期全国大部分地区的农产品滞销问题已得到明显缓解。

对因疫情返贫致贫人员及时落实帮扶措施

重庆市万州区新冠肺炎患者王女士没想到，自己治愈出院还在集中隔离期，相关帮扶政策就落实到位了。“800多元临时救助金，我住院13天，专属保险赔付了1300元。政府的帮扶真的很及时很贴心。”

万州区扶贫办主任雷传亮介绍，区里密切跟踪每一位受疫情影响的贫困人口情况，及时帮扶，力争将疫情对贫困群众的影响降至最低。

日前，国务院扶贫办、财政部联合印发通知，对罹患新冠肺炎、集中或居家隔离、无法外出务工、无法开展基本生产、收入受到重大影响等，生活陷入困境的建档立卡贫困群众，和因疫致贫返贫农民群众，按现有支持渠道及时落实好针对性帮扶措施，确保基本生活不受影响。

防止返贫，当下除了要特别做好对因疫致贫返贫人口的帮扶外，还要重点监测帮扶近 200 万存在返贫风险的脱贫户、300 万存在致贫风险的边缘户。

国务院扶贫办综合司司长苏国霞介绍，各地正在建立健全比较稳定的防返贫的监测帮扶机制，通过村干部、驻村工作队员、相关部门、利用大数据等来发现可能返贫的情况、可能新致贫的情况，找准原因及时采取各种针对性帮扶措施。

河南省鄢陵县按照“未贫先防”“扶防结合”的原则，摸清底数，聚焦建档立卡贫困户、边缘户、农村低保户、大病户等六类重点对象，全部落实精准防贫保险，对因学、因病、因灾等造成收入骤降的农户进行“收入兜底”。

中国社会科学院农村发展研究所所长魏后凯建议，在完善防返贫监测帮扶机制的同时，更要从源头上消除造成返贫和新发生贫困的土壤。各地继续做好产业扶贫、就业扶贫，加强易地扶贫搬迁后续帮扶工作，增强贫困农户的自我发展能力，建立稳定脱贫的长效机制，巩固脱贫成果。

中央财政扶贫项目资金支出超790亿元 支持中西部22个省份28.11万个项目开工

人民日报，2020年4月30日，曲哲涵

与2020年2月底相比，截至4月10日，扶贫项目资金支出规模增加520.37亿元，达到790.58亿元，增长192.58%；扶贫项目开工数增加17.51万个，达到28.11万个，增长165.19%；外出务工贫困劳动力增加1251万人，达到2353万人，增长113.52%。密切跟踪分析新冠肺炎疫情给脱贫攻坚带来的挑战，中央财政专项扶贫资金投入力度持续加大，并向受疫情影响较重地区倾斜，财政部及时调整优化财政专项扶贫资金政策，加强对地方资金下达和政策落实的督促指导，取得明显成效。

2020年中央财政专项扶贫资金下达时间比往年提前一个多月。安排14亿元倾斜支持湖北、广东、河南、浙江、湖南、安徽、江西受疫情影响较重的7省，其中湖北8亿元，其他6省各1亿元；安排4亿元奖励吸纳贫困劳动力跨省就业规模较大的江苏、浙江、福建、广东等东部4省，鼓励东部省份克服疫情影响吸纳贫困劳动力跨省就业。与此同时，资金安排向“三区三州”等深度贫困地区、挂牌督战地区、人口较多的易地扶贫搬迁集中安置区和贫困革命老区倾斜，确保脱贫攻坚重点难点任务得到充足保障。

财政部有关负责人表示，从跟踪各地落实情况看，各级财政部门能够及时下达资金，细化实化各项要求，出台了一系列针对性措施，稳定贫困户增收渠道，巩固脱贫攻坚成果。

一是保障了重点扶贫项目资金需求。比如，贵州下达2020年中央和省级财政专项扶贫资金94.75亿元，较上年同期增长35.98%；安徽下达省级财政专项扶贫资金32.3亿元，比上年增加5.6亿元，新增部分全部用于贫困革命老区和深度贫困县。

二是促进了扶贫项目加快开工。截至4月10日，中西部22个省份安排扶贫项目37.9万个，投资总额4626.01亿元，已开工扶贫项目28.11万个，开工率74.17%，较3月初提高42.1个百分点。其中，河南、重庆、安徽等省份开工率高于80%。

三是财政支持扶贫产业复工复产和贫困人口外出务工政策效果明显。截至目前，中西部22个省份有扶贫车间28519个，复工率94.92%；扶贫龙头企业29033个，复工率96.81%。25个省份已外出贫困劳动力2353万人，占2019年外出务工总数的86.21%。

财政助脱贫 资金效益高

人民日报，2020 年 11 月 30 日，曲哲涵、范昊天

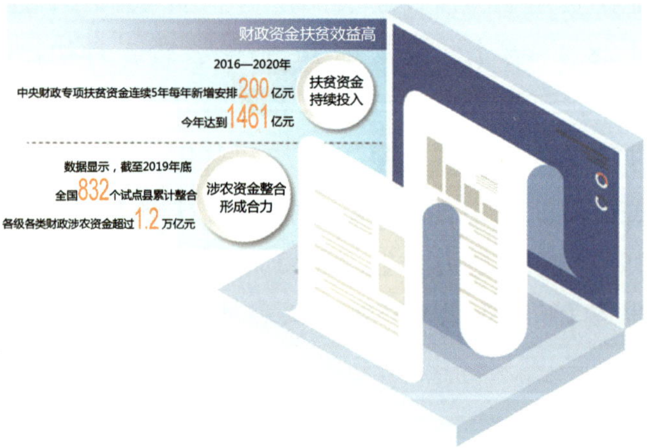

打赢脱贫攻坚战，资金保障很重要。财政部近日公布数据显示，2016—2020 年，中央财政专项扶贫资金连续 5 年每年新增安排 200 亿元，2020 年达到 1461 亿元。此外，2020 年还一次性安排 300 亿元脱贫攻坚补短板综合财力补助资金。

记者日前走进江西、湖北采访，了解中央专项扶贫资金、“一揽子”扶贫财税政策如何改变山乡面貌、惠及千家万户。

扶贫资金巧整合，统筹发力优势大

日前，在湖北秭归县郭家坝镇烟灯堡村，漫山遍野的脐橙已经成熟。“今年雨水好，平均每亩可以增收 1000 斤左右。”35 岁

的脱贫户崔建国在地里边忙碌边笑着说。

烟灯堡村地处长江西陵峡南岸，村里的柑橘产业有基础，但以前种的脐橙只是普通品种，卖不出好价钱。烟灯堡村党总支书记张祥介绍，近年来，该村统筹中央专项扶贫资金、现代农业生产发展资金、农村电子商务示范县资金等各类专项资金 3000 多万元用于产业发展，打造高标准柑橘核心示范园 500 多亩，聘请华中农业大学专家改良当地柑橘品种，发展晚熟品种，弥补了出产空档。

同时，在财政资金支持下，烟灯堡村引入丰悦脐橙产业专业合作社，构建“合作社 + 农户”的产销模式，对农户进行市场价保底收购。眼下，崔建国将脐橙的种植面积从 5 亩扩大到 9 亩，一年四季都挂果，一家四口 2019 年的纯收入达 3 万多元。

如今，烟灯堡村全村脐橙种植面积达 3300 亩，橙农户均年收入超过 10 万元。全村 123 户 301 名贫困人口依托脐橙产业实现脱贫，成为三峡库区远近闻名的脐橙专业村。

村口百年树龄的马尾松静静伫立，见证着江西井冈山市拿山镇长路村的沧桑巨变。走进村中，白墙黑瓦的精品民宿和村民房屋隔墙相望，沿着鹅卵石铺成的街巷前行，扑面尽是桂花香。

“以前村里又穷又破，外地姑娘都不愿意嫁过来。”村民李寿生说，没想到今天的村庄变成了远近闻名的旅游点。

长路村村民以往收入主要以水稻种植和外出务工为主，增收渠道单一。由于道路、电网等基础设施不完善，依山傍水的生态优势和红色文化优势都难以发挥。

2016 年，井冈山市开展扶贫资金整合，市财政部门累计安排长路村村庄整治、新农村建设等各类涉农资金 900 余万元，用于完善基础设施。“如今大家都住上安全房、喝上放心水、走上平坦路，村小组 100% 通宽带！”长路村党支部书记刘足华说，村容村貌改善后，县财政又协助长路村申请1300万元项目资金，对村里的古旧房屋进行修缮保护。另外，当地还引进北京四方合悦公司承租村民闲置旧房打造民宿，发展乡村旅游。

村民汤斗告诉记者，她家的旧房以每年5000元的价格租给公司运营，她做民宿客房服务员一个月有2500元收入，此外公司回收土特产还能挣不少钱。

财政资金整合集中发力，帮助长路村在2017年实现整体脱贫摘帽，贫困户人均年收入从2016年的2721元提高到2019年年底的13964元。

烟灯堡村和长路村，是众多受益于财政资金整合政策，打了“翻身仗”、走上致富路的贫困村缩影。作为财政助力脱贫攻坚的重要发力点，涉农资金整合政策赋予贫困县更多的资金使用自主权，促进扶贫资金集中、精准发力。财政部数据显示，自2016年4月政策启动至2019年年底，全国832个试点县累计整合各级各类财政涉农资金超过1.2万亿元，让“零碎”资金形成合力、发挥更大效用。

资产收益用扶贫，财政资金会“造血”

山顶是养猪场、沼气池、发电站，半山腰是蔬菜大棚，山脚下是农产品加工和包装车间。在湖北恩施土家族苗族自治州巴东县野三关镇黄连坪村，生态循环农业的立体布局令人眼前一亮。

昔日的贫困村发展起生态循环农业，离不开财政扶贫资金的大力扶持。3年来，黄连坪村生态循环农业基地所获各类财政资金累计已超过2900万元，其中中央专项扶贫资金约2000万元。

“眼下养猪场年存栏7500头、出栏1.5万头；高山特色蔬菜产业惠及黄连坪及周边村400多户贫困户；猪粪可以用于沼气发电，沼液可以作为有机肥料……生态循环农业，鼓了村民腰包，美了村庄环境。”野三关镇常务副镇长田向东告诉记者，2017 年这里成立农业开发公司，带动了整村农业产业发展，而财政资金正是借力产业开发的增值效应，以资产收益扶贫的形式，让贫困户持续获得分红。

湖北省财政厅副厅长刘辉文解释，所谓资产收益扶贫，就是县级财政资金管理部门将财政专项扶贫资金和其他财政涉农资金投入设施农业、养殖、乡村旅游等项目，把以此形成的资产折股量化给村集体，建立与建档立卡贫困户的利益联结机制，发挥财政资金的脱贫、固富效应。

“那几座大棚就是财政扶贫资金投入建设的，资产属于村集体。农业开发公司必须按照 6% 的年收益给村集体回报。这笔收益 20% 留给村集体，80% 分给我们从事蔬菜产业的农户尤其是贫困户作为奖补。”指着山腰的蔬菜基地，巴东县黄连坪农业开发有限公司负责人朱旭告诉记者。

资产收益扶贫利当下更利长远。“每年村集体分红有 1100 元、土地流转收入有 6000 元、农业开发公司务工收入有 6 万元，收入比从前多了好几倍，早‘摘帽’啦！这是国家投钱给我们村民建的大棚，分红年年有。下一步还要建民宿和农业观光园，好日子在后头，我们有干劲！”村民朱真山说。

在江西赣州市赣县区江口镇河埠村，2016 年以来已累计整合投入涉农资金 3839. 31 万元用于支持蔬菜产业，参与合作社蔬菜种植的贫困户可获得每亩 500 元的产业奖补，以土地入股合作社的，每亩每年可获得保底分红 800 元，此外合作社每年还会拿出利润的 20% 给全村贫困户分红。

村民李日兰老人的老伴常年生病卧床，唯一的女儿远嫁。如今，老两口每年能从村里领到“资产收益分红”5000 多元，还有 2 万元低保收入。资产收益扶贫也让河埠村村集体积累下了家底，村里开发了公益岗位，李日兰每天去村委会扫地，每个月有600元工资。“现在存折上有积蓄，得了病能报销，还能去老年食堂免费吃饭……政策样样好，让我过上安稳的日子。”李日兰说。

“资产收益扶贫是精准扶贫的重大机制创新。”财政部农业农村司司长吴奇修表示，这种做法创新了财政涉农资金供给和使用机制，促进提升了资金使用效益；丰富了对无劳动能力或弱劳动能力贫困户的精准扶持措施；巩固了当地群众与产业发展的利益联结机制，强化了产业发展的辐射带动作用。

理顺机制强监管，财政资金有保障

开展扶贫资金整合，如何理顺机制？

记者在江西、湖北采访的各县，均拥有整合资金的审批权限，可根据年度脱贫任务和巩固脱贫成效的需要，确定年度整合规模，尽可能将纳入整合范围的资金在“大类间打通”“跨类别使用”。同时，被整合资金的部门，来年的专项资金额度不受影响，保持参与“多个渠道引水、一个池子蓄水、一个龙头放水”的积极性。与此同时，财政、审计等部门加强对扶贫资金使用的事中线上动态监管和线下挂牌督战以及事后绩效评价，确保每一分扶贫资金都用在刀刃上。

巴东县竹园淌村山大沟深，交通不便。“村里这两年引进龙头企业，建成了蔬菜种植基地，每年蔬菜运输量有将近2万吨，急需加宽路面以适应大规模运输。”竹园淌村党支部书记李罗平说，2020年5月，村里向镇上申报了主干道升级改造项目，预估需要财政扶持资金500多万元。镇财政、交通等部门立即组织第三方机构进行实地评审，对方案进行了优化，将资金压缩到300万元左右。李罗平心里直打鼓：“一下子压缩了200万元，这道路质量能保证吗？”

巴东县副县长雷玉龙的话给他吃下定心丸：“新的方案是行业主管部门及专业机构根据道路实际情况评估后，由财政部门优化资金绩效的结果。虽然投入减少了，但该加宽、改缓的地方一个都不会少。”

产业发展和市场经营活动必然存在风险，开展资产收益扶贫，如何控制项目风险，防止财政资金富了企业、亏了农户？

——找好优质企业，从源头控制风险。

江西于都通过招商引资先后从江苏启东、福建厦门、山东寿光等地招标引进10家省外蔬菜龙头企业，带动全县发展钢架大棚蔬菜3.5万亩，50亩以上规模蔬菜65个。“在合作的过程中，我们注重将用于资产收益扶贫的财政资金，优先用于大棚建设等固定资产投资，形成可核查、为项目‘兜底’的物化资产。”江西省财政厅扶贫处处长罗贤东说。

——清产核资，以公开促规范。

村里引来龙头企业，财政扶贫资金入股，自家土地入股，到底划不划算？农民期待有本“明白账”。

“财政部门要支持贫困村盘活闲置的荒山、荒坡、滩涂等资源，同时对贫困村利用财政专项扶贫资金和其他涉农资金形成的经营性资产进行清产核资，将扶贫资产确认到村、到户、到人，明确经营权、收益权、监督权和处置权。”罗贤东说，扶贫资金是贫困群众的“救命钱”，一分一厘都不能乱花。目前资产收益扶贫资金项目实施县乡村三级公告公示制度，从项目招标到绩效考评，主动接受社会各界广泛监督，对违规行为严加惩处，确保项目资金安排阳光透明、管理规范、安全高效。

化零为整 充足粮草加强保障
贫困县整合涉农资金超1.5万亿元

人民日报，2020年12月3日，屈信明

打赢脱贫攻坚战需要充足的“粮草军需”，资金保障非常重要。12月2日，国新办举行新闻发布会，介绍财税支持脱贫攻坚情况。

加大财政投入

2016—2020年，中央财政专项扶贫资金连续5年每年新增200亿元，2020年达到1461亿元。2020年又一次性安排综合性财力补助资金300亿元，支持补齐挂牌督战地区脱贫攻坚短板弱项。行业扶贫方面，在分配农业、水利、生态、交通、教育等行业转移支付时，向贫困地区、贫困人口倾斜，推动解决贫困地区突出问题。

国家税务总局总经济师王道树说，财税部门围绕促进农业生产、鼓励新型经营主体发展、促进农产品流通等方面，实施一系列税收支持政策，助力贫困地区增强“造血”功能。“此外，‘十三五’时期全国税务系统帮助贫困地区引进企业2332家，扶持龙头企业和农村合作社5702个，带动建档立卡贫困人口脱贫114万人。”

以农户和小微企业为重点对象，鼓励金融机构加大对扶贫开发支持力度，增强金融对薄弱环节和弱势群体服务保障能力。通过贷款贴息、风险补偿，引导金融机构投放扶贫小额信贷6000多亿元。

财政部副部长程丽华说，财政部加大对受疫情影响较大的产业扶贫项目生产、储存、运输、销售等环节支持，解决农产品“卖难”问题。此外，通过一次性生产补贴、临时岗位补助等带动贫困户就业。

加强资金监管

各级财政部门严格扶贫资金管理使用程序，制定资金使用“负面清单”。加强扶贫项目资金全过程绩效管理，建立“花钱必问效，无效必问责”的绩效管理机制，每年开展专项扶贫资金绩效评价。

“向社会公布惠农补贴政策清单，加快补贴政策和项目资金清理整合进度；规范代发金融机构，从源头上解决‘卡出多行’‘一人多卡’等问题；规范补贴资金发放流程。”财政部监督评价局局长部进兴说，七部委印发意见，将确保惠民惠农补贴政策落地见效。

随着财政扶贫资金管理制度不断健全，财政扶贫资金违规违纪问题明显减少，扶贫资金使用安全性、规范性明显提升。投入精准性显著提高，加大对重点地区支持，2018—2020年共安排支持“三区三州”等深度贫困地区增量资金2800多亿元。

“支持脱贫攻坚相关税收优惠政策取得了积极成效。”国家税务总局政策法规司负责人王世宇说，2020年1—10月，税务部门落实支持脱贫攻坚各项税收优惠政策实现减税950多亿元，同比增长38%；从增值税发票数据看，832个贫困县2020年1—10月销售收入同比增长13.3%。

构建长效机制

贫困县涉农资金整合、资产收益扶贫机制……通过优化政策供给，创新政策举措，财政支持政策针对性和实效性不断提高。

2016年到2020年前三季度，全国832个贫困县统筹整合各级财政涉农资金总规模超过1.5万亿元，每个贫困县可支配的财政扶贫资金由整合试点前的年均几千万元，提升到整合试点后的年均超3.6亿元。

"贫困县将'零钱'化为'整钱'，将'小钱'集成'大钱'，形成'多个龙头放水、一个龙头出水'的扶贫投入新格局，为贫困县打赢脱贫攻坚战提供了充足的'粮草军需'。"财政部农业农村司司长吴奇修说。

"各地探索资产收益扶贫工作提升了资金使用效益，财政涉农资金由无偿补助变成有偿投入，主要受益对象从特定范围扩大到更多群众。企业、合作社等作为项目实施主体，参与当地特色优势产业发展，财政资金与产业发展技术、经营能力更好结合。"吴奇修说，下一步将认真总结资产收益扶贫工作探索的经验做法，更好支持乡村产业振兴，促进巩固脱贫攻坚成果。

财税支持脱贫攻坚取得积极成效 各地普遍建立防止返贫监测和帮扶机制

人民日报，2020年12月3日，屈信明、常钦

记者从2日举行的国新办新闻发布会获悉：财政部门把脱贫攻坚摆在财政支出优先保障地位，通过创新政策举措，针对性和实效性不断提高。2016—2020年，连续5年每年新增中央财政专项扶贫资金200亿元，2020年达到1461亿元；2020年又一次性安排综合性财力补助资金300亿元，支持补齐挂牌督战地区脱贫攻坚短板弱项。2016年到2020年前三季度，全国832个贫困县统筹整合各级财政涉农资金总规模超过1.5万亿元，每个贫困县可支配的财政扶贫资金由整合试点前的年均几千万元，提升到整合试点后的年均超3.6亿元。2018—2020年共安排支持“三区三州”等深度贫困地区增量资金2800多亿元。

支持脱贫攻坚相关税收优惠政策取得积极成效。2020年1—10月，税务部门落实支持脱贫攻坚各项税收优惠政策实现减税950多亿元，同比增长38%；从增值税发票数据看，832个贫困县2020年1—10月销售收入同比增长13.3%。

另外，2020年以来各地普遍建立并全面实施了防止返贫监测和帮扶机制，聚焦两类群体存在的返贫致贫风险和突出短板，及时落实帮扶措施，取得了显著成效。下一步将从集中资源脱贫攻

坚转向以巩固拓展脱贫攻坚成果为主，在过渡期内继续实行“四个不摘”，即摘帽不摘责任、摘帽不摘政策、摘帽不摘帮扶、摘帽不摘监管。

财政补贴资金 “一卡”领取

人民日报，2020年12月13日，曲哲涵

最低生活保障金、困难残疾人生活补助、农机购置补贴……近年来，随着国家惠民惠农政策力度不断加大，大量财政补贴资金通过直接汇入受益群众银行卡（含社会保障卡银行账户）、存折等（以下统称“一卡通”）方式发放，对方便服务群众起到了积极作用。但同时也存在补贴项目零碎交叉、补贴资金管理不规范、补贴发放不及时不精准等问题，影响了政策实施效果。2019年，国务院有关部门深入开展专项治理活动，在严肃查处相关突出问题的同时，探索形成了一批可复制可推广的治理措施。

为深化治理成效，经国务院同意，财政部、农业农村部、民政部、人力资源社会保障部、审计署、国务院扶贫办、银保监会日前联合下发《关于进一步加强惠民惠农财政补贴资金“一卡通”管理的指导意见》（以下简称《意见》）。

2023年实现一个平台管发放

根据《意见》，到2023年，实现所有直接兑付到人到户的惠民惠农财政补贴资金原则上均通过“一卡通”方式发放；实现中央统筹、省负总责、市县抓落实的监管格局基本建成；实现“一张清单管制度”“一个平台管发放”，补贴政策的科学性和资金绩效明显提高。

“一卡通”资金的发放使用在以下五个方面开展创新：一是向社会公布补贴政策清单，以公开促改革，加快补贴政策和项目资金清理整合进度。各省份最迟不晚于2021年6月底，向社会集中统一公开补贴政策清单，并在以后年度动态调整，及时向社会公布。二是规范代发金融机构，从源头上解决“卡出多行”“一人多卡”“人卡分离”等问题。三是规范补贴资金发放流程，堵塞漏洞，实现管理规章制度化、程序流程规范化、操作权限明确化。四是搭建集中统一管理平台，实现有关数据的集中采集和管理，为信息公开和加强监管提供保障。五是依法依规公开补贴信息，主动接受群众监督和舆论监督。

农业补贴政策是国家强农惠农政策的重要组成部分。农业农村部相关负责人表示，将进一步加强与相关部门的协调配合，做好以下主要工作：一是大力推进农业补贴数据信息化管理，建立健全补贴精准到户的核查监管机制，推动惠农补贴统一集中发放，做到“应统尽统”，杜绝“一策一卡”，严禁“卡外发卡”“层层转拨”；不断优化完善农业补贴管理机制，完善农业相关转移支付“大专项＋任务清单”管理模式，抓住任务清单和绩效目标制定、资金分配、任务下达、绩效考核等关键环节，让“一卡通”真正成为农民群众的“明白卡”“幸福卡”“实惠卡”；持续加大对违规问题的检查惩治力度。

最低生活保障、特困人员救助供养、临时救助等社会救助资金是困难群众的“救命钱”，关系困难群众切身利益。民政部相关负责人表示，残疾人两项补贴资金将采取社会化发放，通过金融机构转账存入残疾人账户。同时将做好信息共享和数据对接，加强补贴信息的监测、对比和动态管理，促进补贴资金的公开透明和规范管理。

推行以社会保障卡为载体发放资金

《意见》明确，鼓励推行以社会保障卡为载体发放补贴资金。相关部门负责人表示，习近平总书记在扎实推进长三角一体化发展座谈会上提出，要探索以社会保障卡为载体建立居民服务“一卡通”。社保卡具有较好的群众基础，持卡人数已达13.29亿人，覆盖约95%的人口，广泛应用于社保缴费、待遇发放、就医购药等民生服务领域。通过社保卡发放惠民惠农财政补贴资金，有利于持续优化政府基本公共服务。以四川省为例，该省自2018年开展“一卡通”专项治理以来，将惠民惠农财政补贴资金，全部归集到社保卡进行集中统一发放，取得较好实践效果。

以社会保障卡为载体发放补贴资金，对于享受补贴的群众来说，不用重复办理银行卡、重复登记银行账号；对于基层工作人员来说，通过联网核验，可提高审核效率，缩短发放周期；对于政府部门来说，通过社保卡“一卡通”发放补贴，可实现各类发放信息的集中采集和管理，有利于加强资金监管，让每一分钱都安全及时地发到群众手中。

强化专项资金监管

《意见》要求国务院有关部门进一步加强沟通协调，建立健全跨部门联合工作机制，持续加强日常管理和监督检查；地方各级有关部门要进一步强化管理，及时发现并纠正补贴发放中存在的问题，有效形成监管合力，确保补贴政策落地见效。

国务院扶贫办有关负责人表示，根据中央相关安排部署，脱贫攻坚完成后，要严格落实“四个不摘”的要求，相关政策总体保持稳定。下一步，结合意见实施，扶贫部门要持续完善公告公示，落实“中央、省、市、县财政专项扶贫资金分配结果一律公开，乡村两级扶贫项目安排和资金使用情况一律公告公示”要求，充分发挥12317扶贫监督举报电话、驻村工作队及第一书记监督作用；同时将优化发放流程，与有关部门建立定期数据交换机制，将防贫监测帮扶数据嵌入动态监控平台；此外还将加强常态化监管，配合有关部门强化对扶贫资金使用和项目的监督、检查和绩效评价，对扶贫领域的违纪违规问题，督促地方及时整改，积极配合纪检监察机构开展扶贫领域腐败和作风问题专项治理。

银保监会有关负责人表示，银保监会将督促代发金融机构严格执行代发协议，提高补贴资金发放的及时性、准确性，鼓励其提供免费、及时、逐项的补贴信息告知服务；督促代发金融机构向补贴群众提供便捷查询、取款途径，按规定向有关部门及时提供发放信息；对工作中未严格执行实名制，存在违规代办、冒领补贴等风险的金融机构，组织开展排查、检查和严肃问责。

财税“真金白银”助力脱贫

人民日报海外版，2020 年 12 月 5 日，汪文正

日前，国务院新闻办举行新闻发布会，介绍财税支持脱贫攻坚情况。最新数据显示，2020 年中央财政专项扶贫资金达 1461 亿元；1—10 月脱贫攻坚税收优惠政策促减税超 950 亿元；扶贫资金监管水平全面提升；资产收益扶贫提升财政资金“造血”功能……这些，都对脱贫攻坚起到了重要作用。

财政投入精准强力

财政部副部长程丽华在发布会上介绍，近年来财政部门全力以赴支持打赢脱贫攻坚战。

投入力度持续加大。2016—2020 年，连续 5 年每年新增中央财政专项扶贫资金 200 亿元，2020 年达 1461 亿元。2020 年一次性安排综合性财力补助资金 300 亿元，支持补齐挂牌督战地区脱贫攻坚短板弱项。在分配农业、教育等行业转移支付时向贫困地区、贫困人口倾斜。通过城乡建设用地增减挂钩节余指标跨省域调剂政策筹资 1896 亿元用于支持脱贫攻坚和乡村振兴。通过贷款贴息、风险补偿，引导金融机构投放扶贫小额信贷 6000 多亿元。

投入精准性显著提高。重点支持解决“两不愁三保障”突出问题，加大对重点地区的支持，2018—2020 年共安排支持“三

区三州”等深度贫困地区增量资金2800多亿元。

政策体系不断完善。不断提高财政支持政策的针对性和实效性。深入推进贫困县涉农资金整合试点，探索开展资产收益扶贫模式，运用政府采购政策支持消费扶贫。

资金安全性进一步加强。实施扶贫项目资金全过程绩效管理，推进扶贫资金项目公开公示，探索建立扶贫资金动态监控机制。

在开展资产收益扶贫方面，财政部农业农村司司长吴奇修介绍，资产收益扶贫提升了资金使用效益，强化了产业辐射带动作用，发展壮大了贫困村集体经济。“财政资金投入的‘造血’功能明显提升，贫困群众获得感明显增强。”吴奇修说。

在强化扶贫资金监管方面，随着财政扶贫资金管理制度的不断健全，财政扶贫资金违规违纪问题明显减少，扶贫资金使用的安全性、规范性明显提升。

税收优惠落实落细

看税收减免数据，2020年1—10月，税务部门落实支持脱贫攻坚各项税收优惠政策实现减税950多亿元，同比增长38%，有力推动贫困地区脱贫脱困。看增值税发票数据，832个贫困县2020年1—10月销售收入同比增长13.3%，充分反映新冠肺炎疫情特殊背景下，贫困地区经济恢复发展取得良好成效。

国家税务总局总经济师王道树介绍，支持脱贫攻坚的税收优惠政策包括6个方面：

——支持贫困地区基础设施建设，对农田水利、农村饮水安全工程等建设运营给予税收减免，优化贫困地区经济社会发展环境。

——推动涉农产业发展，实施“公司+农户”经营模式减免增值税和企业所得税、农林牧渔项目减免企业所得税等一系列税收支持政策。

——激发贫困地区创业就业活力，实施小微企业普惠性税收减免，加大重点群体创业就业税收优惠政策力度，将建档立卡贫困人口纳入税收优惠政策适用范围。

——推动普惠金融发展，通过免税、减计收入、准备金税前扣除、简易计税等多种方式，以农户和小微企业为重点对象，鼓励金融机构和保险、担保、小额贷款公司加大对扶贫开发的金融支持力度。

——促进“老少边穷”地区加快发展，实施西部地区、民族地区、新疆困难地区等区域性税收优惠政策，对易地扶贫搬迁给予所得税、契税、城镇土地使用税、印花税等方面的减免。

——鼓励社会力量加大扶贫捐赠，实施企业扶贫捐赠支出准予在企业所得税前据实扣除、扶贫货物捐赠免征增值税等政策，广泛引导社会力量积极参与脱贫攻坚。

保持政策总体稳定

不过，在执行过程中，一些地方补贴资金的发放依然不够规范，存在截留、挪用等问题。为此，财政部等七部委日前印发《关于进一步加强惠民惠农财政补贴资金“一卡通”管理的指导意见》，调整优化惠民惠农财政补贴政策体系，建立健全监管长效机制。

“到2023年实现所有直接兑付到人到户的惠民惠农财政补贴资金，原则上均通过‘一卡通’相关的方式发放。中央统筹、省负总责、市县抓落实的监管格局基本形成，实现‘一张清单管制度、一个平台管发放’。”财政部监督评价局局长部进兴说。

脱贫摘帽不是终点，而是新生活、新奋斗的起点。下一阶段，在防止返贫和乡村振兴方面还将有哪些财税政策支持？

“脱贫攻坚过渡期内，财政支持政策总体保持稳定。在此基础上，将根据巩固拓展脱贫攻坚成果同乡村振兴衔接的需要和财力状况，合理安排财政投入规模，优化支出结构，为做好衔接工作提供资金保障。”程丽华说。

贫困县摘帽以后，包括税收在内的相关帮扶政策也会从攻坚战转入常态化。“下一步，税务部门将着力建立完善巩固脱贫攻坚成果的长效机制，对已脱贫摘帽的贫困县、贫困村和贫困人口，继续做好政策宣传辅导，税收优惠应享尽享。”王道树说。

滚石上山不松劲　财政部全力保障脱贫攻坚“粮草军需”

人民网，2020 年 9 月 17 日，任妍

2020 年是全面打赢脱贫攻坚战收官之年，也是全面建成小康社会目标实现之年。3 月 6 日召开的决战决胜脱贫攻坚座谈会，奏响了 2020 年脱贫攻坚最强音，敲定了一揽子“更强力度”硬任务。为保障如期高质量打赢脱贫攻坚战，财政部始终把脱贫攻坚摆在突出、重要位置，全力保障资金投入，针对薄弱环节补短板，加强扶贫资金监管，切实保障好扶贫资金足额用在“刀刃上”，帮扶帮到群众“心坎上”。

从加快扶贫项目开工复工到支持扶贫产业恢复生产，从开展消费扶贫、产业扶贫到落实好兜底保障……一场场凝心聚力的脱贫攻坚大闯关行动正在进行。财政部以更大决心、更强力度推进高质量完成脱贫攻坚目标任务，确保如期“拔穷根”。

精准施策　三大举措积极应对疫情影响

2020 年春节前后，一场突如其来的新冠肺炎疫情迅速向全国蔓延，给脱贫攻坚工作带来新的不确定性。财政部高度重视新冠肺炎疫情给脱贫攻坚带来的新挑战，密切跟踪疫情影响，多措并举支持统筹推进疫情防控和脱贫攻坚工作。

据悉，在财力保障方面，2020年中央财政较大幅度增加专项扶贫资金规模，并向湖北等受疫情影响较重地区适当倾斜，加大对吸纳贫困劳动力较多的东部省份奖励力度。同时，中央财政在测算分配2020年农业生产发展资金等转移支付时，将向湖北等疫情防控重点地区倾斜，适当加大资金支持力度，促进恢复农业生产。通过农业生产救灾资金，支持水稻、小麦等农作物重大病虫害和草地贪夜蛾防控，对湖北省适当倾斜并对其蔬菜病虫害防控适当支持保障“菜篮子”。此外，各地可在2019—2020年服务业发展资金支持农商互联工作事项中合理安排一定比例资金用于支持疫情防控期间农产品市场保供，具体支持货源组织、储备和对接调运，相关资金不受原有政策规定的资金用途比例限制。

调整优化相关政策方面，财政部督促指导各地结合实际，按照精准施策的要求，在现有资金管理制度框架内，优化中央财政专项扶贫资金使用管理，重点支持受疫情影响较重的扶贫产业、贫困人口就业等方面。财政部还配合国务院扶贫办出台文件，督促各地将2020年光伏扶贫发电收益的80%用于公益岗位工资和村级公益事业建设的劳务费，以支持鼓励贫困劳动力就近就业，减少疫情对务工收入的影响。

加大投入、补齐短板　奏响脱贫攻坚挂牌督战

如期高质量打赢脱贫攻坚战，资金保障十分重要。2020年以来，财政部预算安排中央财政专项扶贫资金1461亿元，连续第5年保持200亿元增量，资金分配进一步聚焦，在重点倾斜支持“三区三州”的同时，加大了对“三区三州”之外贫困人口多、贫困发生率高、脱贫难度大的深度贫困地区以及挂牌督战地区的支持力度，资金比往年提前1个多月下达到省。

针对脱贫攻坚中仍存在的短板弱项，财政部以挂牌督战县、村为重点，在 2020 年已安排 1461 亿元中央财政专项扶贫资金基础上，再一次性安排支持脱贫攻坚补短板的综合财力补助资金 300 亿元，支持贫困地区克服疫情影响，重点用于补齐挂牌督战县因疫情影响造成的财政减收、“三保障”和农村饮水安全、易地扶贫搬迁后续扶持、贫困劳动力就业、产销对接、解决有关地区“苦咸水”问题等方面。截至 6 月上旬，脱贫攻坚补短板补助资金已全部落实到县。

教育、医疗卫生、住房保障等相关转移支付也继续向贫困地区、贫困人口倾斜支持。例如，继续安排增量资金 10 亿元专门支持“三区三州”教育脱贫攻坚。继续通过医疗救助渠道安排深度贫困地区 40 亿元，专门用于提高农村贫困人口医疗保障水平。

此外，财政部在支持贫困县涉农资金统筹整合试点下足了功夫。2016 年以来，财政部落实中央决策部署，牵头研究和推动实施贫困县涉农资金整合试点政策，化零钱为整钱，集小钱成大钱，解决了贫困地区扶贫资金“小散乱”和项目安排“碎片化”的难题，推动形成了“多个龙头放水、一个龙头出水”的扶贫投入新格局。2016—2019 年，全国 832 个贫困县整合资金规模超过 1.2 万亿元，为打赢脱贫攻坚战发挥了重要支撑保障作用。

统计数据显示，2020 年上半年，全国 832 个贫困县已累计整合涉农资金 2494 亿元，其中用于农业生产发展的资金占比 47.92%，较 2019 年上升 7.33 个百分点；用于农村基础设施建设的资金占比 47.16%，下降 7.46 个百分点，支出结构得到进一步优化，为贫困群众通过产业持续增收，巩固脱贫成果奠定了良好基础。

加强资金监管　确保“一分一厘不乱花”

扶贫资金作为贫困群众的“救命钱”“保命钱”和减贫脱贫的“助推剂”，如何管好、用好这宝贵的资金？

在脱贫攻坚冲刺收官的关键阶段，财政部继续将扶贫资金监管摆到突出重要位置，编紧制度的“笼子”，扎密管理的“篱笆”，加快扶贫资金动态监控机制建设，确保贫困群众的“救命钱”一分一厘都不会乱花。

同时，财政部推动监管“一盘棋”，加强扶贫资金监管的统筹协调，进一步明确财政部门内部各方监管职责，建立健全职责清晰、分工明确、上下联动、层层落实、信息共享、协同高效的扶贫资金监管工作机制。

针对扶贫资金绩效评价和排查梳理“回头看”发现的易发多发问题，财政部及时印发指导性文件，要求各地不得将财政专项扶贫资金及其他整合资金用于各类“造景”工程、形象工程，进一步提高资金使用效益。

此外，强化财政部派驻地方的监管机构对扶贫资金的监督职能，将财政扶贫资金监管作为2020年监管局工作重点，强化事前事中监管，积极有效发挥就地就近监管优势和作用。

2020年是全面打赢脱贫攻坚战收官之年，也是全面建成小康社会目标实现之年。扶贫工作面临新的形势和任务，正由集中力量攻坚向完成剩余脱贫任务、巩固拓展脱贫攻坚成果、衔接推进乡村振兴转变。

下一步，财政部将继续把脱贫攻坚工作作为重要任务扛在肩上、记在心上、抓在手上，慎终如始地全力保障好脱贫攻坚“粮草军需”，加大投入保障，优化政策供给，强化资金管理，主动担当作为，滚石上山、攻坚克难，以饱满的精神状况和扎实的工作作风，坚决如期高质量打赢脱贫攻坚战。同时，主动作为，提前谋划，积极推动脱贫攻坚与乡村振兴战略有机衔接。

财政部：提高扶贫资金使用效益实现脱真贫、真脱贫

人民网，2020 年 12 月 2 日，任妍

12 月 2 日下午，国新办就财税支持脱贫攻坚有关情况举行发布会。会上，财政部副部长程丽华表示，2020 年，受新冠肺炎疫情等多方面因素影响，财政收支形势较为严峻，在这样的背景下，既要“战疫”，又要“战贫”，为打好打赢这两场大战，2020 年年初，财政部党组即明确，要千方百计做好脱贫攻坚收官战的投入保障工作，决不能因为财政投入影响任务如期完成。

程丽华指出，2020 年，在贫困人口、贫困县大幅减少的情况下，中央财政脱贫攻坚投入规模不降反增。在加大投入力度的同时，我们着眼于提高扶贫资金使用效益，进一步加快资金下达和支出进度，支持各地聚焦短板弱项精准发力，实现脱真贫、真脱贫。

在支持啃“硬骨头”方面，程丽华介绍称，截至 2019 年年底，尚有 52 个县、2707 个村未脱贫。脱贫攻坚，一个也不能少。为了啃下这些最硬的“骨头”，中央财政坚持靶心不偏、焦点不散，在资金安排时将这些地区作为艰中之艰、重中之重，给予倾斜支持，2020 年专门安排的资金规模达到 417 亿元。同时，建立定期调度分析机制，督促各地加快支出进度，确保资金及时如数

拨付到挂牌督战县，把钱用在刀刃上。

在克服疫情灾情影响方面，程丽华表示，财政部主要会同有关部门，及时采取针对性措施，稳定贫困户收入，防止因疫情可能造成的因“疫”致贫。一是支持疫情防控。2020 年中央财政安排专项扶贫资金 14 亿元，支持湖北等受疫情影响较重的 7 个省份，其中安排湖北省 8 亿元。同时，创新资金管理方式，将 2020 年安排的中央财政专项扶贫资金增量纳入直达资金管理，直达基层民生。二是支持稳岗拓岗。通过一次性生产补贴、贷款贴息支持、临时岗位补助等，带动贫困户就业。比如，将 2020 年光伏扶贫发电收益的 80% 用于公益岗位，127 万贫困人口实现在家门口就业。截至 9 月底，25 个省份已外出务工贫困劳动力 2934 万人，超过 2019 年外出务工总人数。三是支持产业扶贫。加大对受疫情影响较大的产业扶贫项目生产、储存、运输、销售等环节的支持，解决农产品“卖难”问题。四是支持恢复重建。及时指导各地立足现有资金渠道和政策，对受灾影响严重的市县和受灾贫困户给予支持和优先保障，统筹做好灾后恢复重建和脱贫攻坚工作。

财政部：加大投入支持如期全面完成脱贫攻坚

新华社，2020 年 2 月 26 日，申铖

记者 26 日从财政部了解到，财政部脱贫攻坚领导小组日前制定印发 2020 年工作要点，要求各级财政部门切实发挥职能作用，加大投入，聚焦短板，支持如期全面完成脱贫攻坚目标任务。

财政部强调，各级财政部门要统筹考虑完成最后攻坚任务和巩固脱贫成果等因素，强化财政扶贫投入保障。完善资金分配方式，加大对“三区三州”等深度贫困地区、挂牌督战地区、巩固脱贫成果和易地扶贫搬迁后续扶持的支持力度，大力支持农业特色产业发展和防止返贫。

财政部称，要聚焦深度贫困地区和“两不愁三保障”问题，加快补齐短板；推进贫困县涉农资金整合试点，规范资产收益扶贫工作；加强财政扶贫资金监管，提高扶贫项目资金绩效，强化对各级各类财政扶贫资金的动态监控。

财政部要求，各级财政部门要积极谋划，压实责任，推进脱贫成果巩固和衔接乡村振兴战略：一是支持做好巩固脱贫成果工作，做好返贫人口和新发生贫困人口的监测和帮扶工作，抓紧研究 2020 年后财政扶贫政策；二是切实履行定点帮扶责任，帮助

定点扶贫县巩固脱贫成果，推动脱贫攻坚与乡村振兴战略有效衔接；三是全面总结财政脱贫攻坚工作，继续利用多双边开发机构平台和对外财经对话机制，支持国际减贫交流合作。

如何加强困难群众兜底保障？中央财政下达 1030 亿元救助补助资金

新华社，2020 年 4 月 15 日，余俊杰、王希、董瑞丰

如何加强困难群众兜底保障？

2020 年是脱贫攻坚决战决胜之年，受疫情影响，一些原本经济基础薄弱的群众陷入了困境。如何强化兜底保障工作，防止因“疫”致贫、返贫，维护困难群众切身利益？

4 月 14 日下午，国务院联防联控机制召开新闻发布会，由财政部、民政部、国家卫健委有关负责同志就强化疫情防控期间困难群众兜底保障工作介绍情况。

强化困难群众兜底保障

此次新冠肺炎疫情的冲击，会不会影响困难群众兜底保障工作？

“我们不会因为疫情问题，而影响 2020 年困难群众基本生活保障资金的落实。”财政部社会保障司司长符金陵在新闻发布会上说。

他表示，尽管一季度财政收入受到阶段性影响，但我国经济规模大、潜力足、韧劲强，财政收入规模较大，调整的潜力和余

地也比较大。

一系列沉甸甸的数据，可以印证困难群众基本生活兜底保障政策的落实——

截至3月13日，全国各级财政安排的疫情防控投入已达到1169亿元。

中央财政目前已提前下达了1030亿元困难群众救助补助资金，支持地方统筹安排用于困难群众生活保障。

2020年中央财政进一步增加医疗救助资金规模，目前已经下达医疗救助资金261亿元。

截至2月底，全国低保支出303亿元、临时救助支出29亿元、特困人员救助供养支出60亿元，同比分别增长17.6%、19.4%和26.6%。

这些资金是老百姓的活命钱，一分一厘都要精准分配、管好用好。如何确保“好钢用在刀刃上”？

对此符金陵表示，财政部将会同有关部门，尽快下达2020年剩余的困难群众生活保障资金，进一步向湖北等疫情严重地区、保障任务重的地区以及财政比较困难的重点地区倾斜。在加快拨付进度的同时，还将加强资金监管。

落实直接救助　纾困疫区人员

疫情发生以来，由于采取交通管控等措施，滞留在武汉等疫区的部分外地人员生活上遭遇困顿。

针对此部分困难群众，符金陵介绍，按照滞留时间、当地生活成本等，由急难发生地给予直接救助，所需资金由地方统筹使用中央财政困难群众救助补助资金和地方安排的资金来统一解决。

民政部社会救助司司长刘喜堂说，对滞留武汉的外来人员，民政部门目前主要有两种方式救助：一是提供临时的住宿、饮食等帮扶；二是对受疫情影响找不到工作又得不到家庭支持，基本生活出现暂时困难的外来务工人员，可以按规定给予临时救助，主要是发放现金补助的方式。

据悉，2 月 22 日，武汉市出台了《关于开展滞留在汉外地旅客临时生活救助的通知》，对生活困难人员一次性给 3000 元的补助。2 月 27 日，又出台了《疫情防控期间滞留在汉的外地人员服务保障工作实施方案》，提出了对外地滞留在武汉人员的一系列帮扶救助方案。

截至 3 月 13 日，武汉市共设置 69 个安置点，累计安置 4843 人，累计向 5839 人发放临时生活困难救助金 1609.8 万元。困难群众可通过社区和街道申请救助，也可以拨打武汉市和各区的社会救助服务热线，还可以在线通过二维码申请。

足额补助、应保尽保："兜底"各地各类困难群众

据民政部初步统计，2020 年 1—2 月共发放价格临时补贴 16.9 亿元，约有 3100 万群众受益。

据刘喜堂介绍，为进一步做好疫情防控期间困难群众兜底保障工作，民政部采取了及时足额发放各类补助、切实做到应保尽保、加大对新冠肺炎患者及受影响家庭的救助力度等措施。

"一些人原本可以外出就业，受疫情影响出不去了，家庭收入可能就降到低保标准之下，要将他们及时纳入最低生活保障范围。"刘喜堂说。

同时，民政部门正在简化社会救助程序，适当下放救助审批权限，让困难群众求助有门、受助及时——困难群众申请救助可在窗口或线上办理，缩短时限，也可通过电话申请、咨询，入户调查可采用视频等方式，资金发放都是直接打到银行卡上。

“比如重庆近期出台措施，对困难群众中的患者，按照当地低保标准的2倍按月发放临时救助金。”刘喜堂说。

对于散居特困人员、居家隔离的孤寡老人、孤儿以及留守儿童、留守老人等，有关部门也对他们的生活保障做了专门安排，要求及时报告、妥善照顾、加强主动探视。

“2020年是脱贫攻坚决战决胜之年，困难群众受疫情影响较大，原有的脱贫攻坚兜底保障任务更重了。”刘喜堂说，民政部为此专门部署安排，聚焦重点地区和人群，统筹做好疫情防控和脱贫攻坚兜底保障。

刘喜堂表示，对低保对象、特困人员、孤儿、残疾人等特殊困难群体，要及时足额发放补助。对于受疫情影响比较重的地区，还要进一步增发生活补助，例如在湖北的上述困难人员，城市按照500元的标准、农村按照300元的标准给予生活物资救助。

符金陵介绍，财政系统将延长公益性岗位政策的实施期限，研究开发一批新的公益性就业岗位，对就业困难的人群提供帮扶。同时，进一步发挥扶贫资金带动作用，大力支持农村劳动力务工就业，增加收入，努力减轻疫情对困难群众的影响。

长路村的“美丽蝶变”

新华社，2020 年 10 月 4 日，郭杰文、姚子云

绿树屋舍错落有致，精品民宿清新淡雅……走在江西省井冈山市拿山镇长路村整洁的村道上，不时飘来淡淡的桂花香。

“之前亲戚都不愿来村里串门，遇到下雨天路上全是泥，骑自行车要带根棍子，不时敲下粘在链条上的泥巴。”贫困户李寿生说，村里穷，村容村貌较差，外地姑娘都不愿意嫁进村。

李寿生所在的长路村是江西省“十三五”贫困村，村民收入主要以水稻种植和外出务工为主，增收渠道单一。虽然村里有依山傍水的生态优势，但道路、电网等基础设施不完善，毗邻井冈山市城区的优势难以发挥。

脱贫攻坚工作开展以来，当地依托红色文化和乡村美丽生态挖掘“红”“绿”资源，整合资金投入村容村貌提升改造。井冈山市财政局局长邹政介绍，2016 年以来，财政部门已整合安排长路村各类涉农资金 900 余万元，村里各项基础设施得到逐步完善。

“如今村里的人居环境大为改善，村民住上安全房、喝上放心水、走上平坦路、用上卫生厕，整个村庄面貌焕然一新。”长路村党支部书记刘足华说。

村容村貌改善后，当地财政协助长路村依托古旧房屋资源申请 1300 万元项目资金，对村里的古旧房屋进行修缮保护。另外，

当地还招商引进北京四方合悦公司承租村民闲置旧房打造民宿，一些村民在民宿务工实现家门口就业。

在民宿务工的汤斗是长路村的“外来媳妇”，20 年前汤斗要嫁进长路村时，家人强烈反对，如今家里人正为她的生活感到开心。

汤斗告诉记者，家里的旧房以每年 5000 元的价格租给公司运营，做客房服务员一个月 2500 元收入，公司还回收种养的土特产。

为进一步拓宽贫困户增收渠道，长路村还组织贫困户以入股的方式参与农业合作社经营，通过资产收益实现贫困户持续增收。一系列财政扶持举措成效显著，长路村在 2017 年实现整体脱贫摘帽，贫困户的人均年收入从 2016 年的 2721 元提高到 2019 年年底的 13964 元。

现在的长路村已成为远近闻名的网红“打卡点”，长路村的“美丽蝶变”是井冈山推进脱贫攻坚工作的一个缩影。井冈山市市长焦学军介绍，2016 年以来井冈山已统筹整合涉农资金 12.3 亿元，每年用于扶贫方面的财政投入超过 4 亿元，今后将进一步发挥好涉农资金的使用效益，为井冈山加快乡村振兴步伐提供有力支持。

财政“真金白银”助力湖北巴东高山变良田

新华社，2020 年 10 月 22 日，申铖、侯文坤

秋意渐浓，湖北省恩施州巴东县野三关镇竹园淌村的蔬菜基地迎来了丰收，火红的西红柿挂满枝头。车间内，工人们热火朝天地忙碌着，抓紧将刚采摘下来的西红柿打包装箱。

“丰收啦！这些西红柿将被运往武汉、上海等地的市场销售。此外，我们还通过扶贫电商平台进行线上销售。”巴东县黄连坪农业开发有限公司总经理朱旭说。

地处武陵山脉的竹园淌村，平均海拔约在 1500 米，曾是一个典型的高山贫困村，基础设施落后，缺乏支柱产业。

“得主动求变找出路。”巴东县野三关镇党委书记伍晓锋说，竹园淌村超千米的海拔，正好是种植反季节蔬菜的理想场所。在县政府大力帮扶下，黄连坪农业开发有限公司自 2017 年起尝试高山西红柿种植，一个高山上的蔬菜基地逐渐建立起来。

如今的竹园淌村，蜿蜒的公路盘山而上，几百个大棚沿路铺开，从山腰一直延伸到山顶，种植的西红柿已超千亩。

“高山西红柿采摘期在 8 月下旬至 11 月初，与普通的西红柿错峰上市，每公斤售价 5 元左右，效益很好。”村里贫困户王英告诉记者，包括自己在内，不少村民在公司里务工，日子越过越好了。

高山变良田，离不开财政“真金白银”的有力支持。

“近年来，我县整合了财政涉农资金 2922 万元，采用以奖代补、贷款贴息、项目直接投入等方式，培育黄连坪农业开发有限公司发展生态循环农业，助推竹园淌村扶贫产业发展。”巴东县常务副县长熊翔说。

记者在大棚基地上游看到，一个可存栏 7500 头猪的标准化猪场运转有序，并配套建设了 1400 立方米的沼气池。猪粪和农作物秸秆可通过沼气池发酵处理，生成的沼液灌溉至田间，沼渣用作有机肥料，沼气用于发电。

“多亏涉农资金整合政策，我们才得以建立起这一‘猪—沼—菜’农业生态循环体系，不仅节约种植成本，还能保护生态环境，种植的蔬菜口感也很好。”伍晓锋说。

推进贫困县涉农资金整合，是财政助力脱贫攻坚的一个重要发力点，旨在赋予贫困县更多的自主权，推动形成“多个渠道引水、一个龙头放水”的扶贫投入新格局，促进资金使用精准。

自 2016 年 4 月启动以来，贫困县涉农资金整合试点工作有序推进。财政部数据显示，截至 2019 年，全国 832 个试点县累计整合各级各类财政涉农资金超过 1.2 万亿元，让“零碎”资金形成合力、发挥更大效用。

朱旭告诉记者，通过种植养殖业发展，公司常年吸纳 400 余人在基地务工；与此同时，积极推进资产收益扶贫，每年给村集体及贫困户按项目补助资金的 6% 分红，股权收益分红累计达 104.4 万元。

“下一步，我们将以生态循环农业示范点为抓手，举办西红柿采摘节，建设精品民宿，打造特色民宿群，让村里更多乡亲跟着富起来。”朱旭说。

财政部：中央财政专项扶贫资金连续五年每年新增 200 亿元

新华网，2020 年 12 月 2 日

财政部副部长程丽华 12 月 2 日在国务院新闻办新闻发布会上表示，按照大扶贫格局要求，把脱贫攻坚摆在财政支出优先保障地位，确保投入力度与脱贫攻坚任务相适应，充分发挥政府投入的主体和主导作用。

程丽华表示，2016—2020 年，连续 5 年每年新增中央财政专项扶贫资金 200 亿元，2020 年达到 1461 亿元，发挥了精准扶贫资金主渠道作用。2020 年又一次性安排综合性财力补助资金 300 亿元，支持补齐挂牌督战地区脱贫攻坚短板弱项。在分配农业、水利、生态、交通、教育等行业转移支付时，向贫困地区、贫困人口倾斜，推动解决贫困地区突出问题。

程丽华介绍称，通过城乡建设用地增减挂钩节余指标跨省域调剂政策，筹资1896亿元，全部用于支持脱贫攻坚和乡村振兴；通过贷款贴息、风险补偿，引导金融机构投放扶贫小额信贷6000多亿元。

程丽华表示，投入精准性显著提高。一方面，重点支持解决"两不愁三保障"突出问题。支持义务教育控辍保学，贫困家庭辍学学生基本实现"应返尽返"；加大健康扶贫投入，支持贫困人口参保，提高报销待遇，实现医疗保障托底；加大对重点对象的倾斜支持，提高危房改造补助标准；支持贫困地区农村饮水工程维修养护，2019年以来共安排39.6亿元，完成约10万处工程维修养护。

在重点地区的支持方面，程丽华表示，2018—2020年共安排支持"三区三州"等深度贫困地区增量资金2800多亿元，为攻克最后的贫困堡垒提供了有力支撑。

财政部：累计下达 2020 年中央财政专项扶贫资金 1396 亿元

央视新闻客户端，2020 年 3 月 31 日，王楠

近日，财政部下达各地 2020 年中央财政专项扶贫资金 260.27 亿元，加上提前下达的 1136.09 亿元，目前已累计下达 2020 年中央财政专项扶贫资金 1396.36 亿元，资金下达时间比往年提前一个多月。

2020 年中央财政专项扶贫资金分配重点向“三区三州”和“三区三州”之外贫困人口多、贫困发生率高、脱贫难度大的深度贫困地区以及挂牌督战地区倾斜，同时，加大了对受新冠肺炎疫情影响较重地区、人口较多的易地扶贫搬迁集中安置区和贫困革命老区的支持力度。

下一步，财政部将督促相关省份按照“省负总责”的要求，结合实际统筹安排资金，保障完成剩余脱贫攻坚任务和巩固脱贫成效需要，重点支持扶贫产业持续发展。同时，落实扶贫项目资金全过程绩效管理要求，加快资金拨付进度，充分发挥资金使用效益，利用财政扶贫资金动态监控平台，及时掌握资金使用管理情况，切实管好用好财政专项扶贫资金。

决战决胜脱贫攻坚　金融、财政等多方面加大脱贫攻坚力度

央视网，2020 年 5 月 13 日

2020 年是脱贫攻坚战最后一年，目前，各地、各部门纷纷出台政策，从金融、财政等多方面加大脱贫攻坚力度。

14 个省份将获中央财政专项扶贫资金奖励

第一个数据：14。财政部 12 日介绍，在 2019 年脱贫攻坚成效考核中，河北、吉林、西藏、新疆等 14 个省份（自治区）被认定为完成年度计划，综合评价为好，脱贫攻坚成效显著。2020 年的中央财政专项扶贫资金将对这 14 个省份予以奖励，每个省份奖励 3 亿元，总共安排 42 亿元资金。

农村电商实现对所有国家级贫困县全覆盖

第二个数据：832。商务部 12 日介绍，我国农村电子商务发展迅速，已经实现了对全国 832 个国家级贫困县的全覆盖。农村网络零售额由 2014 年的 1800 亿元增长到 2019 年的 1.7 万亿元，规模总体扩大了 8.4 倍。2019 年全国农产品网络零售额达到 3975 亿元，同比增长 27%，带动 300 多万贫困农民增收。农村电商还吸引了一大批农民工、大学生、转业军人返乡创业。到 2019 年年底，全国农村网商达到 1384 万家。

财政部：2020 年农田建设补助资金 702 亿元已全部下达

央视网，2020 年 6 月 30 日，王楠

新冠肺炎疫情发生以来，财政部积极发挥职能作用，在坚决支持打赢疫情防控阻击战的同时，认真贯彻落实习近平总书记关于稳住农业、确保粮食安全的重要指示精神，2020 年安排农田建设补助资金 702 亿元（其中 2019 年提前下达 616 亿元），比上年增加 7.8 亿元，大力支持各地高标准农田和农田水利建设，推动落实新建 8000 万亩高标准农田的建设任务，着力巩固和提高粮食生产能力，为“三农”在“六稳”“六保”中切实发挥压舱石作用提供有力支撑。

截至 6 月 5 日，财政部已将上述资金全部下达完毕，并同步下达地方区域绩效目标。明确要求各地用于贫困县的资金增幅不低于该项资金平均增幅，分配给贫困县的资金一律采取“切块下达”，资金项目审批权限完全下放到县，不得指定具体项目或提出与脱贫攻坚无关的任务要求。

下一步，财政部将会同有关部门指导督促各地做好农田建设补助资金拨付、项目实施、落实脱贫攻坚有关要求以及全过程绩效管理等工作，以粮食生产功能区和重要农产品生产保护区为重点，大力推进高标准农田和农田水利建设，不断夯实农业生产基础，提升国家粮食安全保障能力。

财政扶贫一线调研（上篇）

——产业扶贫有“活水”

央广网，2020 年 10 月 12 日，刘柏煊

据中央广播电视总台经济之声《天下财经》报道，全面打赢脱贫攻坚战目前进入收官收尾阶段。在脱贫攻坚这场“硬战”中，财政资金、财税政策“挑大梁”。中央广播电视总台央广记者近日深入湖北贫困地区采访调研，观察千亿级中央专项扶贫资金、“一揽子”扶贫财税政策如何渗透到田间地头、如何惠及民生百姓。

在国家级贫困县恩施州巴东县，今年 31 岁的建档立卡贫困户陈兹方正通过电商直播推销着自己店铺里的巴东县土特产。他一边直播，一边用双脚打包，横一道、竖一道地为纸箱缠上胶带。双脚熟练的动作和上半身两侧空荡荡的袖筒形成对比，不少网友在弹幕中留下“励志哥”这样的点赞。

多年前，天生没有双臂的陈兹方接触到了自媒体，触电般地喜欢上了拍视频、剪视频。他想要通过自媒体自谋生计，但身处大山里的贫困县，找活难，找钱更难。

“我当时创业急需一笔资金。因为我是贫困户，所以我们当地就针对我的情况进行‘一户一策’的重点帮扶，帮我申请了财政专项扶贫资金。”陈兹方说。

查阅巴东县近年来的扶贫资金台账，仅在 2019 年，起码有两笔支出让陈兹方直接受益。一笔来自中央专项扶贫资金，共 20 万元，主要用于陈兹方线下店铺的硬件升级；一笔来自统筹行业扶贫资金，有 2 万元，这笔钱用作帮扶培训经费，让陈兹方坐进了电商技能培训的课堂。这些款项及时下达，成为产业扶贫的源头“活水”。

陈兹方告诉记者：“20 万元的这笔资金我主要用在了店铺改造、办公设备升级等，扩大了店铺面积，购置了电脑、相机一些专业设备。可以说，这 20 万元资金的投入为我们应对 2020 年疫情冲击奠定了一个很好的基础。因为我店铺里的所有软硬件都经过改造升级了，所以疫情期间，我可以快速转到线上渠道，通过短视频、直播等形式来帮我们老乡卖产品。”

真金白银的财政扶贫资金，让陈兹方的店铺有了新变化。近 5 年时间里，一个直观的数字是，陈兹方店铺的年销售额翻了好几番，年销售额一度突破 400 万元。财政扶贫资金的“杠杆效应”显露无疑。

巴东县财政局副局长曹章看着陈兹方的店铺由小做到大，陈兹方也从贫困户“出列”，成为电商大户。几年的扶贫工作下来，曹章有些感悟。扶贫不是简单给钱，财政扶贫资金托一把、送一程，关键在于激发内生动力，陈兹方的故事就是一个生动案例。

“财政资金主要帮助贫困户解决一些资金上的难题，通过扶持来激发他们的内生动力，让他们有信心解决自己的就业还有增收致富的问题。”曹章说。

2020 年 5 月，经过国务院扶贫办的评估，巴东县 18 万贫困人口全部脱贫，摘掉了“国家级贫困县”的帽子。

脱贫不脱政策、脱贫不脱帮扶、脱贫不脱责任。巴东县委常委、野三关镇党委书记伍晓锋告诉记者，接下来，如何继续利用好财税政策巩固好脱贫成果、做大做强电商产业，考验的是基层更长远的政策执行力。

伍晓锋说："财政对电商扶贫的支持主要是三个方面：一个是人才引入，一个是电商培训，还有一个是扶贫带贫效果奖补。下一步，这几方面还有很多工作可以做。"

财政扶贫一线调研（下篇）

——资产收益扶贫成“新路子”

央广网，2020 年 10 月 13 日，刘柏煊

据中央广播电视总台经济之声《天下财经》报道，全面打赢脱贫攻坚战目前进入收官收尾阶段。在脱贫攻坚这场“硬战”中，财政资金、财税政策“挑大梁”。中央广播电视总台央广记者近日深入湖北贫困地区采访调研。扶贫机制如何一路总结经验、一路向前探索？如何最大限度释放财政扶贫资金的“造血”潜力？

“养猪场的规模是年存栏 7500 头，年出栏 15000 头。我们对养猪场的猪产生的粪污进行处理，沼气可以发电，沼液可以作为有机肥料……”山上是养猪场、沼气池、发电站，山腰是蔬菜大棚，山下则是农产品分拣和包装车间。在国家级贫困县恩施州巴东县的野三关镇黄连坪村，生态循环农业的立体布局层次分明地展现在记者眼前。

从 4 年前几乎没有规模化的农业产业到现在的生态循环农业初具雏形，这离不开财政扶贫资金的精准“滴灌”。从湖北省扶贫资金监管信息系统上可以看到，扶持黄连坪村这一生态循环农业基地的各类财政资金目前已超过 2900 万元，其中，中央专项扶贫资金占大头，达到约 2000 万元。

超过千万的财政扶贫资金为何集中投向这一生态循环农业基地？野三关镇常务副镇长田向东告诉记者，因为这一基地是全村产业扶贫的“牛鼻子”，主打的是特色高山蔬菜这张“牌”，直接惠及黄连坪及周边村400多户贫困户。“当时为什么考虑这么大的投入？是因为2017年这里成立农业开发公司以后，就带动了我们整个村的农业产业发展，主打的就是蔬菜产业。”

财政扶贫资金的注入，让生态循环农业基地的发展加快“脚步”。但与以往不一样的是，上千万的财政扶贫资金并不是一次性的投入，财政扶贫资金的使用和基地的模式一样，也形成了“循环效应”。这一切都源自资产收益扶贫这一“新路子”。

湖北省财政厅副厅长刘辉文解释：“县级可将财政专项扶贫资金和其他财政涉农资金投入设施农业、养殖、乡村旅游等项目形成的资产，折股量化给村集体，建立与建档立卡贫困户的利益联结机制，发挥财政资金的长期效益，来带动脱贫，巩固脱贫成效。”

资产收益扶贫具体怎么操作？以黄连坪村的生态循环农业基地为例，田向东站在田间小路上，将记者的视线引向周围的蔬菜大棚。“你看现在这些大棚，实际上是我们财政扶贫资金投入的，这块资产不属于这个公司，而是属于村集体。这些大棚我给你用，你每年必须按照6%的收益给我回报，回报给村集体。这笔收益我们也探索了一种分配方式，20%留给村集体，80%分给我们从事蔬菜产业的农户尤其是贫困户进行奖补。”

记者在调研中发现，不少基层干部和村民都习惯用“三个变”来形容资产收益扶贫这一创新机制带来的变化——资源变资产、资金变股金、农民变股东，宝贵的财政扶贫资金有了更强的“造血”功能。

依托于这一扶贫的“新路子”，村里的贫困户有了更多元的收入。对此，建档立卡贫困户朱真山深有感触。一年下来，村集体分红有 1100 元、土地流转收入有 6000 元、农业开发公司务工收入有 60000 元，这些加到一块，和过去相比，到腰包里的钱翻了好几倍。“最早的时候，我们只能卖一点种子和肥料的钱。现在，一年大概有 7 万元收入，翻好多倍的。”

看到收入的明显变化，一些外出打工的贫困户村民也选择回到村里，在家门口重新干起了农活。

助力脱贫攻坚　财税投入力度持续加大

央广网，2020 年 12 月 3 日

据中央广播电视总台中国之声《新闻和报纸摘要》报道，在 2 日国新办举行的新闻发布会上，财政部有关负责人介绍，2016—2020 年，每年新增中央财政专项扶贫资金 200 亿元，2020 年达到 1461 亿元，发挥了精准扶贫资金主渠道作用。

财政部副部长程丽华：投入精准性显著提高，加大对重点地区的支持，2018—2020 年共安排“三区三州”等深度贫困地区增量资金 2800 亿元，为攻克最后的贫困堡垒提供了有力支撑。

国家税务总局有关负责人介绍，我国出台六大类税收优惠政策，涉及贫困地区基础设施建设、涉农产业发展等多方面，取得了积极成效。

国家税务总局政策法规司副司长王世宇：仅 2020 年 1—10 月，税务部门落实支持脱贫攻坚各项税收优惠政策就实现减税 950 亿元，同比增长 38%，832 个贫困县，2020 年 1—10 月销售收入同比增长 13.3%，经济恢复发展取得了很好的成效。

财政部：强化财政扶贫投入保障

光明日报，2020 年 2 月 29 日，陈晨

在大力支持疫情防控的同时，财政部坚决履行脱贫攻坚政治责任，日前印发 2020 年脱贫攻坚工作要点，从十方面作出具体安排。财政部要求各级财政部门统筹考虑完成最后攻坚任务和巩固脱贫成果等因素，强化财政扶贫投入保障，完善资金分配方式，加大对“三区三州”等深度贫困地区、挂牌督战地区、巩固脱贫成果和易地扶贫搬迁后续扶持的支持力度，大力支持农业特色产业发展和防止返贫。

财政部强调，各级财政部门要切实发挥职能作用，积极主动作为，加大投入，聚焦短板，坚决如期打赢脱贫攻坚战。聚焦深度贫困地区和“两不愁三保障”问题，加快补齐短板。在坚持现有标准解决突出问题的基础上，高度关注、密切跟踪新冠肺炎疫情对脱贫攻坚的影响，及时采取有针对性的措施。

财政部要求各级财政部门积极谋划，压实责任，推进脱贫成果巩固和衔接乡村振兴战略。一是支持做好巩固脱贫成果工作，支持建立有效机制，做好返贫人口和新发生贫困人口的监测和帮扶工作。在全面评估现有财政支持脱贫攻坚政策的基础上，抓紧研究 2020 年后财政扶贫政策。二是切实履行定点帮扶责任，加强跟踪督办，帮助定点扶贫县巩固脱贫成果，推动脱贫攻坚与乡村振兴战略有效衔接。三是全面总结财政脱贫攻坚工作，继续利

用多双边开发机构平台和对外财经对话机制，支持国际减贫交流合作，宣传我国扶贫经验和减贫成就。

财政部等三部门运用政府采购政策助力脱贫攻坚

光明网，2020 年 8 月 2 日，陈畅

近日，在财政部、国务院扶贫办和供销总社三部门通力配合下，贫困地区农副产品网络销售平台交易规模突破 12 亿元，平台入驻国家级贫困县注册的供应商超过 5 000 家，上线来自国家级贫困县的农副产品 5 万多个；注册采购预算单位超过 34 万家，预留采购金额近 60 亿元。

党的十八大以来，以习近平同志为核心的党中央高度重视脱贫攻坚工作。实现贫困人口尽快脱贫致富，与全国一道进入全面小康社会，始终是习近平总书记心里最牵挂的一件大事。

为深入贯彻落实习近平总书记重要指示精神和党中央、国务院关于坚决打赢脱贫攻坚战的决策部署，2019 年 8 月，财政部联合国务院扶贫办和中华全国供销合作总社共同印发《政府采购贫困地区农副产品实施方案》，提出充分运用政府采购政策鼓励动员各级预算单位等通过优先采购、预留采购份额方式，采购贫困地区农副产品。2019 年 10 月 17 日，贫困地区农副产品网络销售平台上线试运行。

为充分发挥财政调控手段在推动消费扶贫中的作用，财政部高度重视，精心研究、科学部署、强化督导，在不新增预算额度

前提下创造条件，预留金额专门采购贫困地区农副产品。财政部专门建立按月通报排名机制，有效调动了各级预算单位积极性。各中央预算单位以及各地财政部门认真落实财政部要求，全力推进通过贫困地区农副产品网络销售平台采购贫困地区农副产品工作，有效发挥了示范带动作用。

7 月 21 日，财政部、国务院扶贫办、供销总社以视频会议形式召开政府采购贫困地区农副产品工作推进会。会议强调各级预算单位要提高政治站位，强化使命担当，加快推进政府采购扶贫工作，按时完成预留份额任务，抓好采购执行，支持打赢脱贫攻坚战。各级财政部门要切实负起责任，督促预算单位加快采购执行进度，多采购贫困地区滞销的农产品。贫困地区财政部门要牵头做好农副产品货源组织工作，进一步丰富产品供给，抓好产销对接，助力农业产业发展。扶贫 832 平台要发挥枢纽作用，整合产业上下游资源，狠抓运营管理和服务，打造国家级扶贫平台。

为扎实做好建设运营工作，平台努力克服贫困地区通讯和交通不便，以及 1 月下旬以来新冠肺炎疫情的不利影响，先后奔赴 80 多个国家级贫困县，组织线上线下培训 100 多场，并在平台上线“保供给、防滞销”“52 决战收官”“帮扶湖北”等系列活动，累计带动帮扶贫困户 80 余万户。

有了政府采购政策的支持，采购订单源源不断飞进大山，土特产走出山旮旯，进入了大市场。江西省赣州市安远县供应商代表唐培坤说：“我们通过扶贫 832 平台销售了农副产品多达 50 多万元，在新冠肺炎疫情影响下，这样的销售显得尤为可贵，给了我们强劲的生产动力，带动提升农户收入，更快更好的实现脱贫摘帽！”

新疆自治区察布查尔锡伯族自治县人民政府县长关桂珍说：“政府采购政策为我县的农副产品拓宽了销路，也让我们当地的农牧民脱贫致富充满信心。”

未来，在财政部、国务院扶贫办和供销总社三部委的指导下，“扶贫 832 平台”将积极探索在帮助解决相对贫困方面继续发挥作用的长效机制，确保做到“扶真贫，真扶贫”。

2020年中央财政专项扶贫资金达1461亿元

光明日报，2020年12月3日，陈晨

在12月2日国新办举行的新闻发布会上，财政部副部长程丽华介绍，2016—2020年，我国连续5年每年新增中央财政专项扶贫资金200亿元，2020年达1461亿元，发挥了精准扶贫资金主渠道作用，2020年又一次性安排综合性财力补助资金300亿元，支持补齐挂牌督战地区脱贫攻坚短板弱项。

脱贫攻坚资金投入的精准性显著提高，一方面重点支持解决“两不愁三保障”突出问题，另一方面加大对重点地区的支持，2018—2020年共安排支持“三区三州”等深度贫困地区增量资金2800多亿元，为攻克最后的贫困堡垒提供了有力支撑。

贫困县涉农资金整合政策是推动扶贫领域“放管服”改革的一项重大政策举措。财政部农业农村司司长吴奇修透露，2016年到2020年前三季度，全国832个贫困县统筹整合各级财政涉农资金总规模超过1.5万亿元，每个贫困县可支配的财政扶贫资金由整合试点前的年均几千万元，提升到试点后的年均超3.6亿元。

针对一些地方出现的惠民惠农补贴资金发放不够规范，存在截留、挪用等问题，财政部监督评价局局长郜进兴回应道，财政部等七部委日前联合印发了《关于进一步加强惠民惠农财政补贴资金“一卡通”管理的指导意见》，建立健全监管的长效机制，到2023年实现所有直接兑付到人到户的惠民惠农财政补贴资金，原则上均通过“一卡通”相关方式发放。

“税收优惠政策支持脱贫攻坚方面，一是支持贫困地区基础设施建设；二是推动涉农产业发展；三是激发贫困地区创业就业活力；四是推动普惠金融发展；五是实施西部地区、民族地区、新疆困难地区等区域性税收优惠政策；六是加大对扶贫捐赠的优惠力度。”国家税务总局总经济师王道树表示。

“从税收减免数据看，仅2020年1—10月，税务部门落实支持脱贫攻坚各项税收优惠政策就实现减税950多亿元，同比增长38%，有力推动贫困地区脱贫脱困。从增值税发票数据看，832个贫困县2020年1—10月销售收入同比增长13.3%，充分反映了在2020年新冠肺炎疫情特殊背景下，贫困地区经济恢复发展取得了很好的成效。”国家税务总局政策法规司负责人王世宇说。

两部门印发通知要求

——切实保障受疫情影响较重地区脱贫资金需要

中国经济网，2020 年 2 月 19 日，黄俊毅

2 月 17 日，国务院扶贫办、财政部联合印发通知强调，2020 年新增中央财政专项扶贫资金向疫情较重地区适当倾斜，以积极应对新冠肺炎疫情对脱贫攻坚的影响，确保全面如期完成脱贫攻坚目标任务。

通知强调，切实保障受疫情影响较重地区脱贫攻坚资金需要，尽可能减少疫情对脱贫攻坚工作的影响，2020 年新增中央财政专项扶贫资金要向这些地区适当倾斜。已提前下达的财政专项扶贫资金，要优先支持疫情防控相关的影响脱贫攻坚任务完成的扶贫项目。

通知明确，各省可结合实际，研究制定针对受疫情影响较重地区脱贫攻坚的支持政策，允许县级因地制宜调整和优化资金使用要求，重点向产业项目倾斜，强化就业支持，全力保障贫困群众基本生活。

通知要求，针对疫情影响，做好县级脱贫攻坚项目库动态调整，对因疫情致贫急需实施的项目优先入库，优先安排资金支持。优化项目采购流程，确保项目早开工实施见效。强化资金监督管理，落实资金项目公开公示制度要求，主动接受各方面监督。

目前已累计下达 2020 年中央财政专项扶贫资金 1396.36 亿元

——中央扶贫资金力度大下拨早

经济日报，2020 年 4 月 9 日，曾金华

2020 年是脱贫攻坚的决战决胜之年。打赢脱贫攻坚战，资金保障是关键。2020 年中央财政专项扶贫资金比往年提前了一个多月下达，不仅投入力度持续加大，而且针对脱贫攻坚“硬骨头”予以资金倾斜，并充分考虑新冠肺炎疫情的影响，全力推动提高资金使用效益，力争把每一分钱用在刀刃上。

如期高质量打赢脱贫攻坚战，资金保障十分重要。近日，财政部下达各地 2020 年中央财政专项扶贫资金 260.27 亿元，加上提前下达的资金，目前已累计下达 2020 年中央财政专项扶贫资金 1396.36 亿元，下达时间比往年提前一个多月。

记者从财政部获悉，2020 年，财政部将继续落实好脱贫攻坚投入保障政策举措，持续健全与脱贫攻坚任务相适应的投入保障机制，为打赢脱贫攻坚战提供充足的“粮草军需”。

投入力度持续加大

到 2020 年现行标准下的农村贫困人口全部脱贫，这是党中央向全国人民作出的郑重承诺，必须如期实现。

财政部坚决履行脱贫攻坚政治责任，坚持将脱贫攻坚工作摆在突出位置，资金安排上予以优先保障。财政部农业农村司负责人介绍，根据财政部2020年财政脱贫攻坚工作安排，在脱贫攻坚投入保障方面将采取以下举措。

统筹多渠道资金来源，保持投入总量增长。财政部落实与脱贫攻坚任务相适应的投入保障机制要求，统筹考虑完成最后攻坚任务和巩固脱贫成果等因素，围绕补齐“两不愁三保障”突出短板，在加大中央财政投入的同时，督促指导相关省份加大脱贫攻坚投入力度。

“2020年中央财政专项扶贫资金规模将继续大幅度增加，新增资金重点向‘三区三州’等深度贫困地区、挂牌督战地区倾斜，兼顾人口较多的易地扶贫搬迁集中安置区。”上述负责人表示。

此外，对已经实现稳定脱贫的地方，各地可统筹安排专项扶贫资金，支持非贫困县、非贫困村的贫困人口脱贫。切实用好城乡建设用地增减挂钩节余指标跨省域调剂及跨省域补充耕地政策，支持脱贫攻坚和乡村振兴。

突出政策支持导向，不断优化投入结构。在中央财政继续加大对“三区三州”等深度贫困地区支持力度的同时，督促地方各级财政加大资金和政策倾斜力度，突出支持“三区三州”等深度贫困地区脱贫攻坚，支持对工作难度大的县和村实施挂牌督战。

加强与行业部门的协调配合，坚持现行脱贫攻坚目标标准，大力支持解决义务教育、基本医疗、住房安全、饮水安全等方面存在的突出问题。

完善政策支持体系，增强政策实施的精准性和有效性。近年来，我国持续推进贫困县涉农资金整合试点，取得突出成效。“要保持脱贫攻坚期内整合试点政策总体稳定，发挥各级整合工作协调机制的作用，加强部门间沟通协作，督促省级指导贫困县进一步提高整合资金用于产业项目占比，提升整合资金的脱贫成效。支持实施优势特色农产品保险以奖代补政策，优先支持地方尤其是贫困地区和贫困人口特色农业产业发展。”财政部农业农村司负责人说。

应对疫情不利影响

突如其来的新冠肺炎疫情，对经济社会造成冲击。在抓好疫情防控工作的同时，特别要抓好涉及决胜全面建成小康社会、决战脱贫攻坚的重点任务。

“新冠肺炎疫情发生以来，财政部密切关注和持续跟踪疫情对脱贫攻坚造成的影响，特别是针对疫情对农畜产品产销对接、贫困地区劳务输出的影响和因疫情致贫返贫情况，会同相关部门，研究出台了涉及脱贫攻坚的财力保障、财政补助、税费优惠、金融保险等多方面政策措施。”财政部农业农村司负责人表示。

据悉，在财力保障方面，2020 年中央财政将继续较大幅度增加专项扶贫资金规模，向湖北等受疫情影响较重地区适当倾斜。同时，中央财政在测算分配 2020 年农业生产发展资金等转移支付时，将向湖北等疫情防控重点地区倾斜，适当加大资金支持力度，促进恢复农业生产。通过农业生产救灾资金，支持水稻、小麦等农作物重大病虫害和草地贪夜蛾防控，对湖北省适当倾斜并对其蔬菜病虫害防控适当支持保障“菜篮子”。

此外，各地可在 2019—2020 年服务业发展资金支持农商互联工作事项中合理安排一定比例资金用于支持疫情防控期间农产品市场保供，具体支持货源组织、储备和对接调运，相关资金不受原有政策规定的资金用途比例限制。

“在调整和优化财政专项扶贫资金使用范围方面，督促指导各地结合实际，按照精准施策的要求，在现有资金管理制度框架内，调整和优化财政专项扶贫资金使用，研究制定针对受疫情影响较重地区脱贫攻坚的支持政策。”财政部农业农村司负责人介绍，要重点向产业项目倾斜，结合实际加大对受疫情影响较大的产业扶贫项目生产、储存、运输、销售等环节的支持，解决农产品“卖难”问题；通过一次性生产补贴、贷款贴息支持、临时岗位补助等，支持企业带动贫困户就业。

就业是最大的民生，财政政策与就业政策协同发力。“促进就业是一项根本之举，要把相关资金更多地用在提高人力资本上，加大就业培训、技能提升等方面。”中国财政科学研究院副院长白景明说。

据悉，在加大稳岗返还和就业补助资金投入力度方面，国家允许地方统筹使用就业补助、失业保险基金结余、职业技能提升行动专账等资金，支持地方落实国家的各项就业政策，做好贫困劳动力就业创业工作。

同时，财政部继续配合相关部门扶持发展扶贫车间、农业合作社和产业大户，吸纳贫困劳动力就业。对有创业能力及意愿的，尤其是贫困村创业致富带头人，加强创业指导、创业培训及资金支持；对“无法外出、无业可就、无力脱贫”的贫困劳动力，鼓励地方按规定开发农村保洁、保安、护林、护路等公益性岗位安置就业。

此外，帮助贫困劳动力有序返岗，支持扶贫龙头企业、扶贫车间尽快复工，吸纳当地就业，鼓励重点企业优先招录贫困劳动力。对人力资源服务机构、劳务经纪人开展跨区域有组织劳务输出的，给予就业创业服务补助。对企业组织新招用农民工岗前培训的，给予职业培训补贴。

在保障困难群众基本生活方面，对受疫情影响致贫的其他人员和返贫的建档立卡贫困人口，及时落实临时救助等社会救助政策，确保其基本生活不受影响。对确诊病例中的建档立卡贫困人口等，按规定及时给予临时救助，可一事一议加大救助力度。

“总体来看，财政部及时会同相关部门出台应对疫情的政策举措，涵盖了支持贫困地区农畜产品产销对接、贫困劳动力转移就业等各个方面，既有缓解企业压力稳产保供、稳定就业需求的政策，又有针对贫困户的帮扶政策；既有财政直接补助补贴政策，又有税费金融优惠政策。下一步，我们将积极按照党中央国务院部署，落实分区分级精准防控策略，统筹推进疫情防控和脱贫攻坚工作，密切关注现有支持政策实施效果，进一步完善相关支持措施。”财政部农业农村司负责人说。

提高资金使用效益

扶贫资金如何加强监管、提高效益，一直备受关注。“扶贫资金必须精准发力、提高效益，把每一分钱用在刀刃上，充分发挥乘数效应。”白景明说。

近年来，财政部门全力推动扶贫项目资金实施全过程绩效管理，建立扶贫资金“花钱必问效、无效必问责”的管理机制，为提高扶贫资金使用效益奠定了坚实基础。

财政部农业农村司负责人介绍，中央财政继续将强化资金监管作为重点工作推进，采取了多方面的监管措施，不断提高扶贫资金使用成效。

首先，进一步健全扶贫资金监管机制。规范和完善脱贫攻坚有关工作机制，进一步健全部门协同、上下联动的扶贫资金监管机制，发挥财政部各地监管局的就近就地监管作用，压实地方财政部门监管责任，切实加强日常监管。细化财政部各地监管局工作职能，把扶贫资金使用管理情况作为日常监管的重点。

“对于各类监督检查发现的扶贫领域问题，及时通报反馈结果，依法依规处理，持续督促整改。认真落实扶贫资金项目信息公开公示要求，主动接受社会监督。”上述负责人说。

其次，强化扶贫项目资金绩效管理。在完善监管制度的同时，加强对脱贫攻坚资金支出进度、项目实施、绩效情况的跟踪督促。组织监管局选择部分纳入扶贫资金总台账的转移支付项目开展重点绩效评价，加强评价结果应用。推动提高2020年扶贫项目绩效目标填报质量，强化各地绩效意识。

此外，加快推进扶贫资金动态监控机制建设。加强对各级各类财政扶贫资金的动态监控，进一步优化财政扶贫资金动态监控平台功能，督促指导地方做好动态监控工作，及时发现问题、纠正偏差。

财政部：293.5 亿元支持改善义务教育薄弱环节

经济日报，2020 年 7 月 28 日，曾金华

近日，财政部安排 2020 年义务教育薄弱环节改善与能力提升补助资金 293.5 亿元，继续支持地方基本消除城镇“大班额”，基本补齐乡村小规模学校和乡镇寄宿制学校短板，实现农村义务教育学校网络教学环境全覆盖。

据介绍，2019 年 7 月印发的《关于切实做好义务教育薄弱环节改善与能力提升工作的意见》明确提出，计划到 2020 年年底，全部消除 66 人以上超大班额，基本消除现有 56 人以上大班额，全国大班额比例控制在 5% 以内；科学合理设置乡镇寄宿制学校和乡村小规模学校，基本补齐两类学校短板，办学条件达到所在省份基本办学标准；实现农村义务教育学校网络教学环境全覆盖，不断提升农村学校教育信息化应用水平。

据悉，此次分配资金将在继续统筹兼顾中西部易地扶贫搬迁安置地学校建设、高寒高海拔地区学校取暖条件改善、“互联网 + 教育”试点等情况基础上，进一步加大对有脱贫攻坚挂牌督战县的省份倾斜力度。同时，财政部还要求地方切实发挥省级统筹作用，加大投入力度，优化支出结构，重点向“三区三州”等深度贫困地区，尤其是脱贫攻坚挂牌督战县倾斜。

财政部要求进一步强化监管贫困群众“救命钱”“保命钱”扶贫资金使用情况一律公告公示

经济日报，2020 年 6 月 30 日，曾金华

近日财政部向承担脱贫攻坚任务的相关省（区、市）财政厅（局）和监管局发出通知，就进一步加强扶贫资金监管作出部署、提出明确要求。

扶贫资金是贫困群众的“救命钱”“保命钱”。近年来，各级财政部门在加大财政扶贫资金投入的同时，强化监管，取得积极成效。但也存在监管合力有待进一步增强，没有形成监管“一盘棋”工作格局等问题。

通知明确，通过建立会商、通报等制度，统筹目标任务，精准发力，督促责任落实。进一步加强与扶贫、审计以及行业扶贫部门的协调配合，努力实现监督计划协调、信息共享、成果互用，增强部门间监管合力。强化分级负责，层层抓落实，上下联动，协同发力。

紧紧围绕脱贫攻坚任务如期全面完成的目标任务，聚焦挂牌督战地区，推动解决执行中的问题，啃下脱贫攻坚最后的“硬骨头”。

同时，加强绩效管理，提升扶贫资金使用效益。不断完善扶

贫项目资金全过程绩效管理机制，严格绩效目标管理，组织做好绩效目标质量抽查，开展绩效目标执行监控，组织资金使用单位开展自评，通过抽查复核提高绩效自评质量。选择资金数量大、群众关注度高、日常监管问题多的扶贫资金开展重点绩效评价。

通知要求，大力推进信息公开，强化社会监督。严格落实信息公开公示制度，省、市、县扶贫资金分配结果一律公开，乡、村两级扶贫项目安排和资金使用情况一律公告公示，主动接受群众和社会监督。

财政部强调，将进一步加大违反财经纪律、损害群众利益行为的查处力度，对虚报冒领、挤占挪用、闲置浪费扶贫资金等问题，严肃追责问责。

助力脱贫攻坚　政府采购有力有效

经济日报，2020年9月13日，董碧娟

供应商覆盖全国832个国家级贫困县、交易额突破10亿元、惠及50多万贫困农户——这是截至7月中旬，政府采购贫困地区农副产品网络交易平台取得的成效。新冠肺炎疫情发生后，各地充分运用政府采购为脱贫攻坚加油助力。

中国财政科学研究院研究员申学锋接受经济日报记者采访时表示："打赢脱贫攻坚战需要各级政府各部门齐心协力，充分运用各类有效政策工具，其中就包括政府采购这一财政调控手段。实践表明，将政府采购政策融入脱贫攻坚战，有助于帮助贫困人口增收脱贫，调动贫困人口依靠自身努力实现脱贫致富的积极性，促进贫困人口稳定脱贫和贫困地区产业持续发展。"

2020年以来，各地不断创新方式提高政府采购助力脱贫攻坚的能效。截至7月20日，云南省预留采购贫困地区农副产品份额2.78亿元，累计完成采购额524.88万元，平台交易已覆盖88个贫困县，入驻供应商超过635家。

广西壮族自治区财政厅搭建广西农业扶贫馆（电子卖场），为广西贫困县的农副产品供应商搭建平台，鼓励各级预算单位食堂及工会等在该电子卖场采购农副产品。广西2020年在确保完成国家贫困地区网络销售平台既定预留比例的基础上，按不低于5%份额更多地采购该电子卖场农副产品。

北京市通过政府采购管理服务平台电商扶贫板块，为各级预算单位定期推出贫困地区农副产品团购清单，目前推出了专门面向预算单位工会、食堂的 10 余种扶贫产品优惠套餐，开创了扶贫产品团购模式。

广东省财政厅联合广东省扶贫办、供销社建设了广东政府采购扶贫馆，实现广东省内贫困村及对口帮扶东西部扶贫协作地区农副产品在线展示、网上交易、物流跟踪、产品追溯等一站式聚合功能。采购步骤也比较简便，只需登录、选购下单、签订合同、供货和验收、支付货款 5 步便可完成全部操作。

政府采购如何能更加有力有效地支持脱贫攻坚？申学锋建议，各级预算单位要切实提高政治站位，增强执行政策的自觉性，确保预留比例和鼓励更多采购相结合，注重政策实效。同时，要确保贫困地区相关产业可持续发展，供给网络交易平台的农副产品质量有保障。

“政府采购助力脱贫攻坚的成绩值得肯定，但在实际运行中仍有提升能效的政策空间。”申学锋认为，政府采购助力脱贫攻坚，不能仅作为短期手段，而要长期坚持下去，久久为功。同时，要坚持规范化运作，不能为了脱贫摘帽而破坏政府采购的法定程序，必须坚持公平公正，维护良好市场秩序。

“此外，还应避免‘撒胡椒面’。”申学锋认为，政府采购贫困地区农副产品，不宜搞平均主义，应本着精准原则，优先采购贫困地区急需售出的产品，特别是疫情带来的滞销问题，应设立“防滞销”专区，帮助贫困地区农户减少损失。此外，使用财政性资金采购物业服务时，应优先采购注册地在贫困县且聘用建档立卡贫困人员物业公司提供的物业服务，从而实现精准脱贫。

2020年共安排财政专项扶贫资金1461亿元 前10个月脱贫攻坚税收优惠政策实现减税950多亿元

经济日报，2020年12月3日，董碧娟

在脱贫攻坚战中，财政资金投入了多少，如何确保“一分一厘都不能乱花”，又有哪些税收优惠？在国务院新闻办今日举行的发布会上，财政部和国家税务总局有关负责人介绍了相关情况。

连续5年每年新增资金200亿元

财政部副部长程丽华列出了近年来支持脱贫攻坚资金“账目”：2016—2020年，连续5年每年新增中央财政专项扶贫资金200亿元，2020年达到1461亿元。2020年又一次性安排综合性财力补助资金300亿元，支持补齐挂牌督战地区脱贫攻坚短板弱项。同时，通过城乡建设用地增减挂钩节余指标跨省域调剂政策，筹资1896亿元，全部用于支持脱贫攻坚和乡村振兴。通过贷款贴息、风险补偿，引导金融机构投放扶贫小额信贷6000多亿元。

力度增加的同时，精准性也明显提高。比如，在重点支持解决“两不愁三保障”突出问题方面，支持义务教育控辍保学，贫困家庭辍学学生基本实现了“应返尽返”；加大健康扶贫投入，支持贫困人口参保，提高报销待遇，实现医疗保障托底；支持贫困地区农村饮水工程维修养护，2019 年以来共安排 39.6 亿元，完成约 10 万处工程维修养护。2018—2020 年，共安排支持“三区三州”等深度贫困地区增量资金 2800 多亿元。

截至 2019 年年底，我国尚有 52 个县、2707 个村未脱贫。中央财政在资金安排时将这些地区作为重中之重，给予倾斜支持，2020 年专门安排的资金规模达 417 亿元。

同时，通过一次性生产补贴、贷款贴息支持、临时岗位补助等，带动贫困户就业。比如，将 2020 年光伏扶贫发电收益的 80% 用于公益岗位，127 万贫困人口实现了在家门口就业。

110 项税费优惠政策落实落细

我国在支持脱贫攻坚方面有哪些税收优惠？国家税务总局总经济师王道树介绍，主要有支持贫困地区基础设施建设、推动涉农产业发展、激发贫困地区创业就业活力、推动普惠金融发展、促进“老少边穷”地区加快发展、鼓励社会力量加大扶贫捐赠等 6 方面优惠政策。

比如，对农田水利、农村饮水安全工程等建设运营给予税收减免；实施了“公司 + 农户”经营模式减免增值税和企业所得税、农林牧渔项目减免企业所得税等一系列税收支持政策；实施小微企业普惠性税收减免，加大重点群体创业就业税收优惠政策力度，特别是将建档立卡贫困人口纳入税收优惠政策适用范围。

为了确保政策落地，税务部门全面梳理了国家出台的 110 项支持脱贫攻坚税费优惠政策，并发布了政策指引，分门别类列出政策内容、享受条件，把税收优惠政策“打包”送到群众手中。

“仅 2020 年 1—10 月，税务部门落实支持脱贫攻坚各项税收优惠政策就实现减税950多亿元，同比增长38%。”国家税务总局政策法规司负责人王世宇介绍，从增值税发票数据看，832个贫困县2020年1—10月销售收入同比增长13.3%，充分反映贫困地区经济发展取得了很好的成效。

审计查出问题资金占比为0.19%

“财政部始终把强化扶贫资金监管摆在突出位置，强化五个‘坚持’，打出了一套监管‘组合拳’，有效提升了扶贫资金监管水平。”程丽华在回答经济日报记者提问时表示。五个“坚持”即坚持制度先行，坚持追踪问效，坚持问题导向，坚持信息共享以及坚持阳光扶贫。

在信息共享方面，将相关41项资金纳入扶贫资金总台账管理，及时发现并解决资金使用管理中存在的问题。同时，严格执行扶贫资金项目公示公开制度，中央、省、市、县各级财政专项扶贫资金分配结果一律公开，乡村两级扶贫项目安排和资金使用情况一律公告公示，主动接受社会各方监督。

“近年来，随着财政扶贫资金管理制度不断健全，财政扶贫资金违规违纪问题明显减少。2020年，审计查出严重违纪违法问题资金占比为0.19%，让每笔扶贫资金都用到实处、用得其所、用出效益。”程丽华表示。

上半年财政扶贫支出增长 18.3%
中央已下达超 1700 亿元资金

中国经济网，2020 年 8 月 10 日

在财政收支形势严峻、中央部门带头过紧日子的情形下，财政部门稳中求进、积极作为，继续加大对打赢脱贫攻坚战支持力度。由财政部调研小组发布的《2020 年上半年中国财政政策执行情况报告》显示，2020 年上半年扶贫支出增长 18.3%，财政专项扶贫资金连续 5 年保持每年 200 亿元增量。

政府过紧日子　让百姓过好日子

受疫情冲击、减税降费等因素影响，2020 年上半年全国一般公共预算收入同比下降 10.8%。面对严峻挑战，中央和地方严格落实政府过紧日子的要求，大力压减非急需非刚性支出。报告显示，2020 年上半年全国一般公共预算支出 116411 亿元，下降 5.8%，其中，中央本级支出 16344 亿元，下降 3.2%；地方财政支出 100067 亿元，下降 6.2%。

在这一情形下，脱贫攻坚、基本民生等重点领域支出却有增无减，继续得到有力保障。1—6 月社会保障和就业支出增长 1.7%；卫生健康支出中与疫情防控直接相关的公共卫生支出增长 67.8%；农林水支出增长 7.9%，其中扶贫支出增长 18.3%；

住房保障支出增长 8.3%。

随着中国在全球范围内率先控制住疫情，率先实现全面复工复产，二季度以来经济运行逐月好转。推进复工复产和助企纾困成效持续显现，6 月财政收入增幅由负转正，实现年内首次月度正增长，释放回稳向好信号。

决战脱贫攻坚　加强财力保障

2020 年是决胜全面建成小康社会、决战脱贫攻坚之年。报告显示，为确保如期实现决战决胜脱贫攻坚目标任务，财政部多管齐下，加强财力保障。

——2020 年安排财政专项扶贫资金 1461 亿元已全部下达，连续 5 年保持每年 200 亿元增量。资金分配时，重点向“三区三州”和“三区三州”之外贫困人口多、贫困发生率高、脱贫难度大的深度贫困地区以及挂牌督战地区倾斜。同时，加大对受新冠肺炎疫情影响较重地区、人口较多的易地扶贫搬迁集中安置区和贫困革命老区的支持力度，确保脱贫攻坚重点难点任务得到充足资金保障。

——2020 年中央专项彩票公益金安排支持资金 20.6 亿元已全部下达，重点支持脱贫攻坚任务较重的深度贫困革命老区县和巩固脱贫成果任务相对较重的贫困革命老区县。

——以挂牌督战县、村为重点，在中央财政权责发生制结转资金中一次性安排用于脱贫攻坚的综合性财力补助资金 300 亿元，目前已下达 290 亿元，支持贫困地区克服疫情影响，重点用于补齐挂牌督战县因疫情造成的财政减收、“三保障”和农村饮水安全、易地扶贫搬迁后续扶持、贫困劳动力就业、产销对接、解决有关地区“苦咸水”等方面问题。

同时，强化财政扶贫资金监督管理。财政部会同国务院扶贫办印发《关于 2019 年贫困县涉农资金整合试点工作推进情况通报》，坚持问题导向，对贫困县涉农资金整合试点工作存在的突出问题进行了通报，督促各地整改并加强扶贫资金监管。同时，部署有关监管局和地方财政部门依托财政扶贫资金动态监控平台，强化财政专项扶贫资金日常监管工作，提高扶贫资金管理水平。

财政部：脱贫攻坚资金不得用于形象工程、“造景”工程，防止政策“养懒汉”

中国网，2020 年 3 月 20 日，郭泽涵

据财政部消息，为严格落实摘帽不摘责任、摘帽不摘政策、摘帽不摘帮扶、摘帽不摘监管，财政部近日就强化决战决胜之年脱贫攻坚资金管理作出安排部署，进一步强化资金管理、优化政策举措。

财政部日前会同国务院扶贫办联合印发《关于做好 2020 年财政专项扶贫资金管理、贫困县涉农资金整合试点及资产收益扶贫等工作的通知》（以下简称《通知》）明确，2020 年财政脱贫攻坚政策保持总体稳定，继续增加各级财政专项扶贫资金规模，加大财政涉农资金整合力度，强化脱贫攻坚和巩固脱贫成效投入保障。同时，加强资金使用管理、扶贫项目资金绩效管理和项目库建设。

《通知》称，中央财政专项扶贫资金向受疫情影响较重地区适当倾斜，调整优化疫情防控期间财政专项扶贫资金项目管理，尽可能减少疫情对脱贫攻坚工作的影响。各级财政专项扶贫资金分配，重点向“三区三州”等深度贫困地区、挂牌督战地区倾斜，兼顾人口较多的易地扶贫搬迁集中安置区。

《通知》明确，将支持贫困地区农业特色产业发展作为巩固

脱贫成果和衔接推进乡村振兴的重点，进一步提高用于产业发展的财政专项扶贫资金和其他整合资金的占比，补齐农村饮水安全运行维护等必要的公益性基础设施短板。对已经实现稳定脱贫的地区，可根据实际情况统筹安排专项扶贫资金，支持非贫困县、非贫困村贫困人口脱贫。已经实现稳定脱贫的贫困县，还可统筹安排整合资金用于非贫困村贫困人口脱贫。

财政部表示，针对资金绩效评价和排查梳理“回头看”发现的易发多发问题，下一步，将要求各地不得将财政专项扶贫资金及其他整合资金用于各类形象工程、“造景”工程，坚决纠正简单入股分红、明股实债、扶贫小额信贷“户贷企用”等各类借资产收益扶贫名义实施的违规行为，进一步规范项目收益分配，完善减贫带贫机制，防止政策“养懒汉”。

财政部明确2020年脱贫攻坚十项重点工作

经济参考报，2020年2月27日，孙韶华

财政部网站26日消息，近期，财政部脱贫攻坚领导小组制定印发2020年工作要点，从十个方面作出具体安排，要求各级财政部门切实发挥职能作用，积极主动作为，坚决如期打赢脱贫攻坚战。

财政部在大力支持疫情防控的同时，坚决履行脱贫攻坚政治责任，积极研究谋划2020年财政脱贫攻坚工作。财政部要求，各级财政部门要保持定力，砥砺推进，持续增强打赢脱贫攻坚战的责任感、使命感。

财政部强调，各级财政部门要加大投入，聚焦短板，支持如期全面完成脱贫攻坚目标任务。一是统筹考虑完成最后攻坚任务和巩固脱贫成果等因素，强化财政扶贫投入保障。完善资金分配方式，加大对“三区三州”等深度贫困地区、挂牌督战地区、巩固脱贫成果和易地扶贫搬迁后续扶持的支持力度，大力支持农业特色产业发展和防止返贫。二是聚焦深度贫困地区和“两不愁三保障”问题，加快补齐短板。在坚持现有标准解决突出问题的基础上，高度关注、密切跟踪新冠肺炎疫情对脱贫攻坚的影响，及时采取有针对性的措施。三是推进贫困县涉农资金整合试点，保持脱贫攻坚期内资金整合试点政策总体稳定，提高整合资金用于产业项目占比。规范资产收益扶贫工作，强化扶贫项目后续管

理。四是加强财政扶贫资金监管，提高扶贫项目资金绩效，强化对各级各类财政扶贫资金的动态监控。

财政部要求，各级财政部门要积极谋划，压实责任，推进脱贫成果巩固和衔接乡村振兴战略。一是支持做好巩固脱贫成果工作，支持建立有效机制，做好返贫人口和新发生贫困人口的监测和帮扶工作。在全面评估现有财政支持脱贫攻坚政策的基础上，抓紧研究 2020 年后财政扶贫政策。二是切实履行定点帮扶责任，加强跟踪督办，帮助定点扶贫县巩固脱贫成果，推动脱贫攻坚与乡村振兴战略有效衔接。三是全面总结财政脱贫攻坚工作，对经验做法和先进事迹开展宣传。继续利用多双边开发机构平台和对外财经对话机制，支持国际减贫交流合作，宣传我国扶贫经验和减贫成就。

财政部加强财政扶贫资金监管

中新社，2020 年 6 月 29 日，赵建华

中国财政部近日向承担脱贫攻坚任务的相关省（区、市）财政厅（局）和监管局发出通知，要求加强财政扶贫资金监管，确保各项财政扶贫政策不折不扣落到实处。

财政部 29 日公布的《关于进一步加强财政扶贫资金监管工作的指导意见》要求，全面加强扶贫资金监管的同时，聚焦挂牌督战地区，问题高发多发领域和环节，开展重点监管。对近年来巡视、审计问题整改情况开展全面自查自纠，确保问题整改到位。

财政部表示，加强与扶贫、审计以及行业扶贫部门间的协调配合，实现监督计划协调、信息共享、成果互用，形成协商、协作、协调的顺畅监管机制，增强监管合力。各地结合实际情况，抓住重点领域和关键环节，有针对性地实施监管，高度关注、密切跟踪疫情对脱贫工作的影响，及时研究出台针对性政策措施，切实防止因疫致贫返贫，巩固脱贫成果。

同时，加大违反财经纪律、损害民众利益行为的查处力度，对虚报冒领、挤占挪用、闲置浪费扶贫资金等问题，严肃追责问责。聚焦补缺口、补短板、补漏洞，对现有扶贫资金管理制度办法进行全面梳理评估，堵塞漏洞。

两部门：确保不因灾情等突发事件影响如期实现全面脱贫

中新社，2020 年 9 月 1 日，阮煜琳

中国国务院扶贫办、财政部日前联合通知指出，统筹灾后恢复重建和脱贫攻坚工作，有效克服洪涝地质灾害等对脱贫攻坚的影响，认真做好受灾困难民众帮扶救助，防止因灾致贫返贫，确保如期全面脱贫。

通知指出，2020 年以来，暴雨洪涝灾害多发频发，一些贫困地区受灾严重，已经造成部分贫困民众房屋受损、饮水安全等问题，灾情等突发事件造成致贫返贫，影响如期全面脱贫。各级扶贫、财政部门要高度重视灾情给决战决胜脱贫攻坚带来的困难和挑战，把防止因灾致贫返贫摆在突出位置，采取更加有力有效的应对举措，确保不因灾情等突发事件影响如期实现全面脱贫。

财政部日前发布的 2020 年上半年中国财政政策执行情况报告显示，2020 年安排财政专项扶贫资金 1461 亿元已全部下达。资金分配时，重点向“三区三州”和“三区三州”之外贫困人口多、贫困发生率高、脱贫难度大的深度贫困地区以及挂牌督战地区倾斜。同时，加大对受新冠肺炎疫情影响较重地区、人口较多的易地扶贫搬迁集中安置区和贫困革命老区的支持力度，确保脱贫攻坚重点难点任务得到充足资金保障。

通知要求，加大对受灾严重地区的倾斜支持。精准安排使用资金。立足现有资金渠道和政策，对受灾影响严重的市县给予倾斜支持，对受灾贫困户给予优先保障，推动恢复受灾贫困地区生产生活秩序。

中国贫困县打破“米钱不准买面”的僵局

中新社，2020 年 10 月 22 日，赵建华

“买米的钱，不准买面”“专款专用，不准挪作他用”——这是中国财政预算资金管理多年来执行的原则之一。专款专用，可以预防贪念——假借专项资金之名，侵吞财政资金。

但也限制了财力原本局促的贫困县集中资源打赢脱贫攻坚战的手脚，使一些财政涉农资金躺在账上睡大觉，资金项目安排碎片化。为了解决这些弊端，“十三五”期间，中国推进贫困县涉农资金整合试点，打破“米钱不准买面”的僵局。

由财政部牵头，将中央 13 个部门管理的包含财政专项扶贫资金在内的 20 项涉农资金的配置权完全交给 832 个贫困县，由贫困县因地制宜自主统筹安排资金项目，聚焦短板弱项精准发力。

“多个渠道引水，一个龙头放水”的格局逐渐形成。在贫困县，修建水库的批复资金，可以酌情用于更急需的公路修建。财政部农业农村司有关负责人介绍，2016 年—2020 年 6 月，全国 832 个贫困县累计统筹整合使用各级财政涉农资金规模超过 1.5 万亿元，各县年均整合资金规模超过 3.6 亿元，为打赢脱贫攻坚战提供了“粮草军需”。

近年来，中国贫困县获得的资金支持越来越多。2016—2020 年，中央财政专项扶贫资金连续 5 年每年新增 200 亿元，2020 年

达到1461亿元。各省因地制宜、因户施策，围绕培育和壮大贫困地区特色产业，改善小型公益性生产生活设施条件，增强贫困人口自我发展能力和抵御风险能力等方面安排使用资金。中央专项彩票公益金支持贫困革命老区脱贫攻坚资金支持力度持续加大，“十三五”期间累计安排中央专项彩票公益金100亿元，用于改善贫困地区生产生活条件最密切、直接促进贫困户增收的项目。

大把金钱洒向贫困县，资金效率如何？中国财政部表示，通过建立扶贫资金总台账，推进阳光扶贫、廉洁扶贫，指导地方树立“花钱必问效，无效必问责”的绩效理念，落实扶贫资金使用部门绩效管理主体责任。改变了以往“一放就乱”“一管就死”的局面，探索形成了财政资金管理新格局。

近年来，审计查出的问题扶贫资金占抽查资金的比例由2013年的36.3%下降到2020年的1.5%。其中，资金贪污、侵占等严重违纪违法问题占比由2013年的15.7%下降到2020年的0.19%。

财政部：扶贫资金监管获显著成效，安全性稳步提高

中国新闻网，2020 年 12 月 2 日

“在各方面共同努力下，扶贫资金监管取得显著成效，扶贫资金的安全性稳步提高。”2 日，财政部副部长程丽华在介绍财税支持脱贫攻坚有关情况时，作出如上表述。

12 月 2 日，国务院新闻办公室举行新闻发布会，中国财政部副部长程丽华介绍财税支持脱贫攻坚有关情况，并答记者问。

12 月 2 日，国新办举行新闻发布会。会上，程丽华指出，财政作为国家治理的基础和重要支柱，在打赢脱贫攻坚战中肩负重要职责。主要体现在以下四个方面：

首先，投入力度持续加大。按照“大扶贫”格局要求，把脱贫攻坚摆在财政支出优先保障地位，确保投入力度与脱贫攻坚任务相适应，充分发挥政府投入的主体和主导作用。安排专项扶贫方面，2016—2020 年，连续 5 年每年新增中央财政专项扶贫资金 200 亿元，2020 年达到 1461 亿元，发挥了精准扶贫资金主渠道作用。2020 年又一次性安排综合性财力补助资金 300 亿元，支持补齐挂牌督战地区脱贫攻坚短板弱项。支持行业扶贫方面，在分配农业、水利、生态、交通、教育等行业转移支付时，向贫困地区、贫困人口倾斜，推动解决贫困地区突出问题。拓宽资金渠道

方面，通过城乡建设用地增减挂钩节余指标跨省域调剂政策，筹资 1896 亿元，全部用于支持脱贫攻坚和乡村振兴。引导社会帮扶方面，通过贷款贴息、风险补偿，引导金融机构投放扶贫小额信贷 6000 多亿元。同时，出台多项税费优惠政策，凝聚脱贫攻坚合力。

其次，投入精准性显著提高。坚守中央确定的脱贫攻坚目标和标准，落实精准扶贫要求，确保脱贫攻坚焦点不散、靶心不变。一方面，重点支持解决“两不愁三保障”突出问题。支持义务教育控辍保学，贫困家庭辍学学生基本实现了“应返尽返”；加大健康扶贫投入，支持贫困人口参保，提高报销待遇，实现医疗保障托底；加大对重点对象的倾斜支持，提高危房改造补助标准；支持贫困地区农村饮水工程维修养护，2019 年以来共安排 39.6 亿元，完成约 10 万处工程维修养护。另一方面，加大对重点地区的支持。2018—2020 年共安排支持“三区三州”等深度贫困地区增量资金 2800 多亿元，为攻克最后的贫困堡垒提供了有力支撑。

政策体系不断完善。坚持目标导向和问题导向，优化政策供给，创新政策举措，不断提高财政支持政策的针对性和实效性。深入推进贫困县涉农资金整合试点，通过放权改革赋予贫困县统筹整合涉农资金自主权，支持其盘活存量和用好增量，聚焦短板弱项精准发力。探索开展资产收益扶贫模式，帮助贫困地区立足优势产业选好项目，加强风险防范和优先保障贫困户利益，帮助贫困群众更多分享产业发展红利。运用政府采购政策支持消费扶贫，搭建贫困地区农副产品网络销售平台，预算单位预留一定比例采购份额，用于采购 832 个贫困县的农产品，促进产销精准对接。

再者，资金安全性进一步加强。将强化扶贫资金监管贯穿脱贫攻坚全过程，不断完善财政扶贫资金管理制度。实施扶贫项目资金全过程绩效管理，推进扶贫资金项目公开公示，探索建立扶贫资金动态监控机制，抓实抓细日常监管，及时发现问题和督促整改。在各方面共同努力下，扶贫资金监管取得显著成效，扶贫资金的安全性稳步提高。

此外，近年来财政部切实加强惠民惠农相关政策供给和投入保障，大量补贴资金通过“一卡通”方式发放到群众手中，在保障和改善民生方面发挥了重要作用。2019 年，财政部、农业农村部、民政部等七部委，在全国范围内开展了专项治理。近期，七部委又出台了进一步加强惠民惠农财政补贴资金“一卡通”管理的指导意见，推动惠民惠农政策有效落实落地，更好地巩固脱贫攻坚成果。

程丽华称，下一步，财政部将积极支持巩固拓展脱贫成果和乡村振兴有效衔接，实现脱贫地区同全国农村的共同发展，让亿万农民群众共同过上更加美好的生活。

8年财政专项扶贫投入近1.6万亿元，摘帽贫困县经营数据向好

第一财经，2021年2月25日，陈益刊

2月25日，全国脱贫攻坚总结表彰大会在北京召开。

此次会议的召开，宣告了中国脱贫攻坚战取得了全面胜利。现行标准下9899万农村贫困人口全部脱贫，832个贫困县全部摘帽，12.8万个贫困村全部出列，区域性整体贫困得到解决，完成了消除绝对贫困的艰巨任务。

在打好脱贫攻坚战中，政府财政资金投入起着关键作用，近些年扶贫投入力度不断加大。

根据官方数据，8年来，中央、省、市县财政专项扶贫资金累计投入近1.6万亿元。比如，2016年至2020年，中央财政连续5年每年增加专项扶贫资金200亿元，累计投入5300多亿元，带动地方投入8000多亿元。

除了专项扶贫资金外，中国还多渠道筹集资金投入脱贫攻坚和乡村振兴。

比如，近些年开展贫困县涉农资金整合试点，将目标相近、方向类同的涉农资金的配置权，完全赋予脱贫攻坚一线的贫困县，推动贫困县将“零钱”化为“整钱”，将“整钱”集为“大钱”。

财政部数据显示，仅 2016 年到 2020 年前三季度，全国 832 个贫困县共整合各类涉农资金超 1.5 万亿元。

打响脱贫攻坚战以来，通过城乡建设用地增减挂钩节余指标跨省域调剂政策，筹资 4400 多亿元用于支持脱贫攻坚和乡村振兴。东部 9 省市共向扶贫协作地区投入财政援助和社会帮扶资金 1005 亿多元。

政府真金白银的大规模投入，发挥着脱贫攻坚的主体和主导作用，为打赢脱贫攻坚战提供了强大资金保障。

832 个已摘帽国家级贫困县企业生产经营现状如何?

国家税务总局 25 日公布的增值税发票数据可以一窥。增值税覆盖国民经济各个领域，增值税发票开票金额，可以较好反映企业生产经营情况。

国家税务总局提供的增值税发票数据显示，2016—2020 年，832 个已摘帽国家级贫困县企业生产经营量质齐增，发展态势良好。

“十三五”时期，832 个已摘帽国家级贫困县企业销售收入保持较快增长，年均增速达 14.6%。其中，2016—2018 年增速分别为 18.6%、11.7% 和 8.5%，2019 年增速提升至 18.7%，2020 年虽受到新冠肺炎疫情影响，但仍保持 15.9% 的水平，比全国企业平均水平高 9.9 个百分点。

在脱贫攻坚中，扶贫龙头企业起着重要作用。目前全国 8000 户扶贫龙头企业九成以上来自农林牧渔业、制造业和批发零售三类行业，重点围绕农业以及农产品的加工、销售进行产业布局。

增值税发票数据显示，“十三五”期间，扶贫龙头企业经营规模迅速扩大，企业经营效益不断改善。2016 年以来，扶贫龙头企业总体营业收入年均增长 33.3%，户均营收规模从 2015 年的 1044 万元扩大至 2020 年的 4383 万元。2016 年以来，扶贫龙头企业实现利润总额年均增长43.9%，户均实现利润额从2015年的108万元扩大至2020年的673万元。

近些年消费扶贫火热，这帮助不少贫困人口增收脱贫。各地运用政府采购政策支持消费扶贫，搭建贫困地区农副产品网络销售平台，预算单位预留一定比例采购份额，用于采购832个贫困县的农产品，促进产销精准对接。2020年仅前10个月，社会各界直接采购或者帮助销售贫困地区特色农产品超3000亿元。

增值税发票数据显示，“十三五”时期，全国4500余户扶贫产品经销样本企业销售收入年均增长9.4%。扶贫产品由初级农产品向深加工农产品转变的趋势更加明显。

财政部部长刘昆2021年在接受媒体采访时表示，财政部将全力以赴支持巩固拓展脱贫攻坚成果同乡村振兴有效衔接。在过渡期内，财政政策将总体保持稳定。优先支持巩固脱贫难度大、乡村振兴底子薄的地区发展，重点支持西部地区巩固脱贫成果，对中央确定的国家乡村振兴重点帮扶县予以适当倾斜支持。

另外，“十四五”时期中国将逐步提高相关财政涉农资金用于产业项目的投入占比，推动脱贫地区特色产业提质增效，实现“输血式”扶贫向“造血式”扶贫的转变，激发农民群众自我发展的内生动力。

国家税务总局有关负责人表示，未来将认真落实相关税费优惠政策，强化税收大数据分析运用，助力扶贫产业发展，巩固扩大脱贫攻坚成果。

多渠引水、一个龙头放水！云南镇雄打破资金壁障　整合涉农资金做强扶贫产业

每经网，2020年12月10日，张钟尹

镇雄脱贫了！

11月初，云南省扶贫开发领导小组办公室发布关于镇雄等9个县（市）退出贫困县序列的公示。这是云南最后9个未摘帽贫困县。

这份成绩来得实属不易。

镇雄位于云南省东北、云贵川三省结合部，素有“鸡鸣三省”之称，集革命老区、高寒山区、贫困地区于一体，是云南27个深度贫困县和全国52个挂牌督战县之一。

镇雄能打赢脱贫攻坚战，“大胆统筹整合涉农资金”这一招功不可没。

打通跨部门、跨类别资金壁障

2018年，云南省实施财政涉农资金省级源头整合，有效解决县级“不能整”“不敢整”“整不动”的问题，取得积极成效。

云南省财政厅农业农村处处长罗文华向《每日经济新闻》记者表示，云南省按照中央、省、市要求的清单范围和省级源头整合要求开展整合，把“零钱”变“整钱”，把“死钱”变“活

钱”，形成“多个渠道引水，一个龙头放水”的扶贫投入新格局。

而镇雄则率先打通跨部门、跨类别间资金的壁障，将农业、水利、危房改造、中央预算内投资用于“三农”等方面的资金整合起来，统一编制实施方案，按照项目轻重缓急统筹安排资金。

数据显示，自镇雄县实施贫困县整合试点工作以来，共整合涉农资金77.99亿元用于脱贫攻坚，实施了产业发展、农村危房改造、村组道路、农村饮水安全巩固提升等2715个项目。

建设千亩香葱基地

整合的涉农资金都用在了哪些领域？看看这些产业的发展，自然能找到答案。

结合生猪养殖区周边土壤、降水、温度、气候等自然条件，镇雄县选取了香葱产业作为发展方向，积极向上级争取高标准农田改造项目，成立农蔬合作社，在木黑村流转土地1500亩，投入2670余万元财政资金实施高标准农田改造，改良土壤环境，建设喷灌系统，解决“靠天吃饭”的问题。

2019年10月，镇雄县与昭通葱源农业有限公司达成合作意向，在镇雄县木黑村高标准农田上建设千亩香葱基地。

同时，为实现产业转型升级，提升产业自动化水平，完善产业生产链条，支持产业做大做强，提升产业扶贫能效，镇雄县整合财政资金690.03万元配套建设了洗葱车间，制冰厂和冷库。项目建成后每年按不低于投资总额8%的费用（55.2万元）进行租赁，所得资产收益作为村集体经济收入和扶贫公益事业。

目前，基地种植有细管、中细管、中管和粗管4个类别的香葱1500亩，计划于2021年扩大到3000亩，并根据市场需求，于2025年扩大到万亩以上，建成全县香葱种植的产业示范基地。

《每日经济新闻》记者注意到，在现场劳作的，大多是中老年人、残疾人等弱劳动力。张文武便是其中的一位贫困户。由于残疾，他基本上走不了路，只能坐在椅子上，搬动椅子栽葱。“第一次来这里栽葱的那天，我摔了四次，但现在已经很熟练了。”

张文武坚持每天到香葱基地农作，有了一份固定的收入。“每天有100元左右，能够自食其力，很充实，心情也很好。”

支持外出能人回乡创业

镇雄还大力支持外出能人回乡创业，助力家乡发展。

在采访中，《每日经济新闻》记者发现了“藏在”乡里的服饰扶贫车间——云南中润服饰扶贫车间。让人意想不到的是，这里生产的服装远销欧美、韩国等地。

车间的“主人”彭聪本就是镇雄人，高中毕业后曾到浙江、江苏等经济发达地区打工。由于好学肯干，年纪轻轻的他就在嘉兴等地拥有了自己的服装厂。

当已经小有成就的彭聪知道家乡发展需要他出一份力的时候，他毅然回到了镇雄，办起了扶贫车间。

为促进企业的发展，镇雄县整合财政资金1065万元，分别用于企业购置设备、厂房建设、工人培训稳岗等方面，同时以设备和厂房租赁的方式入股公司，公司每年按入股资金所占比例进行分红，所得收益用于村集体经济收入和扶贫公益事业。

财政资金的注入，有效支持了中润服饰公司的经营，撬动中润集团公司投资1.2亿元，先后成立了4个生产扶贫车间。

截至目前，公司有30条生产线、缝纫设备800台，提供就业岗位1000个，现有工人560人，累计完成工人技能培训450人，其中建档立卡贫困户370人。

公司采用计件模式核发工资，薪酬在2000—6500元，并提供免费食宿，为贫困人口创造了一条稳定的增收之路。同时，车间还定期将市场收益按产业扶贫资金占比分红给建档立卡贫困户。2020 年，第一期 15 万元分红资金已如期到账，直接带动建档立卡贫困户 537 户 2659 人增收。

四两拨千斤!“政担银企户”联动扶贫 四川探索新模式助增收

每日经济新闻，2020 年 12 月 15 日，张钟尹

脱贫过程中，大家最愁的事之一就是钱。

农民想致富，没钱不行；政府要帮扶，钱不到位也不行。

对于政府部门来说，钱是有限的，如何用有限的资金完成脱贫攻坚任务？这一步棋走对了，农民的问题自然迎刃而解。

在财政扶贫中如何进行模式创新，利用国家的“政策钱”达到事半功倍的效果？为探寻答案，《每日经济新闻》记者深入四川深山，探访贫困县、走访贫困户、采访扶贫企业主体，详细了解了四川“政担银企户”联动扶贫的好做法。

贫困户感慨：如果没有小额信贷，发展产业只能空想

在四川省宜宾市屏山县锦屏镇锦屏村，《每日经济新闻》记者受邀参加了一场“茵红李冬季修剪现场培训会”。

现场很热闹，专家来到田间，右手拿剪、左手牵枝，手把手给农民教授果树管理要点。村民们自然也不肯放过这个好机会，纷纷提出自己在种植管理过程中的疑问。

培训间隙，贫困户吴绪秀告诉记者：“以前看到别人发展起李子挣了钱很羡慕，但是自己没钱买农药、化肥，管理技术也不

行，李子就卖不了多少钱。”

没有启动资金，吴绪秀心有余而力不足。

在政府的帮助下，吴绪秀2018年在信用社贷了扶贫小额信贷资金5万元，而且政府全额贴息。她用这笔钱购买茵红李苗、农药、肥料等，新发展了2亩茵红李，按照专家培训的技术管理，李子越来越好。“今年卖了3万元，这在以前是想也不敢想的。”

受益者不仅仅是她一家，还有很多。

“穷窝窝”变成了人人羡慕的“金窝窝”，这是大家对锦屏镇万涡村变化的生动描述。

万涡村村民黄安华以前住家在山沟里，住的是土墙房，走的是泥巴路，一到下雨天必须穿“桶桶靴”。他也没有太多收入，“种点玉米水稻，只够自己吃”。

2017年，他在当地银行贷出扶贫小额信贷资金2万元，发展了10亩茵红李。2020年，收入达到5.47万元。

从几乎没有收入，到年入5万多元，黄安华向记者感叹：“没有小额信贷政策，我们想做事也没有钱，发展产业只能空想。如今生活好了，住宿条件也好了，比以前安逸得多。”

让大家交口称赞的扶贫小额信贷到底是什么？

四川省财政厅副厅长黎家远向《每日经济新闻》记者介绍，为充分发挥财政资金“四两拨千斤”的撬动作用，省财政厅出台一系列政策，引导金融资金投入脱贫攻坚。其中，就有向贫困户全面推广无抵押、无担保、财政贴息和分险的扶贫小额信贷。

扶贫小额贷款能为贫困户提供5万元以下、3年以内、免担保免抵押的信用贷款，更好支持有贷款意愿的贫困户，用于生产经营、发展产业，增加收入。迄今为止，已累计发放扶贫小额信用贷款263亿元。

2020 年，贫困地区正常的农业生产经营秩序受到新冠肺炎疫情冲击。早在 1 月 31 日，四川省就下发文件，对受疫情影响还款困难的贫困户可适当给予最长不超过 6 个月的还款延期。

探索开展“政担银企户”联动扶贫

小额贷款的特点是体量小、周转快，能解一家一户的燃眉之急，但对于资金需求量大的经营主体来说犹如杯水车薪。

可是普通的金融机构贷款又对规避风险有较高要求，这对急需钱但融资难的经营主体确实是个大问题。

怎么办？

四川省分别从政府、政策性农业担保机构、银行、企业、农户身上做文章，最终探索开展了“政担银企户”联动扶贫。

2017 年，四川启动“政担银企户”联动扶贫试点，通过政府政策引导、省农担公司定向担保、金融机构降息降费、企业联农发展、农户入企增收，实现产业发展。

在“政担银企户”联动扶贫中，怎么打消担保机构和金融机构的顾虑，让他们敢保能贷？

秘密就是对省农担公司给予担保费用补助和业务奖补。

省财政对省农担公司扶贫项目信贷担保业务，按上年度贷款担保新发生额的 2.5% 给予奖补，对扶贫项目贷款担保费用分档阶梯式补助。

仅 2020 年，省财政安排省农担公司担保费用补助和业务奖补资金就达 2.5 亿元。通过省农担公司担保，累计引导和撬动金融机构为全省 1800 余户新型农业经营主体提供担保农业贷款 13.7 亿元，带动了 3 万余贫困人口增收脱贫。

担保公司有“优惠”，经营主体贷款也有优惠。

宜宾市叙州区泥南镇红光村自然香茉莉花种植专业合作社通

过农业担保贷款 100 万元，年化融资综合成本只需 6.3%。

按照“每信用担保贷款 10 万元额度，原则上与 1 户以上贫困户建立利益联结机制”的要求，该合作社主动联结了 10 户贫困户，进一步降低融资成本。而达到这一综合效果，政府仅给予了 4.75 万元贷款利息补贴。

修产业路、牧区变景区！5 年财政投入 5500 亿元，四川“10 + N”扶贫专项方案为何有底气？

每日经济新闻，2020 年 12 月 15 日，张钟尹

“以前都是泥巴路，一到下雨天哪都去不了；现在想看个土路还不容易嘞。”

“我们祖祖辈辈都放牧，搞了旅游后，我管理酒店、卖牦牛肉，一年通过微信销售能赚七八万。”

“我的孩子有先天性心脏病，看病是个大问题。现在有了特殊门诊，自己只承担 5% 的费用。”

……

在随财政部调研脱贫攻坚情况时，《每日经济新闻》记者时常能听到这样的感叹。

不同贫困户对扶贫的理解可能只在单一领域，但他们不知道的是，为他们织密织牢整个“防护网”的，是这背后的“10 + N”扶贫专项方案。

在财政扶贫中如何进行模式创新，利用国家的“政策钱”达到事半功倍的效果？为探寻答案，《每日经济新闻》记者深入四川深山，探访贫困县、走访贫困户、采访扶贫企业主体，详细了解了“10 + N”扶贫专项方案为贫困户带来的保障。

“10+N”扶贫专项方案全方位推动

不同于以往“一份钱只能办一件事”的模式，四川扶贫工作格外重视汇聚力量、用最少的钱办最多的事。这就是“10+N”扶贫专项方案的魅力。

从四川省财政厅副厅长黎家远的描述中，《每日经济新闻》记者深入了解了这项方案。

2015年，四川制定出台基础设施、医疗卫生计生和财政金融等10个扶贫专项方案，全方位推动脱贫攻坚。之后，每年根据工作实际，在10个方案基础上增加，形成“10+N”扶贫专项方案。

“我们围绕年度‘10+N’扶贫专项方案，编制了2016—2020年脱贫攻坚财政筹资总体方案，集中财力保障全省脱贫攻坚资金需求。”说到这方案，黎家远如数家珍。

仅2016年以来，四川围绕“10+N”扶贫专项方案投入的财政扶贫资金就已超过5500亿元。

5500亿元是什么概念？2019年，四川省地方一般公共预算收入是4070.7亿元。5500亿元比四川2019年全年财政收入还高1500亿元。

“这在全国都是数一数二的，在四川扶贫历史上前所未有！”说到这里，黎家远有些激动，显然，这非常不容易。

所有乡镇和建制村都通硬化路

解决了“筹”钱的问题，“好钢”怎么“用在刀刃上”？

要想富，自然是先修路。一条路，不仅能带给村民出行的眼前利益，还能带动一片产业，带富一方百姓。

记者在四川实地走访了舍联村、锦屏村、万涡村等十多个贫困村，发现村村都通了硬化路。八年来，四川累计投入6000多亿元，在贫困地区新建和改建公路达到12.5万公里。2019年年底，实现了所有的乡镇和建制村通硬化路。

老百姓的感受更具体。

“以前是泥巴路，我们进出都不方便，坑坑洼洼。现在我们村硬化路就在家门口，想去哪里就去哪里，现在这儿很难看到泥巴路了。”四川省宜宾市屏山县锦屏镇锦屏村一位村民自豪地说。

不光是锦屏村，锦屏镇万涡村第一书记杨通银也向《每日经济新闻》记者表示，自精准扶贫以来，先后投入财政整合项目资金5700万元，建设沥青路14公里，这既是一条出行路，也是一条产业路，更是一条致富路。

牧区变景区、资源变资产

一首“康定情歌”唱响了大江南北，但可能很少有人知道，康定也属于深度贫困地区，有59个贫困村、2912户贫困户、11199名贫困群众。

在平均海拔3550米的呷巴乡俄达门巴村，记者见到了村民尼玛卓玛。

尼玛卓玛很忙，平时她要管理一家温泉酒店，闲暇时候还在微信上卖虫草和牦牛肉。这些客人大多是她通过酒店工作认识的。

“我们这里2014年贫困户年人均收入都不到2000元。我现在在酒店上班，基础工资一个月就有3500元，还有提成。我家2018年分了13头牦牛，牦牛奶和牦牛肉都是收入来源。微信里的生意一年也能挣七八万。”算起账来，尼玛卓玛的眼里仿佛有光，如今她一家7口人年收入能达到20万元。

近几年，俄达门巴村大力发展旅游产业、牧业产业和路沿经济产业，成功走出了一条“牧区变景区、资源变资产、牧民变股民、村民变市民”的旅牧结合脱贫之路。

2016年俄达门巴村脱贫摘帽，整体告别绝对贫困，2019年人均收入突破1万元。

兜底保障，筑牢“返贫”防线

不同于俄达门巴村有丰富的旅游资源，康定市鱼通镇舍联村的青花椒和仙人掌结出的仙桃是当地的主要收入来源。

今年25岁的高建红是舍联村一位创业宝妈：“我们主要种仙桃、青花椒。我自己做微商，土特产都可以卖，松茸、虫草……我的东西能卖到全国。”

她一直都没有停止学习青花椒的种植技术。“每年的老树枝砍掉，嫩树枝留着。老树枝时间长了也不结花椒，修枝过后发起的嫩树枝，结的花椒很好。”现在，她完全就是个技术能手，5亩花椒树2020年给她带来了7000多元的收入。

舍联村第一书记康鑫向《每日经济新闻》记者介绍，几年来该村累计投入财政资金1231万元，仅在花椒上就投入了846万元。2017年，舍联村建立了青花椒基地，修建烘干厂房，进行青花椒深加工，并鼓励发展农村专业合作社，以家庭农场的方式将贫困户纳入进来，对其进行资金、技术扶持。

脱贫攻坚不仅仅要带大家致富，还要为他们兜底保障，筑牢“返贫”防线。

高建红的一个孩子患有先天性心脏病，带孩子看病成了她心头一块大石头。“以前看病不容易，花的钱也很多，现在给孩子在康定市看病能去特殊门诊，后来还到成都的华西医院治疗，看下来我们自己只承担了5%的费用。”

数据显示，康定市2014—2019年报销医疗费用1.17亿元，惠及3.53万人次，贫困户医疗费用个人支付比例控制在5%以内。

先进带后进、强村带弱村

一个好汉三个帮。除政府大力扶持，“邻居”的帮助也很暖心。

屏山县的锦屏镇锦屏村是远近闻名的强村。而邻村万涡村由于地形破碎、交通不便、产业缺乏、基础薄弱，2014年人均纯收入仅2168元，贫困发生率26%。

为带动万涡村发展，两个村采取“先进带后进、强村带弱村”的办法，探索施行支部联建、路子联谋、产业联动、设施联抓、村事联治的“五联”模式。

两村打破村界地域观念，统一打造茶果产业园，发动万涡村群众连户连组放田改土，与山上的锦屏村产业连片，走生态农业发展道路。

两村在悬崖上抠出一条3公里的产业路，打通了万涡村与锦屏村产业园连接的上山通道。同时，整合资金1300万元新建供水系统，从山上到山下，渠堰沟池全配套，做到产业发展到哪里，基础设施就跟进到哪里。

现在，万涡村发展优质茵红李3500亩，全村群众实现安全住房、安全饮水、安全用电、网络信号、致富产业、入户路等6个全覆盖。茵红李产业年收入10万元以上的有30户，2019年人均纯收入8876元，2020年村集体经济收入预计能达到20万元。

让群众掌握每一笔扶贫资金的流向

有了钱，该怎么监管，怎么提升资金使用效益?

首先是让群众监督。

黎家远告诉《每日经济新闻》记者，四川省财政部门探索“互联网+精准扶贫智能代理记账”试点，同步开发手机App，让群众随时随地掌握每一笔扶贫资金的流向。

其次是政府监管。各级财政部门建立财政扶贫资金动态监控系统，对各级各类财政扶贫资金预算分配下达、资金支付、扶贫项目资金绩效目标执行等情况动态监控、实时预警、定期通报，实现项目资金数据可追溯、责任可倒查、红线可预警。

四川省财政厅相关负责人告诉记者，同时，考虑到社保卡覆盖所有人的优势，将惠民惠农财政补贴资金通过社会保障卡“一卡”发放。覆盖全省的惠民惠农财政补贴资金“一卡通”发放信息系统，利用大数据实行跨部门信息比对、审核、预警，把不符合补贴条件或可疑数据拦截下来，自动提示工作人员进一步核实，避免虚假冒领。目前，市（州）发放信息系统比对拦截可疑数据113.6万人次，涉及金额9.08亿元；核实后符合条件发放2.44亿元。

此外，四川省财政厅实施最严格的财政专项扶贫资金绩效评价考核，倒逼各地加强资金监管。2018年以来，省财政已累计对2.4万个扶贫项目开展了绩效管理、涉及扶贫资金1530亿元。

全国首创！四川创新资产收益扶贫模式，贫困户“家门口”上班领工资

每日经济新闻，2020 年 12 月 15 日，张钟尹

10 月 22 日，秋高气爽，天气微凉。

上午，四川省宜宾市屏山县大乘镇双峰村的村民聚集在屏山县岩门韵绿茶叶农民专业合作社门前，他们今天要领分红款。

这不是普通的分红。

屏山县是国家扶贫开发重点县和乌蒙山集中连片贫困县，这钱是四川首创资产收益扶贫模式带来的“红包”。

在财政扶贫中如何进行模式创新，利用国家的“政策钱”达到事半功倍的效果？为探寻答案，《每日经济新闻》记者深入四川深山，探访贫困县、走访贫困户、采访扶贫企业主体，找到了股权、贫困县，分红、农民，这些看似毫无关联的词联系在一起的秘密。

“今天把大家召集起来，兑现今年的保底分红，每户 500 元。”说话的是屏山县岩门韵绿合作社理事长张德兵，这次共有 50 户村民能领到分红款。

可别小看这 500 元。买茶苗、买肥料……能干的事儿还不少。一位村民手里攥着刚刚领到的钱对《每日经济新闻》记者说：“茶叶我种得不太多，但一年也有六七千元的收入。”

领完钱后大家并未急着离开，他们要继续参加公司开展的技术培训，而这种学习，如今在双峰村已成了常态。

屏山县产茶历史悠久，三国时期即产茶叶，屏山茶曾载入《辞海》。而双峰村是“屏山炒青”的主要产地之一。

但以前这里的人们并没有在茶叶上得到太多“好处”。因为交通闭塞、信息不畅，加上生产和加工技术落后，双峰村的茶叶附加值很低，平均亩产值才 2000 元。

“以前我们种的本地茶叶卖不上价，一斤只有 4—5 元。”杨华是 2014 年建档立卡的贫困户，父亲和妻子都是残疾人，“家里有病人要照顾，也不能出远门打工。”

这不是杨华一个人的困境。双峰村的村民，很多都面临这样的问题。

这也不仅是双峰村的问题，更是四川省脱贫攻坚要啃下的硬骨头。

四川首创资产收益扶贫模式

守着茶叶这块“宝”，日子却不能过得像清茶一般甘甜醇厚，怎么办？

答案既在茶叶也不在茶叶。

说“在”茶叶，说的是双峰人还得依靠技术致富；说“不在”茶叶，说的是不能靠老办法扶贫，模式要有突破和创新。

技术好办，扶贫模式如何创新？如何让茶农真正参与进来，变输血为造血？四川省财政厅介绍了个好办法。

2015 年，四川省启动了资产收益扶贫试点。

以双峰村为例，扶贫资金并不直接发给贫困户，而是注入合作社形成资产，再由合作社组织茶农以茶园入股，同时作为联结公司和农户的桥梁，负责按照公司制定的标准开展技术培训，指导农户做好田间管理、生产质量达标的鲜叶。

农户则以合作社社员或公司股东的身份，负责田间管理、鲜叶采摘销售，同时参加公司核心生产示范区、加工车间、对外营销等环节的劳务，享受公司保底收购、按股分红、二次返利、物资配送等优惠。

也就是说，农民和贫困户不再单纯地“坐等”扶贫款，他们要积极参与到茶叶生产的各个环节，学技术、长本领、拿薪水、享分红，让他们真正获得良性发展的方法。

这样一来，“公司 + 合作社 + 种植户（社员、茶农、贫困户）”3 个主体也形成了紧密合作的利益共同体。一笔扶贫款搅活了双峰村茶产业的“春水”。

说到这样做的好处，四川省财政厅副厅长黎家远深有体会。他对记者说，这种模式不仅让贫困户获得土地流转的“租金”、资产收益扶贫的“股金”，还充分激发贫困户自我发展内生动力，让他们通过发展产业和就近就地就业获得“薪金”。

在资金保障方面，四川省财政厅农业农村处副处长李逢春向《每日经济新闻》记者介绍，财政资金注入企业时，企业需要签订协议，确保向贫困户发放保底分红和股权分红。

这就是四川首创的扶贫模式。据介绍，全省资产收益扶贫项目覆盖了 15 万余户贫困户，实现年户均增收 800 元以上。随着投入的农业产业发展项目逐步进入收益期，贫困户的收入还将大幅增加。

目前，资产收益扶贫模式已经在全国推广。

从贫困户变成带头人

资产收益扶贫不仅用活了扶贫资金，还创造出“1 + 1 > 2”的价值。2016—2019 年，双峰村的合作社为 26 户社员和 109 户贫困户送上股权分红 216 万元。

如今，双峰村 126 户贫困户户均有 3 亩茶园，每年鲜茶销售、茶企务工、股权分红、二次返利、物资配送等方面的户均收入达到 4 万元，全部实现了高质量脱贫。

村里也从 2014 年之前无通畅公路、无硬化路段，到现在修成硬化通村通组路 45.2 公里，建成联户路、产业路 83.7 公里，改造住房 99 户，发展茶园新增茶园 2000 亩、改造低产茶园 7000 亩。

村民收入大大改善，2019 年贫困户人均纯收入 8907 元，2020 年贫困人口年纯收入超过 1 万元。

这绝不只是一串串统计数字而已。

在资产收益扶贫模式下，贫困户杨华购买了新茶苗，改种后茶叶越种越好，能卖到 20 元一斤，收入大大增加了。杨华目前种植的 5 亩茶叶，每年收入也能达到 2 万多元。

除了茶叶收入外，杨华还告诉记者，在 2016 年、2017 年他参加了扶贫技能培训，取得建筑工地泥瓦匠从业资格，有了技能证书后，打工容易多了，2019 年承包村里的厕所革命工程，每月收入有 5000 多元。

今年 52 岁的兰光碧一边在茶园里忙碌着，一边快人快语地向记者介绍："2014 年以前，我们家里真的很穷，多亏了政策帮助，我现在种茶、养蜂、养猪，一年收入能有十来万，2015 年已经脱贫啦。"

不仅自己依靠好政策脱了贫，2016 年，兰光碧还牵头成立养蜂合作社，带动村里人一起干，从贫困户转变为带头人。现在已有 16 户农民加入了他的养蜂专业合作社。

通过资金的注入和茶农的加入，合作社和公司也实现了双赢。

岩门秀芽茶业公司不断壮大，从 2014 年 5 月成立时的 300 万元注册资本，发展到 2019 年销售收入 1200 万元，加工车间 5000 余平方米，年产茶叶 300 吨，产品 467 项指标符合欧盟出口标准。

让弱劳动力分享产业发展红利

既有自然条件优良的成都平原，也有自然条件恶劣、发展基础薄弱的贫穷落后地区，这正是四川的基本省情。四川人口多、底子薄、不平衡、欠发达，2013 年年底，全省精准识别建档立卡贫困人口 625 万，占全国 7%；贫困村 11501 个，约占全国贫困村总量的 10%。

如何打赢这场硬仗？

2015 年，四川省财政厅安排了 9000 万元扶贫资金，在 70 个农民合作社开展试点，同时各级政府配套了 1800 万元的股权量化改革与农业产业链条延伸试点资金，用于支持 15 个农民合作社开展资产收益扶贫试点。

近年来，四川省财政不断加大资金支持力度，累计投入 12 亿元支持开展资产收益扶贫。

四川省社科院农村发展研究所研究员戴旭宏认为，资产收益扶贫模式的运行提高了财政资金的使用效率。一方面，通过整合财政支农资金投入组织主体中，对新型经营主体提供定向帮扶，实现了支持农业实际生产者的目标，避免了支农资金分散投入带来的偏差和重叠；另一方面，通过资产收益扶贫，发挥了财政资金的杠杆作用，通过财政资金的投入撬动多方资源，放大资金的支持效果。

黎家远还向《每日经济新闻》记者表示，贫困户优先股不能“一定终身”，脱贫后退出，由实施主体收回，通过“一事一议”

的方式重新安排。已脱贫户给予一定巩固期（1—3 年）优惠持股，期满后不再享受扶贫股权，原持有的扶贫股收归村集体经济组织持有管理，用于救助因灾返贫、因病返贫等困难群众。

财政部相关负责人表示，随着脱贫攻坚的不断深入，因病因残致贫的占比呈现上升趋势。对这部分贫困人口，区域发展、基础设施投入的边际减贫效果减弱，参与产业扶贫的效果也不太理想。资产收益扶贫不仅让无劳动能力或弱劳动能力的贫困人口分享财政支持产业发展带来的红利，而且在收益分配时优先保障其收益，丰富了对深度贫困人口的精准扶持措施，弥补了脱贫攻坚的薄弱环节。

正是借助这一系列的好政策，屏山县贫困户 10765 户 42826 人在 2019 年全部脱贫、78 个贫困村 2019 年全部退出，摘掉了国家级贫困县的帽子。

财政部：脱贫攻坚过渡期内财政支持政策保持稳定

第一财经日报，2020 年 12 月 3 日，祝嫣然

12 月 2 日，国务院新闻办公室在北京举行新闻发布会，请财政部副部长程丽华、国家税务总局总经济师王道树、财政部农业农村司司长吴奇修、财政部监督评价局局长郜进兴、国家税务总局政策法规司负责人王世宇介绍财税支持脱贫攻坚有关情况。

目前，中国 832 个贫困县全部脱贫。防止返贫将会成为重点，脱贫攻坚与乡村振兴战略如何衔接，也将成为今后的主要工作任务。

财政部副部长程丽华 12 月 2 日在国新办新闻发布会上回答第一财经记者提问时表示，过渡期内财政支持政策总体保持稳定。在此基础上，根据巩固拓展脱贫攻坚成果同乡村振兴衔接的需要和财力状况，合理安排财政投入规模，优化支出结构，为做好衔接工作提供资金保障。

国家税务总局总经济师王道树在发布会上表示，贫困县摘帽后，包括税收在内的相关帮扶政策也会从攻坚战转入常态化。对已脱贫摘帽的贫困县、贫困村和贫困人口，继续做好政策宣传辅导，确保“摘帽不摘政策”、税收优惠应享尽享。同时，按照缺什么补什么的原则，更加注重分类施策、补短板强弱项，夯实脱

贫攻坚成果。

财政部农业农村司司长吴奇修在发布会上表示，贫困县涉农资金整合是创新涉农资金管理方式、推动扶贫领域“放管服”改革的一项重大政策举措。从2016年到2020年前三季度，全国832个贫困县统筹整合各级财政涉农资金规模超1.5万亿元。

“中央和省级将目标相近、方向类同的涉农资金的配置权，完全赋予脱贫攻坚一线的贫困县，允许贫困县‘用打酱油的钱买醋’，因地制宜自主安排资金、确定项目，聚焦短板弱项精准发力，集中资源打赢脱贫攻坚战。”吴奇修说。

他表示，在中央财政加大对贫困县投入力度的同时，省级将纳入整合范围的各项资金进一步向贫困县倾斜。此外，着力抓好资金监管和考核工作，把整合资金使用成效情况纳入绩效考评范围，相应建立奖优罚劣机制，确保各项举措落实到位。

“在相关部门和地方共同努力下，贫困县涉农资金整合政策达到了预期目标。”吴奇修说，贫困县将“零钱”化为“整钱”，将“小钱”集成“大钱”，形成了“多个龙头放水、一个龙头出水”的扶贫投入新格局，为贫困县打赢脱贫攻坚战提供了充足的“粮草军需”和政策支撑。

推进脱贫攻坚与乡村振兴有序衔接
一批财税支持政策在路上

上海证券报，2020 年 12 月 3 日，李苑

12 月 2 日，国新办就财税支持脱贫攻坚有关情况举行新闻发布会。上海证券报记者从发布会获悉，在落实好现有税收优惠政策的同时，财政部和国家税务总局正积极研究推进脱贫攻坚与乡村振兴有序衔接的税收支持政策，推动巩固和拓展脱贫攻坚成果。

“过渡期内，财政支持政策总体保持稳定。在此基础上，根据巩固拓展脱贫攻坚成果同乡村振兴衔接的需要和财力状况，合理安排财政投入规模，优化支出结构，为做好衔接工作提供资金保障。目前，财政部正在会同有关部门逐项评估现有脱贫攻坚政策，将根据工作开展情况陆续出台有关措施。”财政部副部长程丽华介绍。

据了解，财政支出投入扶贫攻坚力度持续加大。安排专项扶贫方面，2016—2020 年，连续 5 年每年新增中央财政专项扶贫资金 200 亿元，2020 年达到 1461 亿元，发挥了精准扶贫资金主渠道作用。2020 年又一次性安排综合性财力补助资金 300 亿元，支持补齐挂牌督战地区脱贫攻坚短板弱项。

支持行业扶贫方面，在分配农业、水利、生态、交通、教育

等行业转移支付时，向贫困地区、贫困人口倾斜，推动解决贫困地区突出问题。拓宽资金渠道方面，通过城乡建设用地增减挂钩节余指标跨省域调剂政策，筹资1896亿元，全部用于支持脱贫攻坚和乡村振兴。引导社会帮扶方面，通过贷款贴息、风险补偿，引导金融机构投放扶贫小额信贷6000多亿元。

国家税务总局政策法规司负责人王世宇在发布会上表示，从税收减免数据看，仅2020年1—10月，税务部门落实支持脱贫攻坚各项税收优惠政策实现减税950多亿元，同比增长38%，有力推动贫困地区脱贫脱困。从增值税发票数据看，832个贫困县2020年1—10月销售收入同比增长13.3%，充分反映了在2020年新冠肺炎疫情特殊背景下，贫困地区经济恢复发展取得了良好成效。

近年来资产收益扶贫机制受到广泛的关注。所谓资产收益扶贫，是财政部在地方自主探索创新的基础上，总结提炼的一项精准扶贫举措。具体是指：在不改变用途的情况下，财政专项扶贫资金和其他涉农资金投入设施农业、养殖、光伏、水电、乡村旅游等项目形成资产，具备条件的可折股量化给贫困村和贫困户，尤其是丧失劳动能力的贫困户。

财政部农业农村司司长吴奇修表示，在财政部和相关部门的共同努力下，各地探索资产收益扶贫工作取得了显著成效，财政资金投入的“造血”功能明显提升，贫困群众获得感明显增强。

“下一步，我们将认真总结资产收益扶贫工作探索的经验做法，更好地支持产业发展，促进巩固脱贫攻坚成果，助力乡村产业振兴。”吴奇修说。

决胜脱贫攻坚　财政资金啃下“硬骨头”

中国证券报，2020 年 12 月 3 日，赵白执南

财政部副部长程丽华 12 月 2 日在国新办财税支持脱贫攻坚新闻发布会上介绍，支持打赢脱贫攻坚战，财政投入力度持续加大。2016—2020 年，连续 5 年每年新增中央财政专项扶贫资金 200 亿元，2020 年达到 1461 亿元，2020 年又一次性安排综合性财力补助资金 300 亿元，支持补齐挂牌督战地区脱贫攻坚短板弱项。

相关部门人士表示，2020 年是决胜脱贫攻坚收官之年，财政资金精准发力啃下“硬骨头”，并针对新冠肺炎疫情和洪涝灾情挑战等出台多项针对性政策，防止因“疫”返贫。未来仍将着力建立完善巩固脱贫攻坚成果的长效机制。

把钱用在刀刃上

“脱贫攻坚，一个也不能少。”程丽华称，2018—2020 年共安排支持“三区三州”等深度贫困地区增量资金 2800 多亿元，为攻克最后的贫困堡垒提供了有力支撑。截至 2019 年年底，尚有 52 个县、2707 个村未脱贫。为了啃下这些最硬的“骨头”，中央财政在资金安排时对这些地区给予倾斜支持，2020 年专门安排资金规模达 417 亿元。同时，建立定期调度分析机制，督促各地加快支出进度，确保资金及时如数拨付到挂牌督战县，把钱用

在刀刃上。

“2020年光伏扶贫发电收益的80%用于公益岗位，127万贫困人口实现在家门口就业。”程丽华表示，在克服疫情灾情影响方面，财政部会同有关部门，及时采取针对性措施，稳定贫困户收入，防止因“疫”致贫。2020年中央财政安排了专项扶贫资金14亿元，支持湖北等7个省份。通过一次性生产补贴、贷款贴息支持、临时岗位补助等，带动贫困户就业。截至9月底，25个省份已外出务工贫困劳动力2934万人，超过2019年外出务工总人数。另外，加大对受疫情影响较大的产业扶贫项目生产、储存、运输、销售等环节的支持，解决农产品“卖难”问题。

国家税务总局政策法规司负责人王世宇介绍，从增值税发票数据看，832个贫困县2020年1—10月销售收入同比增长13.3%，充分反映了在2020年新冠肺炎疫情特殊背景下，贫困地区经济恢复发展取得了很好成效。

建立长效机制

脱贫摘帽不是终点。程丽华表示，过渡期内，财政支持政策总体保持稳定。在此基础上，根据巩固拓展脱贫攻坚成果同乡村振兴衔接的需要和财力状况，合理安排财政投入规模，优化支出结构，为做好衔接工作提供资金保障。目前，财政部正在会同有关部门逐项评估现有脱贫攻坚政策，将根据工作开展情况陆续出台有关措施。

国家税务总局总经济师王道树强调，贫困县摘帽以后，包括税收在内的相关帮扶政策也会从攻坚战转入常态化。下一步，税务部门将着力建立完善巩固脱贫攻坚成果的长效机制，对已脱贫摘帽的贫困县、贫困村和贫困人口，坚持“扶上马送一程”，继续做好政策宣传辅导，确保“摘帽不摘政策”、税收优惠应享尽享。同时，按照缺什么补什么的原则，更加注重分类施策、补短板强弱项，夯实脱贫攻坚成果，接续推动脱贫摘帽地区乡村全面振兴。

积极发挥财政职能作用
稳步推进脱贫攻坚与乡村振兴有效衔接

中国财政，2020 年第 8 期，财政部脱贫攻坚领导小组办公室

新年伊始，中共中央、国务院发布《关于抓好“三农”领域重点工作　确保如期实现全面小康的意见》，将推动减贫战略和工作体系平稳转型、抓紧研究制定脱贫攻坚与实施乡村振兴战略有机衔接的意见作为一项重大任务进行部署，对做好 2020 年脱贫攻坚和“三农”工作具有重要的指导意义。

在党中央、国务院坚强领导下，我国脱贫攻坚取得决定性进

展，农村贫困人口大幅减少，“两不愁三保障”基本解决，易地扶贫搬迁建设任务基本完成，贫困地区经济社会加快发展，基础设施和基本公共服务水平明显提升，即将历史性地消除绝对贫困现象，为实施乡村振兴战略打下了良好基础。

2020年是全面打赢脱贫攻坚战收官之年，也是全面建成小康社会目标实现之年。扶贫工作面临新的形势和任务，正由集中力量攻坚向完成剩余脱贫任务、巩固拓展脱贫攻坚成果、衔接推进乡村振兴转变。

完成剩余脱贫任务方面，仍然不容半点懈怠。截至2019年年底，全国还有551万贫困人口没有脱贫，还有52个贫困县尚未摘帽，数量虽不多，但都是历经多轮攻坚没有啃下的硬骨头，如期全面完成需要付出艰苦努力。近日，国务院扶贫开发领导小组印发了《关于开展挂牌督战工作的指导意见》，明确对未摘帽的52个贫困县、贫困人口超过1000人和贫困发生率超过10%的1113个贫困村进行挂牌督战，要求及时解决制约完成脱贫攻坚任务的突出问题，确保全部贫困人口如期脱贫、贫困县全部摘帽。行百里者半九十，我们决不能因胜利在望而对剩余脱贫任务掉以轻心。

巩固拓展脱贫攻坚成果方面，面临的压力不小。贫困群众脱贫后，实现了“两不愁三保障”，但总体上仍属于较低收入群体，脱贫后持续增收的后劲不足，抵御各类风险的能力仍然较弱，部分边缘贫困群众仍存在返贫风险。易地扶贫搬迁任务如期完成，但要确保稳得住、能致富，后续扶持压力依然很大。贫困地区经济社会虽然得到明显发展，但相对其他地区而言，仍然是欠发达地区。近期，突如其来的新冠肺炎疫情，给贫困地区产业发展、贫困群众转移就业等带来冲击，部分群众可能因疫致贫返贫。应对这些挑战，要求继续加强对贫困地区、贫困群众产业发展、转移就业的后续帮扶，完善社会保障措施，建立健全返贫监测预警和动态帮扶机制，从制度上巩固脱贫攻坚成果。

全面衔接推进乡村振兴方面，需要久久为功。乡村振兴是实现第二个百年奋斗目标的必由之路，面临比脱贫攻坚更高的目标任务。从实现“两不愁三保障”到“产业兴旺、生态宜居、乡风文明、治理有效、生活富裕”，对贫困地区经济社会发展提出了更高要求。虽然脱贫攻坚给贫困地区带来了令人瞩目的变化，但这些地区基础设施欠账并没有完全补上，产业发展依然处在较低水平，市场竞争能力、风险抵御能力较差，村集体经济收入普遍不高，农村人居环境、教育、医疗卫生、农技服务等仍需改善。脱贫攻坚任务完成后，需要统筹解决相对贫困和乡村振兴工作，在资源配置、支持对象、支持重点、帮扶政策等方面有效衔接，推动减贫战略和工作体系平稳转型。

在决战决胜脱贫攻坚的关键阶段，各级财政部门应当自觉履行历史责任，主动作为，在全力支持打赢脱贫攻坚战的同时，积极推动脱贫攻坚与乡村振兴战略有效衔接。一是统筹考虑完成剩余攻坚任务和巩固脱贫成果等因素，继续强化财政扶贫投入保障，并加大对“三区三州”等深度贫困地区、挂牌督战地区、巩固脱贫成果和易地扶贫搬迁后续扶持的支持力度。二是聚焦深度贫困地区和“两不愁三保障”问题，加快补齐短板。在对照现有标准解决突出问题的基础上，高度关注、密切跟踪新冠肺炎疫情对脱贫攻坚的影响，及时采取有针对性的措施。三是支持各地巩固拓展脱贫成果，支持建立有效机制，做好返贫人口和新发生贫困人口的监测和帮扶工作。四是根据党中央、国务院部署，在全面评估现有财政支持脱贫攻坚政策的基础上，抓紧研究2020年后财政扶贫政策。

补齐公共服务“短板”巩固脱贫攻坚成果

中国财经报，2021 年 1 月 14 日，李存才

截至 2020 年岁末，我国 832 个贫困县相继宣布脱贫摘帽，脱贫攻坚工作取得历史性胜利。但是，贫困地区的基础设施和公共服务领域依然存在“短板”，与发达地区仍有很大差距。因此，拓展巩固脱贫攻坚成果、补齐城乡公共服务领域的短板将是“十四五”时期减贫工作的重中之重，也是全面推进乡村振兴的关键所在。

如何补齐城乡公共服务领域的各类“短板”？专家建议，“十四五”期间，在全面建成小康社会的基础上，国家需要通过实施乡村振兴战略进一步巩固脱贫攻坚成果，既要瞄准脱贫不稳定户和边缘农户等重点群体，也要从基础设施、公共服务、环境治理等方面全面加力改善农村地区现状，夯实稳定脱贫的经济社会基础。当下，在巩固脱贫攻坚成果与全面推进乡村振兴的衔接中，应着力做好四方面工作。

一是明确重点目标群体。中央和地方在脱贫攻坚战中采取多方面措施，确保贫困人口实现“两不愁三保障”，人均可支配收入均超过了国家贫困线，但有一部分群体的家庭收入刚刚越过贫困标准，且转移性收入占比较高。这些边缘群体受到疾病或意外事故等风险冲击，极易返贫。因此，巩固脱贫攻坚成果需要把这些群体作为重点，建立对不稳定脱贫户、边缘户、收入骤减或支

出骤增户的监测预警体系，加强动态监测预警，必要时及时采取帮扶措施。

二是完善社会保障制度。当前贫困群体中约有2000万人通过社保兜底实现了脱贫，主要是孤寡老人、残疾人、大病和慢性病患者等特殊困难群体。这些群体普遍缺乏创收能力，在脱贫之后仍面临较高返贫风险。巩固脱贫攻坚成果，必须进一步健全完善社会保障体系。

三是提高扶贫产业可持续性。产业扶贫是通过扶持产业发展增加扶贫对象收入、增强其自我发展能力的一种扶贫方式。要把提高扶贫产业的可持续性纳入乡村产业振兴框架，作为“十四五”时期巩固脱贫成果的关键任务来抓。通过深化供给侧结构性改革，增强产业的特色优势，加大本土市场主体和经营人才培养力度，加快构建高质量、高效率、可持续的乡村产业体系，让低收入群体更多分享产业增值收益，促进欠发达地区乡村产业兴旺和贫困群体持续增收。

四是加大扶持力度完善贫困地区各项公共服务设施。在国家财政政策的支持下，通过以奖代补、先建后补等奖补机制，吸引社会资本，尽快补齐农村供水、供电、交通、网络、天然气、污水处理等基础设施和基本公共服务领域的短板，强化学校、医院、养老院等公共设施的建设和管护，提高这些领域的公共服务水平，逐步缩小与发达地区的差距，夯实全社会高质量发展根基。

减贫创奇迹　财政有担当

——写在我国脱贫攻坚取得全面胜利之际

中国财经报，2021 年 3 月 1 日，评论员文章

千年减贫梦，今朝终得圆。

2 月 25 日，习近平总书记在全国脱贫攻坚总结表彰大会上发表重要讲话时庄严宣告，我国脱贫攻坚战取得全面胜利，现行标准下 9899 万农村贫困人口全部脱贫，832 个贫困县全部摘帽，12. 8 万个贫困村全部出列，区域性整体贫困得到解决，完成了消除千百年来的绝对贫困这一艰巨任务，创造了人类减贫史上一个彪炳史册的奇迹。

党的十八大以来，以习近平同志为核心的党中央团结带领全党全国各族人民，把脱贫攻坚摆在治国理政突出位置，成功组织实施了人类历史上规模空前、力度最大、惠及人口最多的脱贫攻坚战。这是一场具有伟大政治意义和深远社会意义的磅礴实践，是国家治理能力提升的壮阔展现。

财政作为国家治理的基础和重要支柱，作为国家重要的经济综合管理部门，在打赢脱贫攻坚战中肩负着重要职责，发挥了重要作用。各级财政部门围绕精准扶贫战略，精准施策、精准滴灌、精准监管，不断健全与脱贫攻坚任务相适应的投入保障机制，为打赢脱贫攻坚战提供了充足的“粮草军需”。

对此，习近平总书记在讲话中专门作了概括和总结：8 年来，中央、省、市县财政专项扶贫资金累计投入近 1.6 万亿元，其中中央财政累计投入 6601 亿元。打响脱贫攻坚战以来，土地增减挂指标跨省域调剂和省域内流转资金 4400 多亿元，扶贫小额信贷累计发放 7100 多亿元，扶贫再贷款累计发放 6688 亿元，金融精准扶贫贷款发放 9.2 万亿元，东部 9 省市共向扶贫协作地区投入财政援助和社会帮扶资金 1005 亿多元，等等。

加大投入的同时，还确保把钱花在“刀刃”上。各级财政部门坚守中央确定的脱贫攻坚目标和标准，确保焦点不散、靶心不变。一方面，重点支持解决“两不愁三保障”突出问题；另一方面，加大对重点地区的支持，2018—2020 年共安排支持“三区三州”等深度贫困地区增量资金 2800 多亿元，为攻克最后的贫困堡垒提供了有力支撑。

“真金白银”之外，财政还有同样重要的“投入”，这就是在脱贫攻坚中形成的财税制度创新，包括积极拓宽投入渠道，推动形成脱贫攻坚资金多渠道、多样化投入机制，构筑“大扶贫”格局。

这些举措或“握指成拳”，或“四两拨千斤”，大大提升了政策措施的针对性和实效性，放大了财政资金的效应。

如通过放权改革实行贫困县涉农资金统筹整合，支持其盘活存量和用好增量，聚焦短板弱项精准发力。2016—2020 年，全国 832 个贫困县累计整合涉农资金超过 1.5 万亿元。通过涉农资金整合政策，贫困县将“零钱”化为“整钱”，将“小钱”集成“大钱”，形成了“多个龙头放水、一个龙头出水”的扶贫投入新格局。2020 年 10 月，该项政策被国务院扶贫开发领导小组授予全国脱贫攻坚组织创新奖。

中央财政还不断创新财政扶贫支持机制。如支持各地探索资产收益扶贫模式；出台政府采购支持脱贫攻坚政策，要求预算单位预留一定比例的采购份额，专门采购 832 个贫困县的产品；深入开展消费扶贫工作，帮助贫困群众增收等。

一系列支持脱贫攻坚的税收优惠政策也先后出台，如支持贫困地区基础设施建设、推动涉农产业发展、激发贫困地区创业就业活力、推动普惠金融、促进“老少边穷”地区加快发展、鼓励社会力量加大扶贫捐赠等，充分发挥税收杠杆作用，广泛引导社会力量积极参与脱贫攻坚。

值得一提的是，2020 年，面对突如其来的新冠肺炎疫情，财政部门及时调整优化扶贫资金管理要求，重点加大对贫困劳动力稳岗就业、产业扶贫项目、贫困地区农产品产销对接的支持力度，做到精准应对、靶向施策，战“疫”战贫两不误，做好“加试题”，打好收官战。

习近平总书记强调：“扶贫资金是贫困群众的‘救命钱’，一分一厘都不能乱花，更容不得动手脚、玩猫腻!”财政扶贫投入越是增加，优化管理就越要跟上，资金监管就越要加强。全国各级财政部门始终把强化扶贫资金监管摆在突出位置，坚持制度先行，“篱笆扎得紧，狐狸钻不进”；建立“花钱必问效，无效必问责”的绩效管理机制；强化监督检查，坚决斩断伸向扶贫资金的“黑手”；建立健全扶贫资金动态监控机制，做到“横向到边、纵向到底”；严格执行扶贫资金项目公示公开制度。

通过这些措施，财政部门打出了一套监管“组合拳”，有效提升了扶贫资金监管水平，为资金精准高效使用保驾护航，让每笔扶贫资金都用到实处、用得其所、用出效益。2020 年，审计查出严重违纪违法问题扶贫资金占比仅为 0.19% 。

八年艰辛非寻常，果实累累倍芬芳。从白山黑水到西南边陲，从天涯海角到大漠雪域，过去的贫困县、贫困村旧貌换新颜，房子新了，出行便了，环境美了，人气旺了。

同时应冷静认识到，贫困是一个长期形成和累积，包含了经济、社会、文化、自然环境等复杂成因的历史性现象，要实现全面、长期和稳定的脱贫绝非一日之功。脱贫摘帽不是终点，而是新生活、新奋斗的起点。“我们还要咬定青山不放松，脚踏实地加油干，努力绘就乡村振兴的壮美画卷，朝着共同富裕的目标稳步前行。”习近平总书记指出，要设立过渡期，保持政策总体稳定。贫困县摘帽以后，包括税收在内的相关帮扶政策也会从攻坚战转入常态化。刚刚发布的中央一号文件已经对此作出了部署。

财政部部长刘昆明确表示，财政部将全力以赴支持巩固拓展脱贫攻坚成果同乡村振兴有效衔接。过渡期内，财政政策将总体保持稳定。在此基础上，根据巩固拓展脱贫攻坚成果同乡村振兴衔接的需要和财力状况，合理安排财政投入规模，优化支出结构。优先支持巩固脱贫难度大、乡村振兴底子薄的地区发展，重点支持西部地区巩固脱贫成果，对中央确定的国家乡村振兴重点帮扶县予以适当倾斜支持。

走过千山万水，还需跋山涉水。面对着新的任务，各级财政部门将更好发挥财政职能作用，精准施策、真抓实干，持之以恒、久久为功，推动乡村振兴取得新进展，全力支持续写新的辉煌篇章。

财政部扶贫干部扎根永胜农村，专啃“硬骨头”！

中国财经报，2020 年 5 月 12 日

颜铭是一个山东小伙，今年 32 岁，2009 年 8 月到国家财政部参加工作，现在是财政部驻永胜县定点帮扶工作队队员，程海镇崀峨村党总支第一书记。两年前在财政部工作的他怎么都想不到自己会来永胜县崀峨村，他也无法想象，这两年居然给他带来了这么多的变化。

2018 年，颜铭在财政部的指派下到永胜县崀峨村进行驻村定点帮扶工作，一开始陌生的环境和语言沟通的不便让他产生了些许的不适应。

崀峨村是永胜县 94 个贫困村之一。这个依水而居的小村庄，仍延续着以烤烟种植和其他种养殖为主要经济来源的生产方式。2018 年全村 640 户 2817 人中还有建档立卡贫困户 60 户 203 人。贫困发生率 6.4%。看到崀峨村这样的情况，颜铭来不及顾及自己不适应的状态，立刻加入扶贫的工作当中。

牵住产业扶贫的“牛鼻子”

到了崀峨村后，颜铭通过数据分析，发现崀峨村产业形态单一，烤烟是该村的支柱性产业，特色产业发展总体水平不高，全

村种植烤烟 4900 亩，覆盖 80% 的农户。

“但是烤烟种植的形式和现在全国控烟的形式的大趋势是不符的，现在国家对于烤烟的政策就是双控的，控制产量，控制面积。我们来了之后就在思考，如果崀峨村没有了烤烟，可以种植什么？崀峨村靠什么生活？靠什么致富？”

一时间，种植转型的难题就压在颜铭他们的身上，他们请专家到崀峨村考察时，发现崀峨村其实非常适合种植食用玫瑰，当地的地理条件形成了较高昼夜温差，玫瑰可积累大量糖分，这让颜铭感到产业转型的时机来临。2018 年 7 月 4 日，崀峨村种下了该村历史上第一株食用玫瑰苗。2018 年 1 月开始，利用财政部对口帮扶资金发展村集体经济项目，崀峨村成立了村集体经济合作社，并引入了丽江程海沁香玫瑰庄园有限公司和丽江中源绿色食品有限公司，建设了 170 亩食用玫瑰标准化示范基地和 50 亩蔬果菌类大棚。如今的玫瑰园种植面积已经达到了 200 亩、蔬菜种植 50 亩。每亩食用玫瑰可达 8000—12000 元的产值，平均年收益可达 50 万元左右。

颜铭说：“未来，通过示范基地以点带面，我们将继续引导农户在环水库一带推广种植食用玫瑰，初步目标为 1000 亩。现在我们已经在水库周围建设了环水步行道，下一步等特色民俗和绿化产能建设完成，崀峨村完全可以大力发展休闲农业与乡村旅游。这也是对我们村民的一个保障，就是万一哪一天我们的烤烟面积没有了，我们还有很多其他的产业可以致富。”

保障村民安全用水　护住村民的“水杯”

2018 年以前，世世代代的崀峨村村民，家里的饮用水都来自水沟沟渠，颜铭来到崀峨村后，和当地老支书一起去考察了饮用水的情况。考察时他发现饮用水的沟渠旁周围都是泥土，到雨季的时候非常容易垮塌，垮塌以后别说饮用水，连灌溉的水都无法保障。

一次崀峨村村委会停水，他们到村民家中讨水喝时，颜铭发现村民给他的水中有蠕动的黑色的小虫，这让他感到非常的诧异，但是村民已经见怪不怪了。“我就想，像这种水源是不能保证它的安全和健康的，所以我们也是千方百计努力争取资金，投资了300万元，把干净的水源从30多公里的地方引了过来，保证每个村民都能喝上干净的水。”

如今崀峨村的村民每户家中都安装了水表、水龙头，村民喝上了干净的自来水。

千方百计摘掉贫困户的“帽子”

“真的，对驻村工作队员来说，我真没话说，他们真的做得非常好。没有他们，我家的房子不会变得那么好，我哥哥的病也不可能得到治疗，我真的很感谢他们。”王永福激动地说。王永福家是崀峨村60户贫困户当中的一员，他有一个常年患有精神疾病的哥哥。父亲去世后，自己不得不回到家里照顾生病的哥哥，因此失去了经济收入，再加上哥哥治疗费的沉重经济压力，压得他喘不过气来。

得知情况后，颜铭和村干部一起将合作社就近务工的机会提供给了王永福。王永福在村集体合作社内工作，一个月收入3000多元，他还是村里的护路员，每年还有8000多元的收入。如今，年收入4万多元的他，不仅住进了新房，还过上了好生活。哥哥也已经在精神病医院进行住院治疗，本来每年2万多元的治疗费，在政府和各个部门的协调下也缩减到了1万多元。

成为村民心中的好书记

崀峨村的驻村扶贫工作队，除了颜铭还有两个财政部的选调生——孙拓和隗佳，两年来他们三个一起在村里做扶贫工作，久而久之和这里的百姓和村干部们打成了一片。

如今，他们也是能听得懂一点崀峨家乡语的“当地”小伙了。经常和他们在一起的崀峨村村支书海凤云，也被他们亲切的称为“老海”，他们就像好朋友一样，并没有因为年龄的差距而出现沟通困难。

海凤云告诉记者：“从他们来到我们崀峨村后，崀峨村就得到了天翻地覆的改变。原来我们村的村容村貌很差，特别是人居环境、交通道路，自从他们过来了以后，基础设施有了很大的改善，不管是饮用水还是道路硬化、医疗条件都得到了非常大的改变。他们几个工作起来非常的认真，很努力，总能和老百姓打成一片，我没有想到现在的年轻人可以这么用心在扶贫一线上工作。”

对驻村扶贫的工作队员来说，最遗憾的应该是常年都不能和家人待在一起，颜铭告诉记者，2018 年他接到驻村扶贫通知时，他的女儿才两岁，妻子又和他在同一个单位上班，日常工作也很繁忙，刚开始家庭的压力让他对扶贫工作有了些许的退缩。

他的妻子却告诉他，“这正是国家需要你的时候，我所对家庭付出的，你觉得对家庭亏欠的部分，应该用你在扶贫一线上付出的努力和成绩来弥补。”有了家人的支持，颜铭才坚定地踏上了驻村扶贫的道路。

“今天栽下了希望的苗，明天一定能开出幸福的花。未来的崀峨美丽富饶、生态宜居，是村民们舒适的家园，是城里人向往的地方。”颜铭满怀憧憬说道。扶贫一线当中少不了像颜铭一样认真工作战斗在扶贫一线的青年。他们用自己的青年力量，在扶贫路上散发着最不一样的光芒。

三方向发力税收政策助力脱贫攻坚

中国财经报，2020 年 9 月 15 日，李旭红、白雪苑

2020 年是决战决胜脱贫攻坚、全面建成小康社会的收官之年。党的十九大报告承诺，“让贫困人口和贫困地区同全国一道进入全面小康社会”“确保到 2020 年我国现行标准下农村贫困人口实现脱贫，贫困县全部摘帽，解决区域性整体贫困。”在当前财政收支形势严峻的背景下，《2020 年上半年中国财政政策执行情况报告》显示，2020 年安排财政专项扶贫资金 1461 亿元已全部下达，连续 5 年保持每年 200 亿元增量。作为财政政策的重要组成部分，税收政策在打赢脱贫攻坚战中肩负着重要职责，2020 年将通过加大产业扶贫、促进创业就业扶贫、促进区域协同发展等三个方向发力，助力脱贫攻坚。

促进产业扶贫

产业扶贫可以激发贫困地区经济增长的内生动力，是实现脱贫攻坚的重中之重。截至 2020 年，全国贫困人口中有 92% 参与了产业扶贫，已脱贫人口中有 72% 得到了产业扶贫政策的支持。通过税收优惠政策，可以在资源配置、产品流动、生产经营等多个维度对相关产业予以支持，促进地方优势产业和新兴产业升级迭代，将有助于提升贫困地区的产业发展水平，巩固稳定脱贫成果防止返贫。

我国是农业生产大国，近年来，国家不断加大对于贫困地区涉农产业的扶持力度，相继出台多项税收优惠政策。在土地资源配置方面，土地是农业的重要生产资料，土地问题是农业产业扶贫需要解决的首要问题。我国规定转让土地使用权、出租国有农用地给农业生产者用于农业生产免征增值税，直接农业生产用地免征城镇土地使用税，诸如此类的税收减免政策将直接降低涉农产业的税收负担与资金成本，促进贫困地区农业土地的有效开发与合理利用。

在支持农产品生产流通方面，我国对于农业产业的生产、销售、农业服务等多方面均提供了相关的税收支持，例如，规定农业服务免征增值税，加大对于贫困地区农业生产中农机设备购置、技术培训、害虫防治等环节的保障力度，以全面促进农业生产；通过“蔬菜和部分鲜活肉蛋产品流通环节免征增值税”等税收优惠政策，强化贫困地区的农业生产与城市“菜篮子”的精准对接，在贫困主体与帮扶主体之间建立稳定的利益联结机制，通过打通长效供销渠道来降低返贫风险。

在支持新型农业经营主体方面，我国规定以“公司+农户”经营模式从事农、林、牧、渔业项目生产的企业，可以享受减免企业所得税优惠政策。第三次农业普查数据显示，我国小农户数量占到农业经营主体98%以上，但是，小农户的传统农业发展模式投资回报率较低，无法满足现代农业发展的要求，而通过“公司（合作社）+贫困户”模式来带动贫困农户精准扶贫，可以将产业链进一步拓展延伸并提高农产品的经济附加值，实现精准扶贫的要求。

促进创业就业扶贫

就业是民生之本，增加就业是最直接有效的脱贫方式。在

2020 年新冠肺炎疫情冲击的经济形势下，“保居民就业”成为2020 年“六保”与“六稳”工作的重中之重，长期以来，扶贫政策倾向于通过财政补贴等方式直接助力于贫困地区的经济发展，而针对贫困人口本身的就业扶持政策将鼓励、激发他们的内在动力，更为直接有效地作用于贫困人口。此外，贫困地区的经济发展缺少人才与技术的支持。

我国改革开放以来促进就业扶贫的税收政策主要分为两种类型：一种是特惠性就业扶贫税收政策，另一种是普惠性就业扶贫税收政策。特惠性就业扶贫税收政策方面，主要集中于对于重点群体和残疾人的创业就业税收优惠政策，比如，规定建档立卡的贫困人口、持就业创业证的人员在从事个体经营时，可享受增值税、城市维护建设税、教育费附加等实缴税金减免政策。同时，对于吸纳重点群体的企业、安置残疾人的单位和个体工商户也提供了相应税收优惠政策。特惠性就业扶贫税收政策不仅精准有效地作用于重点人群，而且同时在贫困人口供给端与就业市场需求端双向发力，有利于形成税收政策的协同作用，最大限度地提升贫困人群的就业数量与质量。

普惠性就业扶贫税收政策方面，主要是通过税费减免和财政补贴以鼓励小微企业发展。一方面，我国小微企业数量众多，其中绝大多数是民营企业，且多处于就业弹性高的第三产业和劳动密集型产业，相较其他产业的企业而言具有更强的就业吸纳作用，减轻小微企业税收负担有利于刺激经济增长，带动贫困人口的就业容量。另一方面，贫困地区的乡镇企业多为小微企业，对他们实行税费减免可以间接提升农村劳动力的就业质量，在新冠肺炎疫情的背景下，农村的贫困劳动力可以选择就近就业，增强自身风险平衡能力。

目前我国已经脱贫的 9300 多万建档立卡贫困人口中，近 200

万人存在返贫风险。出台对创业、就业培训和职业技术教育领域的税费优惠政策将有效防范脱贫人口的返贫风险，通过税收减免政策鼓励就业培训，将增强贫困人口的自我发展能力，提升贫困人口的教育、人力资本素质，提高其日后获得就业机会的能力，将长期作用于脱贫攻坚，缓解贫困人口的就业压力。

促进区域协同发展

我国区域之间资源禀赋差异较大，经济发展很不平衡。对于经济发展较为落后的贫困地区，如边远地区、少数民族地区、欠发达地区，应给予更大力度的税收优惠政策，以降低欠发达区域的生产经营成本和投资成本，激发其投资和消费需求，促进地方经济补足发展短板。同时通过税收工具鼓励引导高技术含量和经济附加值的产业升级发展，调整贫困地区的经济结构，提高经济运行的质量，例如，调整西部大开发产业目录，实行负面清单制度助力西部地区脱贫攻坚。但需要注意的是，“三区三州”等经济欠发达地区往往拥有宝贵而脆弱的自然生态资源，脱贫攻坚应当注重在保障贫困地区生态环境的基础上，根据地区的资源特点发展优势产业，而高能耗、高污染等可能对于生态环境造成破坏的产业不适宜于发展。

长期以来，我国东部省份的自然资源含量较西部省份相对较低。而东部省份经济发展水平相对较高，新兴产业较为发达，西部省份则产业结构相对落后，主要以资源输出为主。加强贫困地区的基础设施建设，可以改善贫困地区的营商环境，鼓励资本投入经济欠发达地区，通过税收帮扶政策间接促进东西部经济协同发展，为西部贫困地区的经济发展提供机会，有效降低西部的财政风险，使其成为新发展格局下“内循环”的经济增量。

财税政策支持扶贫建设的建议

第一，健全完善地方税体系，增强地方财政收入可持续性。财政部指出，要加快完成在 2020 年落实税收法定原则的改革任务，应当积极形成财权与事权相匹配的地方财政格局，可以通过法治手段适当下放一部分的合理税权，让地方政府根据当地经济发展水平灵活制定税收政策，有助于贫困地区的地方政府开拓税源并改善公共服务。在健全地方财政收入的同时，调控地方经济结构和产业结构，调动地方财政的积极性，为地方财政可持续性带来积极影响。

第二，以转移支付为主、税收优惠为辅，调节区域之间的不均衡。财政是关系到贫困地区可持续性发展的重要支撑，但是由于税源与经济之间的联动性，因此，欠发达地区的经济结构已经决定了其税源的规模，为了有效保护生态，避免因为经济增长的刚性需求指标对于贫困地区发展的约束，贫困地区的财税扶持依然应该坚持以转移支付为主，税收优惠政策为辅的策略，这样既可以调动地方的积极性，有效利用税收优惠政策促进贫困地区包容性增长，又能够通过保障贫困地区经济社会发展的可持续性及长远规划。

第三，建立长效扶贫机制，避免因突发事件对于扶贫带来的影响。由于我国区域间经济发展不平衡，面对灾情、疫情等突发事件，经济落后的贫困地区风险抵御能力较经济发达地区更为落后，容易造成地区致贫返贫发生，应当重视突发事件给脱贫攻坚带来的困难和挑战，建立长效扶贫的税收机制，确保不因灾情等突发事件影响全面脱贫目标的实现。

第四，建立税收信息平台，通过税收大数据精准施策。应当开发利用“云平台”，通过税收大数据建立税收信息平台，并及时跟进数据分析与动态追踪；深入贫困企业的供、产、销三条链，提供具有实效的税收帮扶；借助银税互动形成的企业纳税信用系统，对困难行业企业实行精准的税收帮扶与支持，以帮助其加速恢复生产经营和企业活力。

无臂农村娃变身“电商达人”

中国财经报，2020 年 11 月 21 日，张思楠

“我们大山里的农产品都是纯天然、无公害的，保你们吃一回还想第二回。”9 月 20 日上午 9 点整，在一句熟悉的开场白中，“陈兹方铺子”像往常一样开始“直播带货”。

“陈兹方铺子”坐落在湖北省恩施州巴东县，对于 31 岁的店主陈兹方这个“无臂农村娃”来说，小小的手机屏幕联结起了大山里的土特产和大山外广阔的市场——屏幕这边，他一边卖货，一边用脚灵活地打包快递；屏幕那头，实时在线观看的 4.4 万粉丝不断刷新留言，忙着采购下单。

身体残疾、没有收入来源的建档立卡贫困户如何成为远近闻名的“电商达人”？陈兹方一挺胸脯，“财政‘真金白银’为咱保驾护航，创业就有底气！”

授业

陈兹方说，自己“触电”互联网纯属偶然，尽管早早就立志在电商领域闯出一片天地，但缺资金的现实问题仿佛一座大山横在面前，让他迟迟无法迈出第一步。

2016 年，巴东县财政局落实的一笔就业扶贫资金，成为陈兹方走进电商大门的一块“敲门砖”——有了这笔培训经费，他连续参加了巴东县多期电商创业培训班，一学就是两年。

“出师”后，陈兹方常常用这段学习经历鼓励身边的人。“县里针对我们残疾人和贫困户开展的技能培训特别多，都是免费的，只要肯学，一定有收获。”

陈兹方的感受在巴东县财政局的一张“贯彻落实就业扶贫政策统计表”上得到了印证——2016 年以来，该县累计投入财政资金 2373 万元，主要用于扶贫就业创业培训、致富带头人培训、新型职业农民培育等各类扶贫项目。其中，专门针对残疾人群体就业培训的投入达 214 万元。

授人以渔，效果往往立竿见影。“今年镇上有 20 名残疾青年愿意进入电商领域创业。他们通过职业技能培训，能够获得稳定脱贫增收的能力。这其中财政资金的撬动作用十分显著。”巴东县委常委、野三关镇党委书记伍晓峰说。

助力

直播带货的特色农产品来自哪里？

“像苞谷、土豆、茶叶、腊肉等，县里的农户和贫困户只管种养，我保底收购。2018 年下半年，我开始卖脐橙，现在有 100 多亩的脐橙基地，产品供不应求。”陈兹方说，“一场直播下来，能够成交 400—1000 单不等，比如我们的主打产品苞谷酒，加上淘宝店铺的销量，一年下来卖个 10 万斤没问题。”

2019 年，“陈兹方铺子”卖出了 400 万元的营业额，这让与陈兹方合作的贫困户越发信服他的“带货”能力。2020 年，陈兹方试着和一户贫困户商量：“2021 年给我种五亩田的土豆，要不要签个合约？”没想到这位贫困户一摆手说：“不用，你做事我放心！”

电商生意走上正轨，陈兹方心里又盘算着两件大事——扩店面、换装备。“以前的铺子面积小，没有规划，到处又脏又乱，想要升级改造，需要一笔不小的开支。”这让事业刚刚起步的他一时间犯了难。

扶上马，还要送一程。

2020 年年初，陈兹方的账户上，一笔 20 万元的中央专项扶贫资金前来“救急”。“这笔钱到账后，我马上扩大了店铺规模，分出订单处理中心、快递打包区、货物包装区等各个功能区，新添了电脑、办公桌、相机等办公设备，还为直播配备了 4 部手机。”提起财政“雪中送炭”的 20 万元，陈兹方直夸到得及时，“正因为提前把电子设备更新换代了，新冠肺炎疫情期间，店里的直播、销售完全没受影响，销售额还不降反升呢！”

“造血”

“财政资金不只要解决一时之难，还要持续加强产业‘造血’功能，才能从根本上为贫困户趟出一条可持续增收的路子。”巴东县财政局副局长曹章说。

从巴东县连续几年“大手笔”的财政投入不难看出，对于全县电商产业的发展，财政支持有着更为长远的布局——近年来，该县统筹财政资金 3800 万元，助力巴东县城和野三关镇两个电商产业园顺利落地，实现了全县电商产业培训有场地、孵化有基地、众创有空间、展销有特色。

不出意外，“陈兹方铺子”也将在不远的将来成为巴东县电商产业园新一批“客人”。对于“搬家”这个决定，陈兹方经过了深思熟虑：“一方面，产业园免费给我提供办公室，场地大，环境也好；另一方面，里面的硬件配套设施更完备，各方面资源更佳。我相信‘陈兹方铺子’的发展会更规范化。”

“先天无臂，脚下有路。天下没有比脚更长的路。”这是陈兹方常常用来激励自己的一句话。“我最庆幸的是，每当脚下的路看似走入绝境时，政府总会用实打实地投入为我排忧解难，助我披荆斩棘。”陈兹方说，接下来，他愿意做下一个为他人引路的人。

化作春泥更护花

——中央和地方财政支持脱贫攻坚情况调查（上）

中国财经报，2020 年 11 月 26 日，张思楠

湖北省恩施州巴东县茶店子镇茶庵寺村，村民们正在采摘成熟的葡萄。

对于贫困户向良照来说，10 亩葡萄田是最宝贵的“家庭资产”：“一年下来收入将近 10 万元，靠这 10 亩田我供出了两名大学生哩！”

在湖北省恩施州巴东县茶店子镇茶庵寺村，向良照属于最早种葡萄的一批人。据他说，以前光靠种葡萄脱贫致富想都不敢想，根结就在于一没资金、二没技术。

2015年，利用扶贫小额信贷贴息政策贷下来的5万元和县财政补贴的2.5万元财政扶贫资金，向良照将自家的2亩葡萄田扩大到10亩。同时，县里组织的免费技术培训又让他掌握了葡萄种植的诀窍，葡萄田的亩产值从几千元提高到了1万元左右。2018年，他又在县财政局驻村工作队的帮助下申请了7万元农产品粗加工以奖代补资金，在家门口建起了一座小型冷冻库，解决了葡萄“保鲜难”的燃眉之急。

种葡萄逐渐走上正轨，向良照还经营起“副业”——花12万元买了辆农用车，闲下来时跑跑运输，每年还有约5万元“入账”。“儿子今年刚考上大学，女儿也当上幼儿园老师了……”向良照笑言，如果要形容现在一家人的小日子，那就是“很舒心”“有滋味”。

有产业、有就业、有保障……记者在走访中了解到，这样能够切切实实让贫困户感受出来的脱贫成效目前已经在全国各地呈百花争艳之势，而倾力支持脱贫攻坚的中央和地方各级财政可谓当之无愧的“护花人”。

多渠道增加扶贫投入

一组数字令人欣喜：在向良照所在的湖北省，截至2019年年底，全省37个贫困县已全部脱贫摘帽，4821个贫困村全部脱贫出列，贫困人口从2013年年底的581万人减少至5.8万人，贫困发生率从2013年年底的14.4%下降至0.14%。

巧妇难为无米之炊。与这一脱贫“壮举”相匹配的是湖北省连年攀升的财政资金投入力度——2016年以来，全省各级财政共投入财政专项扶贫资金885.22亿元，年均增幅高达20%以上。这其中，仅中央专项扶贫资金就达到了214.3亿元。

事实上，近年来，中央财政不断健全与脱贫攻坚任务相适应的投入保障机制，对贫困地区的一般性转移支付力度不断加大，特别是财政专项扶贫投资规模持续大幅增加，2016 年以来，连续 5 年每年的增加值达到了 200 亿元，为各地决战决胜脱贫攻坚提供了充足的“军需粮草”。

与此同时，中央和地方扶贫资金投入还有多个“源头”——通过下达地方政府一般债务规模、利用跨省域补充耕地收入和城乡建设用地增减挂钩节余指标调剂收入等方式，大力支持各地易地扶贫搬迁、贫困村提升等脱贫攻坚重点项目建设；通过贴息引导金融机构发放扶贫贷款，开展中央财政对地方优势特色农产品保险奖补试点，奖补政策向贫困地区倾斜，引导金融资本脱贫攻坚；统筹运用财税政策工具，调动企业、社会积极性，推动形成大扶贫格局……

在地方层面，以江西省 2016 年以来的统计数据为例，在投入 290.4 亿元中央和省级财政专项扶贫资金的同时，省级还安排新增地方债券资金 40 亿元用于支持脱贫攻坚；该省在安排地方债限额时，将贫困人口作为重要因素进行分配测算；2019 年起，扣除工矿仓储用地租让收入和无偿划拨土地收入后，省级统筹国有土地使用权出让收入的 2% 用于脱贫攻坚和乡村振兴……

这些千方百计筹措来的宝贵资金经过层层落实，扶贫效益体现在了每一个贫困户越过越红火的小日子里。

在江西省井冈山市茅坪镇神山村，贫困户彭夏英在自家“农家乐”的厨房里忙前忙后。“2012 年以前，一家四口就靠种点粮食、卖点竹子，一年到头连 1 万块钱的收入都没有。现在我的‘农家乐’一年少说也能落下个八九万元。”提起各级政府对自己“真金白银”的扶持，她打开了“话匣子”，“你看，我的房子是政府出钱帮忙改善的，又牢固又漂亮；再看门口这条路，去年因为下雨塌方了，政府马上出钱帮我们把路面铺好，把护栏建起来，一点都没有影响我们的出行和生意。”

“扶贫关键是要扶产业。”井冈山市财政局局长邹政说，在神山村，像彭夏英这样有意向发展农家乐但又缺少资金的农户一共有5户。市财政充分发挥产业扶贫信贷通、财政惠农信贷通的作用，先后帮助他们顺利贷款共计50万元，使其成功迈出了脱贫增收的“第一步”。

早在2016年年底，井冈山市贫困发生率就降至1.6%，成为全国贫困退出机制建立后首个脱贫“摘帽”的贫困县。但在江西省财政厅一级巡视员王斌看来，“摘帽”远不是终点，脱贫攻坚唯有持之以恒、久久为功——几年来，在井冈山市，不但各级专项扶贫资金投入规模力度不减，市财政每年还从景区门票总收入和土地出让净收益中各提取10%，并整合其他资金设立爱心扶贫基金。2016年以来，共筹集18500余万元专项资金用于教育帮扶、就业帮扶、产业帮扶等方面的扶贫支出。

在湖北省，受2020年突如其来的新冠肺炎疫情影响，财政资金和财税政策“四两拨千斤”的作用体现得更为明显。“尽管2020年财政收支压力加大，但我们下定决心，财政扶贫投入不减少、并且有增量。”湖北省财政厅副厅长刘辉文介绍说，2020年，省财政已经下达财政专项扶贫资金47亿元，并鼓励市县将资金向产业项目、促进就业、保障贫困群众基本生活等方面适当倾斜。同时，落实落细减税降费、产业奖补和就业补贴等各项财税政策，为企业和贫困人口降下财税“及时雨”。

对于2018年以来中央和各级财政部门研究出台的一系列支持脱贫攻坚的财税政策，湖北省秭归县屈姑有限公司负责人胡兆兴将其形象地比喻为“打了一针强心剂”。“别的不算，光是疫情期间阶段性社保费减免这一项，我们就节省了六七十万元。2020年，我们的企业不光活下来了，而且活得很健康，营业额相比去年增长了 27%，公司和贫困户合作的柑橘收购订单不减反增，来基地务工的贫困户也更多了。”他说。

倾斜分配财政资金

为了不让每一个贫困村、每一个贫困户掉队，在一般性转移资金和各类专项资金的分配上，中央和地方财政始终按贫困县、贫困村、贫困人口、资金使用绩效等因素分配财政扶贫资金，引导更多资金资源向贫困地区和贫困人口精准聚焦，重点向深度贫困地区倾斜。

在近年来湖北省扶贫资金的分配“账单”中，这种“倾斜”导向得到了充分印证——对于全省 9 个深度贫困县，2018 年，在每年倾斜安排专项扶贫资金 1000 万元的基础上，每县再增加安排 1000 万元；2019 年、2020 年每县倾斜安排 2500 万元。此外，对深度贫困村，每年倾斜安排 50 万元。

优先保障“深度贫困”也是江西省在分配财政资金时一以贯之的原则——该省明确规定，加大对深度贫困地区支持力度，将深度贫困村作为财政专项扶贫资金和新增债务限额分配因素，支持每村存量、增量扶贫资金和政策性融资达到 1000 万元。

在不少深度贫困地区，财政资金的精准投入已经成为撬动社会力量助力脱贫攻坚的一根有力“杠杆”。对此，刘辉文的解读一语中的：“财政资金虽然并不直接发放到贫困户手中，但通过撬动社会资本，发挥引导作用，往往产生放大效应，让更多贫困户直接受益。”

在湖北 9 个深度贫困县之一的巴东县，黄连坪农业开发有限公司负责人朱旭提供了一份近 4 年的“财政资金扶持一览表”——产业扶贫“以奖代补”142 万元、大型沼气池奖补项目 262 万元、股权收益扶贫项目 100 万元……2017 年以来，公司获得各类财政资金补助超过了 2000 万元。这让朱旭不禁感叹："政府对我们的支持是实实在在的！"他告诉记者，将这些"实实在在"的支持投入到高山反季节蔬菜和生猪规模养殖等产业后，通过土地租赁、就业带动、产业带动和股权收益等帮扶模式，公司直接带动当地 1268 名建档立卡贫困户实现了脱贫致富。

2019 年，在黄连坪农业开发有限公司务工将近 4 年的贫困户王英搬进了新家。除了政府补贴的危房改造补助资金，建房费用主要由王英和爱人"自掏腰包"，这让两口子很骄傲。"以前一年忙到头，手里也没有零花钱，现在我们俩每个人每月都有 3000 块的收入，也能攒下钱盖新房了。"让王英倍感欣慰的是，新家离打工的公司只有不到一公里，照顾两个还在上学的孩子也更有余力。

扶贫资金不仅持续向深度贫困地区倾斜，投入方向也分轻重缓急——"优先保障民生领域"已经成为各地的绝对共识。从近年来各地的扶贫实践中不难发现，财政部门更加关注贫困地区民生领域事业发展，切实做到保基本、兜底线，连续多年提高特殊困难群体财政补助水平，有效保障了当地困难群众的基本生活。

兜底兜住了希望。"衣食住行都解决了，哪还有后顾之忧了呢？"作为从山上搬迁下来的"新移民"，湖北省宜昌市夷陵区太平溪镇许家冲村的低保贫困户梁作超由衷地觉得生活越来越有安全感。

"女儿患有癫痫病，以前每年医药费就要好几万元，几口人的生活都没有保障。"

"现在呢？"

"搬下来后，政府帮助我们盖了新房子，村里给爱人安排了公益性岗位，一个月能挣 900 块钱。我们一家五口每月还有 985 块钱的低保金，再加上我和女婿打零工的工资和两亩茶园的收入，一年收入 5 万多块没有问题。"对于家里每月"进账"的几个重要数字，老梁记得特别清楚。

更让他尤其感到安心的是，女儿看病的花销也不再是个“天文数字”，“女儿签约的家庭医生时不时就来帮她检查一下身体。2019 年她发病后住进了镇上的医院，医药费一共 15000 多块钱，新农合、大病保险啥的报销后，我们自己也就掏了千把块，完全能承担下来。”

加强扶贫资金监管

量大面广、点多线长——扶贫资金的投入规模和覆盖范围绝无仅有，如何保证这些来之不易的资金用到实处、用出效益？

对此，中央财政的宗旨一以贯之——坚持把扶贫资金监管摆在突出位置，不断创新管理机制，持续健全监督机制，注重强化绩效管理，全面提升资金绩效。

——在创新建立扶贫资金管理机制方面，制定印发《财政部关于全面加强脱贫攻坚期内各级各类扶贫资金管理的意见》，进一步理顺各级各类扶贫资金管理体系，确定扶贫资金总台账并强化管理。同时，建立财政扶贫资金动态监控机制，实施扶贫项目资金全过程绩效管理，建立完善扶贫资金项目公开公示制度，做好扶贫资金日常监管和专项核查。

——在建立健全项目资金监督机制方面，进一步规范和完善扶贫项目资金监管工作机制，把扶贫资金使用管理情况作为各地监管局日常监管重点，强化财政扶贫资金日常监管，推进阳光扶贫、廉洁扶贫。同时，聚焦深度贫困地区、重点资金和政策，持续组织开展专项检查，严肃查处扶贫资金管理使用中的违法违规问题。此外，加快推进财政扶贫资金动态监控平台建设，扶贫资金管理相关部门依托监控平台，动态掌握和督促落实资金投入情况，跟踪督促加快预算下达和执行，及时发现并抓好问题整改。

——在强化扶贫项目资金绩效管理方面，切实加强对支出进度、项目实施、绩效情况的跟踪督促，督促资金管理使用部门和地方落实绩效主体责任，连续两年部署各地开展扶贫项目资金绩效自评，年均涉及项目超过12万个，组织各地监管局对绩效自评结果进行抽查复核，立查立改，督促市县整改相关违规问题，切实提高扶贫资金绩效管理水平和使用效益。

有了中央层面的高位推进和具体部署，各省份在完成“规定动作”的同时，探索出诸多亮眼经验，为各地扶贫资金运行建立起了“安全阀闸”。

王斌感叹，在江西省，财政扶贫资金动态监控平台的建立给资金监管带来了“跨越式的变革”。“动态监控平台覆盖中央、省、市、县四级，囊括所有扶贫资金，实现了对扶贫资金的动态跟踪、监控和问效。”他介绍说，截至2020年11月10日，江西省纳入财政扶贫资金动态监控平台资金总量为975.23亿元，已分配到项目的扶贫资金进度达91.22%。

不仅各级各类财政扶贫资金全部纳入绩效管理，并贯穿项目资金预算的编制、执行、决算全过程，江西省还为资金支出建立了特殊的“约谈通报制度”——对财政专项扶贫资金绩效和财政涉农扶贫资金统筹整合优秀的县（市、区）进行通报并给予资金奖励；对支出进度不达标、资金结转结余较大的县（市、区）追减资金，并约谈县（市、区）财政局长、扶贫办主任，强力推动相关县（市、区）加快推进扶贫项目实施和资金支出进度。

一揽子颇为“强硬”的监管举措切实收到了实效。2017—2019年，江西省专项扶贫资金（含质保金）当年结转率分别为1.68%、2.63%、2.6%，1—2年结转结余率分别为0.13%、0.14%、0.10%，远远低于中央满分考核要求的8%、2%。

在以湖北省为代表的多个省份，省、市、县、乡四级财政资金监管体系正在逐步建立健全。早在 2018 年，湖北省财政厅先后印发了《乡镇财政资金监管明责确责办法（试行）》《省财政厅关于支持乡镇财政加强资金监管工作的指导意见》等政策文件，进一步明确了乡镇财政资金监管责任，赋予乡镇财政专管员财政资金专管职责，有效解决了财政扶贫资金监管“最后一公里”的问题。

“今后，湖北省还将全面加强扶贫资金监管，切实防止资金闲置，切实提高资金使用效益，切实加强资金项目监管，构建常态化多元化的监督检查机制，确保扶贫资金安全、规范、有效使用。”刘辉文说。

集中力量办大事

——中央和地方财政支持脱贫攻坚情况调查（中）

中国财经报，2020 年 11 月 28 日，张思楠、余波

2020 年年初，在湖北省恩施州巴东县野三关镇的竹园淌村，从蔬菜基地通往村口的主干道拓宽工程正式动工了。

“村里每年外销的蔬菜产量高达 8000 多吨，把主干道从 4 米拓宽到 6 米后，改用大车运输一车能运五六万斤，一年下来光运输费用就能节省几百万元。”作为一名蔬菜产业“大村”的村书记，李罗平深知这次修路的价值。

山区修路的花费不是小数目，为此，巴东县财政局统筹整合涉农资金 300 余万元，使这项群众期盼的工程得以顺利落地。李罗平说，自己在和县里其他贫困村的“村官”交流中发现，近来大家都有一个共同的感受：“2016 年贫困县涉农资金整合工作启动后，贫困村想干点啥难事、急事，基本不用再为没资金发愁了。”

“不完全是因为财政涉农资金的总数变多了，而是县财政聚焦全县脱贫攻坚的总体规划，将各级涉农资金‘打捆’，分轻重缓急使用，重点向竹园淌村这样的贫困村倾斜。”巴东县县委常委、野三关镇党委书记伍晓峰说。

伍晓峰口中的“打捆”是对财政涉农资金统筹整合的形象比

喻。2016年，国务院办公厅印发的《关于支持贫困县开展统筹整合使用财政涉农资金试点的意见》明确，赋予832个贫困县统筹整合使用财政涉农资金、项目的配置使用自主权，由贫困县根据一线脱贫攻坚需求，因地制宜自主统筹安排资金项目，聚焦脱贫攻坚短板弱项精准发力。

截至2020年9月，全国832个贫困县累计统筹整合使用各级财政涉农资金规模超过1.5万亿元，每个贫困县年均整合资金规模超过3.6亿元，为各地打赢脱贫攻坚战提供了坚实的财力保障。

由“拼盘”到“打通”，握指成拳精准攻坚

直到2016年，地处江西省井冈山市拿山镇的长路村还是个典型的“空心村”，基础设施落后，也没有像样的主导产业。

“以前申请项目要看资金性质和项目要求，发展产业也是‘打补丁’式的，想要在村里集中推进一个大工程、大项目比较困难。”在村支书刘足华的记忆中，长路村很长一段时间都处于这样的发展窘境。

“打补丁”曾经是不少贫困村的发展常态。“以往财政涉农资金使用过于分散，这个村修个桥，那个村修个路，导致财政资金只能‘撒胡椒面’，无法推进贫困村整体发展。”江西省井冈山市财政局局长邹政坦言，长期以来，受地域及交通区位劣势等因素制约，井冈山市财政总量小，脱贫攻坚资金明显不足。

民之所向，政之所望。2016年，扶贫资金统筹整合工作在井冈山市正式开展。4年来，该市共统筹整合中央、省、市、县四级涉农扶贫资金12.3亿元，每年用于扶贫方面的投入规模均超过4亿元，光是长路村一个贫困村就安排了涉农整合资金900多万元。

900万元用在了什么地方？“安全饮水改造、道路硬化、产业发展……”对于这几年村里实施的一桩桩大工程，刘足华如数家珍。他告诉记者，基础设施全面提升后，村里还通过招商引进北京四方合投有限公司，撬动社会资本投资2200多万元打造出“长塘古韵”精品民宿项目，利用村民的闲置旧房建成20栋精品民宿，共有客房53间、床位83张。

在长路村，产业的带动效应直接体现在贫困户李寿生的家庭进项上。“老房子租出去做民宿，每年有5000块钱的收入，我在民宿当上了保安，一个月还有2500块的工资，再加上老婆在外打工的收入，日子比以前可强多了。”对于一家人现在的小日子，老李感到挺满足。

记者在走访中了解到，对于下达到基层的财政扶贫资金，不少基层干部都和刘足华一样，有着“小钱变大钱”的直观感受。

对此，财政部农业农村司相关负责人的解读一语中的：“整合试点探索从源头整合财政涉农资金，摒弃了以往拼盘式整合，鼓励试点贫困县尽可能将资金在‘大类间打通’‘跨类别使用’，保障贫困县集中资源打赢脱贫攻坚战。”

为了加大对贫困县的倾斜支持力度，试点实施之初，财政部就作出明确规定——对纳入整合试点范围的涉农资金需将脱贫攻坚作为资金分配的重要参考因素，进一步向贫困县倾斜，原则上用于贫困地区、贫困人口的资金增幅不低于该项资金的平均增幅。

试点工作顺利推行4年后，江西省赣州市于都县常务副县长刘秋天由衷感叹：“对于我们这样的贫困县来说，涉农财政资金整合能办大事、解难题！”他介绍说，2020年，于都县又安排统筹整合资金5.19亿元，保证过渡期扶贫政策不“急刹车”，真正做到了“扶上马、送一程。”

放权，让项目和资金更“接地气”

除了有效解决了财政资金投入过于分散化、碎片化，难以形成规模效益的“顽疾”，不少基层干部还反映，贫困县涉农资金统筹整合试点工作的开展让下达到乡、村的项目资金“更接地气”。

事实上，在整合试点的实施过程中，“发挥贫困县主体作用”是一以贯之的重要原则。为了方便落实，财政部将任务进一步分解——各地应编好本地脱贫攻坚规划，制定本县分年度资金统筹整合使用方案，区分轻重缓急确定重点扶贫项目和建设任务，统筹安排相关涉农资金，交由县级相关部门具体落实。

“贫困县的情况各不相同，相对而言，基层政府对如何扶贫、重点抓哪些项目心里最清楚。”在财政部农业农村司相关负责人看来，赋予贫困县统筹整合使用财政涉农资金、项目的配置使用自主权，有利于贫困县聚焦一线脱贫攻坚需求精准发力，将有限的财政资金真正用在“刀刃”上。

数据显示，经过 4 年的实践，各地统筹资金的投向进一步优化、日趋合理——截至 2020 年 9 月，各地整合资金用于农业生产发展的资金规模占已完成支出资金规模的 48%，较 2016 年上升 17 个百分点，实现了统筹资源精准支持脱贫攻坚的“初衷”。

在位于湖北省宜昌市的秭归县郭家坝镇烟灯堡村，每年年底，提前谋划第二年用于申报整合资金支持的项目已经成为村“两委”班子的一种常态。在该村村干部看来，这种由下向上申报项目方式的优势在于“能把村里最急需的项目报上去，把百姓最想干的事情干成”。

“我们申报的项目都是百姓自议、村申请、乡审核、县审批的，做到两上两下，反复论证，达到了‘补短板，强弱项，差什么补什么'的目的，因此，项目落成既符合县情又符合民意。"秭归县财政局局长向军举例说，聚焦烟灯堡等多村认定"最有奔头"的脐橙产业，自2016年以来，县财政已经统筹中央专项扶贫资金、现代农业生产发展、水利发展等专项资金3000多万元。

由于每年申请实施的项目都是村里发展脐橙产业最急需的，在烟灯堡村，项目落地后的成效不仅立竿见影，而且积微成著。如今，全村脐橙种植面积达到3300亩，2019年脐橙总产量4900吨，橙农户均收入超过10万元，全村71%的贫困户通过发展脐橙产业实现了稳定脱贫。

从项目申报到资金拨付的机制理顺了，对于基层政府而言，"资金等项目"就成为过去式。"我们建立了扶贫项目库，按轻重缓急安排项目，用项目等资金。同时，紧盯施工进度，加快资金拨付，完工一个、验收一个。"提起项目资金的下达速度，江西省赣州市赣县区江口镇党委书记许亮竖起了大拇指，"一般来说，项目资金到区里以后，3天就能拨到我们乡镇，如同开辟了'绿色通道'！"

助力产业发展久久为功

尽管各贫困地区历史条件不一、地理特点不尽相同，但长期以来的实践表明，产业扶贫是实现稳定脱贫的根本之策。因此，从统筹资金的投入结构来看，扶贫产业毫无例外地成为各贫困县优先保障发展的"大头"。

江西省赣州市赣县区财政局局长温晓云说，在赣县区，发展扶贫产业是脱贫攻坚的第一要务。2020年，该县整合财政涉农资金的六成多直接投向蔬菜等产业发展项目，达到了2.18亿元。"一方面，财政资金整合后对扶贫产业的投入力度明显加大了；另一方面，农业产业发展靠的是长期投入，以县为主体安排项目资金能够持续地扶持某地某产业长期发展。”

正是基于农业产业发展的这一特性，不少贫困村从实际出发，利用整合资金发展短期难见效、未来能够持续发挥效益的扶贫产业，确保产业发展久久为功。

如今，在赣县区江口镇河埠村，从 2016 年开始统筹资金扶持蔬菜产业发展的延续性和科学性已经逐年显现。许亮介绍说，全区统筹投入的 3839.31 万元扶贫资金已经成为河埠村蔬菜产业扶贫的得力“杠杆”——通过“龙头企业 + 合作社 + 贫困户”利益联结机制的建立，全村已建成 2000 亩蔬菜基地，2019 年，蔬菜销售收入达到 355 万元，带动贫困户户均增收 8000 余元。

在河埠村的一处蔬菜大棚，贫困户许小燕已经正式“上岗”两个多月，对于这份新工作她感到挺满意：“每天打卡上下班，主要负责修剪、采摘蔬菜，一天 70 块钱的工资也不少，而且走路十多分钟就到家了，可比以前在赣州市内打工时近多了。”许小燕说，受疫情影响，2020 年村里几十人都辞去外面的工作，来蔬菜基地上班。

产业扶贫，各有千秋。

在巴东县野三关镇竹园淌村，近年来，县财政整合财政涉农资金 2922 万元，采用以奖代补、贷款贴息、项目直接投入等方式，培育黄连坪农业开发有限公司发展生态循环农业，助推该村扶贫产业发展，公司常年吸纳 400 余人在基地务工。

井冈山市茅坪镇坝上村利用市财政统筹整合资金，举全村之力打造“红军的一天”旅游扶贫项目。“产业最好了!”该村 67 岁的贫困户肖富民说，光是 2018 年，自己就接待了游客 180 多人，游人纷至沓来，自家的猕猴桃、茶叶等山货也不愁卖了，“还有客人让我把猕猴桃寄到广西去呢!”

……

财政涉农资金实现整合后，各贫困县用于脱贫攻坚的资金量大了，构建多元化监管机制、解决好“花钱安全”成为各地共识。“2016 年以来，全省累计整合资金 292.8 亿元，年均实际整合率达 99.51%。下一步，我们将继续从项目资金的安排、使用、资金绩效方面实行全程监管，确保资金合理合规使用，确保每一笔财政资金发挥出最大的经济效益和社会效益。”江西省财政厅一级巡视员王斌说。

精准扶贫"开良方"

——中央和地方财政支持脱贫攻坚情况调查（下）

中国财经报，2020 年 12 月 1 日，张思楠

湖北省宜昌市秭归县大力发展生态绿茶产业，帮助茶农脱贫致富，这是建东村的茶农在采茶时的情景。

从 2017 年开始，贫困户陈玉英与河埠村其他村民一样，有了一个新的身份——"股民"。当年年底，陈玉英把河埠村股份合作社分给自己的土地租金 2500 元和产业分红 2000 元，与承包蔬菜大棚所得的近两万元一起写进了家庭收入"总账"。

产业分红是怎么来的？江西省赣州市赣县区财政局局长温晓云为记者"解惑"：近年来，赣县区统筹涉农整合资金 3839.31

万元，在江口镇河埠村建立了“龙头企业 + 合作社 + 贫困户”的利益联结机制，即对全村贫困户实行土地流转和财政资金入股，合作社所产生利润的 20% 用于全村贫困户分红，让全村 100% 的贫困户通过“土地租金、入股分红、管理绩效、务工收入”受益。截至目前，合作社为全村 48 名贫困户分红 38.8 万元，户均增收 8000 元。

将土地流转和资金形成的资产折股量化，让全村贫困户获得稳定的分红收入，河埠村的实践是资产收益扶贫的一个实例。

记者了解到，从近几年各地的实践来看，资产收益扶贫创新了财政涉农资金使用机制，丰富了对无劳动能力或弱劳动能力贫困户的精准扶持措施，密切了当地群众与产业发展的利益联结机制，拓宽了贫困村集体收入来源，成为新时期我国精准扶贫重大机制创新，为各地决战决胜脱贫攻坚提供了有力支撑。

谁来带动？

“梓山潭头，吃苦两头：晴三天，挑烂肩头；雨三天，水进灶头。”一首苦涩的民谣道尽往日潭头村人的无奈。

“如今可好了，发展农业晴雨都不用怕。”江西省赣州市于都县财政局局长高宏伟说，2017 年，于都县引进 3 家龙头企业，在梓山镇潭头村等 9 个村建设了蔬菜钢架大棚 3100 余亩，打造出集果蔬采摘、农事体验、休闲观光等为一体的梓山富硒蔬菜产业园。为此，县财政整合资金 7600 万元，对蔬菜大棚进行奖补并完善园区基础设施建设，为蔬菜产业发展解决了“后顾之忧”。

在梓山镇镇长江文元看来，尽管成为村集体资产，蔬菜大棚不能“一建了之”。“各村与龙头公司签订协议，组建合作社进行经营管理，全村 90% 以上的贫困户入股合作社，并且亲自参与蔬菜基地的种植和管理，真正实现了‘资源变资产、资金变股金、农民变股东’。”说起资产收益扶贫带来的新变化，江文元的总结颇为精辟：“农民口袋变鼓了，集体资产变大了，扶贫政策落地了。”

江西省于都县财政整合资金7600万元，对梓山镇潭头村等9个村蔬菜设施大棚进行奖补并完善园区基础设施建设，打造出集果蔬采摘、农事体验、休闲观光等为一体的梓山富硒蔬菜产业园。

不光梓山镇一地，在湖北省宜昌市秭归县茅坪镇建东村，实施资产收益扶贫也得以“筑巢引凤”，有效解决了当地茶产业发展“谁来带动”的难题。秭归县财政局局长向军说，自2017年引进秭归露源生态农业有限公司以来，建东村21户建档立卡贫困户每年可从该项目中获得土地租金1500元，而且全村的贫困劳动力基本实现了就近务工就业。

更可喜的是，在签订协议时，建东村还和公司约定：把中央财政专项扶贫资金155万元作为村集体股份投入规模达120亩的仙人山精品茶叶示范园项目。这意味着，从2023年项目丰产起，建东村村集体每年都能收到31000元的投资收益。向军笑言：“这下村集体的腰包也鼓起来了！”

对于资产收益扶贫对各地产业发展起到的撬动作用，财政部农业农村司相关负责人阐释了其背后的作用机理：“企业、农民专业合作社等与村集体、农户民主协商，自愿成为资产收益扶贫项目实施主体，通过协议形式明确各方的权、责、利，有助于吸引具备较强经营能力的实施主体参与当地产业发展，切实提高财政涉农资金使用效益。”

扶贫更要扶志。有了龙头产业的带动，不但各地有了可持续发展的支柱产业，资产收益扶贫的探索、实践还切实激发出贫困户的参与热情和致富积极性，真正实现了由“输血式”扶贫向

“造血式”扶贫转变。

这两年，梓山镇涌现出不少“新农民”——61岁的贫困户郭月华笑称自己从“打工者”成长为一名“管理者”。“2017年冬天我刚来的时候只能做些修剪、采摘的工作。2020年开始，这些棚都归我管，农忙时手底下有几十个人，一个月有2700块的稳定收入。”潭头村贫困户张忠华2019年一口气承包下20亩大棚种植瓜果，当年就实现纯收入将近11万元，他兴奋地向记者透露：“今年的利润不出意外还要翻上一番。”

……

在江西省财政厅一级巡视员王斌看来，资产收益扶贫的实施真正“让财政资金‘落水的时候见了水花’”。他指出，从江西省的实践来看，财政涉农资金由无偿补助变成有偿投入后，主要受益对象从特定范围扩大到更多群众，少了“锦上添花”，多了“阳光普照”。

怎样受益？

吸纳务工、入股分红、土地流转、技能培训……走访中记者了解到，各地在资产收益扶贫实践中，贫困户往往以多种形式联结在产业发展链上，不仅受益方式多，而且受益程度深。

梓山镇政府提供的一份收入统计表显示，仅围绕蔬菜产业一项，各村贫困户家家增收有道——通过合作社入股蔬菜基地，户均增收2000多元；通过在园区内务工，每日收入70—120元不等，人均增收近万元；通过土地流转，每户每亩地可获得700元的土地流转收入；通过承包大棚种植蔬菜，每户菜农经营5—10亩蔬菜钢架大棚，户均增收5万—10万元；园区还设立环卫、扶贫车间等灵活就业公益岗位，帮助弱劳动力实现就业增收。

事实上，密切当地群众与产业发展的利益联结机制，正是资产收益扶贫作为精准扶贫机制重大创新的突出体现。

记者听到一些扶贫干部反映，在以往的扶贫工作中，尽管政府通过补贴、补助等形式支持贫困地区产业发展和基础设施建设，但由于贫困人口大多缺乏技术和技能，从项目中受益较少。

“资产收益扶贫鼓励将财政投入形成的资产量化折股，收益权优先分配给贫困户，实现了精准到户到人的目标，密切了产业发展和贫困群众的利益联结。”财政部农业农村司相关负责人介绍说，从各地的实践来看，除直接分享红利外，当地群众还可以通过土地流转形式获得地租，有劳动能力的可以就近通过产业项目务工获得劳务收入。

“去年我们两口子的纯收入少说也有七八万元！”在位于于都县岭背镇的栖岭肉鸡养殖基地，53 岁的贫困户李有福难掩兴奋之情。听他细细算来——4000 元的产业入股资金分红 400 元；村集体股份合作社二次分红 760 元；夫妻二人每月各有管理肉鸡大棚 2500 元的劳务费……李有福笑称，自家的收入可谓是“多条腿走路”，节节高升。“因为我大棚管理的好，去年公司还奖励了我一台摩托车呢！”他说。

不光李有福一人，依托于都县成立的 98 个“一村一品”合作社，该县共有 1.01 万户贫困户以财政资金入股，通过产业入股收益、务工工资收入、二次分红收益等方式实现了脱贫增收。

“我们将归集到的入股资金 2478 万元，全部投入基地建设和生产经营，合作社每年按照入股资金的一定比例给贫困户固定分红。贫困户在外地或本地务工的同时，可以享受产业发展的红利。”高宏伟说，光是 2019 年，上述“一村一品”合作社就按规模式出笼肉鸡 731 万羽，实现年纯收入 950 万元，兑现入股分红 113.7 万元。

在于都县，贫困户与产业发展间这种特殊的“牵绊”还在持续做实做细。2019 年年初，为确保贫困户收益最大化、精准化，岭背镇在确保原有合作社正常运转下，由村集体领办村集体股份经济合作社。为此，县财政又专门安排 1400 万元产业扶贫资金，新建鸡棚 10 万平方米，养殖利润按照 4∶4∶2 分配，其中，村集体占 40%、贫困户 40%，再拿出 20% 重点给失能弱能的贫困户。

随着参与产业发展的程度逐渐加深，不少贫困户的主人翁意识和归属感也越来越强。特别是近两年，岭背镇大窝村贫困户谢乐生明显感觉到“自己和村子发展的关系越来越密”了。他直言：“就盼着村子里的产业能越办越好，那我们老百姓的日子肯定会越过越红火。”

如何保障？

提起现在的生计，最让李有福感到满意的就是“有保障”。据他说，自己曾经是个猪倌，尽管干活勤勤恳恳，但效益时好时坏，赶上行情不好，更会赔个血本无归。“现在养肉鸡可好了，就算行情再差，公司也会托底收购，我们养殖户真正是零风险。”他说。

李有福的“安全感”源于于都县对资产收益扶贫风险防控的精准把握。项目实施之初，各个合作社均与龙头企业签订了养殖协议，由公司统一提供鸡苗、饲料，肉鸡成熟后按签订的协议定价回购销售。

在高宏伟看来，这样的合作协议可谓一举两得——不仅降低了合作社的运行成本和风险，确保产业可持续发展，同时贫困户也能旱涝保收，生活更有保障。

事实上，对于资产收益扶贫中“如何保障贫困户利益”这一重要问题，财政部农业农村司相关负责人的表态相当坚定：“资产收益扶贫的首要目标是帮助贫困群众脱贫，不论形式如何创新，这个基本点必须坚持，各地要制定差异化的扶持政策，优先保障贫困户的利益。”

为了将这个“基本点”落到实处，针对资产收益扶贫实施中可能出现的各类情况，2017 年，财政部、农业部、国务院扶贫办联合印发的《关于做好财政支农资金支持资产收益扶贫工作的通知》作出的要求颇为“高瞻远瞩”——用于资产收益扶贫的财政投入所形成的资产，收益权要优先分配给贫困村和贫困户，并鼓励向丧失劳动力或弱劳动力的贫困户、贫困残疾人户倾斜；作为资产运营方的项目实施主体对财政资金形成的资产负有保值增值责任，各方可在法律和现有制度框架下推广“保底收益 + 按股分红”等模式。项目取得可分配收益的，优先兑付贫困村和贫困户。除不可抗力因素外，若项目面临较大的经营困难或出现持续亏损，难以保障贫困户收益时，实施主体应利用自有资金购买贫困户、农户和村集体的收益权或股份；项目实施主体解散或破产清算时，在按照有关法律规定清偿债务后，应优先保障贫困村和贫困群众的权益。

不仅贫困人口的权益要绝对优先保障，对无劳动能力或弱劳动能力贫困人口更要做到“精准滴灌”。2019 年，岭背镇禾溪村集体股份经济合作社兑现出 3.4 万元，主要用于部分失能弱能贫困户的住房安全提升，让其充分享受到财政支持产业发展带来的红利。

……

产业发展和市场经营活动必然存在风险。王斌介绍说，为切实加强资产收益扶贫项目风险管控，特别是防止发生系统性风险，江西省督促各地念好“三条诀窍”：一是找好合伙人和经理人，从源头控制风险。二是注重形成物化资产，警惕高风险运营模式。三是强化风险意识，加强风控措施。

聚焦脱贫后的乡村振兴财政政策

中国财经报，2020 年 10 月 15 日，张绘

在扶贫攻坚进入决胜阶段的关键时期，为更好服务乡村振兴战略实施大局，基层财政部门应当及时制定服务乡村振兴的规划，切实优化农村财政资源配置，进一步完善财政支出农业和农村发展政策，做到厘清自身权责、做好政策衔接，在进一步巩固现有扶贫成果的基础上，尽快实现工作重心从“脱贫攻坚”向“乡村振兴”转换的平稳过渡。

财政支持政策应以产业为引领，以就业为目标。培育和壮大支柱产业是解决农村劳动力就近回乡就业、打造生态宜居新农村的关键。要加强项目库管理，编制本区精准扶贫攻坚阶段重点扶持产业清单，在科学分析地方优劣势的基础上“扬长避短”，以制度化手段杜绝“盲目跟风、一拥而上”现象；财税奖补应更多向有利于带动区域一二三产业融合发展的产业倾斜；减税降费应更多向有利于带动农民本地就业的劳动密集型企业倾斜，进一步出台税费减免优惠措施，吸引更多劳动密集型企业入驻。

要统筹省级财力，完善省以下扶贫事权与支出责任。可借鉴地方政府债务管理模式，实行扶贫脱贫事务的财政承受能力“省级统筹”，由省级财政部门在不突破全省财政管理红线的基础上，统筹分配所辖地区财政可承受能力额度；通过任务清单和支出责任划分，合理划分清楚省以下政府在扶贫脱贫事务上的事权和支

出责任，在既保证总量控制、限额管理，牢牢守住不发生系统性风险底线的前提下，又充分体现对追赶发展需求大、创新探索意愿强、项目实施规范、信誉较高、风险较低地区的正向激励，提高“发展额度”的配置效率，促进区域内部和区域之间的均衡发展。

扶贫应注重政策目标均衡，有效缓解“村际失衡”。要逐步建立健全农村基本公共服务均等化标准体系，在已经脱贫的贫困地区，应当按照标准对贫困村和非贫困村一视同仁予以统筹完善；适度拓宽已脱贫县涉农资金的使用范围，提升涉农资金使用效益。

要理顺脱贫退出机制，激发农村内生发展动力。可根据贫困户具体情况灵活设置脱贫帮扶退出机制，细化脱贫状态稳定贫困户退出帮扶的标准和程序；完善农村社会保障体系，基层财政部门应转换特殊人群脱贫帮扶思路，为完善农村集中养老、居家养老机制提供硬件保障和技术支持，将对残障、孤寡老人等类别贫困人口的“政策性”脱贫帮扶转换为“制度化”的社会保障；尽快转向“造血型”扶贫方式，对尚未脱贫家庭尽量采取提供就业培训、职业教育等扶贫方式，激活农村内生发展动力。

要加强扶贫资金监管，提升资金使用效益。严格督促不规范行为及时整改，要求地方尽快按照国库集中支付有关规定，进一步规范资金拨付方式，提高监督管理水平，加快建立扶贫资金管理制度体系。继续加强扶贫资金动态监控，充分利用财政扶贫资金动态监控平台，及时发现资金分配下达和支付使用中存在的问题，不断加强扶贫资金日常管理，进一步提升资金使用效益。

为贫困地区农副产品“出山”插上翅膀

——政府采购政策助力打赢决战决胜脱贫攻坚战纪实

中国财经报，2020 年 8 月 6 日，戴正宗

“谢谢你们在最困难的时候来收购我们的大米，压在我心里的这块石头总算落地了！”几天前，吉林省白城市通榆县边昭镇边昭村的贫困户李延魁收到了吉林大学的买粮定金，激动之情溢于言表。

新冠肺炎疫情暴发以来，吉林省农业、运输业、服务业发展均严重受阻，多地出现农产品滞销的情况，贫困群众的生活保障也受到了影响。在这关键时刻，政府采购通过鼓励各级预算单位优先采购贫困地区的农副产品，为贫困地区滞销农副产品打开了销路，在战“疫”与脱贫攻坚同步推进过程中，发挥了至关重要的作用。

政府采购破解农产品滞销难题

2020 年春天，本应是全国各地农副产品销售的黄金季节，突如其来的疫情却让手握农产品的老乡们一筹莫展。事实上，一直以来，我国农产品“销售难”的问题基本年年都发生。例如，云南永胜的紫皮大蒜、湖南平江的茶叶、湖北大悟的香米等农产品都曾出现一定程度的滞销问题。

深入基层调研后，财政部国库司相关负责人发现，一方面，贫困地区农产品种类丰富、品质较好，但受制于信息闭塞、物流成本高等因素，导致好产品“养在深闺人未识”；另一方面，预算单位想买绿色、天然的特色产品，但面临着不了解货源信息、无法把控产品品质等问题。

为了有效实现产销对接，助力决战决胜脱贫攻坚，财政部、国务院扶贫办 2019 年 5 月联合印发《关于运用政府采购政策支持脱贫攻坚的通知》，要求各级预算单位预留一定比例食堂食材采购份额，优先采购贫困地区农副产品。政策主要包括以下 3 方面内容：一是聚焦精准扶贫。支持政策限定在 832 个国家级贫困县县域内注册企业、合作社、家庭农场等出产的农副产品。二是强调成本效益。对预算单位预留的采购份额不作强制要求，由各单位自行确定，并要求遵循“就近、经济”的原则购买贫困地区农副产品。三是加强产销对接。搭建网络销售平台，为贫困地区农副产品提供高效便捷的产销渠道。

“政府采购的产品通常以工业品为主，贫困地区的产品主要以基础农产品为主，与政府采购市场匹配度不高。”财政部国库司相关负责人告诉记者，为了进一步研究落实政府采购支持脱贫攻坚的具体方式，财政部会同国务院扶贫办多次召开座谈会，听取中央部门和地方意见，决定针对机关单位、医院、高校等预算单位食堂均有长期稳定的农副产品购买需求，推行持续稳定的采购支持政策，聚焦于采购贫困地区农副产品，有效带动贫困人口脱贫增收。

为确保政策落到实处，财政部对贫困地区农副产品的供给能力、产品结构等作了认真调研，会同国务院扶贫办、中华全国供销合作总社就产地认定、质量标准、仓储物流、价格管控等方面提出了细化工作措施，并印发《政府采购贫困地区农副产品实施方案》，要求三方建立协作机制，明确责任，形成合力，统筹推进政府采购贫困地区农副产品工作。

打通消费扶贫“最后一公里”

“在前期调研座谈中，多个中央部门反映，希望引入电商模式，为各预算单位提供方便快捷的采购渠道。”财政部国库司相关负责人说，为此，财政部会同国务院扶贫办、中华全国供销合作总社依托供销总社既有平台，搭建贫困地区农副产品网络销售平台，精准实现产销对接，降低交易成本，打通消费扶贫“最后一公里”。

“在财政部、国务院扶贫办、中华全国供销合作总社的指导下，我们加班加点，仅用 3 个月时间，就搭建了一个集交易、服务、监管于一体的贫困地区农副产品网络销售平台（扶贫 832 平台），集中展示来自 832 个贫困县的农副产品。”中国供销电子商务有限公司董事长丁好武告诉记者，扶贫 832 平台于 2019 年 10 月 17 日启动上线，2020 年 1 月 1 日开始正式运营，实现了贫困地区农副产品网上交易、物流跟踪、在线支付、产品追溯的一站式聚合。该平台在连接贫困地区带贫能力强、产品质量好、有诚信的企业、合作社、家庭农场等市场主体的同时，对接中央预算单位、各级预算单位和非政府采购领域单位，为全社会广泛参与采购贫困地区农副产品，推动各地消费扶贫目标的顺利实现提供了有力的支持。

“扶贫 832 平台在采购对象、交易规则、功能要求方面与社会电商平台存在较大差异。”丁好武解释道，平台主要服务行政机关、高校、医院等单位用户，除产品展示、在线交易等功能外，还要具备价格监测、物流跟踪、资金支付、评价反馈等功能，并需要结合政府采购规则和扶贫工作要求设定交易规则。此外，平台还实行“零收费”，除按商业原则由平台代收的通道费、第三方服务费及履约保证金外，不向供应商收取入场费、平台使用费等相关费用，不向预算单位收取交易服务费。

在丁好武看来，只有减少中间环节，才能快速满足供需两端需求。他介绍说，为了保障贫困地区农副产品和政府采购市场有效对接，尽可能简化操作流程、优化交易程序，财政部为平台提出了以下 4 点要求：要求平台为采购人提供点对点直购、竞价采购等交易服务；要求平台在综合考虑米面粮油、生鲜蔬菜、肉禽蛋奶等不同类型农副产品的加工、包装、储存、运输特点基础上，分类设计产品交易半径、仓储物流、用户评价等规则；要求平台借助大数据技术，加强对产品价格的监测，做好价格管控和质量追溯工作；要求平台结合机关、事业单位采购特点，综合考虑货款账期等因素，建立符合市场化原则的农副产品履约验收和争议解决机制。

“从平台运行初期情况看，平台供应商数量仍偏少，所售产品以特色农产品为主，预算单位普遍需要的米面粮油、肉类、禽蛋等产品偏少，供给不足、供需‘错配’问题较突出。”财政部国库司相关负责人告诉记者，为进一步加强贫困地区农副产品货源组织，提升贫困地区农副产品供应水平，财政部指导地方财政部门与扶贫、供销等部门建立协作机制，统筹推进、指导本地区贫困地区农副产品采购工作。具体来说，一是做好供应商扩面增量工作。加强对西藏、青海等偏远地区指导，力争尽快实现全国 832 个贫困县供应商全覆盖。二是优化产品结构。鼓励和引导米面粮油等预算单位需求量大的大宗产品供应商入驻平台销售，做到“产品更丰富、结构更匹配”。三是加强产业链管理。针对贫困地区农副产品标准化、组织化程度较低问题，指导贫困地区重点加强农副产品产地认定，强化质量标准、仓储物流等工作，打通产业扶贫和消费扶贫的堵点和痛点。

政府采购助力消费扶贫成效初显

在政府采购政策的支持和扶贫 832 平台的拉动作用下，一个个消费扶贫订单源源不断地“飞”进大山，一件件土特产品喜气洋洋地走出“山门”；昔日愁卖的土特产如今变成了“抢手货”，变成了贫困群众手中实打实的“真金白银”。

2020 年 2 月，中国医学科学院血液病医院在得知湖北省孝感市大悟县大米出现滞销情况后，第一时间通过扶贫 832 平台，从大悟县三里娘娘米业预购了 5 万元的大米等农副产品，用实际行动缓解疫情期间农产品滞销难题。

从扶贫 832 平台受益的还有湖北省恩施州白杨坪镇茶农马成武。2020 年 3 月初，他采摘的第一批春茶被入驻扶贫 832 平台的恩施蓝焙茶叶股份有限公司抢购一空。“特别感谢扶贫平台，你们真是雪中送炭啊！2020 年受疫情影响，一直担心茶叶卖不出去，现在拿到了茶叶钱，心里总算踏实多了。越是困难的时候，越觉得国家政策好。”马成武笑着说。

湖北省是此次疫情的重灾区，为有效解决该省特色农产品滞销问题，2020 年 4 月 3 日，扶贫 832 平台迅速上线保供给、防滞销湖北专区，加大力度促进产销对接，进一步助力湖北地区重点农副产品打开销路。截至目前，湖北省贫困县已经实现了供应商的全覆盖，上线商品超过了 1 万款，销售额已经超过了 3 亿元。

扶贫 832 平台还注重把资源向帮扶需求最迫切、脱贫难度最艰巨的地区倾斜，助力打赢脱贫攻坚战。2020 年 3—4 月，扶贫 832 平台先后上线了“52 决战收官”“聚焦三区三州”“情系革命老区”等重点专题专区活动，集中力量做好与“贫中贫”“困中困”未摘帽贫困县的对接工作，通过促成政府采购政策落地，加快未摘帽贫困县以及深度贫困地区的脱贫步伐。

提起扶贫 832 平台在带贫益贫工作推进过程中涌现出的感人事迹，丁好武如数家珍：“上海复旦大学附属华山医院通过平台采购云南省西双版纳州景洪市勐海镇 13 吨大米，勐海镇供应商对华山医院和平台表达衷心感谢；黑龙江省大庆市林甸县北鑫大豆专业合作社通过平台销售豆油上百万元，带动 50 多个贫困户增收；北京大学人民医院一次性从陕西省渭南市澄城县采购 4000 盒青麻椒，并承诺若质量有保证将持续采购，既解决了麻椒滞销问题，还带动当地增设一家农产品加工车间，新增就业上百人……”

“我们从供给端、需求端和重点推介帮扶 3 方面发力，‘输血’同时也‘造血’，实现贫困地区的农民持续增收。”丁好武介绍说，从目前情况看，通过政府采购这一调控手段带动消费扶贫的建设目标初步实现，政策效果初步显现。截至目前，扶贫 832 平台入驻供应商上万家，实现 832 个国家级贫困县供应商全覆盖，上线农副产品种类 5.5 万个；成交总额 12.1 亿元。他指出，下一步，中国供销电商公司将持续推动预算单位加快采购执行进度，积极完善质量保障和物流配送体系，引导贫困地区农业产业化升级发展，推动实现贫困户稳定脱贫。

为高质量打赢脱贫攻坚战供足“军需”

——财政部全力支持决战决胜脱贫攻坚综述

中国财经报，2020 年 10 月 24 日，李忠峰

“十三五”以来，财政部坚持把脱贫攻坚工作摆在突出重要位置，认真履行国务院扶贫开发领导小组副组长单位职责，不断健全与脱贫攻坚任务相适应的投入保障机制，加大扶贫资金投入力度、创新支持方式、加强扶贫资金监管，着力提高资金使用效益，为打赢脱贫攻坚战提供充足的“粮草军需”。

全力做好脱贫攻坚投入保障

今年 50 岁的杨领群家住河南省济源市大峪镇陡岩沟村，家里 3 个孩子都在上学，家庭经济十分困难。

2019 年，在村“两委”的帮扶下，他承包种植了萝卜 2 亩、洋葱 3 亩、大葱 1 亩，为他带来了 2 万元左右的收入，比种小麦收入高出两三倍。而且，由于洋葱授粉时节受干旱影响导致歉收，保险公司及时勘查现场后，随即给了他 2600 元赔款。

给杨领群带来这笔“意外之财”的蔬菜制种保险，是当地财政“花小钱办大事”的一个实例。2018—2019 年，济源市财政投入资金 200 余万元用于蔬菜制种保险保费补贴，支持全市蔬菜制种产业，尤其是对贫困户的保费予以全额补贴，为众多指望蔬

菜种植脱贫的乡亲们撑起了“保护伞”。

近年来，在以“愚公移山”而闻名的济源，市财政金融局建立与脱贫攻坚任务相适应的财政资金投入保障机制，从 2017 年开始，连续 3 年制定济源市脱贫攻坚财政支持政策，确保市级财政安排的专项扶贫资金不低于省级以上资金规模的 60%，且每年呈 10% 以上的递增趋势，累计统筹资金 3.26 亿元支持全市脱贫攻坚工作。

济源财政加大扶贫投入的行动，是全国财政支持脱贫攻坚工作的一个缩影。

“十三五”以来，财政部坚守脱贫攻坚现行目标标准，不断加大财政专项扶贫资金投入力度。2016—2020 年，中央财政专项扶贫资金连续 5 年每年新增安排 200 亿元，2020 年达到 1461 亿元。

财政部指导各地按照中央关于脱贫攻坚的部署要求，因地制宜、因户施策，围绕培育和壮大贫困地区特色产业，改善小型公益性生产生活设施条件，增强贫困人口自我发展能力和抵御风险能力等方面安排使用资金。同时，中央专项彩票公益金支持贫困革命老区脱贫攻坚资金支持力度也持续加大，“十三五”期间，累计安排中央专项彩票公益金 100 亿元，实现对 397 个贫困革命老区县的全覆盖。此外，强化县级基本财力保障，引导各类专项投入向贫困地区、贫困群众倾斜。引导“两不愁、三保障”相关的教育、医疗、农村危房改造等方面资金，以及农业生产、水利、交通、生态等专项转移支付向贫困地区、贫困人口倾斜，推动解决贫困地区突出问题。

2020 年，中央财政一次性安排 300 亿元脱贫攻坚补短板综合财力补助，以挂牌督战地区为重点，支持贫困地区克服疫情影响，结合实际补齐短板弱项，包括补齐财政短收、易地扶贫搬迁后续扶持、解决“苦咸水”问题、鼓励就业等。

此外，财政部落实“大扶贫”格局要求，千方百计拓宽资金渠道，通过财政补助和贴息引导，支持地方多渠道筹集易地扶贫搬迁资金近6000亿元。通过城乡建设用地增减挂钩节余指标跨省域调剂政策筹资1896亿元，拓宽脱贫攻坚和乡村振兴资金渠道。通过贷款贴息、风险补偿，引导金融机构累计投放扶贫小额信贷6000多亿元。优先兑付光伏扶贫目录内的补贴，约270万名贫困户因此受益。

创新脱贫攻坚财税政策体系

2019年，安徽省六安市裕安区丁集镇大牛村近20户贫困户原先的危房变成了安全稳固的新居。该村贫困户汪宏新说，从被列入危房改造计划，到在原址建好50多平方米的新房，再到通过验收后两万元危改补助资金打卡发放，他只掏了几千块钱就把新房建了起来。

“受益于涉农资金统筹整合试点，我们按项目分配资金，确保资金精准投放，助力脱贫攻坚。”裕安区财政局负责人告诉记者，作为国家级扶贫开发工作重点县区，该区深入推进涉农资金统筹整合，设立整合涉农项目资金专户，按照“大类间打通”“跨类别使用”的要求，大力推进实质整合，让“打酱油”的钱能够“买醋”，形成“多个渠道引水，一个龙头放水”，着力破解涉农资金交叉重复、使用分散等问题，集中财力支持脱贫攻坚。

“涉农资金整合，形式上是资金的整合，实质上是任务的整合。”安徽省财政厅农业农村处处长陈维光说：“整合资金试点的根本目的，就是鼓励和支持贫困县围绕脱贫攻坚规划和任务，按规定自主安排项目、自主使用资金，提高资金使用效率和效益。”

据介绍，2016年，安徽省启动实施贫困县涉农资金统筹整合试点工作，将中央和省级40余项涉农项目资金的配置权、使用权完全下放到试点县，并探索建立资金整合清单、项目任务清单、项目资金绩效清单“三个清单”，构建了“资金—项目—绩效”闭合循环，使整合资金、项目任务、绩效管理一体推进，当年即实现整合涉农资金87.8亿元用于脱贫攻坚，有效保证了试点工作的质量和效果。

推进贫困县涉农资金整合试点是财政部支持脱贫攻坚的亮点之一。

这项试点由财政部牵头，将中央13个部门管理的包含财政专项扶贫资金在内的20项涉农资金的配置权完全交给832个贫困县，有关部门和地方不限定资金在贫困县的具体用途，由贫困县因地制宜自主统筹安排资金项目，聚焦短板弱项精准发力。同时规定，原则上用于贫困地区、贫困人口的资金增幅不低于该项资金的平均增幅，为此，不少省级财政部门拿出自有财力确保了贫困县整合资金增幅。此外，实行整合资金“负面清单”管理，明确整合资金不能用于大中型基础设施建设、医疗保障、购买各类保险、偿还债务或垫资等方面。这些举措有力保障了整合政策的顺利实施。

从2016年开始到2020年6月，全国832个贫困县累计统筹整合使用各级财政涉农资金规模超过1.5万亿元，县年均整合资金规模超过3.6亿元。2020年8月，财政部农业农村司牵头的贫困县涉农资金整合政策荣获全国脱贫攻坚组织创新奖。

据介绍，财政部还先后出台了支持易地扶贫搬迁、促进贫困人口创业就业、引导社会力量参与扶贫捐赠等多项支持脱贫攻坚的税费优惠政策。通过贴息引导金融机构发放扶贫贷款，规范扶贫小额信贷管理，督促地方加强贷款风险防范；开展中央财政对地方优势特色农产品保险奖补试点，奖补政策向贫困地区倾斜；出台政府采购支持脱贫攻坚政策，制定政府采购贫困地区农副产品实施方案，搭建电子销售平台，带贫益贫成效显著。

持续健全扶贫资金监管机制

为了让资金更好地发挥效益，财政部在保障投入的同时，全面加强扶贫资金监管，确保资金用在“刀刃”上。

创新建立扶贫资金管理体系。2018 年，制定印发《财政部关于全面加强脱贫攻坚期内各级各类扶贫资金管理的意见》，围绕全面加强各级各类扶贫资金管理中心任务，进一步理顺各级各类扶贫资金管理体系。

建立健全项目资金监督机制。首次建立财政扶贫资金动态监控机制，实现了各级财政专项扶贫资金纵向打通，监控到最后一公里。各级财政依托监控平台，动态掌握和督促落实资金投入情况，加快预算下达和执行。发挥各地监管局就近就地监管优势，把扶贫资金使用管理情况作为各地监管局日常监管重点，强化财政扶贫资金日常监管，推进阳光扶贫、廉洁扶贫。

强化专项扶贫资金绩效评价。为适应打赢脱贫攻坚战需要，及时修订了 2008 年印发的《财政专项扶贫资金绩效考评试行办法》，印发了《财政专项扶贫资金绩效评价办法》，并根据脱贫攻坚形势任务变化，每年都会同有关部门调整财政专项扶贫资金绩效评价指标，评价结果作为省级党委政府脱贫攻坚成效考核的组成部分，并相应建立奖优罚劣机制，较好地发挥了引导地方保障脱贫攻坚投入和提高资金使用效益的指挥棒作用。同时，强化各级各类扶贫项目资金全过程绩效管理，以专项扶贫资金为切入点，联合多部门印发《财政专项扶贫资金绩效管理指南》，指导地方树立“花钱必问效，无效必问责”的绩效理念，落实扶贫资金使用部门绩效管理主体责任。

近年来，审计查出的有问题的扶贫资金占抽查资金的比例由2013 年的 36.3% 下降到 2020 年的 1.5%。其中，资金贪污、侵占等严重违纪违法问题占比由 2013 年的 15.7% 下降到 2020 年的 0.19%。

财政部党组还把定点扶贫工作纳入重要议事日程，按照国务院扶贫开发领导小组统一部署和要求，多次召开定点扶贫专题会议和定点扶贫工作推进会，研究帮扶工作，采取多种方式帮助提高定点扶贫县扶贫资金使用管理水平和效益。连续两年在定点扶贫工作考核中取得优秀等次。财政部定点扶贫县平江县、永胜县先后于 2019 年 3 月和 2020 年 5 月分别顺利脱贫摘帽。

中央财政确保生态保护修复和脱贫攻坚实现“双赢”

中国财经报，2021年1月21日，张曦文

“十三五”以来，为充分发挥生态保护在精准扶贫、精准脱贫中的作用，中央财政切实做好生态扶贫工作，切实加大对贫困地区、贫困人口的支持力度，有效加强了森林资源管护，扩大贫困地区退耕还林还草规模，确保实现生态保护修复和脱贫攻坚“双赢”。

支持贫困县统筹整合使用资金。林业草原转移支付部分资金和农村环境整治资金纳入贫困县涉农资金统筹整合使用范围，地方可按规定统筹用于脱贫攻坚。

生态护林员政策。2016—2020年，中央财政累计安排201亿元，其中，林业草原转移支付安排84亿元，重点生态功能区转移支付安排117亿元，支持22个中西部省份选聘建档立卡贫困人口，参加森林、草原、湿地、沙地等资源管护。

退耕还林还草政策。积极支持扩大贫困地区退耕还林还草规模，新一轮退耕还林还草任务重点向贫困地区倾斜，资金分配相应向贫困地区倾斜。

森林资源管护政策。中央财政安排森林资源管护支出，对包括22个中西部省份在内的集体和个人所属森林资源进行管护。

从 2019 年起，中央财政将管护补助标准由每年每亩 15 元提高到 16 元，要求地方优先将贫困地区集体和个人所属的天然商品林纳入停伐管护补助范围，2020 年新增管护任务向“三区三州”所在省份倾斜。

财政部：扶贫资金向疫情较重地区倾斜 确保2020年脱贫攻坚如期收官

财新网，2020年2月18日，程思炜

新冠肺炎疫情冲击中国经济企稳势头，也加大了完成2020年脱贫攻坚收官目标的压力。为确保完成这一任务，财政部2月17日印发通知，中央财政在继续较大幅度增加专项扶贫资金规模的同时，新增资金适当向受疫情影响较重地区倾斜。

2019年中央财政安排专项扶贫资金规模为1260.9亿元，根据上述通知，2020年将超过这一规模，目前已对28个省份提前下达1136亿元。各省份在分配资金时要结合实际对受疫情影响较重的市县给予支持；省级扶贫、财政部门要督促市县将提前下达的2020年中央财政专项扶贫资金和地方各级安排的扶贫资金及时分解落实到项目上。

通知要求，各省份研究制定针对受疫情影响较重地区脱贫攻坚的支持政策，同时在现有资金管理制度内，允许县级因地制宜调整和优化资金使用，重在支持产业扶贫项目和贫困人口就业。

具体来说，可加大对受疫情影响较大的产业扶贫项目生产、储存、运输、销售等环节的支持；对在疫情防控期间，努力克服影响积极带动贫困户发展的扶贫龙头企业和合作社等带贫主体，可给予一次性生产补贴和贷款贴息支持；对在疫情防控中做出突出贡献、社会效益好的涉农企业和其他涉农组织，可优先支持其参与符合条件的脱贫攻坚项目，降低资金使用门槛。

同时，对脱贫攻坚项目库要做好动态调整，及时优化年度项目实施计划，对因疫情致贫急需实施的项目、符合疫情防控需要和脱贫攻坚政策的项目、有利于增加贫困户收入的项目，优先入库并安排资金。抗击疫情期间，具备开工条件的扶贫项目要及时开工建设；暂时不能开工的，积极做好前期准备工作；属于政府采购的项目，加快采购进度，确保项目早开工实施见效。

通知还要求，各地应强化就业支持，适当安排专项扶贫资金用于组织稳定贫困人口就业岗位。对结合疫情防控需要，新增的保洁环卫、防疫消杀、巡查值守等临时岗位，优先安置贫困劳动力就业；对疫情防控期间复工复产的扶贫车间和当地企业、参与东西劳务协作的扶贫企业，依据吸纳贫困劳动力规模，有条件地区可加大支持力度；疫情防控期间外出务工的贫困劳动力按规定给予交通和生活费补助等。

此外，全力保障贫困群众基本生活，对罹患新冠肺炎、集中或居家隔离、无法外出务工、无法开展基本生产、收入受到重大影响等生活陷入困境的建档立卡贫困群众和因疫致贫返贫农民群众，应按现有支持渠道及时落实好针对性帮扶措施，确保基本生活不受影响。

五年来，中央专项扶贫资金规模每年增加200亿元

新京报网，2020年10月16日，马瑾倩

随着脱贫攻坚不断深入，2016—2020年中央补助资金规模达到5305亿元，连续5年每年增加200亿元。

近日，中央宣传部、国务院扶贫办在北京联合召开学习习近平总书记扶贫工作重要论述研讨会。财政部脱贫攻坚领导小组办公室主任、农业农村司司长吴奇修在会上透露这一数字。

中国贫困发生率从1978年的97.5%下降到2019年年底的0.6%，累计下降96.9个百分点，年均下降2.3个百分点。数十年大规模的扶贫开发及脱贫攻坚，已经使累计7.9亿左右的人口摆脱了贫困。

吴奇修介绍，近年来我国不断加大县级基本财力保障机制奖补资金等一般性转移支付力度，提高贫困地区支持脱贫攻坚的财政保障能力。发挥专项扶贫资金主渠道作用，2016—2020年中央补助资金规模达到5305亿元，连续5年每年增加200亿元。2020年又一次性安排脱贫攻坚补短板综合财力补助资金300亿元，使2020年增量资金规模达到500亿元。

“在分配行业扶贫资金时，通过考虑贫困因素、提高补助标准、支持优先安排项目等方式，积极向贫困地区、贫困人口倾

斜。如将贫困人口数、贫困发生率等因素作为教育相关资金测算因素，支持和引导地方进一步巩固义务教育经费保障，提升贫困地区义务教育办学条件和能力，改善农村义务教育学生营养状况，加强乡村教师队伍建设等。”吴奇修说。

同时，投入重点不断聚焦，加大对贫困地区、贫困人口的倾斜力度，重点支持解决“两不愁三保障”突出问题。2018—2020 年共安排支持“三区三州”及其他深度贫困地区增量资金 2800 多亿元，超额完成计划。2020 年专门安排给挂牌督战地区的专项扶贫资金和补短板资金规模达到 417 亿元，平均每县约 8 亿元。

面对突如其来的新冠肺炎疫情，财政部及时调整优化相关财政扶贫资金管理要求，重点加大对贫困劳动力稳岗就业、产业扶贫项目、贫困地区农产品产销对接的支持力度，支持贫困地区和贫困群众克服疫情影响。

日子再“紧”也不能误了脱贫攻坚

农民日报，2020 年 4 月 8 日，高杨

近日，财政部公布了2020 年前两个月财政收支情况，全国一般公共预算收入同比下降 9.9%；疫情影响在 2 月更加凸显，当月全国财政收入同比下降 21.4%，这一跌幅是自 2008 年金融危机以来的又一低点。说明国家财政兜里的钱少了，日子更“紧”了。

经过 7 年多精准扶贫，我国贫困人口从 2012 年年底的 9899 万人减到 2019 年年底的 551 万人，贫困发生率由 10.2% 降至 0.6%，区域性整体贫困基本得到解决。2020 年是全面打赢脱贫攻坚战收官之年，这是党中央向全国人民作出的郑重承诺，是必须完成的“硬任务”。如何在“紧日子”下提供充足的资金保障、如期打赢脱贫攻坚战，是摆在我们面前的一道难题。

说起“紧日子”，并非针对我们实施的财政政策，而是说当前情况下财政收支矛盾进一步加大。原因有三，首先是 2019 年减税降费的翘尾因素，这两年我国实施大规模减税降费以支持实体经济，2019 年减税降费规模超过 2.3 万亿元，占 GDP 的比重超过 2%。其次受疫情影响、经济活动减少带来的减收，这个影响随着 3 月以来各地经济秩序恢复、复工复产加速而逐渐收窄。最后就是前期为应对疫情冲击、减轻企业负担，国家已出台 4 批次 20 多项阶段性税费优惠政策，预计为各类市场主体减负超过 1 万亿元。

与此同时，脱贫攻坚战也进入最为“吃劲”的关键时刻。一方面经过前期努力，我国贫困县和贫困人口数量大幅减少，但现有困难群众大多集中在“三区三州”等深度贫困地区，这是最难啃的“硬骨头”，需要用非常之力、下非常之功，更要有资金保障。

另一方面是受疫情影响，刚刚脱贫的群众面临很大“返贫”风险。比如在就业方面，2019 年全国有 2729 万建档立卡贫困劳动力在外打工，外出务工为 2/3 左右贫困人口贡献了 2/3 左右收入，为此需要出台有针对性的政策帮助贫困户渡过难关，这也需要资金纾困。

打赢脱贫攻坚战，越到最后越要绷紧弦，不能停顿、不能大意、不能放松。统筹做好疫情防控和脱贫攻坚，资金尤其重要，可以从三个方面做好保障工作。

一是发挥中央财政作用。中央要求财政继续增加专项扶贫资金规模。近日，财政部下达中央财政专项扶贫资金 260.27 亿元，目前已累计下达 1396.36 亿元，下达时间比往年提前 1 个多月。资金重点向“三区三州”和其他贫困人口多、贫困发生率高、脱贫难度大的深度贫困地区及挂牌督战地区倾斜。

二是各地继续“开源节流”。这两年，各级财政部门大力压减如“三公”经费等一般性支出，不断增加对脱贫攻坚等重点领域投入，2019 年全国农林水支出中扶贫支出增长 11%。2020 年受疫情影响，同时还要满足“三保”（保工资、保运转、保基本民生）等刚性支出，各地仍要“勒紧裤腰带”，继续过“紧日子”。

三是加大财政涉农资金整合力度，加强扶贫资金监管，提高资金使用效率和效益。地方政府可在一般债券支出中安排一定规模支持符合条件的易地扶贫搬迁和乡村振兴项目建设；各地可有序扩大用于支持乡村振兴的专项债券发行规模；中央和省级各部门需要根据补短板要求优化涉农资金使用结构。

财政部：14个省份共获脱贫攻坚考核奖励42亿元

证券日报网，2020年5月12日，包兴安

5月12日，国新办举行国务院政策例行吹风会，介绍2019年落实重大政策措施真抓实干成效明显地方予以督查激励情况。财政部副部长许宏才表示，2019年脱贫攻坚成效考核中，14个省份总共获得奖励42亿元。

许宏才表示，国务院扶贫开发领导小组组织开展了2019年脱贫攻坚成效考核。总的来看，各地区各部门真抓实干，各级各类扶贫力量真帮实扶，广大贫困群众埋头苦干，攻坚氛围更加浓厚，脱贫成效更加显著，年度减贫目标任务全面完成，共减少贫困人口1100多万。

考核结果显示，河北、内蒙古、吉林、安徽、江西、湖北、湖南、广西、海南、重庆、四川、贵州、西藏、新疆14个省份综合评价为好，这14个省份的共同特点是："两不愁三保障"总体实现较好，责任落实、政策落实、工作落实"三落实"总体到位，精准识别、精准退出、精准帮扶"三精准"总体水平较高，群众满意度比较高，考核中发现的问题比较少，脱贫攻坚成效显著。根据脱贫攻坚工作成效考核结果，财政部、国务院扶贫办在分配2020年中央财政专项扶贫资金时，对上述14个省份，每个省份各奖励3亿元，总共安排42亿元资金予以奖励。

四部门联合发布新规为贫困地区资金难“纾困”

中国产经新闻，2020 年 7 月 14 日，董思岐

近日，中国银保监会、财政部、中国人民银行、国务院扶贫办联合发布《关于进一步完善扶贫小额信贷有关政策的通知》（以下简称《通知》）。

《通知》提出，进一步坚持扶贫小额信贷政策、进一步扩大扶贫小额信贷支持对象、进一步延长受疫情影响还款困难的扶贫小额信贷还款期限、进一步满足扶贫小额信贷需求、进一步做好扶贫小额信贷风险防控工作、进一步加强扶贫小额信贷工作组织领导。

有关专家表示，小额信贷缓解了贫困地区资金困难问题；确保精准扶贫的准确性是扶贫工作的关键，用好新政策可以切实提升贫困人口的发展能力和金融获得感。

小额信贷缓解贫困地区资金困难

小额贷款是以个人或企业为核心的综合消费贷款，贷款的金额一般为 1 万元以上，20 万元以下；办理过程一般需要做担保。小额贷款是微小贷款在技术和实际应用上的延伸。小额贷款在中国主要是服务于“三农”、中小企业。小额贷款公司的设立，合理地将一些民间资金集中了起来，规范了民间借贷市场，同时也有效地解决了“三农”、中小企业融资难的问题。

疫情之下，如何保障稳定的现金流是所有经济主体面临的突出难题。清华大学社会科学学院经济学研究所助理研究员肖旭在接受笔者采访时表示，扶贫小额信贷的特点主要表现为额度小、期限短、门槛低，采用基准利率放贷、财政贴息、县级风险补偿金的模式，大大降低了贷款主体的风险与负担；新政策进一步扩大信贷支持对象，并且在还款期限上给予适度放松，有利于缓解贫困地区所面临的资金困难，帮助有需要的群体渡过难关。

服务于扶贫攻坚目标的小微贷款，针对从事农业生产以及日常小规模经营的个人提供启动资金，避免返贫。中国人民大学教授王鹏在接受笔者采访时表示，致贫的原因大都是因为缺乏启动资金，其本身的信誉等级无法支撑他去进行贷款。而小额信贷则可以有效解决此类问题，因为小额贷款利率极低，甚至需要政府去贴息，但是免去了贷款人受到偿还利息的困扰，对于解决贫困问题具有十分重要的作用。“另一方面针对整个社会环境，扶贫的精准性在一定程度上可以充分调动社会资源，在实施过程中吸引扶贫攻坚的相关力量、相关群体共同参与，实现社会资源充分高效利用，但是需要保证群众监督渠道畅通，也要上级部门做好督查工作，及时了解情况。”王鹏进一步说道。

确保精准扶贫的准确性

如何保证扶贫小额信贷精准投放，确保精准扶贫的准确性是扶贫工作的关键。精准投放离不开周密的政策部署以及强有力的执行机制。肖旭认为，一方面要做好投放的规划，结合地区特点制定切实可行的方案、多管齐下，不断优化信贷配置结构，提高配置效率；另一方面要强化专业队伍能力建设，明确各级机构职责，全面落实各项支持政策，在取得新进展的同时巩固好既有的成果。

据了解，扶贫小额信贷是银保监会、财政部、人民银行、国务院扶贫办于 2014 年联合推出的精准支持建档立卡贫困户的扶贫信贷产品。截至 2020 年一季度末，全国扶贫小额信贷累计发放 4443.5 亿元，累计支持建档立卡贫困户 1067.81 万户次。

《通知》提出，要坚持扶贫小额信贷户借、户用、户还，精准用于贫困户及边缘人口个人发展生产，不能用于结婚、建房、理财、购置家庭用品等非生产性支出，更不能集中用于政府融资平台、生产经营企业等。要加强扶贫小额信贷监测分析，及时掌握贷款集中到期、贷款逾期等情况，对集中还款压力较大地区、存量“户贷企用”等未直接用于贫困户发展生产的扶贫小额信贷余额较大地区、不良贷款率较高及关注类贷款占比较大地区等要重点关注，加强分析研判。

为进一步做好扶贫小额信贷风险防控工作，小额信贷在发放过程中可以充分运用金融科技的方法。王鹏提出，为进一步实现脱贫攻坚，政府对贫困户进行建档立卡，此时就可以充分运用信息技术方式，对贷款人的征信情况、个人财产、出行交通方式等进行整体的监测，从而更为有效地实现精准施策，对于那些通过钻政策漏洞获取利益的人来说就无机可乘，甚至需要面临一定的处罚力度。

用好新政策提升金融获得感

新政策必须要配合好地区发展规划，向突出问题和薄弱环节发力。在充分了解扶助对象的需求基础上，提供精确支持。肖旭告诉笔者，从长远来看，要实现贫困地区从脱贫到致富、再到小康的跨越发展，离不开产业的牵引作用，这就需要将信贷资源在开发式扶贫与保障性扶贫之间做好分配。在思想上，坚持“富脑袋”和“富口袋”并重，加强扶贫与扶智相结合。在实现经济持续增长的过程中不断改善贫困地区的生活水平，切实提升贫困人口的发展能力和金融获得感，让小额信贷真正成为地区产业发展的源头活水。

《通知》提出，进一步扩大扶贫小额信贷支持对象、满足扶贫小额信贷需求。讨论起如何利用好新的政策提升贫困地区和贫困人口的金融获得感，王鹏表示，小额信贷模式非常好，一方面，可以把成本降到很低的水平；另一方面，该政策普及性极高，可以充分提升人民群众的获得感和幸福感，但也需要政策宣传与调查统计同步。通过走访、村居推荐、电话咨询等方式将那些有创业愿望的人员摸排出来，最大限度覆盖优惠人员。“利用各类招聘会”“春风行动”等活动发放宣传材料，现场讲解小额担保贷款政策、贷款流程和注意事项等，不断提高群众对小额担保贷款政策的知晓率和参与率。对那些有创业愿望和创业能力的返乡青年则提供“上门服务”，营造“勇于创业、乐于创业、善于创业”的良好氛围。

“我从部委来” | 两年里，她打了两场“战争”！

红网，2020 年 8 月 3 日，杨斌

财政部驻平江县定点扶贫工作队队长、平江县委副书记（挂职）邢朝虹联系的金星村，曾是平江县最偏远的贫困村之一，如今旧貌换新颜。

两年多来，邢朝虹和平江结下了深深的情谊，她感慨自己有幸见证、参与了平江脱贫的历史性进程。

在财政部驻平江县定点扶贫工作队的撮合下，茶油、茶叶、“阜山窑”等平江产品走进财政部食堂和工会采购清单，走向全国。

工作队的付出和成效，平江县人民看在眼里、记在心上。他们时常在朋友圈中流传工作队的事迹，表达深厚的情谊。

临近分别，难说再见。

900 多个日日夜夜，4125 平方公里的土地，构筑了财政部驻平江县定点扶贫工作队队长、平江县委副书记（挂职）邢朝虹在湖南平江的时空坐标。

再拾起这段驻点岁月的点滴回忆，素来行事认真、作风硬朗的邢朝虹也不由动了情，“感谢部委把我们派驻扶贫前线，这是一个新区域、大舞台，让我们从远在庙堂到直面人民，更懂民生

疾苦更知执政使命。”对邢朝虹个人而言，在平江这两年，一是和自己的身体，二是和贫困分别打了两场“战争”。没有一份真正的努力会被辜负，她因为工作表现突出，被评为湖南省2019年“百名最美扶贫人物”，队员们也分获殊荣。

居“南”，而不畏难

首先说说邢朝虹到平江的第一场“战争”，这是一场她和自己身体间的“拧巴”。

2018年2月，成长于黑土地的财政部经济建设司交通运输处处长邢朝虹，受命南下转战红土地——革命老区、国家级贫困县湖南平江县。

履职新地，人生地不熟，再加上爱人在外地上班，只留下女儿独守京城直面中考，一家三口顿时“天各一方”。

本就体寒的邢朝虹，来平江后马上遇到“新麻烦”，南方湿气带来的腰腿疼痛。

“刚来的大半年，几乎一直下雨，那可真要命，一边要工作，一边身体不给力，当时都快急死了。”

最严重的时候，邢朝虹上个台阶也困难，身体以腰为界，感觉上下都是拆开的。

然而，浑身疼痛的邢朝虹，出现在大家面前却是“一身轻松”，她带着财政部驻平江县定点扶贫工作队成员部科教司杨宇，行政政法司刘斌樑，湖南省财政厅何洪武、阳宇等一道，为平江的脱贫发展奔波劳累。

刚到平江不久，邢朝虹就实地走访了24个乡镇、近百个村。她联系的金星村，是全县最偏远的贫困村之一，她督导制定了村出列方案和帮扶措施，对标逐项解决道路、水利、电信等基础设施以及村级公共服务设施、贫困户收入等问题。如今，谈及各乡镇的扶贫情况，她如数家珍，俨然一个地地道道的“平江通”。

也许是草木有情，山河有知，每一天的点滴努力换来的改变，在邢朝虹和她的扶贫工作队员们，以及平江的每一寸土地间弥漫开来。

2020 年后，坚持锻炼身体的邢朝虹竟不知不觉适应了平江的气候。邢朝虹感慨，这是一片神奇的红土地，如今她任期将满，平江如期脱贫摘帽，女儿也即将高考。

“虽说给孩子留下了空白，值得欣慰的是，我有幸见证、参与了平江脱贫的历史性进程。”

攻坚，拔掉穷根

邢朝虹参与的第二场“战争”是平江的脱贫攻坚。

“好想门前有条路，交通不用再靠走，打个电话不用再靠吼”，这曾是平江人尤其是山区人民最朴素的梦想。

“打好底子，一切好说。”邢朝虹带领工作队“只要力量所及，能对接的资源都用上”，他们同平江县委县政府一道，硬是在电信基站、农村公路等基础设施建设项目搞出了名堂。

邢朝虹到任后的一年多，平江县新增 238 个 4G 基站纳入电信普遍服务试点范围，惠及全县 228 个行政村 4340 个自然村组 30 余万人。

现在的平江县，全县所有乡镇、村组通上水泥路或柏油路，客班车也能通往农家院，2019 年获评全国“四好农村路”示范县。

经建专业出身的邢朝虹很清楚，只有夯实了基础，发展产业才能如顺水行舟。

她撰写的《五个“切记”和“切忌”——关于加强和改进我县涉农整合资金管理的几点建议》，被平江县委书记批示：“抓住了问题的关键，也提出了改善的可行性措施。”平江县县长在邢朝虹撰写的《关于我县茶油产业发展的经验》上批示：“这份调研报告很有见地、很有深度……平江油茶产业发展须提上重要议事日程。”

受平江县委委托，邢朝虹参与研究制定平江县重点旅游项目建设工作方案，全县旅游行业发展快速推进，获第三方评定为“中国县域旅游竞争力百强县”。

集腋成裘，平江逐步明确并打造出了优势产业。有了产业，还得打开市场。

邢朝虹带领工作队不仅帮助把平江的特色产品卖了出去，还把平江的地域名片打了出去，把平江的农副产品供给水平和质量提升了上去，他们也被誉为平江消费扶贫的先行者、引路人、冲锋队和生力军。

2018 年 5 月，第六届“中信置业杯”中国女子围棋甲级联赛在平江举办；明星杨幂走入平江直播，使平江“酱干”“辣条”“全域旅游”等名片空前远扬；2018 年 11 月，平江首次引入“快手”直播带货；2020 年疫情期间，平江县直播带货精彩纷呈，成为直播大咖李佳琦家乡的一道亮丽风景……

不用说，这些现象级大手笔的背后推手之一，正是邢朝虹和她的伙伴们。

在他们的撮合下，“山润山茶油”“幽吉茶叶”“胖子香扣肉”“阜山窑”等平江产品走进财政部食堂和工会采购清单，走向全国。

更难得的是，工作队引进资源为全县干部群众累计落地培训 134 场，培训 6503 人次。

邢朝虹清楚地记得，“企业财会培训那天，一位前来参训的小姑娘看到全国会计领军人才前来授课，兴奋得无以言表，因为她知道这些大咖太难请到。”

邢朝虹和队员们格外关注解决代际脱贫的教育事业。他们对接政策、引进社会资助，为平江县中小学整修校舍，改善食堂，增添足球场，助力成立教育基金等。

这样的例子不胜枚举。可面对褒奖，邢朝虹发自内心地谦虚：“我们只是在党中央统筹、发动各方力量形成的这股扶贫大潮中奔涌前进的小集体，作为财政部扶贫的前哨，我们感到很自豪也很荣幸。”

携手，部地合力

蓦然回首，财政部牵手平江已逾 18 载，自 2002 年以来，财政部累计派出 22 名扶贫干部进驻平江，战斗在扶贫一线。

在平江，还流传着三封“挽留信”的故事。故事主人公分别是财政部选派的三位挂职干部高杰、杨宇、刘斌樑。

“我们舍不得财政部扶贫干部走!”这三封“挽留信”，饱含平江百姓对财政部扶贫干部的不舍与认可。

尤其是 2018 年年初，为了加强帮扶力度，确保平江县如期摘帽，邢朝虹被赋予厚望来到平江。

同年 10 月 20 日，财政部党组书记、部长刘昆亲临平江调研指导督战脱贫攻坚工作，为平江鼓足了决战脱贫的士气。

两年多来，财政部党组成员、副部长程丽华、余蔚平、邹加怡陆续到平江考察调研，对平江县脱贫攻坚工作予以督导，对工作队成绩予以肯定。

在挂职扶贫的最后一年，邢朝虹和队员们还在全力为平江的未来发展“播种”赋能。他们大力助推汨罗江流域平江段综合治理亚洲开发银行贷款项目签约落地，发挥乡村振兴和生态环保效益；他们引进碧桂园集团谋划打造平江县丽江村田园综合体，丰富乡村旅游产业；他们探索村民组务“三人小组”自治机制，提升乡村治理效能，被全县推广……

江湖不远，后会有期。对平江这个“第二故乡”，邢朝虹衷心祝福：“愿你更好！”

群众为财政部驻平江县定点扶贫工作队队长所作

谁在忙？
为谁忙？
产业兴县堪断肠。
乡村振兴借风扬！
借风扬，
成经常，
汨水阜山应记藏！

“农民京官” 千金不换

——记财政部驻平江县泊头村党支部第一书记刘斌樑

湖南日报，2020 年 8 月 23 日，徐亚平

“上午，到正义片山谷，查看饮水工程建设情况。”“下午，与泊头村党支部书记一同前往竹山组，查看烈士碑安置情况。”8 月 21 日，记者在平江县加义镇泊头村村民服务中心，翻开刘斌樑厚厚的 3 本扶贫日记，他任财政部派驻平江县帮扶工作队队员、泊头村党支部第一书记以来，走过的路、见过的人，都如同电影镜头般从记者脑海中闪过。

2018 年，刘斌樑被评为“湖南省脱贫攻坚先进个人”，2019 年被评为财政部优秀共产党员、平江县“实干担当、建功一线”优秀干部，2020 年被评为全国“向上向善好青年”。在我省 2020 年 4 月启动的脱贫攻坚一线干部考察中，获得好评。

“再造一个湖南‘丽江’”

2017 年 7 月刚驻村时，村民认为这个中央部委机关的年轻人是下来“镀金”的，但后来发现，这个年轻人确实“有一套”。

刘斌樑初到加义镇丽江村，便进村入户，了解社情民意，与乡亲们交心。丽江村地处偏远，四面环山，基础设施薄弱，贫困人口多。刘斌樑决定把党员关系转到丽江村：“把‘家’安在这

里，才是驻村驻心。”

他绞尽脑汁，扎下身子，沉在一线。一个多月的走访调查后，刘斌樑找到了丽江村的“穷根”，也理清了发展思路。再三和村支两委商量后，他决定把基础设施建设作为突破口。

说干就干！硬化亮化村组公路，新修村级活动中心，把垃圾倾倒点改造成小游园，推行垃圾集中收集、统一处理，给 21 个组供上自来水……山村气象焕然一新。

环境改善了，他又开始推动产业发展，提出“一个绿圈，一条红线，一条蓝带”：围绕丽江村特定地势开发绿色产业，以喻杰故居为中心带动红色旅游，利用丽江河两岸的自然风光开发亲子游项目。“云南丽江大家都知道，我们要再造一个湖南‘丽江’！”刘斌樑介绍，湖南丽江田园综合体建成后，预计造福 2000 多户建档立卡贫困户。

“他呀，比农民还像农民”

2018 年 5 月，刘斌樑转到加义镇更为贫困的泊头村担任第一书记。到村后，他在丽江、泊头两头跑项目，时刻不忘两村联建。

在泊头村组织召开会议时，刘斌樑发现，会场吵闹，村干部经常插嘴，各自为政。干部群众都缺乏凝聚力，如同一盘散沙。

怎么办？“两个字：统战。”

一套名为“三人小组”机制在村里试行开来：村民小组的日常事务由 3 人共同谋划、组织、带头，凡涉及本组发展方面的重大决策，必须召开村民小组会议决定。既保障了村民对基层事务的知情权、参与权和监督权，又杜绝了村民小组“拍脑袋”决策和“一言堂”。

“制度试行后，工作效率和村民积极性很快提高了。”刘斌樑说，村里的灌溉水渠修建工程，用同样的经费，修的长度比计划多三倍。

记者发现，刘斌樑的口袋里总是揣着两包白沙烟。“跟群众打交道，先递支烟，能拉近距离。”刘斌樑解释道。

从衣着、外貌到香烟消费水平，刘斌樑颠覆了村民对“京官”的固有印象。村民兰来清拉着记者说：“他呀，比农民还像农民。已经 3 年没回家过年啦，除夕也和我们在一起，初一一大早上门给乡亲们拜年。这种京官，千金不换！”

“逢年过节，打工的都回乡，村民大多在家，正是上门走访、交心通气的最佳时机。”刘斌樑说，“做农村工作，最重要的是将心比心。”

如今，村民都把刘斌樑这个“外地人”当成可信赖的“自家人”。无论是屋前闲坐的老人，还是路边玩耍的孩子，见到刘斌樑都会热情地打招呼。刚来时一句平江话都听不懂的他，如今已能听个八九不离十。

“即使离开了，百姓日子也能过好”

村里关系理顺了，脱贫还是要靠产业。在学经济出身的刘斌樑看来，产业扶贫最好的路子就是和大企业合作：“大企业能带来资金支持、完备的产业链体系和成熟的市场经销思维，这是乡村产业发展的宝贵财富。”

在刘斌樑的主导下，经过村支两委、三人小组统一商定，泊头村引进碧桂园、同仁堂等大企业产业合作项目。2018 年 6 月，碧桂园精准扶贫苗木基地落户泊头村。

“在家门口就业，每天工资 120 元，还管饭。”刘斌樑告诉记者，做工的都是本地人，负责栽种、施肥、除草。苗木基地带动了周边 4 个村（社区）120 人就业，月薪高的有 2500 元。

身在泊头，丽江的发展也挂在刘斌樑心头。今年 5 月 2 日，丽江村竹筏迎来年度首漂日。“以前总绞尽脑汁思考，如何再帮村里开发一条扶贫新路子。蓦然回首，绿水青山就是金山银山。丽江很适合竹筏漂流！”刘斌樑跑遍丽江村，说服了50多个村民，独立或合伙筹资360万元，成立湖南云起时农业开发有限公司。村民们都当起了股东。

“今年最多的一天接待游客近500人次。”公司董事长、丽江村委会主任喻群益说，“员工都是村民，最多的一个月能挣到4700元。”项目收益70%分给股东，10%用于村集体建设，剩下20%给贫困户和村民分红，还带动了周边餐饮、民宿和土特产销售。

“即使我离开，老百姓的日子也能过好，因为他们能‘造血’了。”望着岸边喻杰纪念亭旁页岩石上“不忘初心”四个大字，刘斌樑安心地说。

■考察调研手记

4—6月，按照省委决定，省委组织部派出考察组，深入脱贫攻坚一线开展专项考察调研，了解掌握脱贫攻坚一线干部表现，发现识别优秀干部，为基层干部加油鼓劲。

2017年7月进驻平江县以来，刘斌樑辗转于丽江、泊头两个村落，坚持民生为本，带领党员群众两年间完成两村149户500名贫困人口脱贫任务。

“知屋漏者在宇下，知政失者在草野。”他筹资完善乡村基础设施，开办乡村电影院、泊头夜校，引进碧桂园、同仁堂等企业进村帮扶，在村民眼中，他早已不是“京官”，而是老百姓的知心人。

“刘斌樑作风严谨务实，适应能力和开拓创新精神强，坚持公道处事、民生理事、按章办事、实干成事，当地干部群众对他评价都很高。”考察调研组组长黄泽良评价道。

国务院扶贫开发领导小组督查组向甘肃反馈脱贫攻坚督查情况 程丽华反馈督查情况 林铎主持并作表态讲话 章冬梅孙伟等出席

甘肃日报，2020年7月30日，张富贵

根据国务院扶贫开发领导小组统一部署，7月22日至29日，国务院扶贫开发领导小组赴甘肃督查组深入我省定西市岷县和安定区、甘南州夏河县、天水市秦州区、临夏州东乡县等地实地督查脱贫攻坚工作。

赴甘肃督查组由财政部、全国妇联联合组成，并邀请台盟中央派员参加。29日下午召开督查情况反馈会，督查组组长、财政部党组成员、副部长程丽华反馈督查情况，省委书记、省脱贫攻坚领导小组组长林铎主持会议并作表态讲话。督查组副组长、全国妇联书记处书记章冬梅，督查组全体成员，省委副书记孙伟，省委常委、省委秘书长石谋军出席会议。省委常委、常务副省长宋亮汇报了全省脱贫攻坚工作。

督查组认为，甘肃省委、省政府认真贯彻落实习近平总书记关于扶贫工作的重要论述，认真推动脱贫攻坚领域问题整改落实并进一步巩固提升。甘肃脱贫攻坚决战决胜工作取得积极成效，“两不愁三保障”问题总体解决，已摘帽贫困县脱贫质量较高；

应对疫情影响工作积极有力，产业就业和消费扶贫成效明显；挂牌督战工作较真碰硬，深度贫困地区投入保障落实有力；防止返贫监测帮扶机制逐步健全，消除致贫返贫风险效果初步显现；扶贫领域作风建设持续推进，脱贫攻坚普查工作有序开展。同时，在发展产业、稳岗就业、扶贫资金使用、人居环境整治、东西部扶贫协作等方面探索了一系列好经验好做法。

督查组指出，对照高质量打赢脱贫攻坚战的要求，甘肃省在提升脱贫质量和巩固脱贫成果方面，仍存在一些薄弱环节，需要引起重视和加快改进。甘肃省要坚决贯彻落实中央决策部署，始终坚定目标，强化工作举措，以挂牌督战县村为重点，扎实完成收官阶段各项任务。要进一步巩固和深化整改成果，不断提升整改成效；要进一步完善政策措施和强化落实，结合甘肃实际细化实化有关政策要求；要进一步激励基层干部担当作为，让基层干部有更多精力抓工作落实。要进一步巩固好脱贫成果和衔接推进乡村振兴，继续加强监测帮扶防止返贫致贫，管好用好扶贫资金，抓好易地扶贫搬迁后续扶持、稳岗就业、产销对接、脱贫攻坚普查等重点工作，借鉴脱贫攻坚经验，探索推进脱贫攻坚与乡村振兴有机衔接。

林铎表示，这次督查是在脱贫攻坚即将收官的关键时刻，对我们工作的一次有力督促和推动。督查组肯定了脱贫攻坚工作取得的进展和成效，实事求是反馈了发现的问题和不足，提出的意见建议针对性、指导性很强，我们完全赞成、诚恳接受。省委、省政府将切实担负起主体责任、负好总责，坚持从省级抓起，以上率下、带头整改。林铎强调，全省各级各方面要提高政治站位，认真学习领会督查组反馈的意见，清醒认识工作中存在的差距和不足，用“过筛子”的办法，全面查找和解决存在的问题，抓实抓细各项工作。要坚持即知即改，在吃准摸透相关情况、底数和问题症结的基础上，抓紧制定整改方案，明确细化整改任务、措施、目标、责任和时限，加大对整改工作和过程的监督，做到问题整改不彻底不松手。要举一反三开展自查自纠，把发现问题、解决问题同挂牌督战、“3+1”冲刺清零后续行动、“5+1”专项提升行动结合起来，扎实有效推动问题解决，及时消除影响脱贫的各类风险隐患，全面提升脱贫攻坚工作质量。要保持决战决胜的精神状态，坚持靶心不偏、焦点不散，切实克服形式主义、官僚主义，较真碰硬督、沉到一线战，做到扶贫工作务实、脱贫过程扎实、脱贫结果真实，确保如期高质量打赢脱贫攻坚战，同全国一道全面建成小康社会。

履行财政政治责任 全力以赴支持打赢脱贫攻坚战

农民日报，2020 年 11 月 7 日，吴奇修

党的十八大以来，以习近平同志为核心的党中央将扶贫工作摆到前所未有的战略高度，团结带领全国各族人民，坚决打赢脱贫攻坚战。财政作为国家治理的基础和重要支柱，在打赢脱贫攻坚战中承担着重要职责。财政部始终以习近平总书记关于扶贫工作重要论述为指引，按照党中央、国务院决策部署，坚持把脱贫攻坚工作摆到突出重要位置，切实履行好脱贫攻坚政治责任，全力以赴支持打赢脱贫攻坚战。

全力优先保障财政脱贫攻坚投入

坚决打赢脱贫攻坚战，是以人民为中心发展思想的生动体现。财政部坚决贯彻落实习近平总书记“扶贫开发投入力度，要同打赢脱贫攻坚战的要求相匹配”的重要指示精神，全力保障财政脱贫攻坚投入。

一是投入力度不断加大。不断加大县级基本财力保障机制奖补资金等一般性转移支付力度，提高贫困地区支持脱贫攻坚的财政保障能力。发挥中央财政专项扶贫资金主渠道作用，2016—2020 年中央财政补助地方的专项扶贫资金规模达到 5305 亿元，

连续 5 年每年增加 200 亿元。2020 年一次性安排脱贫攻坚补短板综合财力补助资金 300 亿元，使 2020 年增量资金规模达到 500 亿元。“十三五”期间，安排中央专项彩票公益金 100 亿元支持贫困革命老区脱贫攻坚，较“十二五”增长近一倍。在分配行业扶贫资金时，通过考虑贫困因素、提高补助标准、支持优先安排项目等方式，积极向贫困地区、贫困人口倾斜。如，将贫困人口数、贫困发生率等因素作为教育相关资金测算因素，支持和引导地方进一步巩固义务教育经费保障，提升贫困地区义务教育办学条件和能力，改善农村义务教育学生营养状况，加强乡村教师队伍建设等；2016—2020 年，中央财政累计安排农村危房改造补助资金 1286 亿元，支持完成建档立卡贫困户等 4 类重点对象危房改造任务；加大健康扶贫投入，支持贫困人口参保，提高报销待遇；将贫困地区农村饮水工程维修养护纳入中央财政水利发展资金支持范围，2019—2020 年共安排资金 34.5 亿元；通过可再生能源电价附加收入支持光伏扶贫，优先兑付补贴资金 206 亿元，惠及 279 万贫困户。

二是投入渠道不断拓宽。通过地方政府债券资金、政府性基金、土地收入加大脱贫攻坚投入，并引导金融、社会资本凝聚合力。“十三五”期间，累计安排政府债务限额 3849 亿元专门支持易地扶贫搬迁、贫困村提升工程等脱贫攻坚重点项目。实施城乡建设用地增减挂钩节余指标跨省域调剂政策，筹资 1896 亿元，全部用于支持脱贫攻坚和乡村振兴。通过贷款贴息、风险补偿，引导金融机构累计投放扶贫小额信贷 6000 多亿元。此外，出台多项税费优惠政策，减免易地扶贫搬迁相关税费 30 多亿元，鼓励社会力量踊跃捐赠，促进贫困群众创业就业。

三是投入重点不断聚焦。完善相关转移支付分配机制，加大对贫困地区、贫困人口的倾斜力度，重点支持解决“两不愁三保障”突出问题。贯彻落实习近平总书记“三个新增”的重要指示，2018—2020 年共安排支持“三区三州”及“三区三州”外深度贫困地区增量资金 2800 多亿元，比计划超额完成 400 多亿元。2020 年专门安排给挂牌督战地区的专项扶贫资金和补短板资金规模达到 417 亿元，平均每县约 8 亿元，为确保脱贫攻坚决战决胜提供了有力保障。

不断创新完善财政脱贫攻坚政策体系

习近平总书记多次指出，脱贫攻坚“贵在精准，重在精准，成败之举在于精准”。财政部深刻领会脱贫攻坚精准要义，不断完善支持脱贫攻坚的财税政策，提升政策措施的针对性和实效性。

一是深入实施贫困县涉农资金整合试点。贯彻落实习近平总书记“要加大扶贫资金整合力度”的重要指示精神。2016 年 4 月，财政部牵头推进贫困县涉农资金整合试点政策，通过放权改革赋予贫困县统筹整合涉农资金自主权，支持其盘活存量和用好增量，聚焦短板弱项精准发力。2016—2020 年 6 月底，全国 832 个贫困县累计整合涉农资金约 1.5 万亿元，贫困县平均每年可统筹用于脱贫攻坚的资金，由整合前的几千万元增加到 3.6 亿元。

二是创新财政扶贫支持机制。支持各地探索资产收益扶贫模式，使产业发展与贫困群众的利益联结更加紧密，帮助贫困群众更多分享产业发展红利；出台政府采购支持脱贫攻坚政策，要求预算单位预留一定比例的采购份额，专门采购 832 个贫困县的产品，助推贫困地区产销对接；深入开展消费扶贫工作，扩大扶贫产品销路和影响，帮助贫困群众增收。

三是及时“出实招”支持克服疫情影响。面对突如其来的新冠肺炎疫情，贯彻落实习近平总书记关于统筹疫情防控和脱贫攻坚工作的重要指示精神，财政部及时调整优化相关财政扶贫资金管理要求，重点加大对贫困劳动力稳岗就业、产业扶贫项目、贫困地区农产品产销对接的支持力度，做到精准应对、靶向施策，有力支持了贫困地区和贫困群众克服疫情影响。

全面加强各级各类扶贫资金监管

财政部将强化扶贫资金监管贯穿脱贫攻坚全过程，不断完善财政扶贫资金管理制度，认真抓好制度执行。全面实施扶贫项目资金绩效管理，建立激励约束机制，推动地方和相关部门落实监管责任。完善扶贫资金项目公开公示制度，主动接受社会各界监督。推动建立扶贫资金动态监控机制，抓实抓细日常监管，及时发现和整改资金使用管理中的问题。通过一系列监管组合拳，近年来扶贫资金监管取得显著成绩，审计查出问题资金比例明显下降，有效提升了财政资金的脱贫成效。

如期打赢脱贫攻坚战后，财政部将继续深入学习贯彻习近平总书记关于扶贫工作重要论述精神，不松劲、不懈怠，全力支持夺取攻坚战的最后胜利。同时，凝心聚力巩固脱贫成果，推进脱贫攻坚与乡村振兴有机衔接，支持脱贫摘帽地区和广大农村地区同步推进乡村全面振兴，让亿万农民群众共同过上更加美好的生活。

脱贫攻坚　离不开财政力量

21 世纪经济报道，2020 年 11 月 25 日，杨志勇

2020 年 11 月 23 日，贵州省宣布所有贫困县摘帽出列，这样，832 个国家级贫困县全部脱贫摘帽。这是中国脱贫攻坚的重大成就，同时也是中国对世界扶贫事业所作出的巨大贡献。

脱贫既是个人家庭的事，更是政府的事。全面脱贫，需要市场的力量，但又不是市场力量就能完全做到的。充分发挥市场作用，离不开政府的作用。脱贫攻坚中，随处可见财政的力量。国定贫困县，多为条件艰苦的山区。基础设施落后长期阻碍这些地区的发展。仅靠市场的力量来改变贫困，或可能性低，或需要较长时间，但人民共享发展红利的要求是刻不容缓的。这些年来，国家财政投入大量资金，大大改善了贫困地区的基础设施。重点贫困地区道路交通、供水供电、通信网络、物流等基础条件的改善，为贫困地区发展提供了有力支持。一些不具备生活基本条件的艰苦地区的人口在财政的支持下实现了易地搬迁，摆脱了贫困，并逐步走上了致富的道路。

财政扶贫不仅仅体现在对贫困地区的硬件支持上，而且还表现在对公共服务水平的保障上。农村贫困人口不愁吃、不愁穿；义务教育、基本医疗和住房安全有保障，“两不愁三保障”离不开财政的支持。不仅仅如此，公共服务广泛覆盖，城乡公共服务水平的差距在缩小，因病致贫、因学致贫等问题在很大程度上得

到解决。财政对扶贫的支持离不开政府间财政关系的优化。贫困地区财源优先，政府财力相对缺乏，需要通过中央对地方的财政转移支付增加，来增强贫困地区地方财政的财力以支持脱贫攻坚工程。

为适应经济社会发展的需要，中国财政扶贫的标准在不断提高。贫困线设定标准和最低生活保障水平的确定，就是其中的一个表现。财政扶贫不仅仅表现在财政投入的增加上，而且还体现在财政管理的优化上。2020 年创新的中央财政资金直达基层民生，不仅是应对疫情的重要举措，而且在帮助有需要的个人和家庭上，也发挥了积极作用。随着现代财政制度的逐步建立，财政扶贫项目也在优化，这大大提高了扶贫的效果。近年来，随着预算绩效管理水平的提高，财政扶贫项目的针对性更强，财政支出绩效得到进一步改善。

财政扶贫不只是输血，输血解决的是燃眉之急。让地方形成造血机制，才能实现贫困地区的真正发展。只有地方实现高质量发展，贫困才不会是问题。后脱贫时代，防范各种返贫风险是一项重要的任务。摆脱贫困既是阶段性任务，又是常规任务。市场运行中的各种不确定性，都可能让个人（家庭）收入发生较大的变化，甚至让高收入者陷入贫困。从制度上改变这种状况，就是要健全社会保障制度，通过社会保障的兜底作用，让绝对贫困问题从根本上得到解决。对于广大农村来说，乡村振兴计划的落实，比什么时候都重要。

财政扶贫经验将更有力地促进国家治理现代化

21 世纪经济报道，2021 年 3 月 2 日，杨志勇[①]

财政是国家治理的基础和重要支柱，这一定位在脱贫攻坚战中得到了充分的体现。财政对脱贫攻坚战提供了强有力的财力保障，体现了财政在落实重大国家战略中的基础性和支撑性作用。

财政资金直接投入为扶贫提供最直接的资金保障。各级财政投入大量资金，仅仅专项扶贫资金，8 年就达近 1.6 万亿元。其中，中央财政投入 6601 亿元，对各级财政的引导性作用不可低估。扶贫，是各级政府的事，就是各级财政的事。扶贫是公共政策目标，财政支出体现了公共政策的要求。

财政资金的引导作用还表现在对各类信贷资金和社会资金的引导上。政策性（开发性）金融机构的资金投入，本身就与财政有关。扶贫，若仅仅按照商业的原则，商业信贷资金的投入有一定的难度，毕竟商业资金有自身的运行规律。但是，有了财政资金的投入，如用于贴息的财政资金投入，就可能让那些商业信贷资金满足参与扶贫的条件。财政资金的投入，也引导了更多的社会资金参与扶贫事业。财政资金的投入，改善了贫困地区的基础设施和公共服务条件，让社会资金有了投入的可能，从而为贫困地区脱贫提供了更多的支持。市场在资源配置中发挥决定性作

① 中国社会科学院财经战略研究院副院长、《财经智库》副主编。

用，一个地方的脱贫，仅仅依靠财政的力量是远远不够的，只有让市场力量得到充分释放，脱贫才更可行，脱贫成果的巩固才更有条件。

对口支援是中国社会主义事业的特色之一。东部地区企业赴扶贫协作地区投资，成为贫困地区发展的强有力支撑，在这背后有东部地区政府的作用，有东部地区政府财政在扶贫协作地区的资金投入，企业投资才有跟进的更好条件。经济的可持续发展，是脱贫成果巩固的根本条件。西部地区的贫困，与当地企业的数量不足有关，与当地企业的实力不足有关，这一方面要培养更多的当地企业，另一方面要积极引进外来企业，以更快地改变贫困地区的状况。现实正是这样操作的，不少西部地区就是在引进东部地区企业的基础上实现跨越式发展的。贫困地区可能不会一下子出现独角兽企业，但新型有活力的科技企业的更多涌现完全有可能，关键是要抓住机会。

扶贫最重要的是造血。市场力量的发挥，更多东部地区企业到西部投资，都有利于西部贫困地区造血功能的塑造。对于财政来说，财政资金的投入不能只是停留在输血上，而是要与这些造血功能的塑造衔接。要把财政扶贫定义为开发式扶贫。开发式扶贫可以让脱贫后返贫的可能大幅度下降，从而让扶贫成果得到巩固，为乡村振兴和更多地区的发展做贡献。

财政对脱贫攻坚支持的同时，也促进了财政治理的现代化。脱贫攻坚是全面建成小康社会的底线，为了打赢脱贫攻坚战，财政资金的安排、使用与监管效率都得到提高。统筹整合使用财政涉农资金，强化扶贫资金监管，确保把钱用到刀刃上，促进了财政资金保障作用的发挥。真金白银的投入，预算编制的改进，财政资金管理机制的创新，让财政扶贫资金效率大大提高。脱贫攻坚战是难度最大的扶贫事业，不让一个人掉队，需要付出极大的努力。“两不愁三保障”（不愁吃、不愁穿，义务教育、基本医疗和住房安全有保障）让农村贫困人口的生活有了基本保障，人民的生活就可以稳定下来，从此没有后顾之忧。这背后就是财政的力量，是财政资金的强力支持。中央财政直达资金机制的创立，适应了疫情防控之急需，适应了社会发展的需要，更是适应了脱贫攻坚的需要，让基层政府财力有了更直接的保障。

财政扶贫经验值得总结，这些经验对后续工作有重要参考价值。现代财政事务绝不是为了花钱而花钱。为了特定公共政策目标的实现，财政必须尽全力予以保障，但财政资金效率观念必须牢记。脱贫攻坚战中的异地搬迁扶贫，就是综合考虑扶贫效果的选择。财政资金直接补贴在短期内扶贫效果突出，但它可能不如开发式扶贫有更加长远的意义。财政扶贫，不仅要发挥各级政府财政的作用，而且更注意带动信贷资金，带动社会资金参与扶贫事业，起到了“四两拨千斤”的作用。现代社会资金的支配权已经不是主要在财政手中，这种背景下，调动各方力量参与扶贫就有着特殊意义。财政扶贫也充分体现了举国体制的优势，中央和地方共同行动，发达地区对欠发达地区的横向支持，都是很有意义的。扶贫不只是简单的提高贫困人口的收入，还要在教育扶贫、文化扶贫、观念扶贫上下功夫，当扶贫脱贫成了人们的自觉行动，扶贫成果才可能得到更好的巩固。

脱贫攻坚战已经取得全面胜利，接下来的重头戏在乡村振兴，在城乡融合发展，在共同富裕。立足新发展阶段，贯彻新发展理念，构建新发展格局，在新征程路上，财政的作用仍然需要得到更好的发挥。

脱贫攻坚战可以聚焦特定农村贫困人口，乡村振兴却必须面向全部的农村，实际任务更重。脱贫攻坚战之后，防止返贫压力也不小。因病致贫、因教致贫等问题，可以通过加大财政支持而得到解决。农业、农村、农民“三农”问题需要有新的解决方案。农业应该是新农业，粮食供应保障离不开农业，高效率的农业，离不开农业科技，这仍然需要财政投入；农业基础设施的改进也离不开财政的支持。农村应该是欣欣向荣的新农村，公共服务的改进不能只是依靠农村自身的积累，拉平城乡公共服务差距，需要财政异常艰苦的努力。农民应该是新农民，农业生产效率的提高必定释放出更多的非农从业人员，这要求有更加务实的城镇化战略，让人们有更多更合适的就业机会。新“三农”问题在新发展阶段，需要和整个国家发展战略统筹考虑。城乡关系问题需要与时俱进，选择符合特定发展阶段的政策，并最终有较为稳定的制度。新“三农”问题的解决，在一些地方，可能要突破既有制度的约束，更好地发挥市场的作用，以提高公共政策的效率。这并不容易做到，资本、人员城乡双向互动的条件是什么，什么时候达到条件，都需要积极探索。

实现共同富裕是社会主义的本质要求，是以人民为中心的发展的内在要求，这更不离开财政力量的支持。国民收入的初次分配通常不能实现社会所需要的收入分配格局，这需要财政在收入再分配中发挥作用，在收入环节，更加强调直接税的调节作用；在支出环节，需要进一步加强社会保障和公共服务，让所有社会成员有最基本的保障，可以共享社会发展的红利。

从扶贫到脱贫攻坚，再到乡村振兴，到共同富裕，我们都会看到财政的力量。财政在发挥作用的同时，也是现代财政制度的建立与完善过程，是财政在促进国家治理体系和治理能力的现代化。探索的路上可能有这样那样的困难，但总目标既定，加快建立现代财政制度，进一步优化公共政策目标，让财政资金效率得到进一步提高，让财政与现代国家治理更加匹配，是脱贫攻坚战取得全面胜利之后财政应有的努力方向。

七部门联合印发意见 坚决斩断伸向惠民惠农财政补贴资金“黑手”

法制网，2020 年 12 月 7 日，侯建斌

记者 12 月 7 日从农业农村部获悉，农业农村部和财政部、民政部、人力资源和社会保障部、审计署、国务院扶贫办、银保监会近日联合印发《关于进一步加强惠民惠农财政补贴资金“一卡通”管理的指导意见》（以下简称《意见》），要求以着力整治群众身边的腐败问题为突破口，调整优化惠民惠农财政补贴政策体系，建立健全监管长效机制，坚决斩断伸向惠民惠农财政补贴资金的“黑手”，确保各项惠民惠农政策落地见效，不断增强人民群众的获得感、幸福感。

《意见》提出，到 2023 年，所有直接兑付到人到户的惠民惠农财政补贴（以下简称“补贴”）资金原则上均实现通过“一卡通”方式发放，清理整合补贴政策和资金、规范代发金融机构、搭建集中统一发放平台、加强公开公示等工作基本完成，中央统筹、省负总责、市县抓落实的监管格局基本建成，实现“一张清单管制度”“一个平台管发放”，补贴政策更加科学，资金绩效明显提高。

《意见》明确，各省份要抓紧梳理本地区补贴政策和项目，综合运用监督检查、调研核查、绩效评价、预算管理等手段，加

快补贴政策和项目资金清理整合进度，最迟不晚于 2021 年 6 月底，向社会集中统一公开补贴政策清单，并在以后年度动态调整，及时向社会公布。

与此同时，各省份要堵塞漏洞，制定涵盖补贴资金申报、审核、发放、公开公示等环节的操作规范，实现管理规章制度化、程序流程规范化、操作权限明确化。通过事前现场抽查审核、事中随机抽查、事后专项核查、大数据辅助核对等，强化对补贴资金的审核和监管。实行补贴资金兑付限时办理，明确具体时限要求，提高补贴资金结算进度。

《意见》要求，各省份要充分依托已有设施，尽快搭建集中统一的补贴资金发放和管理平台（社会保险待遇发放和管理除外），对补贴资金核实、比对、支付、发放、公开公示等重要环节数据进行集中采集和管理，并按要求定期向国务院有关部门上报平台数据。及时收集、整理各类违纪违法违规信息，对存在虚报冒领、贪污侵占、骗取补贴、挪用等行为的个人和单位，严肃追究责任并依法依规向社会公示。加强补贴资金管理领域信用体系建设。

《意见》强调，国务院有关部门要进一步完善补贴政策，加强督促指导。各省级政府要加强统筹协调，建立健全“政府领导、部门负责、上下协调、联合联动”工作机制，尽快制定或完善本地区加强补贴资金管理方案，层层压实责任，认真抓好落实，防止形式主义、官僚主义。各省级政府要把推进补贴资金“一卡通”管理作为保障和改善民生的重要举措，扎实推进各项工作。地方各级有关部门要进一步强化管理，加大监管力度，及时发现并纠正补贴发放中存在的问题。

一个国家的“扶贫账本”

中国新闻周刊，2020.10.5 总第 967 期，周群峰

2020 年 8 月 6 日，财政部官网发布《2020 年上半年中国财政政策执行情况报告》（以下简称《报告》），其中显示，2020 年安排财政专项扶贫资金 1461 亿元已全部下达，财政专项扶贫资金连续 5 年保持每年 200 亿元增量。

扶贫资金被称为贫困群众的“救命钱”“保命钱”和减贫脱贫的“助推剂”。舆论认为，在财政收支形势严峻、中央部门带头过紧日子的情况下，财政部门持续加大扶贫资金的投入规模，彰显了打赢脱贫攻坚战的决心。

但不可回避的是，扶贫资金的虚报冒领、挤占挪用、违规招投标、盲目决策导致资金大量浪费等现象时有发生。因管理与使用方面不科学，也造成了资金闲置等现象，阻碍了扶贫攻坚进程，影响了贫困群众的利益。

财政部原副部长胡静林曾表示：“从某种程度上讲，贫困县并‘不差钱’，关键是要管好、用好各类财政资金。”《中国新闻周刊》了解到，近年来，从中央到地方不断强化对扶贫资金的监管和审计力度，同时，采取将财政专项扶贫资金项目审批权限下放到县级、推广“菜单式扶贫”等举措。这些“堵”与“疏”并存的做法，降低了违纪违规问题的发生概率，显著提高了扶贫资金的使用效率。

资金来源多渠道化

国务院扶贫开发领导小组专家咨询委员会委员、中国人民大学中国扶贫研究院院长汪三贵告诉《中国新闻周刊》，扶贫资金来源有多种形式：有中央和地方的财政专项扶贫资金，有金融机构的小额扶贫贷款等信贷资金，还有企业等社会组织帮扶资金等等。

数据显示，近 10 年来，中央和地方财政专项扶贫资金的投入规模持续增加。2011—2015 年，中央财政专项扶贫资金从 272 亿元增长到 467.45 亿元。交通、水利、农业、国土等行业部门也进一步加大对贫困地区的支持力度，仅农村饮水安全一项，发展改革委、水利部就安排资金 125 亿元。

2016 年是全面贯彻落实中央扶贫开发工作会议精神、打赢脱贫攻坚战的首战之年。2017 年 6 月 23 日，时任审计署审计长胡泽君向十二届全国人大常委会第二十八次会议作了《国务院关于 2016 年度中央预算执行和其他财政收支的审计工作报告》，其中提到，在财政投入上，2016 年中央和省级财政专项扶贫资金首次突破 1000 亿元，其中中央为 667 亿元，增长 43.4%；省级为 493.4 亿元，增长 56.1%。

8 月 6 日，财政部官网发布《报告》显示，2020 年安排财政专项扶贫资金 1461 亿元已全部下达，连续 5 年保持每年 200 亿元增量。资金分配时，重点向“三区三州”和“三区三州”之外贫困人口多、贫困发生率高、脱贫难度大的深度贫困地区以及挂牌督战地区倾斜。以挂牌督战县、村为重点，在中央财政权责发生制结转资金中一次性安排用于脱贫攻坚的综合性财力补助资金 300 亿元，目前已下达 290 亿元，支持贫困地区克服疫情影响，重点用于补齐挂牌督战县因疫情造成的财政减收、贫困劳动力就业等问题。

“三区三州”的“三区”是指西藏自治区，青海、四川、甘肃、云南四省藏区，南疆的和田地区、阿克苏地区、喀什地区、克孜勒苏柯尔克孜自治州四地区；“三州”是指四川凉山州、云南怒江州、甘肃临夏州。“三区三州”是国家层面的深度贫困地区。

地方上的一些扶贫办干部、财政干部也感受到了近年来扶贫资金规模的持续增大。内蒙古自治区扶贫办规划财务处处长张国告诉《中国新闻周刊》，从2012年至今，内蒙古累计投入扶贫资金总计有730亿元左右，以2013年全区157万人贫困人口来计算，人均扶贫资金达到4万余元。其中，2019年和2020年，全区扶贫资金的投入都超过100亿元。

内蒙古自治区扶贫办规划财务处向《中国新闻周刊》提供的一组数据显示，2016—2020年，内蒙古累计投入财政专项扶贫资金461.4亿元。2020年，中央、自治区、盟（市）、旗（县）四级财政计划投入专项扶贫资金112.3亿元、同比增长13.8%。其中：中央投入28.2亿元、同比增长14.7%，自治区投入51.5亿元、同比增长14.8%，盟市旗（县）投入32.6亿元、同比增长11.6%。

2016—2020年，内蒙古全区31个国贫旗（县）计划整合资金规模297.53亿元。其中，2020年，31个国贫旗（县）计划整合资金72.45亿元，较去年增加了5525万元。

云南省昭通市财政局副局长陈道强告诉《中国新闻周刊》，昭通是全国贫困人口最多、贫困程度最深、脱贫任务最重的地级市。2015—2020年7月底，昭通市共投入各级各类财政扶贫资金391.84亿元，其中：财政专项扶贫资金137.27亿元、易地扶贫搬迁资金190.71亿元、农危改资金48.9亿元、东西部扶贫协作资金 14.96 亿元。陈道强称，在大量扶贫资金的帮扶下，全市建档立卡贫困人口从 2014 年年末的 185.07 万人下降至 2019 年年末的 15.99 万人，贫困发生率从 34.8% 下降至 3.4% 。

企业的援助、金融机构精准扶贫贷款等也是扶贫资金的主要来源。2019 年 9 月 20 日，国务院扶贫办、中国社科院联合发布的《企业扶贫蓝皮书（2019）》显示，截至 2019 年 7 月 31 日，入围 2019 年财富世界 500 强的前 100 家中国企业中，共 75 家公开披露扶贫工作信息。55 家披露了扶贫资金投入的中国 100 强企业共投入扶贫资金 49.35 亿元，6 家中国 100 强银行业金融机构精准扶贫贷款余额总计达 6078.04 亿元。

在扶贫攻坚之年，尽管受到疫情影响，中央企业仍然表态不压缩扶贫投入。2020 年 3 月 6 日，新华社报道称，中央企业 2020 年定点扶贫各项指标任务已经明确，中央企业将努力克服新冠肺炎疫情对生产经营的不利影响，承诺对 246 个定点扶贫县投入无偿帮扶资金 32.01 亿元，比上年计划数增加 6.92 亿元。

6 月 28 日，中央企业贫困地区产业投资基金股份有限公司（以下简称“央企扶贫基金”）在北京召开会议。央企扶贫基金总经理王维东表示，央企扶贫基金成立 3 年来共计募资 314 亿元，全年投资项目近百亿元，遍布全国 27 个省、260 个县，覆盖了全部 14 个集中连片特困地区，撬动社会资本超 2100 亿元；推动社会效益闭环管理，密切利益联结机制，已投项目将带动贫困地区 42 万人直接或间接就业，为就业人口每年提供收入 35 亿元，为地方政府每年提供税收 25 亿元。

近年来，东西部扶贫协作和对口支援工作也为扶贫工作注入了大量资金。8 月 28 日，四川省发展改革委党组成员、省以工代赈办主任彭小菊称，2020 年以来，四川持续加大与浙江、广东两省合作。2020 年已协调两省投入财政帮扶资金 12.9 亿元，编制实施特色农牧产品种养基地、农产品加工园区等项目303个。

遏制扶贫腐败效果显著

在各类扶贫资金不断注入的同时，有没有官员发“扶贫财”，资金是否完全落实到扶贫项目上，一直备受关注。从过往相关通报可见，扶贫资金领域的腐败现象时有发生。

2017年，财政部、国务院扶贫办曾对外通报过多起典型案例。比如，青海省都兰县2015年重复申报察汗乌苏镇上庄村和夏日哈镇沙珠玉村易地扶贫搬迁项目，套取财政扶贫资金1720万元；新疆维吾尔自治区察布查尔县2015年安排财政扶贫资金576.5万元用于新修防渗渠53.9公里，经核实，实际仅建设29.888公里，套取财政扶贫资金264.2万元；贵州省纳雍县将2011—2015年财政扶贫资金880万元出借给多家企业，用于与脱贫攻坚无关的支出；江西省余干县扶贫项目招投标管理混乱，招投标资料存在不同开标人员笔迹一致，甚至同一人拿三家公司介绍信参加项目投标情况；2015—2016年江西爱冲建设工程有限公司等4家企业共中标215个扶贫项目，涉及财政扶贫资金6420万元，而中标单位并未参与项目建设，靠转包项目赚取管理费。

2017年1—3月，审计署组织13个特派办与20个省审计厅(局)，重点对20个省（自治区、直辖市）的158个贫困县2016年扶贫政策落实情况和扶贫资金管理使用情况进行了审计。审计发现，有105个县的11.34万名建档立卡贫困人口基本信息不准确或未及时更新，有的已置办高档轿车、商品房等却未及时退出；有58个县的22.12亿元扶贫贷款和贴息补助未按规定使用；有55个县的367个易地搬迁和以工代赈项目存在前期论证不充分；有53个县的189个项目因脱离实际、管护不到位等，建成后改作他用或废弃，涉及扶贫资金1.41亿元；有119个县财政涉农资金统筹整合试点推进慢，基本还按原渠道、原方式，分头申报、实施和管理，其中 84 个县形成闲置资金 19.54 亿元，有 6.23 亿元闲置两年以上。

中央高层也曾多次强调，务必依法严厉打击扶贫领域贪污腐败行为。2015 年 11 月 27 日，中共中央总书记习近平在中央扶贫开发工作会议上强调，要加强扶贫资金阳光化管理，集中整治和查处扶贫领域的职务犯罪，对挤占挪用、层层截留、虚报冒领、挥霍浪费扶贫资金的，要从严惩处。2017 年 2 月 21 日，习近平在中共中央政治局第三十九次集体学习上强调，要加强扶贫资金管理使用，对挪用乃至贪污扶贫款项的行为必须坚决纠正、严肃处理。

2016 年后，财政专项扶贫资金绩效评价结果，被纳入省级党委和政府扶贫开发工作成效考核。2017 年 9 月 30 日，财政部、国务院扶贫办发布的《财政专项扶贫资金绩效评价办法》规定：财政部、国务院扶贫办负责对省级管理财政专项扶贫资金的情况进行绩效评价。各省财政、扶贫部门负责对省以下管理财政专项扶贫资金的情况进行绩效评价。资金绩效评价结果纳入省级党委和政府扶贫工作成效考核，并作为财政专项扶贫资金分配的因素之一。

该办法规定：对各省财政专项扶贫资金的绩效评价依据所设定的指标逐项计分后确定总得分（东部省总得分按比例折算）。根据得分将评价结果划分为四个等级，分别为：优秀（≥90 分）、良好（≥80 分，<90 分）、及格（≥60 分，<80 分）、不及格（<60 分）。

作为非常特殊的一项财政资金分配，扶贫资金分配机制、使用机制和监督机制的完善，是确保扶贫成效的关键性制度建设。

内蒙古自治区扶贫办规划财务处处长张国告诉《中国新闻周刊》，内蒙古扶贫办和财政厅成立扶贫资金监管指导工作组，定期或不定期进行实地调研、业务培训，并采取书面指导、电话指导等方式，切实解决盟市、旗（县）使用管理中存在不会用、不敢用、用不好的问题，提升财政扶贫资金使用精准度和使用绩效，实现对 31 个国贫旗（县）、26 个区贫旗（县）以及资金量大的非贫困旗（县）全覆盖指导，切实加快资金支出进度，降低了扶贫资金出问题的概率。

国务院扶贫开发领导小组专家咨询委员会委员汪三贵在接受《中国新闻周刊》采访时表示，随着扶贫资金监管、审计力度日趋严格，现在扶贫资金被挪用、截留、贪污等腐败问题已经大幅度减少。

相关数据也显示出这一点。国务院扶贫办透露称，在扶贫资源越来越丰富的前提下，审计查出问题金额占抽查资金的比例，由 2013 年的 36.3% 下降到 2017 年的 7.93%。其中，严重违纪违规问题金额占抽查资金的比例，由 2013 年的 15.7% 下降到 2017 年的 1.13%。

2020 年 6 月 18 日，国家审计署受国务院委托，向全国人大常委会报告了 2019 年度中央预算执行和其他财政收支的审计情况。审计报告指出，扶贫资金管理逐年规范，审计查出问题金额占抽查资金比例由 2016 年的 25.8% 降至 1.5%，其中违纪违规问题占比降至 0.19%。

县官变成“现管”

多位扶贫干部受访时表示，以前因扶贫资金分配不够灵活、地方权限受限等原因也造成了资金闲置等问题。

汪三贵告诉《中国新闻周刊》，很长一段时间来，扶贫资金的管理、使用等权限掌握在各职能部门手中，需要县里上报。比如，贫困县需要修公路，就要由县里的交通部门上报到上级交通部门。这部分资金到位后，只能修公路，而且修什么公路都有严格规定。修农村公路的钱，就不能修别的公路，更不可能修水利设施，也就是说“打酱油的钱不能买醋”。在他看来，这部分资金在中央或在省市层面，就已经制定得很具体了，县委书记、县长都无权调度。这种规定的出发点是确保资金严格落实到位，但因为扶贫是一个动态过程，这种比较固定的机制，很多时候不利于精准扶贫，造成了资金的浪费或闲置。

扶贫资金被闲置的现象，经常出现在媒体报道中。2015 年，《瞭望》周刊曾报道，个别省份 2013 年 10 月就拿到中央提前下达的 2014 年专项扶贫资金，但到 2014 年 9 月，资金仍趴在省财政上，导致县里的扶贫工作因为缺乏资金无法推进。

2014 年 8 月 8 日，国务院扶贫开发领导小组曾发布《关于改革财政专项扶贫资金管理机制的意见》，提出改革资金分配机制、使用机制和监督机制。其中规定，从 2015 年起，除个别不适合下放审批权限外，绝大部分项目审批权限都要下放到县，由县级政府依据中央和省级资金管理办法规定的用途，自主确定扶持项目。《中国新闻周刊》注意到，2015 年后，多地将财政专项扶贫资金（发展资金）项目实行县级审批。

2016 年 4 月 12 日，国务院办公厅印发了《关于支持贫困县开展统筹整合使用财政涉农资金试点的意见》，其中列出了财政专项扶贫资金、现代农业生产发展资金等近 20 项可以整合使用的中央支农资金。同年 6 月 27 日，时任财政部副部长胡静林表示，纳入整合的资金范围已明确并授权贫困县自主使用。

财政部脱贫攻坚领导小组负责人在 2019 年 7 月曾表示，2016 年以来，财政部会同国务院扶贫办等部门持续推进贫困县涉农资金整合工作，支持 832 个贫困县开展涉农资金统筹整合试点，整合力度逐步加大，管理使用逐步规范，整合成效逐步凸显，三年整合各类涉农资金超过 9000 亿元。

2017 年 3 月 24 日，财政部向社会公布《中央财政专项扶贫资金管理办法》(以下简称《办法》)，明确不再对相关资金支出范围作具体要求，而是采取负面清单方式，以提高资金使用效益。此次公布的《办法》进一步改革资金管理方式，明确提出中央财政专项扶贫资金项目审批权限下放到县级，强化地方对中央财政专项扶贫资金的管理责任。

财政专项扶贫资金项目审批权限下放到县里后，贫困县的“县官”也变成了“现管”。汪三贵表示，县里对资金使用有了决定权后，可以跨部门甚至跨类别使用，在使用上能够更加切合本县实际需求。审批权限下放到县级后，当地官员权限增大的同时，责任也在增大。“对贫困县而言，当地官员的第一责任就是扶贫。县委书记、县长的主要精力也都放在脱贫工作上。扶贫工作做不好，相关评优、晋升等机会也都无从谈起。在这种背景下，他们把资金挪作他用，搞面子工程等动机也就大幅度降低了。”

多地受访的扶贫干部表示，县里有了财政专项扶贫资金项目审批权限后，可以更好地采用“菜单式扶贫”措施，让扶贫资金得到合理利用。

所谓“菜单式扶贫”，就是让贫困户根据自身情况把他们需要的扶贫项目（菜单）列出来，他们“点菜”，政府买单。既能更好地满足他们的个性需求，也有利于把扶贫资金用在了贫困村的基础设施建设、农业养殖等项目上。

内蒙古自治区扶贫办规划财务处处长张国告诉《中国新闻周刊》，2016—2020 年，内蒙古开始大面积推广“菜单式扶贫”模式。这种模式下，根据贫困户情况，村里统计出有多少贫困户需要帮扶、需要帮扶哪些项目、需要多少资金等，然后通过村民代表大会进行表决，再由乡镇审核把关，讨论这个投资方向对不对，是不是有利于产业发展，然后上报旗县里。旗县扶贫办梳理归纳后，对这些项目进行分类。比如，水利项目放到水利局评审，农业项目放到农业局评审，评审结束后提请旗县扶贫领导小组会议研究。会议研究通过后，将实施的项目纳入项目库。扶贫资金到位后，就可以从项目库中提取项目直接实施。这样就由过去的“钱等项目”变成了“项目等钱”。

这种方式使贫困户得到了切实实惠。张国举例称，2014 年，内蒙古兴安盟科右前旗归流河镇北民河嘎查吴福全妻子患上慢性肺心病，长期的药物治疗拖垮了这个原本并不富裕的家庭。2016 年，吴福全成为第一批享受精准扶贫政策的帮扶对象。2017 年，吴福全一家享受了危房改造的政策，搬进了 40 平方米的新居。2018 年，“菜单式扶贫”给了这个家庭新的转机。通过帮扶，吴福全将养牛作为发展的新路子。同时还承包了蔬菜大棚。吴福全还被聘用为护林员，每年获得一万元的收入。如今，吴福全妻子的病通过治疗得到了控制，2018 年年底，吴福全家人均纯收入达到 6264. 28 元，实现了“两不愁三保障一达标”脱贫标准，于 2018 年 12 月摘掉了贫困户的帽子。

张国称，当地政府根据贫困户的家庭情况，提供蔬菜种植、牲畜养殖等“菜单”项目，由贫困户“点菜”，为他们提供不同形式的脱贫模式。

“资金使用效率还有待提高”

中国国际扶贫中心副主任谭卫平曾撰文称，为破解扶贫“最后一公里”难题，如期打赢脱贫攻坚战，应坚持推进精准扶贫精准脱贫方略。产业扶贫是增强贫困地区长期可持续发展、帮助贫困人口就地就业的长远之计。“产业扶贫具有涉及范围广、扶贫力度大、带动脱贫群众多等特点，是推动贫困人口增收、实现稳定脱贫的有效方式。”

汪三贵告诉《中国新闻周刊》，现在扶贫资金在使用方面，主要考虑的是怎样提高扶贫资金的使用效率。特别是产业扶贫方面，应该是市场化占主导，如果政府过多干预、过度推动就容易出问题。

2017 年，财政部、国务院扶贫办曾公布过一个案例：宁夏回族自治区西吉县 2016 年使用财政扶贫资金 2830 万元采购珍珠鸡苗 113.54 万只，发放给 2.7 万户贫困户饲养，但该项目缺乏科学论证，招投标程序违规且招标价格明显偏高。珍珠鸡由于水土不服和后续管理不到位导致病死率较高（检查组走访的 214 户贫困户珍珠鸡苗死亡率达 63.5%），加上回购渠道不畅等原因，最终成活的珍珠鸡多数被直接食用，未能给贫困户带来经济收益，涉及财政资金 2284.08 万元，占项目资金的 81%。

汪三贵强调，多个地方都出现过类似西吉县的问题，“产业有个培育过程，当地政府不能太急于求成，应尊重市场规律”。

人民网曾刊发一篇评论《扶贫产业要尊重市场规律，切忌盲目跟风同质化》。文章认为：“发展产业要激发农户内生动力、提高项目参与度，只有避免‘有政府决策没有群众意愿’‘有项目没农户’越俎代庖大包大揽的情况，才能不再让基层干部一提产业就头大、贫困户一提产业就害怕。”

北京师范大学中国扶贫研究院院长、国务院扶贫开发领导小组专家咨询委员会委员张琦也表达了类似的看法。他称，市场风险也对扶贫产业发展带来很大影响。最关键的，是要对市场精准把握，杜绝出现政府大力鼓励某一产业发展而产生供过于求的情况。各级政府在产业方向的引导上，一定要尊重市场规律、经济规律。

百亿产业基金，扶贫重要一招

半月谈，2020年第8期，
李劲峰、王大千、王博、宋玉萌

导读

在决胜脱贫攻坚战的关键阶段，如何进一步培育壮大贫困地区扶贫产业，增强造血功能，确保脱贫人口不返贫，巩固全面小康成果，已成为广大干部群众重点思考的必答题。

几年前，由中央财政、中央企业出资设立贫困地区产业发展基金、中央企业贫困地区产业投资基金（统称为“产业扶贫基金”），总规模超过340亿元，以市场化运作的方式，广泛投入各贫困片区，尤其是“三区三州”地区，走出了一条中央财政资金参与扶贫的新路。

探索产业扶贫的新路子

位于坝上高原的康保县，是河北省的深度贫困地区。康保县张纪镇马鞍架村的逯林夫妇将地全部流转出去后，当起饲养员，每月收入4000元，每批肉鸡出栏达标后还能获得2000元奖励，年收入达到8万元。

逯林饲养的肉鸡都送至乾信牧业公司。这家成立于2011年年底的肉鸡生产加工企业，建设过程中一度遭遇周转资金困难。

2016年，托管贫困地区产业发展基金的国投创益产业基金管理有限公司（简称“国投创益”），经过详细调研，以参股方式投入乾信牧业7000万元，带动企业进入发展快车道。

“通过培训就业、养殖收购等方式，我们带动了全县10个乡镇的198个村近1.5万户建档立卡贫困人口脱贫。”乾信牧业负责人夏秋霞说，企业发展离不开社会支持，回报社会就要带动更多贫困户脱贫增收。

2014年6月获批设立的“贫困地区产业发展基金”，是我国第一只具有政府背景、市场化运作、独立运营、自负盈亏、专责贫困地区产业发展的基金。两年后“中央企业贫困地区产业投资基金”获批设立。由国务院国资委发起、96家央企参与出资的这只基金，以股权、债权、子基金等方式，投资贫困地区产业建设。

这两只特殊的产业扶贫基金投入扶贫战场以来，紧紧依托贫困片区资源布局产业，探索出一条“基金引导、市场运作、扶持产业、注重造血”的新路子。

“产业扶贫基金投资已覆盖全部14个集中连片特困地区。”负责两只基金运营的国投创益董事长王维东说，截至3月中旬，基金总规模超过340亿元，累计投资额251.73亿元，直接或间接带动约50万人就业，为地方政府提供税收28亿元。

市场化运作，带动力强

半月谈记者采访了解到，相对于传统的金融扶贫、就业扶贫、兜底扶贫，产业基金扶贫模式在带动贫困户增收、增强贫困地区产业竞争力等方面，有其独特优势。

——市场运作，规范管理。产业扶贫基金由专业的基金公司管理，兼顾政策目标和市场原则，建立了一整套“募、投、管、退”各环节基金治理结构、风险控制体系和稽核监控系统，形成了包括投资目标、投资原则、产业模式、评价标准在内的综合管理体系，确保产业基金保值增值、有进有退。

在产业扶贫基金帮助下，贫困地区一批作坊式、家族式企业建立了现代企业制度。贵州飞龙雨集团董事长陇宗烨说，他们一直是按家族企业方式运营，日常管理比较随意，账目也不规范。“扶贫基金入股后，不影响家族对企业的控股，但推动企业完成了现代化管理改造，使企业发生脱胎换骨的变化。”

——依托资源，投入龙头。甘肃中天羊业是农业产业化国家重点龙头企业。2018 年，产业扶贫基金投入 6000 万元入股中天羊业下属公司民勤中天，帮助其在甘肃多个贫困县建设养殖和购销基地。

中天羊业董事长陈耀祥介绍，通过固定分红、养殖收益、代工奖励等方式，公司帮助贫困农户获得稳定收入。截至 2019 年年底，民勤中天累计培训肉羊养殖农民近 11 万人，其中建档立卡贫困户约 1.7 万人。

“我们主要从国家产业政策、扶贫综合效果、市场风险评估等方面综合考虑，选择合适的产业项目。”国投创益投资总监冯越说，产业扶贫基金所投企业多是依托当地资源发展起来的龙头企业，这样的项目就业人数多、辐射能力强、脱贫效果好。

——服务脱贫，放大效益。产业扶贫基金充分发挥基金杠杆作用，通过直接投资、在重点省设立子基金等方式撬动社会资本投入。基金每投资 1 元，平均可带动约 10 元的社会资本跟进，截至目前，已引导撬动社会资本 2300 亿元投入扶贫产业。

“农业项目扶贫效果好，但很难融资。”云南双柏县天蓬养殖公司负责人张小新说，没有抵押担保很难从银行贷款，加之农业项目收益不稳定，风险高，即便获得贷款也多是 1 年期。“多亏产业扶贫基金投入 2000 万元，约定投入期为 5 年，支持企业完成了养殖基地扩建。”

有助于破解产业扶贫最大瓶颈

一些受访业内人士分析，目前国内基金运营分为三类。一是纯市场化基金，注重投资回报。二是公益、慈善类基金，注重社会效益。三是产业扶贫基金，介于两者之间，既要注重社会效益，投资项目有扶贫效应，符合国家产业方向；也要保证资金安全，确保资金合理收益。

产业扶贫基金通过分析贫困地区资源禀赋，全面论证，筛选出现代农业、高端加工制造、矿产资源开发、医药健康等重点支持产业，打造了现代农业、资源开发、清洁能源、资本运作、产业金融、医疗健康、产销对接等七大产业扶贫平台。

“贫困地区往往很难将产业做大做强，必须借助外力支持与引导。”青海省格尔木市农牧和扶贫局副局长赵军说，贫困地区迫切希望有大型企业，能够产生区域性带动效应，形成完整产业链，提高产业附加值，真正形成造血能力。“产业扶贫基金支持的，恰好是地方希望发展但无力培育的产业模式。”

“产业扶贫最大的瓶颈是内生动力不足问题。”中国人民大学中国扶贫研究院院长汪三贵说，在当前脱贫攻坚中，财政投入主要精力在于兜底保障，培育产业也很少考虑投入回报，市场活力不足；纯市场化资金投入，则容易过于追求投资者回报，扶贫效果有限。

业内专家表示，产业扶贫应逐渐改变传统的单向无偿支援方式，更多转向产业扶贫基金等市场化方式。贫困地区干部群众建议，进一步扩充基金募集资金池，优化基金投资绩效评价考核机制，并在全面脱贫之后，推动产业扶贫基金向乡村振兴基金、小康建设基金转化。

财政部 18 年定点帮扶交出圆满“答卷”

——财政部定点帮扶永胜县决战决胜脱贫攻坚工作纪实

微信公众号“丽江日报”，2020 年 11 月 30 日

18 年定点帮扶，道阻且长，行则将至。

“在夺取决战决胜脱贫攻坚全面胜利的历史性时刻，驻足回望，在波澜壮阔的减贫篇章中，我们用心用情用力当好‘六员帮扶’、发扬‘六千精神’，交上了‘六份答卷’、收获了‘六点体会’。”永胜县委副书记、财政部驻永胜县扶贫工作队队长魏高明说，肩负着责任和使命，经过 18 年攻坚，如今终于为永胜县的脱贫攻坚工作交出了一份经得起历史检验的亮丽答卷。

永胜县地处滇西北丽江市中部，基础设施薄弱、产业结构单一，是国家级扶贫开发工作重点县。自 2002 年以来，财政部积极落实党中央、国务院决策部署，挂联永胜县扶贫攻坚工作，18 年如一日不离不弃深情帮扶，采取一系列行之有效的措施，为永胜县脱贫攻坚作出了巨大贡献。

2018 年，在永胜县脱贫攻坚的关键时刻，专门成立了以刘昆部长为组长的财政部定点扶贫工作领导小组，明确程丽华副部长挂钩联系永胜县的帮扶机制，为定点帮扶永胜县提供组织保障。财政部围绕“动真情、真扶贫、干实事”的 9 字帮扶方针，加强

扶贫力量，向永胜县派驻了定点扶贫工作队（以下简称“工作队”），全方位融入永胜县委、县政府工作，共同谋划，统筹推进，找准致贫原因，多措并举、精准施策。在合力攻坚下，永胜县于2020年5月16日正式退出贫困县行列，如期实现高质量脱贫摘帽。

三年来，工作队肩负着财政部党组的信任和重托，肩负着永胜县人民的期待，紧紧围绕“两不愁三保障”的脱贫标准，全方位融入永胜县经济社会发展的方方面面，深入基层一线，因地制宜，创新开展的财政资金管理、产业发展模式、“互联网+”扶贫、光伏提水、集中办学、扶贫车间、农业保险全覆盖等扶贫措施和工作，形成了可复制、可推广、可持续的结对帮扶经验做法，走出了结对帮扶的新路子。

一个党支部 扛实肩上责任

“心中有党、心中有民、心中有责、心中有戒”，2018年1月，财政部派驻永胜县定点扶贫工作队正式入驻永胜。为确保脱贫攻坚工作与党建工作同部署、同落实，将责任细化到人，及时解决工作中出现的问题，工作队入驻永胜伊始便成立了临时党支部。

财政部高度重视定点帮扶工作，研究制订了《财政部加强定点扶贫方案》，构建定点扶贫工作体系，探索创新了“3个党组织（财政部5个司局党组织、永胜县结对子村所在乡镇党委、结对子村党总支部）+2个代表（驻村干部代表、合作社负责人）”的“3+2”基层党组织对接机制，加强财政部5个司局党组织与永胜县5个贫困村党总支的党建互联，坚持以党建引领促脱贫，发挥基层党组织的战斗堡垒作用，高位推动结对帮扶工作发展。

财政部5个司局领导多次带队实地到永胜县考察调研，聚焦脱贫目标任务，做好工作指导，加大政策支持，协调项目资金，着力解决制约结对子村脱贫的瓶颈问题。工作队发挥驻地优势，多次召集 5 个结对子村召开专题会议，明确目标，督促进度，确保项目资金发挥实效，同时多次组织 5 个村党总支书记参加财政部定点扶贫培训，提升扶贫干部工作能力。

三年来，工作队党支部围绕脱贫攻坚重点领域、重点问题不断思考研究、加强专题调研，在脱贫攻坚和党建方面两手抓、两不误、两促进。始终注重与基层工作相结合，与基层群众保持好血肉联系。用政治站位的高度来指导实践工作的深度和群众工作的广度，用群众口碑这把尺来丈量和检验工作队党支部党建引领工作的显性成果。并始终保持统一的思想、坚定的意志、强大的战斗力，确保工作队党支部在脱贫攻坚中战斗堡垒作用切实发挥，做到时刻不忘财政部党员干部身份，树立了中央国家机关挂联干部的良好形象。

一条主线　各“司”其职

惟勤惟实惟效。工作队紧紧围绕“永胜县 2019 年脱贫目标任务”一个中心，借力四级财政联动机制，对照“四个切实”“五个一批”“六个精准”等要求，始终坚持“精准识别、精准帮扶、精准退出、巩固提升”一条主线，聚焦脱贫攻坚短板问题，切实探索出“扶持谁、谁来扶、怎么扶、如何退、可持续”的路子。

扣好“第一颗纽扣”。良好的开端是成功的一半，精准扣好第一颗纽扣是奠定基石的工作。在脱贫攻坚冲刺期，为确保底数精准、项目清晰，账本清楚，2018 年 1—3 月，工作队走遍了永胜县的千山万水、访遍了千家万户，找准了致贫的“病因”、确定了基本贫情、做到了心中有数。

摸清了底数，才能做到有的放矢，剩下的就是任务层层分解。财政部5个司局工作队在明确了结对帮扶贫困村的基础上，结合当地实际，确定以特色产业为方向、新型经营主体为载体、利益联结机制为纽带，探索建立“党支部+合作社+贫困户+龙头企业”经营模式，基层党建发挥组织化带头作用，合作社组织农户提升规模化水平，龙头企业提供订单农业、技术指导、农户培训等市场化服务，推动产业新发展模式。

财政部经济建设司结对帮扶鲁地拉镇格克村。格克村全村人口332户1083人，均为直过民族傈僳族，贫困人口266户968人，属于深度贫困村。针对于此，在经济建设司帮助下，格克村确立了以“一棵树、一只羊、一个人”为发展思路。一棵树：以奖代补方式打造了以花椒种植业为主导产业，红高粱、小芭蕉为辅助产业，实施围栏建设、病虫害防治、农药化肥等提质增效项目1929亩；一只羊：高标准建设黑山羊示范养殖场，成立众博种养专业合作社，示范养殖黑山羊113只，带动全村270户养殖黑山羊6327只，带动户均收益1万元左右；一个人：积极引导贫困户劳务输出，实现转移就业512人次。格克村贫困户人均收入由2014年的2220.23元提高至2019年的12758.24元，贫困发生率从2014年的93%下降到2019年的2.12%。

财政部社会保障司结对帮扶松坪乡下啦嘛村。下啦嘛村共有367户1308人，主要居住着纳西族、傈僳族、彝族三个少数民族，贫困人口267户945人。社会保障司立足下啦嘛村“一山有四季、十里不同天”的垂直立体气候条件，提出产业立体发展布局，在沿江低海拔地区，种植小芭蕉2176亩带动212户村民，户均每年增收超过2万元；在中海拔山区，新建标准化养牛场，养殖能繁母牛84头，带动60户建档立卡户户均每年增收500元；在高海拔地区，培育反季节羊肚菌，发展食用菌182亩，182户建档立卡户户均每年增收1000元。下啦嘛村贫困户人均收入由2014年的2979.01元提高至2019年的10114.41元，贫困发生率从2014年的74.12%下降到2019年的1.25%。

财政部农业农村司结对帮扶大安乡大安村。大安村共有563户2261人，贫困人口328户1353人，藏族人口相对集中。在大安村，农业农村司通过发挥基层党组织“火车头”作用，建立了“党总支部（村委会）+合作社+党员致富带头人+示范基地+企业（订单农业）+集体经济+精准扶贫”组织机制，打造魔芋示范村，实施392亩魔芋规模化种植示范项目，亩产值可达1.5万元，顺利带动97户贫困户社员实现脱贫增收，同时以点带面激发了全乡发展魔芋的积极性。2020年全乡魔芋种植面积进一步扩大至1.8万亩，产值有望突破3亿元。大安村贫困户人均收入由2014年的2657.9元提高至2019年的10425.55元，贫困发生率从2014年的47.55%下降到2019年的2.43%。

财政部人事教育司结对帮扶程海镇崀峨村。崀峨村共有638户2841人，以彝族为主，其中贫困人口60户203人。人事教育司结合崀峨村自然优势和区位优势，以打造农业发展与乡村旅游相融合的特色乡村为发展目标，成立永胜崀峨富美种养专业合作社，扶持和培育食用玫瑰、食用菌、果蔬等高原特色产业，建设环水库步行道、绿化长廊，打造环水花海，推进一二三产业交叉融合。全村60户贫困户加入合作社，“1元入股”享受分红，2019年合作社向全部贫困户分红94900元，分红与贫困户承包责任田、参加集体劳动等挂钩，最高可分红3200元。农户也可以通过投工投劳参与合作社的生产经营，总共支付务工报酬23.15万元。崀峨村贫困户人均收入由2014年的2380.88元提高至2019年的11751.92元，贫困发生率从2014年的7.3%下降到2019年的1.51%。

财政部清洁基金（PPP中心）结对帮扶东山乡东江村。东江村共有384户1356人，均为直过民族傈僳族，贫困人口308户1059人。东江村过去以种植玉米为主，基本依靠农户自产自销，来源单一且不稳定。结对帮扶以来，清洁基金（PPP中心）帮助实施东江肉牛养殖场建设项目，发展产业扶贫肉牛养殖708头，初步建立起了“1个‘党支部+合作社+贫困户’模式+种植饲料、入股分红、领养肉牛、零散务工、集体经济5种创收渠道”的“1+5”产业带贫机制。目前，贫困户积极种植青贮玉米，由合作社收购，亩产值由传统玉米500元提高至青贮饲料1600元。合作社向贫困户已分红20余万元，最高可领取分红1400元。合作社支付务工报酬30万元。东江村贫困户人均收入由2014年的1820元提高至2019年的10086元，贫困发生率从2014年的78%下降到2019年的1.83%。

打造产业示范　推进产业发展

产业是脱贫之基，创新发展是重点。精准扶贫、精准脱贫，产业发展是根本之策，也是实现乡村振兴的基础。工作队协助永胜县坚持以市场为导向，以龙头带动为核心，以组织创新为重点，采取“八个一”工作措施，不断提高农副产业的规模化、产业化、市场化、组织化、标准化水平，带动贫困户稳定增收脱贫。

一批龙头企业带动。工作队通过招商和建立战略合作关系，引进阿里巴巴、苏宁电器、华润集团、国投集团、北大荒、陕西金鹿服装公司等企业入驻永胜或建立合作。其中，通过订单农业引进北大荒发展红高粱10万亩，解决金沙江沿江一线贫困山区没有产业支撑的问题；与中源公司合作发展食用菌4710亩，直接带贫3553户；与阿里郎等企业合作，全县肉牛养殖规模已达14.25万头；与阿里巴巴集团在数字化基地建设、销售渠道、品牌推广、仓储物流、技术服务等建立长期全面战略合作关系，打造永胜“一县一业”新格局。

一批产业示范村打造。五个司局党支部结对帮扶村着力打造了产业扶贫示范点，为全县提供了示范带动。同时牵头打造“一村一品”示范村，永胜县的“石榴村”“沃柑村”“花椒村”“魔芋村”“肉牛村”“高粱村”等如雨后春笋，逐步发展壮大起来。协调推进建设三川国家级田园综合体项目和产业强镇项目，为乡村振兴提供示范。

一套扶持政策支持。引进国投集团在永胜设立产业发展基金 1 亿元，缓解本土企业融资难、融资贵问题，支持本土企业做大做强。协调国家开发银行为永胜县 PPP 项目的实施企业提供低成本融资支持，目前批复授权额度 8.4 亿元，项目正在加快推进。协调国家农担公司在永胜设立办事处，为小微企业、种植大户、农户发展农业提供融资支持，目前担保融资金额已达到 8000 万元。协调新增烟叶 3000 担，优先由符合条件的建档立卡户种植。

一系列带贫机制建立。积极建立龙头企业、农村合作社等 122 家新型经营主体与贫困户稳定的利益联结机制，大手拉小手，形成生产经营利益共同体，以订单帮扶、托管代养、投资合作等方式带动 15613 户贫困户发展产业，激发群众内生动力，增强造血功能，在扶持方式上，防止“一发了之”“一股了之”政策性养懒人，坚持“先干后补、多干多补”，最大限度帮助群众持续稳定增收。

一批地方特色农业保险保障。协调中国人保财险公司以最优惠的价格，实施自然灾害险和价格指数保险，并在 2018 年试点的基础上 2019 年实现保险全覆盖，对 2019 年所有的 54 个扶贫产业，对应开发保险产品 68 种，增强了农业产业抗风险能力，让老百姓吃了一颗定心丸。同时，在此基础上还施行了防止返贫险，为全县 16211 户建档立卡户和 941 户边缘户购买了 17152 份返贫险，最大限度地降低返贫致贫因素的影响。

一批院士专家工作站支撑。协调设置院士专家工作站3个，不断提升农副产业的科技水平。同时与中科院、农科院等科研机构建立联系，加强技术合作，不断加强产品技术创新。

一系列农业基础设施配套。协调安排资金4000万元新建2964个小水窖，协调烟草总公司安排1.26亿元支持小坪水库建设，协调中央水利发展资金8000多万元支持在金沙江沿线实施光伏提水、水渠建设和高效节水灌溉项目，解决产业发展工程性缺水问题。同时，协调编制金沙江干热河谷地带水利工程规划，协调建设南瓜坪大型水库（水库规划目前正在审批中，总投资约40亿元，灌溉面积25万亩，供水人口20万），为产业可持续发展提供支撑。

一批农副产品输出计划实施。为实现农民丰产丰收，拓宽销售渠道，工作队大力实施农副产品走出去战略。2018年以来，工作队采取推动特色农副产品上电商、进机关、进食堂、进家庭、进商超等措施，累计帮助永胜销售农产品金额超过1.2亿元，有效带动了产业扶贫工作。

发挥部门优势　抓好资金管理

为贯彻落实部领导关于“永胜县扶贫资金管理要走在前列”指示精神，2018年以来，工作队主要通过“六抓六定”的思路做好扶贫资金管理，永胜县编制的绩效目标被财政部推荐给全国财政系统供各地参考，并在全省财政扶贫工作会议上及丽江市全市扶贫工作会上进行典型经验发言。目前，河南省开封市兰考县、河北省保定市望都县、云南省昭通市镇雄县等先后到永胜县学习资金管理方面的做法和经验。

抓制度建设，为扶贫资金管理使用“定规矩”。围绕“扶贫资金使用到哪里、制度跟进到哪里，问题出现在哪里、制度完善到哪里”的核心目标，工作队全面梳理查找扶贫资金管理存在的薄弱环节，进一步健全覆盖扶贫资金使用各流程、环节和层级的制度链条和制度体系，推进扶贫资金制度“横向到边、纵向到底”全覆盖，不留死角和盲区。2018 年以来，共出台资金管理制度 10 余个，包括整合、绩效、管理、报账等方方面面，确保了财政扶贫资金管理的制度化、规范化。

抓项目建设，为扶贫资金管理使用“定用途”。围绕脱贫标准，工作队全方位参与到项目库建设，2018 年实现了真正意义上的涉农资金实质性整合，做到“应纳尽纳、应整尽整”，形成“多个渠道引水、一个水池蓄水、一个龙头放水”的资金池。

抓绩效预算，为扶贫资金管理使用“定目标”。率先在全国进行了全口径（专项扶贫、涉农整合和行业扶贫资金）扶贫项目资金绩效目标的申报和审核工作，初步建立起了“花钱必问效，无效必问责”的长效机制。

抓执行进度，为扶贫资金效益发挥“定时间”。通过定期通报、强化责任、定期督导等方式，不断加快预算执行。2018 年扶贫资金结转结余率为 2.44%，2019 年扶贫资金结转结余率 2.76%，2018—2019 年连续两年排名全省前列，丽江第一。

抓督查问责，为扶贫资金使用主体“定红线”。加强督促检查，加大惩戒问责力度，对违反规定“踩红线”“越底线”“闯雷区”的行为实行零容忍，发现一起、查处一起，不破规，不姑息，坚决维护制度的刚性约束力，坚决防止“破窗效应”。

抓能力提升，为扶贫资金管理使用“定基础”。通过扶贫资金动态监控系统，多维度多视角动态实时监控扶贫资金，提高扶贫资金使用绩效，做到阳光扶贫、廉洁扶贫。推进以查帮扶项目，统一核算平台，实行网络信息化管理，将“乡镇财政一体化服务平台”与省、市、县级财政一体化系统联通，实现了建立定期向乡政府领导报告资金收支情况的月报制度，拟定了岗位分工、票据印鉴、公文、对账、报账（拨付）等五项制度，不断提高财政资金的安全性、规范性和有效性。

强化教育基础改善　积极抓好社会扶贫

教育扶贫是阻断贫困代际传递最有效的措施。为此，工作队一方面，协助永胜县全力抓好控辍保学。另一方面，为有效解决永胜直过民族的教育问题，提出了集中办学的思路，在永胜县城新建一所可容纳 3000 人的民族中学，专门招收直过民族傈僳族及少数民族贫困家庭学生，学校于 2019 年 8 月建成开学。此外，工作队还积极协调引入国内知名公益组织和金融企业，在永胜县实施“新未来高中生”计划，“千名寒门学子资助计划”，“儿童快乐家园”等公益项目，进一步改善和提升永胜县的基础教育设施和条件。

发展为要，民生为本，脱贫攻坚需要因地制宜、激励约束，更需要多方参与，工作队在强化民生保障方面，一方面推进实施阿里巴巴“加油木兰”贫困女性保障计划项目，为永胜近 3 万名建档立卡贫困女性赠送教育健康保险，就读高中、中专或职高的贫困女孩能获得 500 元/学期的教育金，年度内首次确诊为癌症的女性，可一次性获赔 2 万元的健康金。另一方面还积极协调国内知名医疗机构和社会公益组织，开展优质医疗服务、人才培训和义诊服务等。在开展社会人才培训方面，工作队协调对接中国注册会计师协会、中国财会资产评估人才交流开发中心，组织开展“送智援教”公益培训，约 300 名基层干部、企业财会人员参加。同时，联合淘宝大学推进实施“魔豆妈妈”计划，通过线上直播的方式，培养近百名女性电商从业人员。并组织举行阿里巴巴电商创业暨淘宝直播培训，来自全县各乡镇的电商从业人员、合作社负责人等 180 余人参训。

一份真情　交“美卷”

带着光荣的使命，带着神圣的责任，带着深厚的情感，工作队三年来充分当好“六员帮扶”，即扶贫政策的宣传员、扶贫思路的建议员、资金使用的管理员、四级联动机制的沟通员、创新示范的实验员、工作推进的指战员；发扬“六千精神”，在永胜县期间，工作队的队员们走遍了千山万水、访遍了千家万户、道尽了千言万语、想尽了千方百计、克服了千难万苦、历经了千锤百炼，如今终是为永胜县交上了一份经得起历史考验的圆满答卷。

永胜县贫困发生率从 2014 年年底的 18.02% 降至 2019 年年底的 0.97%，截至目前，剩余未脱贫的 3303 人已全部达到了脱贫标准。永胜县建档立卡贫困户实现了零错评、零漏评、零错退，群众满意度是 99.56%，在云南省名列前茅。从贫困户收入结构和分布来看，2019 年年底永胜县贫困户人均年纯收入 10864 元，其中产业收入占 44%，就业收入占比 40%，合计占比 84%，贫困户“造血”功能较强；2019 年人均年纯收入超过 5000 元的贫困户占比 96.34%，高收入分布相对集中。从贫困户和非贫困户收入差距来看，城镇居民人均可支配收入年均增长率 8.43%，农村居民人均可支配收入年均增长率 10.44%，农村和城镇居民收入差距在不断地缩小；2019 年贫困户人均纯收入为 10864 元，农村居民人均可支配收入为 12100 元，贫困户和非贫困户的收入差距也在不断地缩小。永胜县 2018—2019 年连续两年考核结果都是最好的等次“好”，高质量的帮扶提升了永胜县的脱贫成色。

与此同时，三年来，在各级各部门的支持下，永胜县实现了历史上多个第一。第一份 10 万亩红高粱大单，第一家服装加工企业，第一个2亿元的国际农发基金乡村振兴项目，第一笔1亿元的国投集团扶贫产业基金，第一所现代化的民族中学，第一次纳入产粮大县，第一条高速公路全线贯通……永胜县经济社会发展正在进入新的“高速时代”，人民群众的获得感幸福感不断得到提升，千百年来压在永胜人民群众身上的贫穷已经一去不复返。

回顾定点帮扶这一路，从之前的新农村工作队到后来的脱贫攻坚驻村工作队，18年如一日，扶贫队员换了又来，一任接着一任，从走村入户熟悉情况，到全县村村寨寨到处遍布他们的足迹；从建立脱贫攻坚账本，到创新产业发展模式；从全力做好资金管理，到脱贫摘帽……工作队圆满交上了“六份答卷”。一是助力永胜县实现了高质量脱贫摘帽；二是打造了产业扶贫的“永胜模式”；三是形成了“六抓六定”资金管理模式；四是创新“保险+扶贫”新机制；五是探索形成“集中办学”模式；六是创新就业扶贫模式。

来自大城市，舍小家、为大家；克服高反，深入一线，吃住在村；脚步丈量的是土地，心中沉淀的是真情。工作队以“功成不必在我”的精神境界和“功成必定有我”的历史担当，保持历史耐心，发扬钉钉子精神，一张蓝图绘到底，一任接着一任干。如今功成即将身退，也留下了深刻的“六点体会”……

“六点体会主要是‘三点收获’和‘三个欣慰’。”魏高明说，“三点收获”：一是更接地气更通下情了；二是能力更全面本领更过硬了；三是与群众的距离更近感情更深了。“三个欣慰”：一是虽然我们远离小家，但为了大家，我们倍感欣慰；二是虽然我们脱了皮，但老百姓脱贫了，我们倍感欣慰；三是虽然我们远离繁华都市，但我们一直在汲取着乡村土壤的营养，我们倍感欣慰。

Busting poverty – mission accomplished

China Daily, 2020-10-19, Chen Jia

Effectiveness of precision-driven targeting program wins plaudits around the globe

An A4-sized red card hangs above the front door of Xiao Fumin's home in a remote village called Bashang in the mountainous area of Jinggangshan in East China's Jiangxi province.

The city of Jinggangshan is better known as the birthplace of the Chinese revolution. But in Bashang, the red card is a stark reminder that the 67-year-old's family and many other residents have been mired in extreme poverty for decades.

As China races toward July 2021, when marks the 100th anniversary of the founding of the Communist Party of China, Xiao and millions of such poverty-stricken citizens across China are realizing they are now the beneficiaries of an improbable government resolve to eradicate poverty by this year-end, no matter what.

Not even the all-savaging onslaught of COVID-19 could distract the nation from its goal set four decades back.

Since the launch of the reform and opening-up policy in 1978, some 850 million people have been lifted out of poverty.

The residual unfortunates whose lives are still marred by destitution will likely benefit from precision-driven targeting of a color-coded poverty-eradication program that won plaudits from the UN and the World Bank.

"Even in 2010, I didn't expect our lives to turn better, but they have in recent years and how!" Xiao of Bashang said.

The remarkable turnaround in the fortunes of Xiao and his family is a testament to the effectiveness of China's relentless, long-running poverty-alleviation campaign, and a potential model for other countries that are also striving to achieve similar success, experts said.

A closer look at Xiao's story would help put such insights into proper perspective.

The red card on the main door of Xiao's home identifies his family as "a poverty-stricken household". It also explains the main cause of Xiao's poverty—his daughter's illness caused by uremia, a disease that requires a lot of money for treatment.

Those like Xiao, stricken by extreme penury, are identified with a red card, while yellow and blue cards denote successive levels of poverty.

Red cards signify people with no ability to work, like the old, the infirm and those who are past their prime due to illness or disability.

In Bashang, families such as Xiao's benefited from a special poverty-alleviation program supported by the local government's fiscal spending. Such families were supported financially to provide food and beverages to tourists who visit the area to spend a day in the way the

Red Army had done here in the late 1920s.

This nostalgia-evoking niche tourism contributed a major part of Xiao's around 13,500 yuan ($2,005) income from January to June this year.

Similar incomes have helped his family to stay above the poverty line, up 74 percent from 2010—for five consecutive years now.

The income statement displayed on a wall in Xiao's home states that the annual per capita disposable income rose by about 19 percent during the five-year period to 2019.

"The busiest month is always August as it's part of the summer vacation. But for the COVID-19 pandemic, the number of tourists I serve could have reached around 800 this year," said Xiao.

But, due to the impact of the epidemic on China's economy, Xiao expects to serve fewer tourists this year.

As Xiao's family income rose over the years, his daughter received better treatment, medical insurance and healthcare services.

Xiao's improved life situation has much to do with Chinese President Xi Jinping's vision for a poverty-free China.

Xi had set this year-end as the deadline for all rural counties in China to eradicate extreme poverty.

The goal, which is well within China's grasp now, will enable the country to attain the poverty eradication target 10 years ahead of the schedule set out in the UN 2030 Agenda for Sustainable Development.

Xi reiterated the target in a speech via video at a high-level meeting in honor of the UN's 75th anniversary in September.

Liu Yongfu, director of the State Council Leading Group Office of Poverty Alleviation and Development, said in July that the number of rural poor people under China's current poverty line dropped from 98.99 million at the end of 2012 to 5.51 million by the end of 2019.

To achieve the poverty-alleviation goal, central and local governments have taken new measures to collect sufficient funds to ensure spending in key poverty-stricken areas.

"One way is to integrate funding resources from some non-urgent projects and instead inject that money into areas that need it the most, in order to lift people out of poverty and improve their livelihoods," said Zhao Yang, an official from the agriculture and rural development department of the Ministry of Finance.

The allocation of special government funds to support the poverty-alleviation campaign continued to rise from 2016 through this year, with an average annual increase of 20 billion yuan over five consecutive years, with focus on education, medical and healthcare, housing and transportation sectors, Zhao said.

Other measures introduced by the central government were tax and fee cuts to support the antipoverty push, especially since 2018, the guidance for financial institutions to issue poverty-alleviation loans through lower interest rates, and pilot projects of insurance for agricultural products.

Jinggangshan is one of the cities, and Jiangxi one of the provinces, that first implemented the innovative fund-integration measure. The province has been at the forefront of poverty alleviation and became a "lab" of sorts for the country's poverty-eradication campaign.

Since 2016, the provincial government allocated 39. 28 billion yuan toward the campaign, said Wang Bin, head of the provincial finance department.

By May 17,780 counties in China made progress so that they no longer needed to be labeled "poverty-stricken". Only 52 counties in seven provinces remain in the "red" zone, according to data from the State Council Leading Group Office of Poverty Alleviation and Development.

From 2016 till now, the central and provincial governments have injected 29. 04 billion yuan of special funds into poverty-alleviation programs in Jiangxi province, according to the local government's finance department.

Across the country, the Ministry of Finance had delivered a full-year quota of 146. 1 billion yuan by the end of June, to ensure the poverty-alleviation target is met much earlier than expected, the ministry announced on its website.

"Ensuring sufficient funds for the anti-poverty campaign is always one of the priorities while making the annual fiscal budget. It is especially important for this year," Wang said.

The central government warned in September that some hitherto poverty-ridden areas that were hard hit by this year's floods and COVID-19 should not be allowed to slip back into indigence.

The warning followed data that the regional natural disaster and the global public health crisis had led to a year-on-year contraction of 1.6 percent in China's first-half GDP growth rate.

A World Bank report forecast that East Asia and the Pacific region would see national economies contract due to COVID-19, which is expected to increase the number of people living in poverty by 38 million this year, including 33 million who would have otherwise escaped poverty, and another 5 million who would be pushed back into poverty (using a poverty line of $5.50 in income per day).

Poverty "in China is projected to decline" given the government's strong supportive policies, the World Bank report said.

To prevent an increase in the number of newly impoverished households due to floods or disease, poor people in the affected areas were entitled to receive some payments from the local governments.

These included the minimum livelihood guarantee, said Zou Zheng, head of the finance bureau of Jinggangshan city.

The home of Xiao in Bashang village near Jinggangshan still sports the red card although he no longer belongs to the "poverty group". The red card helps maintain the records and is useful in tracking households for a national database on the poverty alleviation process. Such data help evaluate the risk of people such as Xiao becoming impoverished again.

The elimination of "extreme poverty" and becoming a "moderately prosperous society" – xiaokang shehui in Chinese – have been set as the twin goals to be achieved in time for the 100th anniversary of the founding of the Party next July. "Mission accomplished" could well be the theme of 2021, never mind the annus horribilis of 2020.

Farm initiative lifts Jiangxi people out of poverty

China Daily, 2020-10-19, Chen Jia

An innovative farming-based poverty alleviation campaign in Ganzhou, Jiangxi province, has tasted success.

Under the program, leading vegetable producers and farmers cooperate on a collective basis, to help lift certain households out of poverty.

Local government officials said they would be glad to share details of the program with people keen to learn and implement it elsewhere.

Under this campaign, farmers can transfer their land use rights to the cooperative and receive rental income. Poverty-stricken households can then use several vegetable greenhouses for cultivation, without paying any fees.

Chen Yuying, 58, said she received 330 square meters of greenhouse space at Hebu village, Jiangkou township of Ganzhou, in 2017, mainly for planting eggplants and peppers. Every year since then, she received subsidies of 2,500 yuan ($371) from the local finance department and dividends of more than 2,000 yuan.

"The cooperative provides seeds and technical training, and purchases fertilizer and pesticide for us members," Chen said.

Chen's husband is not able to work because of physical disability. Before planting vegetables, Chen made her living through rice cultivation. But even that was not enough as very little was left for sale after family consumption. After she joined the poverty-alleviation program, her family's annual income increased to around 20,000 yuan.

"When I harvest the eggplants and peppers, the cooperative collects the vegetables and helps us to sell them at a higher price," Chen said.

To support vegetable growers, local authorities has invested 38.39 million yuan of fiscal funds so far, which helped increase the income of every poverty-stricken household by more than 8,000 yuan in 2019, said Zhang Jinglin, a local government official.

In the village of Hebu, which is also called Hantang, Ganzhou Mingchen Agricultural Development Ltd Co was set up. The vegetable planter can harvest 9,500 tons of vegetables per year based on its 60,000 square meters of high-tech intelligent greenhouses and 500,000 square meters of plantations.

Four years ago, the local government allocated 84.2 million yuan to support Ganzhou Mingchen to build infrastructure like an industrial base. Later, it developed this program into an anti-poverty push by creating full-time jobs for poor villagers.

Xu Xiaoyan, 57, joined Ganzhou Mingchen two months ago on a two-month tenure. She works as a planter eight hours on each workday, seven days a week. Xu earns 70 yuan a day, a level of income that is above the poverty line. "This program made me a company staff member instead of a farmer."

People such as Xu are not rare in China, a country that aims to eradicate extreme poverty by this year-end. Agriculture is key to poverty reduction as it can generate long-term employment and increase rural residents' income levels, analysts said.

The Ministry of Finance has resolved to better use government funds earmarked for poverty-eradication goals. It is intent on supporting advanced industries in different regions and stabilizing employment, said Wang Bin, head of the finance department of Jiangxi local government.

Data from the local government's finance department indicated that 101 hitherto poverty-stricken villages in the area are better off now. Local residents' per capita disposable income increased to 11,754 yuan in 2019 from 6,184 yuan in 2014.

The anti-poverty program, which aims to stimulate employment and generate higher incomes by developing farmer cooperatives and investing in agriculture infrastructure and services, has helped drive down the poverty rate to 0.53 percent in 2019 from 14.8 percent in 2014, official data showed.

How to ensure funds are used well in tough times

China Daily,2020-10-19,Chen Jia

How to effectively manage government funds earmarked for poverty alleviation?

Look at it any which way, it is one heck of a challenge for the authorities concerned at all levels.

In China, the challenge, however, reflects a deep-seated reform of the country's fiscal management system.

The Ministry of Finance identified 42 items listed in a general ledger to define the range of activities to be covered by the central government's anti-poverty funds.

These include investment in infrastructure construction for relocating residents living in poor and remote areas, funds for developing tourism, and public healthcare service subsidies.

In March 2018, at a media conference during the annual meeting of the National People's Congress, I had asked Hu Jinglin, then vice finance minister, how to regulate the large amount of funds allocated to beat poverty.

"As the government's spending is increasing to a huge amount in this area, it is true that it brings us pressure of regulation," Hu said. "In order to strengthen supervision, the Ministry of Finance and the other departments concerned have introduced a set of measures to tighten fund management."

Illegal use of the anti-poverty funds is a real concern, he said. Some local governments had reported fake projects or tended to spend the money for other purposes.

Earlier this months, an official from the Office of the Leading Group for Poverty Alleviation of the Ministry of Finance, told me that financial departments at all levels have attached great importance to the use and management of poverty-alleviation funds, and have taken solid steps to tighten supervision.

That year, the Finance Ministry chased back 730 million yuan of anti-poverty funds that had been misused in 2017.

The investigation covered 874 counties across the country, Hu said then. "From this year (2018) to 2021, every year, we will focus on checking the usage of special funds for poverty alleviation, making sure that all the money can be injected into the right areas."

A tracker from the World Bank showed the poverty headcount ratio at national poverty lines, or the percentage of population under the poverty lines. For China, the proportion declined to 1.7 percent in 2018 from 8.5 percent in 2013. And the government fund for beating poverty increased by more than 20 percent annually since 2013.

Since China began to open up and reform its economy in 1978, GDP growth has averaged almost 10 percent a year, and more than 850 million people have been lifted out of poverty. But about 373 million Chinese are still living below the upper-middle-income poverty line of $5.50 a day, the World Bank said.

By the end of this year, China will like to be a poverty-free, moderately prosperous nation, in spite of the havoc wreaked by the COVID-19 pandemic.

The poverty-elimination process would be in line with the overall economic rebalancing process – orienting the structure of the economy to higher-end manufacturing and services from the low-end activities, and shifting the emphasis from investment to consumption upgrade.

And the most immediate challenge is the impact of COVID-19 on the economy, which may lead to labor dislocation and slower growth in household incomes.

The country's target to "win the tough battle to end poverty" in time, however, is achievable, especially as policymakers have noted that the key is to close the gaps in China's social protection coverage, in order to help protect workers and households from the distress caused by job and income losses, and also to boost private consumption.

切实保障“粮草军需”全力支持打赢脱贫攻坚战——专访财政部部长刘昆，新华社，2020年12月31日

Strengthened financial support aids poverty alleviation: finance minister, XinHua News

创新扶贫模式　加强资金监管，央视《新闻直播间》，2020年9月30日

用双脚书写人生的脱贫攻坚带头人，央视《新闻直播间》，2020年9月30日

中央财政专项扶贫资金近 5 亿元　财政部连续每年新增 200 亿元，央视《新闻直播间》，2020 年 9 月 30 日

贫困户有“明白卡”　小康路上不掉队，央视《新闻直播间》，2020 年 9 月 30 日

四川甘孜俄达门巴村发展牧区旅游　助力当地脱贫摘帽，央视《朝闻天下》，2020 年 11 月 14 日

云南镇雄依托扶贫车间　贫困问题得到有效解决，央视《朝闻天下》，2020 年 11 月 14 日

四川屏山茶叶合作社的致富经，央视《新闻直播间》，2020 年 11 月 14 日

云南昭通快板声声　唱出纳支寨脱贫新变化，央视《新闻直播间》，2020 年 11 月 14 日

旅牧结合脱贫路：牧区变景区、牧民变股民，每日经济新闻，2020 年 12 月 11 日

四川创新资产收益扶贫模式，让贫困户领工资、拿分红，每日经济新闻，2020 年 12 月 11 日

2019 年

中央第十巡视组向财政部党组反馈巡视情况

中央纪委国家监委网站，2019 年 1 月 30 日

根据党中央统一安排，2019 年 1 月 28 日，中央第十巡视组向财政部党组反馈脱贫攻坚专项巡视情况。中央巡视工作领导小组成员杨晓超出席反馈会议，对抓好巡视整改工作提出要求。会前，中央第十巡视组向财政部党组书记、部长刘昆书面传达了习近平总书记关于巡视工作的重要指示精神。会上，中央第十巡视组组长吴海英向财政部党组领导班子反馈了巡视情况。刘昆主持反馈会议并作表态讲话。

根据党中央统一部署，2018 年 10 月 18 日至 11 月 30 日，中央第十巡视组对财政部党组开展了脱贫攻坚专项巡视。巡视组坚持以习近平新时代中国特色社会主义思想为指导，深入贯彻党的十九大精神，牢固树立“四个意识”，坚定“四个自信”，把“两个维护”作为根本任务，贯彻中央巡视方针，牢牢把握脱贫攻坚专项巡视的再监督工作定位，聚焦脱贫攻坚政治责任深入开展监督检查，督促各级党组织和领导干部强化政治责任担当，推动解决脱贫攻坚过程中存在的突出问题，为如期实现脱贫攻坚目标提供坚强政治保障。中央巡视工作领导小组听取了巡视组的巡视情况汇报，并向中央政治局常委会会议报告了有关情况。

吴海英指出，财政部党组贯彻落实党中央脱贫攻坚决策部署，不断加大扶贫资金投入，推动涉农资金整合和放权改革，积极参与制定脱贫攻坚相关政策，逐步健全财政政策支撑，各项工作取得阶段性成效。巡视中，巡视组发现和干部群众反映了一些问题，主要是：财政部党组学习贯彻习近平总书记关于扶贫工作重要论述不够深入，落实脱贫攻坚主体责任不到位，组织领导不够有力，扶贫资金统筹管理顶层设计不完善，向“三区三州”政策倾斜力度不够，促进形成大扶贫格局政策“组合拳”不够有力。聚焦职能责任落实中央脱贫攻坚决策部署不够有力，统筹涉农资金整合力度不够，推动支持全国财政系统脱贫攻坚有欠缺。扶贫资金监管意识不强，信息化建设滞后，监管机制不够健全，对各类监督检查发现问题整改不到位。落实定点帮扶责任不够扎实，督促指导不力。纪检监察机构主动作为、靠前监督不够，扶贫领域腐败和作风问题专项治理不深入。同时，巡视组还收到反映一些领导干部的问题线索，已按规定转中央纪委国家监委、中央组织部等有关方面处理。

吴海英提出了六点整改意见：一是提高政治站位。深入学习贯彻习近平总书记关于扶贫工作重要论述和党中央脱贫攻坚决策部署，牢固树立“四个意识”，践行“两个维护”，切实做到“三个表率”，把脱贫攻坚作为重大政治任务和“不忘初心、牢记使命”主题教育的重要实践载体，聚焦财政部职能责任，更加积极主动发挥作用。二是切实履行国务院扶贫开发领导小组副组长单位职责。把坚持和加强党的全面领导贯穿脱贫攻坚全过程，完善领导体制和工作机制，安排专门力量集中承担脱贫攻坚任务。强化统筹协调，主动加强与其他中央单位的沟通协调和信息反馈。三是强化责任意识，对省区市脱贫攻坚中扶贫资金违规使用等问题要责任共担，主动作为。加强财政扶贫政策研究，强化政策体系建设，加大扶贫资金投入，推动资金精准使用。加大对“三区三州”等深度贫困地区财政政策倾斜力度，健全涉农资金整合配套措施。四是提高扶贫资金管理效益。把扶贫资金监管作为重中之重，切实履行监管责任。着力提高金财工程建设水平，加快推进扶贫资金动态监控平台建设，真正实现阳光扶贫、廉洁扶贫。五是加强扶贫工作作风建设。扎实开展扶贫领域腐败和作风问题专项治理，深化整改各类监督检查发现的问题。六是发挥职能优势，扎实推进定点帮扶工作。配强扶贫工作力量，关心爱护扶贫干部，促进干部担当作为。

杨晓超指出，打赢脱贫攻坚战是全面建成小康社会、实现第一个百年奋斗目标的重要内容，是我们党向全世界、全国各族人民作出的庄严承诺。财政部党组要进一步树牢“四个意识”，提高政治站位，坚持以习近平新时代中国特色社会主义思想为指导，深入贯彻党中央关于脱贫攻坚的决策部署，从打赢三大攻坚战、决胜全面小康、实现第一个百年奋斗目标的高度，把脱贫攻坚作为重大政治任务，切实增强紧迫感责任感使命感，拿出决战决胜的精神状态，保持战略定力，狠抓工作落实，以实际行动践行“两个维护”。紧密结合单位实际和职能责任，深入贯彻落实打赢脱贫攻坚战三年行动指导意见，认真梳理今后两年脱贫攻坚工作任务，坚持目标标准，贯彻精准方略，高质量完成脱贫攻坚任务。进一步强化使命担当和政治责任，对脱贫攻坚实施有力组织领导，认真落实中央统筹、省负总责、市县抓落实的管理体制，健全工作机制，强化组织保障，形成脱贫攻坚强大合力。

杨晓超强调，巡视整改是“四个意识”的试金石，整改不落实，就是对人民不负责。财政部党组要提高思想认识，增强整改的思想自觉、政治自觉和行动自觉，切实担起整改主体责任，坚持从本级抓起，以上率下、带头整改。党组书记要担起整改第一责任人的责任，领导班子成员要按照分工承担分管领域的整改责任，在抓整改落实上见真章、动真格、求实效。突出问题导向，增强整改针对性、具体性和实效性，坚持举一反三，把巡视发现的问题和扶贫领域各类监督检查发现的问题结合起来，一体整改、一体解决；把巡视整改与今后两年脱贫攻坚工作有机结合起来，既要集中精力抓脱贫，又要巩固成果防返贫，建立健全稳定脱贫长效机制。坚持全面整改、立行立改、即知即改、真改实改，定期报告整改情况，形成整改常态化长效化机制。纪检监察机关和组织部门要加强巡视整改日常监督，督促巡视整改落地见效；结合巡视发现的问题深化专项治理，集中整治形式主义和官僚主义问题；加强扶贫项目资金监管，做到阳光扶贫、廉洁扶贫；对整改不力、敷衍应付、虚假整改的严肃追责问责，把全面从严治党要求贯穿脱贫攻坚全过程。

刘昆表示，中央巡视组的反馈意见实事求是、全面客观，指出的问题一针见血、切中要害；提出的整改意见明确具体，指导性、针对性都很强。财政部党组完全赞同，诚恳接受。要严格贯彻习近平总书记关于巡视工作重要讲话精神，认真落实党中央要求，切实担负起整改主体责任，把巡视整改作为重大政治任务抓紧抓实抓到位。

刘昆强调，财政部各级党组织和领导干部要深入学习贯彻习近平新时代中国特色社会主义思想，学习贯彻习近平总书记关于扶贫工作重要论述和党中央脱贫攻坚决策部署，不断增强“四个意识”，坚决做到“两个维护”，切实做到“三个表率”。要进一步提高政治站位和政治觉悟，坚持以“四个意识”为尺子，将巡视整改作为检验政治担当的试金石，严格遵照中央巡视组反馈意见和中央巡视办要求，夯实整改责任、做实整改任务、建立长效机制，在条条要整改、件件有着落上集中发力，确保整改取得实质性效果。要深入贯彻精准扶贫精准脱贫基本方略，坚持党中央确定的脱贫攻坚目标和现行扶贫标准，继续强化财政投入保障，着力提高扶贫资金使用绩效。要充分运用巡视成果，按巡视反馈意见逐项整改落实到位，切实解决财政部在脱贫攻坚工作中存在的突出问题，更好发挥财政资金、财税政策作用，促进如期实现党中央确立的脱贫攻坚目标，为决胜全面建成小康社会、夺取新时代中国特色社会主义伟大胜利、实现中华民族伟大复兴的中国梦作出更大贡献。

中央第十巡视组副组长及有关同志，中央巡视工作领导小组办公室、中央纪委国家监委有关监督检查室、中央组织部有关局负责同志、财政部党组领导班子成员出席会议；驻财政部纪检监察组全体干部、财政部机关各司局及有关部属事业单位全体副处级以上干部、人事教育司、机关党委、部巡视办有关人员列席会议；财政部驻各省、自治区、直辖市、计划单列市财政监察专员办事处副处级以上干部，财政部选派到平江、永胜两县工作的扶贫挂职干部和驻村第一书记在视频分会场参加会议。

财政部就近期脱贫攻坚重点工作和热点问题答记者问

财政部网站，2019 年 7 月 17 日

近日，财政部脱贫攻坚领导小组负责人就近期财政脱贫攻坚重点工作和热点问题接受了记者采访。

记者问：脱贫攻坚已经进入攻坚拔寨的关键阶段，能否介绍一下财政部门在脱贫攻坚的职能作用和近年来财政脱贫攻坚主要工作？

答：近年来，财政部深入学习贯彻习近平总书记关于扶贫工作的重要论述，认真落实党中央、国务院脱贫攻坚有关重要会议精神，坚持把脱贫攻坚摆在突出重要位置，立足职责职能，全力做好脱贫攻坚投入保障、扶贫资金监管、绩效管理、财税政策支持、定点帮扶等工作，通过一系列工作举措，推动脱贫攻坚不断向纵深发展，主要有以下几个方面。

第一，全力保障资金投入。中央财政继续加大对贫困地区的一般性转移支付力度，引导有助于脱贫的农业、教育、医疗、交通、生态等转移支付向贫困地区、贫困人口倾斜。其中，2019 年安排中央专项扶贫资金 1261 亿元，连续 4 年每年净增 200 亿元，地方各级财政也切实加大了扶贫投入力度。在加大投入总量的同时，财政部认真贯彻落实习近平总书记“三个新增”的重要指示

精神，突出扶贫投入重点，并督促省级财政相应调整支出结构，进一步向深度贫困地区倾斜，支持攻克深度贫困堡垒。此外，推动加大东西扶贫协作力度，2018年东部9省市全年投入财政帮扶资金177亿元，是上年的1.3倍。

第二，切实加强资金监管。财政部以预算编制为源头，以绩效目标为依据，以支付环节为依托，整合信息系统资源，初步建立扶贫资金动态监控平台。目前，28个省份均已完成监控平台部署，330多个地市、2900多个县（区）已上线操作使用。为加强资金监管，财政部认真落实扶贫资金项目公告公示制度，组织财政部各地监管局开展财政支持脱贫攻坚政策落实情况专项核查，督促各地认真抓好脱贫攻坚成效考核发现问题的整改，积极配合全国人大、民主党派、纪检监察、审计巡视等方面对扶贫资金政策的监督。通过多措并举，扶贫资金使用的安全性、规范性明显提升。

第三，全面实施绩效管理。按照党中央、国务院关于加强扶贫资金绩效管理的决策部署，财政部会同有关部门研究制定并报请国务院办公厅转发《扶贫项目资金绩效管理办法》。各级财政部门共同配合，全力推动扶贫项目资金实施全过程绩效管理，建立扶贫资金“花钱必问效、无效必问责”的管理机制。截至2018年年底，全国28个省份共完成约11万个扶贫项目的绩效目标填报工作，涉及扶贫资金约8000多亿元。2019年5月底扶贫项目绩效自评工作已经全部完成，基本实现扶贫项目产出和效果的可视化，为提高扶贫资金使用效益奠定了坚实基础。

第四，完善财税政策支持。2016年以来，财政部会同国务院扶贫办等部门持续推进贫困县涉农资金整合工作，支持832个贫困县开展涉农资金统筹整合试点，整合力度逐步加大，管理使用逐步规范，整合成效逐步凸显，三年整合各类涉农资金超过9000

亿元。同时，调整规范易地扶贫搬迁融资方式，有序落实支持易地扶贫搬迁的债务限额和贴息资金，支持280万建档立卡贫困人口搬迁任务。积极落实相关财政支持政策，推动产业扶贫、教育扶贫、健康扶贫、就业扶贫、生态扶贫、光伏扶贫，支持做好贫困群众兜底保障工作，改善贫困地区基础设施条件。运用税收优惠、财政补贴、贷款贴息等政策工具，调动企业、社会参与脱贫攻坚积极性。系统梳理支持脱贫攻坚的税收优惠政策，进一步完善和明确企业、个人用于扶贫等公益性捐赠的所得税优惠政策。

第五，定点扶贫精准施策。财政部扎实推进定点扶贫工作，针对湖南平江县和云南永胜县两个定点扶贫县，发挥中央国家机关扶贫的优势，拓宽思路，精准施策。财政部党组把定点扶贫工作纳入重要议事日程，多次召开定点扶贫专题会议和定点扶贫工作推进会，研究帮扶工作，采取多种方式帮助提高定点扶贫县资金使用管理水平和效益。完善工作机制，发挥职能优势，激发群众内生动力。在定点扶贫工作中，不断探索“自有特色”，打造“扶贫亮点”，坚定脱贫攻坚必胜信心。2018年，财政部农业司荣获中央和国家机关脱贫攻坚先进集体。

记者问：一些地区“三保障”和饮水安全方面还存在薄弱环节，尤其是深度贫困地区较为突出，请问财政部门在针对薄弱环节补短板方面有什么举措？

答：按照中央决策部署，贯彻落实习近平总书记在解决“两不愁三保障”突出问题座谈会上重要讲话精神，针对一些地区“三保障”和饮水安全方面存在的问题和薄弱环节，财政部坚持问题导向，及时调整完善了相关政策措施，支持地方进一步做好义务教育、基本医疗、住房安全和饮水安全工作。

义务教育方面，一是调整完善学生生活补助政策。从2019年秋季学期起，将家庭经济困难非寄宿生（包括义务教育阶段建档立卡学生、非建档立卡的家庭经济困难残疾学生、农村低保家庭学生、农村特困救助供养学生等四类学生）纳入生活补助范围。二是调整完善贫困地区学生营养膳食补助政策。将贫困地区农村义务教育学生营养膳食补助标准由中央与地方分别制定，调整为统一制定国家基础标准，为每生每天 4 元。纳入国家试点范围的集中连片特困地区县，所需经费继续由中央财政承担；纳入地方试点范围的其他国家扶贫开发工作重点县、省级扶贫开发工作重点县、民族县、边境县、革命老区县，中央财政给予生均定额奖补。三是提高特岗教师工资性补助标准。从 2018 年 7 月 1 日起提高特岗教师工资性补助标准，年人均补助标准中部地区由 3.16 万元提高到 3.52 万元、西部地区由 3.46 万元提高到 3.82 万元。四是支持义务教育薄弱环节改善与能力提升。会同教育部从 2019 年起启动义务教育薄弱环节改善与能力提升工作，现阶段重点支持和引导地方 2020 年年底前全部消除 66 人以上超大班额，基本消除现有 56 人以上大班额，全国大班额比例控制在 5%以内；科学合理设置乡镇寄宿制学校和乡村小规模学校，基本补齐两类学校短板，办学条件达到所在省份基本办学标准，稳步推进农村学校信息化。

为贯彻落实习近平总书记在解决“两不愁三保障”突出问题座谈会上重要讲话精神，2019 年 5 月，财政部会同教育部、国务院扶贫办联合印发通知，从瞄准突出问题和重点任务精准发力、强化资金支持和监管、强化责任狠抓落实等三方面，对地方切实做好义务教育有保障工作提出工作要求。

基本医疗方面，中央财政主要通过医疗救助补助资金资助贫困人口参加基本医疗保险，并对符合条件对象的个人自负医疗费用给予补助。2018 年起，进一步通过医疗救助渠道增加安排补助资金，用于支持深度贫困地区提高贫困人口医疗保障水平，重点向“三区三州”倾斜，实现医疗保障托底。2016—2019 年，中央财政下达医疗救助补助资金 889.96 亿元，支持各地资助困难群众参加基本医疗保险、对困难群众难以负担的基本医疗自付费用给予补助、开展疾病应急救助、提高深度贫困地区农村贫困人口医疗保障水平。

针对部分地方在健康扶贫工作中存在的多重保障、过度保障等问题，财政部配合国家医保局、国务院扶贫办印发了《医疗保障扶贫三年行动实施方案（2018—2020 年）》，进一步明确了包括资助参保、大病保险报销政策倾斜和医疗救助托底保障等在内的贫困人口医疗保障政策，要求各地于 2020 年年底前，将在现有医保制度之外自行开展的新的医疗保障扶贫举措，转为在基本医保、大病保险和医疗救助三重保障框架下进行。

住房安全方面，2019 年，财政部、住房城乡建设部将全国剩余的建档立卡贫困户等四类重点对象存量危房改造任务一次性全部下达，要求各地确保于 2019 年年底前全部开工，2020 年 6 月底前全部竣工。进一步加大对“三区三州”等深度贫困地区的倾斜支持力度，将其四类重点对象危房改造补助标准在全国户均 1.4 万元的基础上每户提高 0.2 万元，并将深度贫困地区其他农户存量危房按照户均 1 万元的标准一并纳入支持范围。此外，财政部积极会同住房城乡建设部加强农村危房改造资金使用管理，指导各地完善农村危房改造信息公开公示制度，建立全过程预算绩效管理机制，切实提高资金使用效益。

饮水安全方面，一是继续加大力度支持农村饮水安全巩固提升工程。“十三五”期间，中央财政已通过中央基建投资安排资金 220 亿元支持农村饮水安全巩固提升工程，重点解决贫困地区、贫困人口饮水安全问题。在此基础上，中央财政拟于 2019—2020 年通过调整中央基建投资水利专项投资结构，继续安排农村饮水安全巩固提升工程资金 60 亿元，重点解决深度贫困地区建档立卡贫困人口饮水安全问题及饮用水氟超标问题。二是加强农村饮水工程维修养护。贯彻落实习近平总书记在解决“两不愁三保障”突出问题座谈会上的重要讲话精神，2019 年中央财政通过水利发展资金安排 14.5 亿元，首次将农村饮水工程维修养护纳入中央财政补助范围，中央补助资金主要用于支持中西部贫困地区、东部原中央苏区等，对约 10 万处农村饮水工程开展维修养护，覆盖约 1.13 亿人，相关资金已于 2019 年 4 月中旬下达到省。为指导地方做好相关工作，2019 年 5 月，财政部与水利部联合印发了《关于做好中央财政补助农村饮水工程维修养护经费安排使用的指导意见》，要求有关地区充分认识做好农村饮水工程维修养护的重要意义，严格资金使用方向和范围，切实做好项目组织实施，强化资金使用绩效管理。

记者问：某些地区因病致贫、因病返贫的情况较为突出，请问财政部门在支持健康扶贫方面采取了什么政策措施？下一步有什么考虑？

答：党的十八大以来，按照党中央、国务院决策部署，财政部一方面持续加大投入力度，支持地方提高贫困人口医疗保障能力和医疗服务能力，力争实现贫困人口看得起病、看得好病；另一方面积极配合有关部门研究制定相关政策，为健康扶贫工作提供政策支持。

一是加大健康扶贫投入力度。在城乡居民医保方面，2019 年，城乡居民医保补助标准提高到每人每年 520 元，比 2018 年提高 30 元，新增投入的一半用于大病保险，进一步减轻包括贫困人口在内的城乡居民看病就医负担。2019 年截至目前，已通过转移支付下达城乡居民医保补助资金 3337.22 亿元。在医疗救助方面，2019 年下达医疗救助补助资金 289.98 亿元（含中央专项彩票公益金），支持各地资助包括贫困人口在内的困难群众参加基本医疗保险，并对困难群众难以负担的基本医疗自付费用给予补助，充分发挥医疗救助兜底保障作用，有效缓解因病致贫、因病返贫问题。其中，40亿元专门用于支持深度贫困地区提高农村贫困人口医疗保障水平，实现医疗保障托底，重点向“三区三州”倾斜，共下达“三区三州”14亿元。在支持医疗服务能力提升方面，2019年下达医疗服务与保障能力提升补助资金278.96亿元，其中，安排补助资金25.76亿元支持368个深度贫困县医疗卫生机构服务能力提升。

二是积极研究制定健康扶贫政策。财政部在前期配合相关部门印发《关于进一步加强医疗救助与城乡居民大病保险有效衔接的通知》等政策文件的基础上，为规范地方健康扶贫做法，防止制度碎片化，配合国家医保局等部门制定印发了《医疗保障扶贫三年行动实施方案（2018—2020年）》，明确贫困人口医疗保障政策包括资助参保、大病保险政策倾斜和医疗救助托底保障；配合卫生健康委等部门制定印发了《健康扶贫三年攻坚行动实施方案》，聚焦深度贫困地区和卫生健康服务薄弱环节，保障贫困人口享有基本医疗卫生服务。

下一步，财政部将积极配合相关部门继续加大投入力度，支持研究制定相关政策措施，支持脱贫攻坚工作顺利推进，有效缓解因病致贫、因病返贫问题，增强贫困群众获得感。

记者问：有媒体反映，基层扶贫资金使用管理不规范、扶贫资金挤占挪用、资金使用不够精准等问题依然存在，请问财政部门下一步在加强扶贫资金监管方面将采取哪些措施？

答：财政部高度重视扶贫资金监管工作，2017—2018年，连续开展专项检查核查，要求各级财政部门聚焦重点资金和政策，重点查处虚报冒领、贪污侵占等恶性违规问题，以及扶贫资金管理使用过程中弄虚作假、挪用乱用、闲置浪费、管理不规范等问题。

财政部按照中央脱贫攻坚专项巡视整改要求及财政扶贫资金日常监管有关文件精神，充分发挥各地监管局作用，做好贫困县涉农资金整合试点情况核查及财政专项扶贫资金巡视、审计发现问题整改情况核查等日常监管工作。聚焦深度贫困地区扶贫资金使用情况，组织各地监管局对“三区三州”等深度贫困地区财政支持脱贫攻坚政策落实情况开展专项核查，督促财政支持脱贫攻坚政策措施落到实处。

2019 年，财政部将组织各地监管局和地方财政部门做好财政支持脱贫攻坚政策落实情况监督工作，督促各地落实好扶贫资金各项管理制度。重点组织开展惠民惠农财政补贴资金“一卡通”专项治理，坚决斩断伸向惠民惠农尤其是扶贫资金的“黑手”。

记者问：监督检查发现，部分地方扶贫资金闲置问题较为突出，请问财政部门在破解扶贫资金沉淀、提高扶贫资金使用效益方面有啥实招？

答：近年来，财政部会同相关部门多措并举，指导和督促地方切实发挥省级统筹作用，全面落实管理责任，强化资金监管和使用绩效。

一是实施扶贫资金动态监控。按照部党组统一部署和《财政部关于全面加强脱贫攻坚期内各级各类扶贫资金管理的意见》要求，结合业务工作和相关转移支付特点，将 42 项财政扶贫资金纳入扶贫资金动态监控平台，及时掌握资金下达、支付进度、绩效管理等情况。

二是加强扶贫项目资金绩效管理。加快推动建立规范化、常态化的扶贫项目全过程预算绩效管理机制，通过全程跟踪问效，切实提高扶贫资金配置效率和使用效益。主要包括：严格事前绩效目标管理，从源头上严把扶贫项目立项关，初步实现扶贫项目资金绩效目标管理全覆盖；组织做好事中绩效运行监控，对所有扶贫项目资金绩效目标录入财政扶贫动态监控平台实行监控，及时发现挤占挪用、损失浪费等问题；加强事后绩效评价和结果应用，组织对所有扶贫项目开展绩效自评，财政部地方监管局对自评结果进行抽查，并不断强化结果应用，将绩效评价结果和绩效自评抽审结果作为以后年度扶贫资金安排和改进管理的重要依据。

三是强化县级脱贫攻坚项目库建设。督促各地完善脱贫攻坚滚动项目库建设和年度动态调整，提前做好项目论证和前期准备，加快项目执行进度，及早谋划下一年度项目计划。

四是加强扶贫资金项目常态化监管。严格落实盘活财政存量资金的各项工作要求，对发现的苗头性问题及时分类处置，防范产生新的闲置资金。通过相关信息管理系统，加强对资金拨付、项目实施进度的监控预警，加大提醒、函询或通报力度。

五是建立考核结果与资金分配挂钩机制。将资金闲置等问题纳入财政专项扶贫资金绩效评价，加大对支出进度的考核，并将资金闲置情况与下年中央财政专项扶贫资金分配挂钩，资金绩效评价结果纳入年度省级党委和政府扶贫开发工作成效考核。

记者问：易地扶贫搬迁是脱贫攻坚头号工程，目前工程建设任务即将完成，围绕“搬得出、稳得住、能致富”的目标，下一步工作重点是后续扶持，请问财政部门在支持搬迁贫困户后续发展方面将采取哪些举措？

答：2016—2019 年，中央财政累计安排专项扶贫资金 3843.8 亿元，年均增长 28.6%。按照现行资金管理制度，中央财政专项扶贫资金通过因素法测算切块下达到县，地方可结合扶贫开发工作实际，围绕培育和壮大贫困地区特色产业、改善小型公益性生产生活设施条件、增强贫困人口自我发展能力和抵御风险能力等方面，因地制宜、因户施策确定中央财政专项扶贫资金使用范围。同时，根据《国务院办公厅关于支持贫困县开展统筹整合使用财政涉农资金试点的意见》，贫困县可统筹整合中央财政专项扶贫资金等相关财政涉农资金支持包括易地扶贫搬迁贫困群众在内的建档立卡贫困人口后续农业产业发展，增强自我发展能力，改善生产生活条件。

教育方面，财政部将会同教育部在分配相关资金时，重点向基础薄弱、财力困难的省份，特别是“三区三州”等深度贫困地区倾斜，指导地方统筹做好易地扶贫搬迁学校规划建设工作。

就业方面，2019 年财政部参与起草并印发了《关于做好易地扶贫搬迁就业帮扶工作的通知》，明确了易地扶贫搬迁就业帮扶工作重点，并提出落实配套产业扩大就业、促进安置区发展吸纳就业、预留场地扶持创业就业、组织劳务输出就业、落实政策兜底安置就业、增强培训精准性、提高培训补贴标准等措施。2019 年，中央财政下达地方就业补助资金预算 538.8 亿元，较 2018 年增加 70 亿元，增长 15%，并将就业扶贫工作作为资金分配因素，引导资金向深度贫困地区适度倾斜，支持做好包括易地扶贫搬迁就业帮扶工作在内的各项促进就业相关工作。

下一步，中央财政将积极支持各地在完成安置区必要的配套基础设施、公共服务设施的基础上，循序渐进地完善易地扶贫搬迁安置点的基本公共服务和基础设施。

国家发展改革委、财政部等15个部门联合发出倡议动员全社会力量共同参与消费扶贫

财政部网站，2019年11月8日

为深入贯彻习近平总书记在解决“两不愁三保障”突出问题座谈会上关于“组织消费扶贫”的重要指示精神，响应党中央、国务院关于深入开展消费扶贫助力打赢脱贫攻坚战的号召，进一步凝聚起全社会力量共同参与消费扶贫的强大合力，助力贫困群众稳定脱贫和贫困地区长远发展，11月8日，国家发展改革委联合国务院扶贫办、中央和国家机关工委、教育部、财政部、农业农村部、商务部、文化和旅游部、国务院国资委、中央军委政治工作部、全国总工会、共青团中央、全国妇联、全国工商联、中华全国供销合作总社，发出了《动员全社会力量共同参与消费扶贫的倡议》（以下简称《倡议》）。

《倡议》指出，各级党政机关、国有企事业单位、群团组织、金融机构、大专院校、医疗单位，对消费扶贫起着重要的引领带动作用，要将消费扶贫纳入定点扶贫和结对帮扶工作内容，在同等条件下持续扩大对贫困地区产品和服务消费。有关部队要结合军队帮扶工作积极主动参与消费扶贫。东部等发达省市是推动消费扶贫的重要力量，要引导当地企业到贫困地区建设生产基地，

积极购买受援地产品和服务，组织到受援地旅游，与受援地建立长期稳定的产销衔接关系和劳务对接机制。广大民营企业、社会组织和个人是消费扶贫的重要支撑，应大力传承发扬中华民族扶贫济困的传统美德，帮助贫困地区做大做强特色优势产业，持续扩大对贫困地区产品和服务采购规模，为帮助贫困群众稳定脱贫奉献一片真情。

在当日举办的 2019 年消费扶贫市长论坛上，国家发展改革委等 15 个部门现场发布了《动员全社会力量共同参与消费扶贫的倡议》，并同步在各自官方网站进行了发布。

刘昆：进一步强化政治担当 高质量完成好脱贫攻坚决战任务

中国财政，2019 年第 9 期

党的十八大以来，习近平总书记把扶贫工作摆到治国理政的重要位置，以前所未有的力度推进脱贫攻坚工作，在重要会议、关键时点、重大场合反复强调脱贫攻坚，作出了一系列新决策新部署。各级财政部门要深入学习贯彻习近平总书记关于扶贫工作的重要论述，认真落实党中央、国务院近期脱贫攻坚有关重要会议精神，进一步做好财政系统脱贫攻坚工作。

落实党中央重大决策部署扎实有力，2018 年财政脱贫攻坚工作取得新进展

党的十八大以来，各级财政部门深入学习领会习近平总书记关于扶贫工作的重要论述，认真贯彻落实党中央、国务院关于脱贫攻坚的决策部署，强化投入保障，完善支持政策，加强资金管理，为脱贫攻坚取得决定性进展作出了积极贡献。特别是 2018 年，各级财政部门认真落实中央关于打赢脱贫攻坚战三年行动的部署要求，工作措施有力有效。

（一）组织领导和工作落实机制不断健全

组织领导不断强化。财政部成立了脱贫攻坚领导小组，统筹

研究和协调推进财政扶贫重点工作，进一步明确成员单位职责，充实财政扶贫工作力量。28个有扶贫开发任务的省份财政厅（局）都建立了脱贫攻坚领导小组或工作协调机制，有的省还成立了扶贫工作专班。

工作部署不断深化。财政部及时制定印发贯彻落实打赢脱贫攻坚战三年行动实施方案，实化细化了17个方面的具体措施，对财政系统履行脱贫攻坚职责提出明确要求。举办财政扶贫政策培训班和座谈会，加强对地方工作的跟踪指导，督促推动重点工作落实。

作风建设持续强化。积极配合、接受中央脱贫攻坚专项巡视"政治体检"，发现问题立行立改，举一反三完善制度。认真开展扶贫领域作风问题专项治理，围绕"四个意识"不强、责任落实不到位、工作措施不精准、资金管理使用不规范、工作作风不扎实、考核监督从严不够等6个方面，对照查摆问题，强化责任担当，切实转变作风。

（二）各级财政扶贫投入不断加大

投入总量不断增加。中央财政继续加大对贫困地区的一般性转移支付力度，引导有助于脱贫的农业、教育、医疗、交通、生态等转移支付向贫困地区、贫困人口倾斜。中央财政专项扶贫资金规模、用于脱贫攻坚的地方政府新增债务限额，均首次突破1000亿元。地方各级财政也切实加大扶贫投入力度，省市县各级专项扶贫资金总规模达到近2000亿元。

投入重点更加突出。贯彻落实习近平总书记"三个新增"的重要指示，财政部研究制定2018—2020年支持"三区三州"等深度贫困地区脱贫攻坚的增量资金方案，在及时下达资金的同时，督促省级财政相应调整支出结构，进一步向深度贫困地区倾斜，支持攻克深度贫困堡垒。

“大扶贫”格局逐渐形成。运用税收优惠、财政补贴、贷款贴息等政策工具，调动企业、社会参与脱贫攻坚积极性。系统梳理支持脱贫攻坚的税收优惠政策，进一步完善和明确企业、个人用于扶贫等公益性捐赠的所得税优惠政策。东西扶贫协作力度不断加大，东部9省市全年投入财政帮扶资金177亿元，是2018年的1.3倍。

（三）财政扶贫政策措施不断完善

贫困县涉农资金整合持续深化。推进扶贫领域“放管服”改革，在832个贫困县开展涉农资金统筹整合试点，整合力度逐步加大，管理使用逐步规范，整合成效逐步凸显，三年整合各类涉农资金超过9000亿元。

易地扶贫搬迁融资方式得到规范。切实防范扶贫领域融资风险，按规定调整规范易地扶贫搬迁融资方式，按照渠道调整、标准不变、力度不减的原则，有序落实支持易地扶贫搬迁的债务限额和贴息资金，推动顺利完成280万建档立卡贫困人口搬迁任务。

行业扶贫和定点扶贫工作有序推进。积极落实相关支持政策，推动产业扶贫、教育扶贫、健康扶贫、就业扶贫、生态扶贫、光伏扶贫等工作，支持做好贫困群众兜底保障工作，改善贫困地区基础设施条件。强化财政扶贫干部培训，落实扶贫干部关爱激励政策。履行定点帮扶责任，深化定点扶贫四级财政联动机制，平江县顺利实现脱贫摘帽，永胜县贫困人口大幅减少。

（四）扶贫资金管理水平不断提升

探索建立财政扶贫资金动态监控机制。以预算编制为源头，以绩效目标为依据，以支付环节为依托，整合信息系统资源，初步建立了扶贫资金动态监控平台。28个省份均已完成监控平台部署，330多个地市、2900多个县（区）已上线操作使用。

实施扶贫项目资金全面绩效管理，推行扶贫项目资金绩效管理，建立扶贫资金“花钱必问效、无效必问责”的管理机制。截至2018 年年底，全国28 个省份共完成约11 万个扶贫项目的绩效目标填报工作，涉及扶贫资金约8200 亿元。

强化扶贫资金监督管理。认真落实扶贫资金项目公告公示制度，组织专员办开展财政支持脱贫攻坚政策落实情况专项核查，督促各地认真抓好脱贫攻坚成效考核发现问题的整改，积极配合全国人大、民主党派、纪检监察、审计巡视等方面对扶贫资金政策的监督。通过多措并举，扶贫资金使用安全性、规范性明显提升，审计查处问题资金占比从2013 年的36.3% 下降到2018 年的6% ，严重违规违纪资金比例从15.7% 下降到1% 。

上述成绩的取得，是以习近平同志为核心的党中央坚强领导的结果，是习近平总书记关于扶贫工作的重要论述科学指引的结果，是各级财政部门齐心协力履职尽责的结果。同时，我们也要看到，财政扶贫工作还存在一些薄弱环节。从巡视反馈情况看，在学懂弄通做实习近平总书记关于扶贫工作的重要论述方面还有待深化，对深度贫困地区脱贫攻坚的倾斜力度还不够均衡，落实脱贫攻坚监督监管责任还有待加强，相关政策措施的精准度还有待提高，等等。我们要坚持问题导向，切实采取有效措施，尽快弥补短板。

扎实做好今明两年财政脱贫攻坚工作，全力支持脱贫攻坚决战决胜

2019 年是新中国成立70 周年，是脱贫攻坚战决战决胜的关键一年。习近平总书记在中央经济工作会议、中央政治局常委会会议、全国“两会”上，多次就脱贫攻坚工作作出重要指示。我们要深入学习贯彻习近平总书记关于扶贫工作的重要论述，认真

落实近期党中央、国务院脱贫攻坚有关重要会议精神，进一步强化政治担当，立足职能职责，高质量地完成好脱贫攻坚决战任务。今明两年，要抓好抓实以下重点工作。

（一）切实抓好三年行动实施方案的贯彻落实

一要进一步细化实化政策举措。属于制度建设的，要抓紧研究制定或修订相关制度；属于投入保障的，要根据年度预算安排分年落实，并及时安排拨付资金，便于市县加快项目准备和实施。属于项目、行动、工程和政策实施的，要列出时间表、路线图，实行台账管理和定期调度，切实加快工作进度；属于原则要求的，要认真做好调查研究，并将有关要求落实到日常工作中。

二要坚守脱贫攻坚现行目标标准。聚焦“两不愁、三保障”，既不脱离实际、拔高标准、吊高胃口，也不搞虚假脱贫、降低标准、影响成色。对吊高胃口、搭车扶贫等偏离现行脱贫攻坚目标标准的行为，各级财政部门要敢于发声、及时纠偏。强化预算约束和导向作用，通过优化支出安排和实施扶贫项目资金全面绩效管理，真正把扶贫资金花在“刀刃”上，防止扶贫项目内容泛化，避免虚增筹资压力和融资需求。合理确定脱贫时序，因地制宜实施扶贫项目，既不搞层层加码赶进度，也不拖延耽误，影响如期完成攻坚目标。

三要强化对落实情况的跟踪督促。脱贫攻坚是场硬仗，容不得半路歇脚、半程甩包袱，必须持之以恒抓实抓细。部内各单位要按照职责分工，加强对地方的跟踪指导、信息调度，经常开展调查研究，耐心回应各方关切。各地在抓好政策落地的同时，要认真总结经验，并及时反馈工作进展情况和问题。要逐级抓好财政扶贫政策培训，提升各级财政干部政策水平和抓落实的工作能力。

（二）切实抓好脱贫攻坚投入保障

一要按打攻坚战的要求切实保障投入。进一步健全投入保障机制，统筹考虑公共财政、地方政府债务资金、社会投入等渠道，多渠道加大扶贫开发投入。同时，各地要用好贫困县涉农资金整合政策，列明“负面清单”，提高实质整合比例，坚决放权到位，破除干扰限制整合的各项规定，进一步提高贫困县统筹安排扶贫资金的能力。

二要重点向深度贫困地区倾斜。将深度贫困地区作为扶贫投入保障的重中之重。要足额落实支持深度贫困地区脱贫攻坚增量资金安排方案，中央财政在分配下达时明确用于“三区三州”的具体规模，省级财政也要相应加大投入力度，避免形成“挤出效应”。同时，中央和省级财政要统筹加大对“三区三州”外贫困人口多、贫困发生率高、脱贫难度大的其他深度贫困地区的支持力度。

三要重点保障好“3+1”资金需求。义务教育、基本医疗、住房安全和饮水安全（“3+1”）问题是当前脱贫攻坚面临的突出短板，中央已经作了明确部署。各级财政部门要把这项工作摆在优先位置，配合行业部门，抓紧拿出具体方案，积极筹措资金，瞄准贫困地区和贫困人口，精准安排资金，杜绝“搭车”扶贫。

（三）切实抓好各级各类扶贫资金管理

一要严格落实资金监管主体责任。按照阳光扶贫、廉洁扶贫的要求，严格落实各项扶贫资金管理制度，做好扶贫政策和资金项目公开公示工作，接受群众和社会监督。持续开展财政支持脱贫攻坚政策落实情况专项核查，严肃查处扶贫资金管理中的违法违规问题，始终保持扶贫资金监管的高压态势。组织开展惠民惠农财政补贴资金“一卡通”专项治理，坚决斩断伸向惠民惠农尤其是扶贫资金的“黑手”。地方各级财政要切实落实扶贫资金监管主体责任。专员办要充分发挥就地就近监管优势，加强扶贫资金日常监管。

二要加快建立财政扶贫资金动态监控机制。广泛听取意见建议，进一步完善监控平台功能。优化监控平台操作流程，提高平台的稳定性、易用性和可视性。加快制定监控工作规程，明确监控具体要求。加强指导培训，强化技术保障。落实“省负总责”，认真做好业务管理规范、数据对接、指标和支付信息系统优化等工作。

三要全面落实扶贫项目资金绩效管理要求。从 2019 年开始，各地要对扶贫项目资金实施全过程绩效管理，将所有扶贫项目绩效目标随同预算资金同步下达，并录入平台实施在线监控和评价，推动扶贫资金管理从“重投入”向“重结果”转变。各地专员办要对所在省份 2018 年度扶贫项目资金绩效自评结果进行抽查复核，并对 2019 年扶贫项目资金绩效目标填报情况进行监督。

（四）切实抓好脱贫攻坚组织保障

习近平总书记强调，“脱贫攻坚任务能否完成，关键在人，关键在干部队伍作风”。各级财政部门要把扶贫干部队伍建设摆在更加重要的位置，按照“尽锐出战”的要求，进一步加强脱贫攻坚工作力量。既要严格管理，也要关心爱护，既要解决“不想干”“不愿干”的问题，又要解决“不会干”“干不好”的问题，防止麻痹思想、松懈情绪和厌战心理，激励干部担当作为，保持决战决胜的良好精神状态。要进一步健全党组主要负责同志负总责的脱贫攻坚领导机制和工作机制，理顺内部职责分工，加强部门协调联动，压实工作责任，凝聚工作合力。

目前，财政部及相关省份财政部门正在有序推进巡视整改工作。我们要认真对照问题清单、任务清单和责任清单，找准问题，补齐短板。涉及责任共担的问题，要建立沟通协作机制，以上率下，以下看上，上下联动。要切实用好巡视成果，以巡视整改为契机推动工作，全面提高财政扶贫工作水平。坚决扛起脱贫攻坚政治责任，务求工作实效，力戒官僚主义、形式主义。坚决落实脱贫攻坚精准要义，不断完善财政政策的操作性、针对性，杜绝平均主义和“大水漫灌”。坚决转变工作作风，深入开展调查研究，加强对已出台政策的跟踪指导和督促落实，以作风建设的新成效促进各项政策措施的落实。

财政部副部长程丽华：2019年拟安排专项扶贫资金1261亿元

经济观察网，2019年3月7日，张恒、李金莉

十三届全国人大二次会议今日（3月7日）举行记者会，财政部副部长程丽华就脱贫攻坚重要举措、防止虚报冒领，挪用扶贫资金现象、财政如何落实一号文件、如何支持乡村经营等问题作出了说明。

程丽华表示，2019年是打赢脱贫攻坚战最关键的一年，2019年财政部拟安排专项扶贫资金1261亿元，同比增长18.9%，这是连续4年保持200亿元的增量。

程丽华说："财政部将全力支持脱贫攻坚决战决胜，主要从加大扶贫资金投入、突出脱贫重点、加强扶贫资金动态监控管理等三方面进行。同时调整优化行业扶贫资金投向，进一步强化对贫困地区义务教育、基本医疗、住房安全和饮水安全的投入保障，统筹运用财税政策工具，调动企业、社会积极性，推动形成大扶贫格局；将扶贫资金进一步向三区三州及其他贫困人口多、贫困发生率高、脱贫难度大的深度贫困地区倾斜，相关转移支付和债务、限额的分配也继续向贫困地区，尤其是深度贫困地区倾斜；加快扶贫资金动态监控机制建设，实施动态监控各级各类扶贫资金，对扶贫项目资金实施全过程的绩效管理，更好发挥财政

投入的脱贫成效。”

此外，对于虚报冒领，挪用扶贫资金现象，财政部将不断完善制度和机制的同时，重点采取全面公开省市县扶贫资金分配结果，乡村两级扶贫项目安排和资金使用情况以及实施监督问责的措施，与有关部门协作，对扶贫资金管理使用情况，加强监督检查，对违规违纪问题发现一起，处理一起，问责一起，曝光一起，坚决防治扶贫资金被挤占挪用。

在 3 月 5 日全国两会开幕式上，李克强总理就政府 2019 年的工作任务进行了安排说明，此次报告内容尤其提及脱贫 11 次，攻坚 7 次，脱贫攻坚 7 次。李克强表示，2019 年要完善考核监督，用好中央脱贫攻坚专项巡视成果。越是到脱贫攻坚的关键阶段，越要抓实抓细各项工作，确保脱贫有实效、可持续、经得起历史检验。

程丽华在财政支持乡村振兴方面提到了以下几个方面：

一是建立投入保障机制，2019 年全国一般公共预算拟安排农林水支出约 2.2 万亿元，同比增长 7%；加快落实，通过建立土地指标、跨省域调剂机制，将土地增值收益更多用于“三农”；

二是完善、支持政策体系，支持、深化农业供给侧结构性改革，保障国家粮食安全和重要农产品有效供给，支持统筹推进山水林田湖草综合治理，完善与绿色生态为导向的财政支农政策体系，支持农村社会事业发展，促进城乡基本公共服务均等化。

三是着力提升工作成效，完善财政涉农资金管理机制，加快建立涉农资金统筹整合长效机制，充分发挥财政资金的引导作用，撬动金融和社会资本，更多投向农业农村，切实加强财政涉农资金监管，健全绩效评价制度，提高资金使用效益。

2019年中央专项扶贫资金已全部下达

人民日报，2019年5月18日，曲哲涵

近日，财政部拨付中央专项扶贫资金351.17亿元，加上2018年10月提前下达的909.78亿元，2019年中央财政补助地方专项扶贫资金1260.95亿元已全部下达，比2018年同口径增加200亿元，增长18.85%，连续4年保持每年200亿元增量。

2019年，中央财政专项扶贫资金继续切块下达到省，资金项目的审批权限完全下放到县级。财政部强调，各省份要落实“省负总责”的要求，将新增中央财政专项扶贫资金主要用于深度贫困地区脱贫攻坚；在支持“三区三州”的同时，重点加大对“三区三州”外贫困人口多、贫困发生率高、脱贫难度大的深度贫困地区的投入力度；各省份也要相应加大对深度贫困地区的本级投入力度，防止产生“挤出效应”。同时，加大对革命老区脱贫攻坚的支持力度，鼓励革命老区率先脱贫；支持东部省份扶贫改革试验区探索创新，为做好脱贫攻坚与乡村振兴的衔接积累经验。

财政部明确，各地要支持832个国家扶贫开发工作重点县和连片特困地区县（含已脱贫摘帽县）统筹整合使用涉农资金，将资金使用与脱贫成效紧密挂钩。

同心协力投入　攻坚深度贫困
（经济发展亮点多韧性足）

人民日报，2019 年 6 月 3 日，李丽辉

决战决胜脱贫攻坚，就得啃下深度贫困地区这块“硬骨头”。如今深度贫困地区有多困难？这些地区脱贫攻坚成效如何？

记者调查发现，在每一个脱贫攻坚的阵地上，每一条致富路的背后，都离不开多方的同心协力——政府加力，全面小康路上一个不能少；企业助力，订单农业带动群众致富；个人努力，贫困户提高自身劳动技能实现持续增收。

2019 年，中央财政专项扶贫资金比 2018 年同口径增加 200 亿元，增长 18.85%，支持力度进一步加大。真金白银，真抓实干，决战决胜脱贫攻坚正在冲刺。

近日，财政部拨付中央专项扶贫资金 351.17 亿元，加上 2018 年 10 月提前下达的 909.78 亿元，2019 年中央财政专项扶贫资金已全部下达，共计 1260.95 亿元。

财政部农业司有关负责人介绍，2019 年中央财政专项扶贫资金，比 2018 年同口径增加 200 亿元，增长 18.85%。增量资金主要用于深度贫困地区脱贫攻坚，在支持“三区三州”的同时，重点加大对“三区三州”外贫困人口多、贫困发生率高、脱贫难度大的深度贫困地区的投入力度。

深度贫困地区有多困难？这些地区脱贫攻坚成效如何？还需要在哪些方面加力？近日记者赴云南进行了调查采访。

政府加力：全面小康路上一个不能少

新修好的盘山路上，越野车在蛇行。车辆翻一座山，需要从山脚盘到山腰，再从山腰转到另一座山的山脚。都说“山路十八弯”，这一路起起伏伏，绕的弯都超过 80 个了，车终于开进了大山深处的丽江市永胜县松坪乡下啦嘛村。

云南大山深处的山村，颠覆了人们对“村子”的传统概念。在下啦嘛村，光开车就走了两个多小时，全村 373 户村民分布在高、中、低三个海拔带，最高处的海拔接近 3000 米。村民中，建档立卡贫困户有 269 户 949 人，多年来的深度贫困，一直压得下啦嘛村喘不过气来。

在永胜县看牦牛村村民小组，记者并没有看到牦牛，却看到了新翻建的木楞房和种植大棚。

这个村民小组共有 117 户 375 人，均为纳西族，居住在海拔 2750—2950 米的高山上。这里较为完好地保留了井干式木楞房 117 所，2012 年被列为丽江市重点文物保护单位，2014 年 11 月被列为国家级传统村落。

在山上住惯了的村民不愿搬，传统村落也需要留守。对于这个深度贫困的乡村来说，就地脱贫的路在哪里？在财政部的结对帮扶下，强产业促脱贫的思路逐渐明晰。

“看牦牛村村民小组海拔高、气温低，特别适合种植反季羊肚菌。”松坪乡党委书记谭建美说，自然生长的羊肚菌，采摘季节是每年的 11 月到第二年的 4 月。而人工种植的反季羊肚菌，正好是 6—10 月上市，填补了市场的空缺。

现在，村里拿出 30 亩地做种植大棚，棚里面放了许多的菌棒，有不少已经长出了菌丝。“如果这个成功了，一亩地就可以收入上万元，我们还将扩大种植。”谭建美说。

除了种植经济作物，下啦嘛村还成立了永胜超源种养殖业合作社，投资 200 万元新建养殖场，养殖肉牛 84 头。养殖合作社作为集体经济，每年收入分红将覆盖到全村所有贫困户。

谭建美介绍，2018 年年底，全村有外出务工人员 234 人，其中建档立卡贫困户 160 人，年平均务工收入为 4500 元/人。通过转移劳动力就业，建档立卡贫困户增加收入 72 万元。“松坪乡还为贫困户设立了公益岗位，包括生态护林员和保洁员。全面小康路上一个不能少。”

企业助力：订单农业带动群众致富

在实现“两不愁三保障”之后，如何让贫困群众“发家致富”，则是一个更艰巨的任务。在脱贫攻坚的阵地上，每一条致富路的背后，几乎都能看到企业的身影。

景谷傣族彝族自治县，曾是云南省 88 个贫困县之一。全县 5.24 万建档立卡贫困人口中，有一半以上是因缺少技术而致贫的。县委书记罗景华介绍，为激发社会各界参与扶贫的合力，景谷县出台产业扶持政策，给予每户建档立卡户 5000 元产业发展扶持资金，每户建档立卡户可申请 5 万元以内的财政贴息金融贷款。全县共有 19 家龙头企业、257 家专业合作社、43 家电商组织参与产业扶贫，脱贫攻坚成效显著。2019 年 4 月云南省人民政府已正式下文，批准景谷退出贫困县。

云景林纸股份有限公司，是景谷的一家大型国有企业。这家企业把原料林基地作为“第一车间”，采取“公司 + 农户 + 基地”模式与农户合作发展种植。从速生林种植到加工造纸，公司负责技术指导，农户在获得种植收益的同时，还可以来企业打工再拿一份工资。在高效林业和订单林业带动下，全县3571户贫困户共计1.28万人，实现了脱贫。

威远镇香盐村，是景谷县40个深度贫困村之一。目前，全村121户建档立卡户，全部与企业建立起利益联结机制，实现了短期能脱贫、长期能致富项目支撑。全村贫困人口从2014年的433人减少到2018年的31人，群众生活水平明显提高。

“我们家种了50亩速生林和12亩甘蔗，还养了十几头猪，一年收入能有2.8万多元。现在，大儿子考上了研究生，小儿子在职业技术学校学习汽修专业，日子真是越来越好了。”刚刚搬进新房的傣族村民李秀堂说。

在永胜县㟃峨村，湖畔的一片玫瑰花海特别引人注目。这是㟃峨富美种养专业合作社的170亩食用玫瑰基地，合作社作为村集体经济，与企业牵手发展订单农业。基地的玫瑰花一年四季可采，由丽江程海沁香玫瑰庄园有限公司、丽江中源绿色食品有限公司提供技术支持和保护价收购，全村58户建档立卡贫困户合作社社员，参与基地种植并享受分红。

“永胜县有最适宜的光热资源，有肥沃的土壤和良好的水利基础设施，非常适合发展软籽石榴基地。”永胜县委副书记魏高明说，全县正在打造现代化软籽石榴产业园区，并将与阿里巴巴合作，将永胜软籽石榴品牌推向全国。

个人努力：提高劳动技能持续增收

对于贫困户来说，政府和企业的作用是帮扶，真正要脱贫还要靠自身努力。

在永胜县涛源镇，一则陕西金鹿服装加工厂的招聘广告，吸引了镇上的很多年轻人，招聘现场“呼啦啦”一下子来了几百人。

为解决贫困群众就业难的问题，在财政部驻永胜县定点扶贫工作队的协调下，涛源镇引进陕西金鹿服装有限公司，规划建设总投资3000万元的服装厂，为贫困群众在家门口就业创造机会。要进入金鹿服装公司，需要先培训合格，再签订劳务用工协议。很多傈僳族青年踊跃报名，吃完中午饭顾不上休息，就在培训车间学习裁剪和缝纫技术。涛源镇还在县职业高中开办了专业缝纫培训班，59名建档立卡贫困户学员参加了培训，初步掌握了一定技术。

“无论是订单农业还是加工产业，都需要农民具备一定技能。这几年，景谷县举办就业培训847期，围绕粮食生产、经济作物、畜牧养殖、电商等，开展相关技术培训。参加培训的建档立卡户有3.47万人次，为贫困群众脱贫致富，实现农村劳动力转移就业打下了坚实基础。”罗景华说。

财政部回应脱贫攻坚重点工作和热点问题

——扶贫资金　好钢用在刀刃上

人民日报，2019 年 7 月 18 日，曲哲涵

财政部门在脱贫攻坚中如何履职尽责？财政扶贫资金是否“好钢用在刀刃上”？日前，财政部脱贫攻坚领导小组负责人公布了一笔明白账。

近年来，中央财政不断加大对贫困地区的一般性转移支付力度。2019 年安排中央专项扶贫资金 1261 亿元，连续 4 年每年净增 200 亿元。

为加强资金监管，财政部初步建立扶贫资金动态监控平台。目前，28 个省份均已完成监控平台部署，330 多个地市、2900 多个县（区）已上线操作使用。

绩效管理方面，各级财政部门建立扶贫资金“花钱必问效、无效必问责”的管理机制。截至 2018 年年底，全国 28 个省份共完成约 11 万个扶贫项目的绩效目标填报工作。2019 年 5 月底扶贫项目绩效自评工作已经全部完成。

完善财税政策支持。2016 年以来，财政部会同国务院扶贫办等部门支持 832 个贫困县开展涉农资金统筹整合试点，整合资金 9000 多亿元。

针对“三保障”和饮水安全方面的薄弱环节，财政部门及时

调整完善相关政策措施。

义务教育方面，从 2019 年秋季学期起，将家庭经济困难非寄宿生纳入生活补助范围。2019 年将贫困地区农村义务教育学生营养膳食补助标准统一为每生每天 4 元。

基本医疗方面，中央财政主要通过医疗救助补助资金资助贫困人口参加基本医疗保险，并对符合条件对象的个人自负医疗费用给予补助。2016—2019 年，中央财政下达医疗救助补助资金 889.96 亿元。

住房安全方面，2019 年财政部、住房城乡建设部将全国剩余的建档立卡贫困户等四类重点对象存量危房改造任务一次性全部下达，要求各地 2020 年 6 月底前全部竣工。同时，将“三区三州”等深度贫困地区的四类重点对象危房改造补助标准在全国户均 1.4 万元的基础上每户提高 0.2 万元。

饮水安全方面，“十三五”期间，中央财政已通过中央基建投资安排资金 220 亿元支持农村饮水安全巩固提升工程，在此基础上，拟于 2019—2020 年继续安排农村饮水安全巩固提升工程资金 60 亿元，重点解决深度贫困地区建档立卡贫困人口饮水安全问题及饮用水氟超标问题。2019 年中央财政通过水利发展资金安排 14.5 亿元，首次将农村饮水工程维修养护纳入中央财政补助范围。

将扶贫资金"晒"在网上

人民日报，2019年10月11日，唐莉

对扶贫资金的管理监督，需要强化互联网思维，不断提升"互联网+监督"的意识。

扶贫资金是党和国家给予贫困地区、贫困群众发展产业、摆脱贫困、走向致富的专项资金，承载着贫困群众过上幸福生活的希望。扶贫资金是贫困群众的"救命钱"，一分一厘都不能乱花，更容不得动手脚、玩猫腻。习近平总书记强调，要强化脱贫攻坚资金支持，在投入上加力，切实加强扶贫资金管理。如何监督管理好扶贫资金、维护好群众利益？

2019年，辽宁丹东尝试采取"互联网+监督"模式，通过建设"惠民扶贫资金网"，把分散在各地区各部门的多种惠民扶贫资金"晒"在网上，实现了"线上精准发现线索，线下精准快查快处"，让惠民扶贫领域的违纪违法、作风不实、失职失责等问题无处遁形。

从客观上看，贫困群众的"救命钱"之所以屡遭"惦记"，原因在于扶贫资金来源多、涉及部门互不隶属，导致信息不通，难以相互监督，导致个别农村干部心怀侥幸，弄虚作假，不惜触犯"高压线"。同时，农村错综复杂的"熟人圈"，一定程度上干扰了村干部秉公用权。还要看到，尽管要求健全公告公示制度，但传统的公告方式，由于制作成本、公开介质的限制，对较大范围内的公开，往往只能简单罗列一些项目与数字，而在具体区域内的逐笔公开，又往往知晓范围窄，公开的效果并不理想。

因此，对扶贫资金的管理监督，需要强化互联网思维，不断提升“互联网+监督”的意识。互联网可以容纳海量信息，无论扶贫资金种类多么复杂、项目如何繁多、数量如何细碎，都可以做到逐笔公开，落实到人头，厘清每笔资金的来龙去脉。一般群众在家里通过电脑、手机，就可以看到发了什么钱，都给谁发了，是否有违规、不公平、不合理的问题，还可以横向比较和了解有关的政策。更重要的是，如果发现问题，利用互联网的互动特点，还可以实现“一键通”实名举报，实现全民监督。而有关监督管理部门则可以通过数据比对分析，发现项目是否合理、资金使用是否科学、扶贫效果是否明显、是否有违纪违规等问题，实现全程监督。

当前，脱贫攻坚到了“啃硬骨头”的关键时期，用好扶贫资金是打赢脱贫攻坚战的必然要求。通过用好“互联网+”，实现对扶贫资金的公开与监督一体化，确保扶贫资金花在“刀刃”上，提高资金使用效益，推动各项惠民惠农政策落实到位。

精准发力　攻坚克难

——财政助力脱贫攻坚的“云南样本”

新华社，2019 年 6 月 6 日，申铖、杨静

全力攻克脱贫“硬骨头”、唱好产业扶贫“重头戏”……记者近日在云南部分深度贫困地区采访时看到，越来越多的贫困村落，因财政资金的助力，在脱贫致富奔小康的路上加速前行。

云南是财政助力脱贫攻坚的一个缩影和样本。在脱贫攻坚进入决胜的关键阶段，2019 年中央财政专项扶贫资金安排 1260.95 亿元，增量主要用于深度贫困地区；加快建设扶贫资金动态监控机制，为打赢脱贫攻坚战提供了强力支持和保障。

拔穷根：全力攻克脱贫“硬骨头”

沿着连绵起伏的群山盘旋，越过波涛滚滚的金沙江，跨过约千米的海拔落差，一个美丽但被贫穷所困的县城——永胜县，映入眼帘。

“目前，永胜县的深度贫困人口主要分布在自然条件恶劣的高寒冷凉山区、干热河谷地区、少数民族聚居区，都是难啃的‘硬骨头’。”永胜县委副书记魏高明告诉记者。

2018 年以来，为支持永胜县爬坡过坎，中央财政相继投入帮扶资金 3.09 亿元，引入帮扶资金 1.14 亿元。此外，永胜县还整

合了 3.5 亿元涉农资金，推动脱贫工作加力增效。

在县城西边，易地安置点梨园小区正在如火如荼地建设中。建成后，这里将迎来近 2000 名建档立卡贫困户。

改善薄弱的基础设施，是脱贫攻坚的另一个着力点。

2018 年年底，地处金沙江腹地深山中的东山乡完成了通乡油路改扩建，以往通往县城三个小时的车程因此缩短至一个半小时。

“这一下子改善了乡里核桃、花椒等农产品运输难的问题。”永胜县扶贫办副主任赵阳光说，通过实施多个油路改扩建项目和交通补短板项目，永胜县已基本实现“乡乡通油路、村村通硬化、组组通达”。

投资 4 亿元新建民族中学，着力斩断贫困代际传递；健全城乡居民基本医疗保险、大病保险等机制，着力解决因病致贫、因病返贫；强化兜底保障，真正做到一户不留、一户不漏……

“随着一项项举措落地实施，永胜‘两不愁’基本实现，‘三保障’正在巩固。”永胜县副县长王鹏说。

增后劲：唱好产业扶贫“重头戏”

脱贫攻坚越是进入冲刺阶段，越要巩固脱贫成果，提高脱贫质量。发展产业，正是摆脱贫困的长效机制。

涛源镇的软籽石榴、松坪乡的反季羊肚菌、东山乡的原生态家禽……受益于财政资金的助力，一个个新兴产业替代了永胜县曾经的低产值产业，带领群众脱贫增收。

在程海镇崀峨村，百亩食用玫瑰产业发展了起来，朵朵娇艳的玫瑰不仅给村里增添了美景，更带来显著的经济效益。

“通过发展村集体经济，2019 年年底就能给每户贫困户分红 3300 元。项目平稳运行之后，预计可为每户贫困户带来 7000 多块钱的收入。”永胜县程海镇崀峨村第一书记颜铭说。

位于云南省东南部的景谷县曾是云南省88个贫困县之一。在威远镇香盐村，大部分村民在当地一家龙头企业——云景林纸股份有限公司的帮助下摘掉了贫困的帽子。以“公司+农户+基地”的方式，该公司不仅帮助村民发展种植，还提供多个劳务岗位，助力村民增收致富。

“全县有19家龙头企业加入了产业扶贫的行列，带领着数千户建档立卡贫困户共同把产业做大做强。”景谷县委书记罗景华说。

给予每户建档立卡户5000元产业发展扶持资金，每户建档立卡户可申请5万元以内的财政贴息金融贷款……景谷县围绕产业扶贫推出了一系列举措。2018年，景谷县脱贫人口人均纯收入已近7千元，和2014年相比几乎翻了一番。2019年4月，云南省人民政府正式批准景谷退出贫困县。

“产业建设，是‘造血’扶贫的关键，要精准施策，抓对接、抓见效，带动贫困户共同致富、自主致富。”罗景华说。

强监管：为脱贫攻坚供好“弹药”

打赢脱贫攻坚战，资金保障是关键。

近日，2019年中央财政补助地方专项扶贫资金1260.95亿元已全部下达，连续4年保持每年200亿元增量。新增中央财政专项扶贫资金主要用于深度贫困地区脱贫攻坚。

当前，脱贫攻坚进入决胜的关键阶段。在进一步强化财政投入保障之外，中央财政还加快建设扶贫资金动态监控机制，对扶贫项目资金实施全过程绩效管理，坚决防止资金被挤占挪用。

记者在永胜县仁和镇看到，该镇投资150万元支持贫困户发展租种芒果树、软籽石榴树，并为这一项目设定了种植数量、质量、成本等产出指标，带动增加贫困人口全年总收入、受益建档立卡贫困人口数等效益指标和受益建档立卡贫困户满意度指标等多个绩效指标。

“永胜县率先在全国进行了全口径扶贫项目资金绩效目标的申报和审核工作，初步建立起了‘花钱必问效，无效必问责’的长效机制。”永胜县副县长董承军说。

他表示，通过为资金管理使用“定规矩”“定用途”“定目标”“定基础”，为资金效益发挥“定时间”，为资金使用主体“定红线”，永胜县扶贫资金管理制度化、规范化进一步提高，资金使用效率进一步提高，这将为打赢脱贫攻坚决胜战提供关键“弹药”。

两部门：整合贫困县涉农资金彻底放权到位

央视网，2019 年 3 月 15 日，郑天皓

日前，财政部、国务院扶贫办联合印发《关于做好 2019 年贫困县涉农资金整合试点工作的通知》（以下简称《通知》），要求各地彻底放权到位，督促指导各地用好贫困县涉农资金整合政策，围绕年度脱贫任务，严守现行扶贫标准，在农业生产发展和农村基础设施建设范围内安排使用整合资金并优先用于有助于贫困人口持续增收的产业发展项目，助力打赢脱贫攻坚战。

《通知》要求，准确把握政策，杜绝借整合之名乱作为。在 832 个连片特困地区县和国家扶贫开发工作重点县（含已脱贫摘帽县）开展整合试点。纳入 2019 年度贫困县涉农资金统筹整合使用方案的资金，不得安排用于“负面清单”事项，包括但不限于：村级办公场所、文化室、文化广场（乡村舞台）、学校等公共服务设施，大中型基础设施建设，医疗保障，购买各类保险，偿还债务或垫资等。具体“负面清单”由省级财政、扶贫部门商有关部门研究制定并按程序报省扶贫开发领导小组审定。

《通知》提出，彻底放权到位，取消限制统筹整合的各项规定。要求各地着力治理对整合试点支持不坚决甚至软抵制的问题，对查实的典型案件坚决予以曝光，见人见事，严肃追究责

任。对于纳入整合范围的各项中央财政涉农资金（含提前下达资金），分配给试点贫困县的资金增幅不得低于该项资金的平均增幅，资金一律采取“切块下达”，不得指定具体项目或提出与脱贫攻坚无关的任务要求。

《通知》明确，抓实整合方案，规范做好备案和调整工作。要求各省认真指导贫困县根据县级脱贫攻坚规划、年度脱贫任务和巩固脱贫需要，按要求规范编制年度整合方案，切实提高实质整合比例，尽可能将整合资金“大类间打通”“跨类别使用”。各省要重视做好整合方案备案工作。在省扶贫开发领导小组统一领导下，省级财政、扶贫部门要会同相关部门，按照职责分工对贫困县报备的整合方案进行联合审核。

《通知》要求，加强监督管理，强化对贫困县的督促指导。切实落实“省负总责”要求，强化主体责任，扎实做好巡视、审计、绩效评价、监督检查等发现问题整改工作，举一反三，完善制度，密切协作，形成合力。各省要全面落实公告公示制度，加大宣传力度，主动接受社会监督。

财政部拨付中央专项扶贫资金1260.95亿元增量资金主要用于深度贫困地区

央视网，2019年5月21日

记者从财政部获悉，近日，财政部拨付中央专项扶贫资金351.17亿元，加上2018年10月提前下达的909.78亿元，2019年中央财政补助地方专项扶贫资金1260.95亿元已全部下达，比2018年同口径增加200亿元，增长18.85%，连续4年保持每年200亿元增量。

2019年，中央财政专项扶贫资金继续按照因素法分配，并将巩固脱贫成效作为测算因素，资金切块下达到省，资金项目的审批权限完全下放到县级。财政部强调，各省要落实“省负总责”的要求，将新增中央财政专项扶贫资金主要用于深度贫困地区脱贫攻坚；在支持“三区三州”的同时，重点加大对“三区三州”外贫困人口多、贫困发生率高、脱贫难度大的深度贫困地区的投入力度；各省也要相应加大对深度贫困地区的本级投入力度，防止产生“挤出效应”。同时，加大对革命老区脱贫攻坚的支持力度，鼓励革命老区率先脱贫；支持东部省份扶贫改革试验区探索创新，为做好脱贫攻坚与乡村振兴的衔接积累经验。

财政部明确，各地要支持832个国家扶贫开发工作重点县和连片特困地区县（含已脱贫摘帽县）统筹整合使用涉农资金，将资金使用与脱贫成效紧密挂钩。落实全面实施预算绩效管理的要求，充分利用财政扶贫资金动态监控平台，及时掌握财政专项扶贫资金使用管理情况，加快资金拨付进度，切实强化资金监管，提高资金使用效益，确保脱贫质量，建立稳定脱贫的长效机制。

2019 年中央专项彩票公益金支持贫困革命老区脱贫攻坚资金同比增长 32%

央广网，2019 年 5 月 20 日

为改善贫困革命老区生产条件，促进革命老区贫困群众脱贫增收和巩固脱贫成效，近日，财政部下达中央专项彩票公益金支持贫困革命老区脱贫攻坚资金 8.4 亿元，加上 2018 年 10 月提前下达的 18 亿元，2019 年中央专项彩票公益金支持贫困革命老区脱贫攻坚资金 26.4 亿元已全部下达，比 2018 年增长 32%。资金主要用于支持革命老区县中的连片特困地区县、国家扶贫开发工作重点县以及贫困的山东沂蒙革命老区和福建、广东原中央苏区县，共 397 个贫困革命老区县贫困村村内小型生产性公益设施建设。其中，纳入财政涉农资金统筹整合试点范围的革命老区县，可根据本地脱贫攻坚规划，统筹整合使用此项资金。“十三五”期间，中央财政已累计安排该项资金 79.4 亿元，按照每县 2000 万元的补助标准，实现对 397 个革命老区县的全覆盖。

财政部强调，各地要及时分配下达资金，组织指导市县对扶贫项目资金实施全过程绩效管理，全面设置项目绩效目标，做好绩效监控和绩效自评；充分利用财政扶贫资金动态监控平台，加强资金监管和绩效信息分析利用，切实提高扶贫资金使用效益。同时，做好资金和项目的公告公示工作。

脱贫攻坚再加力　财政保障更有力

央广网，2019 年 5 月 23 日，刘柏煊

实现脱贫攻坚目标现在已进入倒计时。中央广播电视总台央广记者近日跟随财政部深入云南部分深度贫困地区进行调研，推出系列报道《脱贫攻坚调研日记》，观察财政扶贫的新思路和新举措。

记者在近一周的调研中发现一个细节，尽管贫困村的面貌千差万别，但每个村最好的两所建筑，一个是学校，一个是卫生室，这背后体现了财政资金对扶贫重点领域的有力保障。

财政部最新公布的数据显示，2019 年，中央财政补助地方专项扶贫资金 1260.95 亿元已经全部下达，比 2018 年同口径增加 200 亿元，增长 18.85%，连续 4 年保持每年 200 亿元增量。

如何用好这些扶贫资金？财政部也给出了方向——要将新增资金主要用于深度贫困地区脱贫攻坚，同时要聚焦义务教育、基本医疗、住房安全和饮水安全等脱贫攻坚领域的突出问题，用好资金、补足短板。

全国283个县2018年脱贫摘帽 10省区各获奖励4亿元

央广网，2019年5月24日，吕红桥

据经济之声《天下财经》报道，国务院新闻办公室昨天（23日）举行吹风会，介绍对2018年落实重大政策措施真抓实干成效明显地方予以督查激励情况。在脱贫攻坚领域，河北等10个省区获得考核奖励，在专项扶贫资金分配上获得倾斜。同时，考核结果也纳入当地领导干部的考核评价中。

全国283个县2018年脱贫摘帽 返贫人口每年减少

从2018年脱贫攻坚成效考核结果来看，年度减贫任务全面完成。全国共减少农村贫困人口1386万人，连续6年减贫1000万人以上，各省都完成了年度减贫任务。全国283个县脱贫摘帽，深度贫困地区减贫明显提速。贫困人口“两不愁”总体实现，“三保障”明显加强。国务院扶贫办副主任夏更生说，连续4年的第三方评估数据显示，返贫人口每年都在减少，“建档立卡数据显示，2016年有返贫人口68.4万人，2017年下降为20.8万人，2018年进一步下降到5.8万人，返贫人数逐年减少，质量明显提高。”

10 省区各获 4 亿元奖励

考核结果显示，河北、湖北、湖南、广西等 10 个省区综合评价好。对这些省区，中办、国办印发考核情况通报，给予表扬。

夏更生表示："对综合评价好的 10 个省区在 2019 年中央财政专项扶贫资金分配中各奖励 4 亿元，用于支持脱贫攻坚工作；考核结果送中央组织部，作为对各地主要负责同志和领导班子综合考核评价的重要依据。"

2019 年，我国计划再减少 1000 万以上贫困人口，330 个左右贫困县脱贫摘帽。与此同时，对脱贫攻坚的严格考评还将继续。那么，地方怎么才能在脱贫攻坚考核中获得好评？夏更生结合 2018 年各地的经验说："第一，坚持目标标准和精准方略，做到扶贫工作务实；第二，责任落实、政策落实、工作落实总体到位，脱贫过程比较扎实；第三，识别准确率、退出准确率、群众满意度比较好，脱贫结果真实；第四，考核中发现的问题比较少，脱贫攻坚成效显著。"

扶贫领域作风建设持续推进

中央把 2019 年确定为"基层减负年"，3 月，中央办公厅印发了《关于解决形式主义突出问题为基层减负的通知》。夏更生说，为基层减负可以把干部从一些无谓的事务中解脱出来，让基层集中精力提升脱贫攻坚质量，为此，国务院扶贫办将持续推进扶贫领域作风建设。

夏更生介绍："精简文件会议，2019 年办本级发文数量控制在 50 件内，每份文件要求不超过 5000 字。会议只减不增，尽可能采取电视电话会议的形式。改进调查研究，主要是每次下去要确定主题，禁止层层陪同。还有加大暗访力度，直接下去发现、纠正问题。"

财政部：实施好临时救助制度打赢脱贫攻坚战

光明网，2019 年 9 月 26 日，张慕琛

日前，财政部发布《关于在脱贫攻坚兜底保障中充分发挥临时救助作用的意见》（以下简称《意见》）。实施好临时救助制度对于强化贫困人口兜底保障、助力解决“两不愁三保障”突出问题以及防止脱贫群众返贫，确保如期打赢脱贫攻坚战，具有十分重要的意义。并且明确要求强化“两不愁”兜底保障，助力解决“三保障”问题，着力防范脱贫群众返贫，稳步提升兜底能力。

强化“两不愁”兜底保障，对申请最低生活保障、特困人员救助供养的建档立卡贫困人口等困难群众，可以视情况先给予临时救助，及时缓解其生活困难，再按照规定程序进行审核审批，并将符合条件的纳入相应救助范围。对已纳入最低生活保障、特困人员救助供养等社会救助的对象，基本生活遭遇突发性、紧迫性、临时性困难的，要及时给予临时救助。

助力解决“三保障”问题，对因子女就学、疾病治疗等造成家庭支出较大，正常生活受到影响的建档立卡贫困户、低保对象和特困人员，可及时给予临时救助；对在解决住房问题过程中基本生活遇到困难的建档立卡贫困户、低保对象和分散供养特困人员，要通过临时救助及时保障好他们的基本生活，增强对解决

“三保障”问题的支持作用。

《意见》立足于兜底线、提时效、建机制，确保救助措施精准、资金使用精准、救助成效精准，着力发挥临时救助在解决“两不愁三保障”突出问题中的作用，切实兜住兜牢民生底线的总体要求。

财政部出台规定加强扶贫资金监管

中国青年报，2019 年 8 月 12 日，张均斌

近日，财政部印发了《财政部门财政扶贫资金违规管理责任追究办法》（以下简称《办法》），严格财政扶贫资金监管、确保每一分钱用在脱贫攻坚“刀刃上”上。

财政部有关负责人表示，当前财政扶贫资金管理使用方面还存在一些不足，影响财政扶贫资金安全和精准使用，如擅自改变财政扶贫资金使用计划、方式，骗取、套取和挤占挪用财政扶贫资金，财政部门个别工作人员滥用职权弄虚作假牟取私利等。“强化违规管理使用问责力度，进一步加强财政扶贫资金管理，切实保障资金安全有效，是财政部门面临的一项紧迫任务。”

为此，《办法》以加强资金违规管理使用责任追究为着力点和突破口，针对当前财政部门财政扶贫资金管理中存在的突出问题，对照《中华人民共和国预算法》《财政违法行为处罚处分条例》以及相关法律法规规定，结合各地问责开展情况，总结梳理了十种追责情形。

《办法》规定，财政部门及其工作人员有以下情形之一的，应当实施相关责任追究：（1）以弄虚作假手段骗取、套取财政扶贫资金的；（2）无故延迟拨付财政扶贫资金造成扶贫资金闲置的；（3）贪污、挪用财政扶贫资金的；（4）违反规定擅自改变财政扶贫资金使用计划、方式的；（5）在招投标或者政府采购活

动中弄虚作假牟取私利或不符合相关规定的；（6）伪造、变造、销毁有关账簿表册凭证的；（7）未按规定执行扶贫资金项目公告公示制度的；（8）在财政扶贫资金管理中未按照规定执行财政扶贫资金相关政策和标准的；（9）在履行财政扶贫资金管理监督职责过程中滥用职权牟取私利的；（10）其他违反规定管理使用财政扶贫资金的行为。

“扶贫资金是贫困群众的‘救命钱’‘保命钱’和减贫脱贫的‘助推剂’，对加快贫困地区发展、改善扶贫对象基本生产生活条件发挥着重要作用。《办法》规定的上述情形，不论是哪一级财政部门，不论是哪一名干部，一旦触及，都要严格追责问责，决不讲特殊、搞例外。”上述负责人说。

我国初步健全涉农资金统筹整合长效机制

经济日报，2019 年 1 月 8 日，董碧娟

从财政部获悉：截至目前，我国涉农资金管理体制机制逐步完善，统筹整合的长效机制初步健全，涉农资金管理体制机制建设取得了阶段性成果。

2018 年，财政部与农业农村部、水利部、国家林业和草原局建立涉农资金统筹整合的会商协调机制。财政部出台了《林业改革发展资金预算绩效管理暂行办法》《水利发展资金绩效评价管理办法》《扶贫项目资金绩效管理办法》等一系列绩效管理制度。近期，正在进一步完善涉农资金绩效管理制度，优化绩效评价指标体系。

按照预算管理有关规定，相关涉农资金中每项资金均对应一项管理办法，实现了制度管钱、管人、管事。目前中央财政专项扶贫资金审批权限已经下放到县级，其他相关涉农资金审批权限全部下放到省级。同时，要求省级部门推动下放审批权限，强化基层统筹使用涉农资金的责任。

财政部表示，将加快健全涉农资金统筹整合长效机制。进一步强化“三农”投入保障，提升涉农资金使用效益。深入推进涉农资金实质性整合，督促未出台方案的省份尽快出台实施方案。

科学合理划分任务清单，促进提升乡村治理能力和水平。督促指导地方依法依规按程序整合涉农资金，加强涉农资金监管，形成权责明确、有效制衡、齐抓共管的监管格局。

企业扶贫捐赠准予税前据实扣除

经济日报，2019 年 4 月 8 日，曾金华

财政部、国家税务总局和国务院扶贫办近日联合发布公告，明确企业扶贫捐赠支出的所得税税前扣除政策，准予据实扣除，以支持脱贫攻坚。

公告明确，自 2019 年 1 月 1 日至 2022 年 12 月 31 日，企业通过公益性社会组织或者县级（含县级）以上人民政府及其组成部门和直属机构，用于目标脱贫地区的扶贫捐赠支出，准予在计算企业所得税应纳税所得额时据实扣除。在政策执行期限内，目标脱贫地区实现脱贫的，可继续适用上述政策。此前有关政策规定，对企业发生的包括扶贫在内的公益性捐赠支出，准予按年度利润总额 12% 在所得税前扣除，超过部分允许结转以后 3 年扣除。

财政部副部长程丽华表示，随着社会力量扶贫捐赠力度的不断加大，现行政策在执行过程中也出现了一些新问题需要研究解决，一些企业对贫困地区单次扶贫捐赠支出金额较大，而按照现行政策规定，其捐赠支出即使结转 3 年仍然得不到全部扣除，不利于调动社会力量积极参与脱贫攻坚事业。

三部门公告规定，“目标脱贫地区”包括 832 个国家扶贫开发工作重点县、集中连片特困地区县（新疆阿克苏地区 6 县 1 市享受片区政策）和建档立卡贫困村。企业同时发生扶贫捐赠支出

和其他公益性捐赠支出，在计算公益性捐赠支出年度扣除限额时，符合上述条件的扶贫捐赠支出不计算在内。

此外，企业在 2015 年 1 月 1 日至 2018 年 12 月 31 日期间已发生的符合上述条件的扶贫捐赠支出，尚未在计算企业所得税应纳税所得额时扣除的部分，可执行上述企业所得税政策。

对易地扶贫搬迁贫困人口后续扶持力度将加大

经济日报，2019 年 7 月 12 日，顾阳

日前，国家发展改革委联合国务院扶贫办、教育部、民政部、财政部、人民银行等 10 部门印发《关于进一步加大易地扶贫搬迁后续扶持工作力度的指导意见》（以下简称《指导意见》），就当前和今后一个时期做好易地扶贫搬迁后续扶持工作进行了部署。

《指导意见》提出，要针对不同安置方式，立足不同类型安置区资源禀赋，切实加大对易地扶贫搬迁建档立卡贫困人口后续扶持力度，推动易地扶贫搬迁后续扶持工作与推进新型城镇化、乡村振兴战略有机衔接。

《指导意见》明确，加大易地扶贫搬迁后续扶持力度，要重点做好 6 方面的工作，即全力解决搬迁群众“两不愁三保障”突出问题，切实解决好搬迁群众就业问题，大力发展农村搬迁安置区后续产业，全面加强安置区社会治理促进社会融入，稳步推进旧房拆除和宅基地复垦复绿，切实保障搬迁群众权益。

中央财政全力保障扶贫资金投入

经济日报，2019 年 7 月 18 日，董碧娟

2016 年以来，国家持续推进贫困县涉农资金整合工作，3 年整合各类涉农资金超 9000 亿元。

国家进一步加大健康扶贫投入力度，2019 年以来，已通过转移支付下达城乡居民医保补助资金 3337.22 亿元。

7 月 17 日，财政部发布的数据显示，2019 年安排中央专项扶贫资金 1261 亿元，连续 4 年每年净增 200 亿元。2016—2019 年，中央财政累计安排专项扶贫资金 3843.8 亿元，年均增长 28.6%。

在脱贫攻坚进入攻坚拔寨的关键阶段，如何全力保障资金投入，针对薄弱环节补短板？如何解决因病致贫、因病返贫问题？针对这些问题，财政部脱贫攻坚领导小组负责人接受了记者采访。

“中央财政继续加大对贫困地区的一般性转移支付力度，引导有助于脱贫的农业、教育、医疗、交通、生态等转移支付向贫困地区、贫困人口倾斜。”该负责人表示，在推动加大东西扶贫协作力度方面，2018 年东部 9 省市全年投入财政帮扶资金 177 亿元，是 2018 上年的 1.3 倍。

在建立扶贫资金“花钱必问效、无效必问责”的管理机制方面，截至 2018 年年底，全国 28 个省份共完成约 11 万个扶贫项目

的绩效目标填报工作，涉及扶贫资金 8000 多亿元。2019 年 5 月底扶贫项目绩效自评工作已经全部完成，基本实现扶贫项目产出和效果的可视化。

2016 年以来，财政部会同国务院扶贫办等部门持续推进贫困县涉农资金整合工作，支持 832 个贫困县开展涉农资金统筹整合试点，3 年整合各类涉农资金超过 9000 亿元。同时，调整规范易地扶贫搬迁融资方式，有序落实支持易地扶贫搬迁的债务限额和贴息资金，支持 280 万建档立卡贫困人口搬迁任务。

针对一些地区“三保障”和饮水安全方面仍存在的薄弱环节，财政部门有何举措？该负责人说，财政部坚持问题导向，及时调整完善了相关政策措施，支持地方进一步做好义务教育、基本医疗、住房安全和饮水安全工作。

——在义务教育方面，调整完善学生生活补助政策和贫困地区学生营养膳食补助政策，提高特岗教师工资性补助标准，支持义务教育薄弱环节改善与能力提升。

——在基本医疗方面，中央财政主要通过医疗救助补助资金资助贫困人口参加基本医疗保险，并对符合条件对象的个人自负医疗费用给予补助。2016—2019 年，中央财政下达医疗救助补助资金 889.96 亿元，支持各地资助困难群众参加基本医疗保险、对困难群众难以负担的基本医疗自付费用给予补助、开展疾病应急救助、提高深度贫困地区农村贫困人口医疗保障水平。

——在饮水安全方面，“十三五”期间，中央财政已通过中央基建投资安排资金 220 亿元支持农村饮水安全巩固提升工程，重点解决贫困地区、贫困人口饮水安全问题。2019—2020 年，中央财政拟通过调整中央基建投资水利专项投资结构，继续安排农村饮水安全巩固提升工程资金 60 亿元，重点解决深度贫困地区建档立卡贫困人口饮水安全问题及饮用水氟超标问题。

因病致贫、因病返贫在某些地区较为突出。为了进一步加大健康扶贫投入力度，2019 年，城乡居民医保补助标准提高到每人每年 520 元，比 2018 年提高 30 元，新增投入的一半用于大病保险。2019 年以来，已通过转移支付下达城乡居民医保补助资金 3337. 22 亿元。

在医疗救助方面，2019 年下达医疗救助补助资金 289. 98 亿元（含中央专项彩票公益金），支持各地资助包括贫困人口在内的困难群众参加基本医疗保险，并对困难群众难以负担的基本医疗自付费用给予补助。同时，2019 年下达医疗服务与保障能力提升补助资金 278. 96 亿元。

彩票公益金助革命老区脱贫

经济日报，2019 年 12 月 9 日，董碧娟

财政部 12 月 5 日发布消息称，近日已提前下达中央专项彩票公益金 20.6 亿元支持贫困革命老区脱贫攻坚。“十三五”期间，中央财政共计安排该项资金 100 亿元，实现对 397 个革命老区县全覆盖，并对脱贫攻坚任务较重的深度贫困革命老区县和巩固脱贫成果任务相对较重的贫困革命老区县进一步倾斜支持。

此次下达的 20.6 亿元中央专项彩票公益金主要用于支持贫困革命老区县贫困村小型生产性公益设施建设。其中，纳入财政涉农资金统筹整合试点范围的革命老区县，可根据本地规划，统筹整合使用此项资金。

财政部要求各地及时分配下达资金，组织指导市县对扶贫项目资金实施全过程绩效管理，全面设置项目绩效目标，做好绩效监控和绩效自评；充分利用财政扶贫资金动态监控平台，加强资金监管和绩效信息分析利用，切实提高扶贫资金使用效益。同时，及时做好资金和项目的公告公示工作，主动接受监督。

涉农资金“捆绑”使用更有力

经济日报，2019 年 12 月 9 日，董碧娟

大项目一般都需要连续性的、及时的资金支持，以往零星分散的各部门资金往往难以满足。而资金整合后，县级就有更大权限能够集中财力对项目持续支持，使其能更快落地见效。

财政涉农资金更加聚焦集中后，对社会资本的吸引力也越来越大，杠杆作用不断增强。

“以前哪见过这么多钱！”11 月中旬，走在河北省滦平县马营子满族乡大兴沟村的食用菌基地内，马营子满族乡党委书记史海龙给经济日报记者道了番心里话：以前得去“跑部门、争项目”，乡上、村里拿到资金不容易也很有限。涉农资金整合后，资金集中“捆绑”使用，他们乡 2016 年以来获得财政项目资金支持达 2500 万元，食用菌等产业发展如火如荼，群众生活条件大幅改善。

2016 年，国务院办公厅发布《关于支持贫困县开展统筹整合使用财政涉农资金试点的意见》（以下简称《意见》）提出，形成“多个渠道引水、一个龙头放水”的扶贫投入新格局。目前，这一改革对脱贫攻坚产生怎样的支撑作用？在具体实践中到底怎么整、怎么用？带着这些疑问，记者近日赴整合资金规模较大的河北省调查采访。

资金整合效果好

“涉农资金统筹整合使用，说通俗点就是集中财力干大事。”河北省滦平县财政局局长刘小平告诉记者。过去县里从不同部门拿到钱，每一笔分门别类，量少不说，“打酱油的钱不能买醋”“修路的钱不能打井”，要想系统实施一个大项目挺不容易。

为提高财政涉农资金使用效率，2016 年，我国在连片特困地区县和国家扶贫开发工作重点县范围内，优先选择部分贫困县开展涉农资金整合试点。2017 年以来，财政部会同国务院扶贫办将该试点推广至全部 832 个国家扶贫开发工作重点县和连片特困地区县，并鼓励试点贫困县尽可能在“大类间打通”“跨类别使用”，做到“应整尽整”。

根据《意见》，统筹整合使用的资金范围是各级财政安排用于农业生产发展和农村基础设施建设等方面的资金。中央层面主要有财政专项扶贫资金、农田水利设施建设和水土保持补助资金等 20 项。各省结合本地实际，明确本级财政安排的涉农资金中贫困县可统筹整合使用的资金范围。

河北省除了将与中央资金对应的 12 项资金纳入整合使用范围，还将自主安排的 8 项资金一并纳入整合使用范围。

“滦平县 2016—2019 年累计整合涉农资金约 11 亿元。财政涉农资金更加聚焦集中后，对社会资本的吸引力也越来越大，杠杆作用不断增强。”刘小平说，这几年全县用于扶贫产业的整合资金达到 7.27 亿元，引导和撬动了金融资本、社会帮扶资金近 24 亿元。

据河北省财政厅农业农村处有关负责人介绍，2016—2019 年，河北省贫困县实际整合使用涉农资金 443.8 亿元，占计划整合资金规模的 100%。

记者在河北省多个涉农资金整合试点县采访时，干部们普遍反映："没有涉农资金整合，脱贫摘帽不可能这么快。"

项目落地更准确

财政部有关负责人介绍："从各地上报数据看，2019 年上半年全国涉农资金投向进一步优化，投向农业生产发展方向的资金占比同比提升 3 个百分点，投向农村基础设施建设方向的资金占比同比下降 1 个百分点，初步体现了优先发展产业的要求。"

"过去我们村里要争取项目很难，只能靠乡里帮着跑和给。来了项目也不管需不需要都干，有时让群众不太满意。"大兴沟村党支部书记兼村委会主任张子兵向记者坦言。

涉农资金整合后，资金项目审批权限完全下放到贫困县，村里由过去被动接项目变成了主动报项目。例如，河北建立了县级脱贫攻坚项目库，各村、乡立足自身情况，广泛征求民意，自下而上报项目。

"资金整合后，项目配备由老百姓说了算。只要符合政策、急需的项目都会有着落。和以前比资金使用效率更高，项目落地也更准确。"张子兵说。

"涉农资金整合让我们更加根据自己需要实事求是谋划项目。"史海龙介绍了他们项目上报的流程：由各村工作专班牵头组织村民代表、贫困户代表、党员代表参与，严格按照脱贫攻坚具体要求组建项目库，在村级公示无异议后上报乡镇审核。乡党委会对各村上报的项目进行专题研究审核，剔除负面清单内超标准、不符合条件的项目后，再根据各村实际情况按照"轻重缓急"的原则科学确定项目实施年度，并经乡、村两级公示无异议后上报县扶贫开发工作领导小组审批。

"可持续性和时效性是涉农资金整合后在项目支持上的两大

显著优势。”刘小平说，大项目一般都需要连续性的、及时的资金支持，以往零星分散的各部门资金往往难以满足。而资金整合后，县上就有更大权限能够集中财力对项目持续支持，使其能更快落地见效。

比如大兴沟村的食用菌基地项目，先是靠整合资金支持建起了菌棚。后来村里发现仅有菌棚还不够，还需要建冷库，这样能更好地储存食用菌，有效应对市场价格波动。这一需求经评议通过后，资金支持立马跟进。有了整合资金的强力支持，该项目建成后通过与市场化公司合作经营，带动 123 户农户出租土地 210 亩，每亩年租金 800 元，旺季时可为村提供就业岗位 100 人，其中建档立卡贫困户占比 70%。

确保钱花在刀刃上

当贫困县面对整合后的更多涉农资金，究竟如何确保每一笔钱都花在刀刃上？2019 年 10 月，财政部农业农村司召开贫困县涉农资金整合试点工作座谈会。会议要求：进一步提高政治站位，落实主体责任，加强督促指导，强化整合资金监管，做实做细整合试点工作，确保试点政策精准落实，确保打赢脱贫攻坚战。

河北滦平县平坊满族乡乡长满海波告诉记者：“在大力度公开公示、环环审核把关、第三方绩效评价等多项机制共同作用下，面对大规模的涉农整合资金，干部们的规范化意识和责任意识在实战中更强了。大家形成一个共识：这钱必须花得安全有效。”

河北省丰宁满族自治县财政局有关负责人介绍：“我们在项目安排方面紧紧围绕脱贫攻坚建设任务，严格执行财政部下发负面清单管理，凡是涉及负面清单项目，一律不予整合资金安排。

同时还通过加大信息公开和公告公示，主动接受社会各界对扶贫资金管理使用的监督。”

河北省承德县通过系列规章制度明确了财政扶贫资金项目安排从村级研究谋划、乡镇入库审核、县级评审批复、资金预算下达、部门乡镇村实施、公开公示、竣工验收和资金报账、绩效评价全过程规范管理流程。

刘小平介绍：“滦平县将全县6大类、602个项目全部录入监控平台，每项资金对应设置绩效考核指标。此外，我们还专门制定了《滦平县财政专项扶贫资金管理办法》，严格资金报账手续，实现逐级审批，层层把关，构建多方位、多元化资金监管机制。”

据了解，河北省已建立了40项整合资金台账，实行资金下达会签制度，要求各业务处室下达负责的整合资金必须会签农业农村处，进行层层审核把关，对不符合政策要求的，及时督促进行调整，确保每项资金按国家政策下达贫困县的增幅均不低于该项资金平均增幅。

这个从“撒芝麻盐”到“攥指成拳”的改革为何如此重要?

中国经济网，2019 年 12 月 10 日，董碧娟

“三农”要发展，离不开“真金白银”支持。

就拿专项扶贫资金来说，2016—2019 年，中央财政就累计安排了 3843.8 亿元，年均增长 28.6%。

农业农村投入持续加大，让“三农”发展增力提效。然而，虽然投入总量大幅增加，但依然存在多头管理、交叉重复、使用分散问题，基层用起来不那么趁手。

有问题的地方就有改革。近年来，中央层面相继支持开展了黑龙江省“两大平原”涉农资金整合试点、江苏等 4 省涉农资金管理改革试点、广东清远等 4 个市县涉农资金整合优化试点及贫困县涉农资金统筹整合试点。

这些试点为中央研究探索建立涉农资金统筹整合长效机制积累了丰富经验。

2017 年 12 月，国务院发布《关于探索建立涉农资金统筹整合长效机制的意见》提出到 2020 年，构建形成农业发展领域权责匹配、相互协调、上下联动、步调一致的涉农资金（涉农专项转移支付和涉农基建投资）统筹整合长效机制，并根据农业领域中央与地方财政事权和支出责任划分改革以及转移支付制度改

革，适时调整完善。

改革有力推进，成效不断显现。

2016—2018 年全国 832 个贫困县累计整合各级各类涉农资金超过 9000 亿元，为打赢脱贫攻坚战提供了有力的投入保障。

截至 2019 年 6 月底——

全国 832 个贫困县实际整合 2018 年各级相关涉农资金 3283 亿元，占计划整合资金规模的 98.7%；已完成支出 3170 亿元，占实际整合资金规模的 96.5%。

全国 832 个贫困县计划整合 2019 年各类相关涉农资金 2749 亿元，实际整合资金 2343 亿元，占计划整合资金规模的 85%；已完成支出 1129 亿元，占实际整合资金规模的 48%。

整合后的资金对产业的支持力度不断增加。2019 年上半年全国涉农资金投向农业生产发展方向的资金占比同比提升 3 个百分点，初步体现了优先发展产业的要求。

笔者前不久专门到河北滦平县了解这方面情况。滦平县是典型的山区农业县，改革开放起步晚，发展制约因素多，综合竞争力弱，2014 年贫困发生率为 23%，脱贫攻坚任务非常繁重。同时，财政收支矛盾突出，每年 80% 的可用财力用于“三保”支出，脱贫攻坚资金明显不足。

涉农资金整合打破了这种“困局”。2016—2018 年，滦平县共整合使用涉农资金 9.76 亿元，是专项扶贫资金的 3 倍多。截至 2018 年年底，全县贫困发生率降至 0.57%，如期实现脱贫摘帽。

“没有涉农资金整合，我们脱贫不可能这么快。”当地干部群众对这项改革十分肯定。涉农资金整合不单使贫困地区驶入脱贫快车道，还具有多方面的重要作用。

首先，基层更能做自己想做的事了。以前的模式是，上头不同部门有不同的资金，乡上村上得跑去“争取”。即便争取来了，这些资金都有各自的内容要求和规定，要做的事哪怕不太乐意也得硬着头皮干。干部劳心劳神，村民还不太满意。

当把这分门别类的资金整合后，干部们不用去跑去争，只需广泛调研，细听民意，谋划老百姓们真正想做的事。如此一来，不单能用的钱多了，还更加用在了老百姓的心坎上，让财政资金使用真正量质齐升。

同时，干部队伍也得到了有效锤炼。一位村主任跟笔者说，以前他们村每年可能最多10多万元资金支持，涉农资金整合后，他们面对的资金几十倍甚至上百倍增长。怎么去用，怎么花出效果，对干部们都是大考验。

到县级层面，由于资金项目审批权限完全下放到贫困县，县级部门干部需要从项目库中根据轻重缓急和全局发展规划进行安排部署，这对干部的决策能力提出更高要求。这些挑战让干部们打开了视野，增强了锻炼，更加学会从系统性、全局性、长远性的角度推动工作。

此外，财政资金的杠杆作用也更明显了。社会资本最为敏锐，当统筹整合后的大规模涉农资金下乡入村，社会资本也闻风而动。比如河北滦平县这几年用于扶贫产业的整合资金7亿多元，就吸引了金融和社会资本近24亿元。财政资金“四两拨千斤”的作用得到更充分的释放。

预算绩效管理的执行也更深入了。有位县财政局局长说，他们县预算绩效管理实施最好的就属涉农资金这块儿。为啥？整合后大量的资金受到各方关注，项目筛选、审批、公示、拨款、资金使用等各个环节更加注重公开透明、合法合规，花得安全且有效。除了内部绩效评价外，笔者这次去的几个乡还都委托了专业的第三方机构对涉农资金使用进行审计和评价。

可见，这项从“撒芝麻盐”到“攥指成拳”的改革给“三农”带来的好处是全方位的。也正因为此，这几年来，这项改革层层深入，真正走出了一条从基层呼吁、局部试点到长效机制建立的稳健之路，效能大且影响深。

在接下来的改革过程中，有三点还需要持续深耕——

要真正做到按需而整，进一步推动审批权下放，赋予地方必要的统筹涉农资金的自主权。

要加强事中事后监管，创新机制，完善措施，确保整合资金花得安全有效。

要加强各级政府和部门间协调联动，明晰职责关系，让改革推进更加顺畅有力。

专项扶贫资金绩效评价指标调整

经济日报，2019 年 11 月 14 日，曾金华

近日，财政部联合国务院扶贫办印发了《关于调整〈财政专项扶贫资金绩效评价指标评分表〉的通知》，对财政专项扶贫资金绩效评价指标进行调整，进一步完善财政专项扶贫资金绩效评价指标，充分发挥绩效评价对财政专项扶贫资金使用管理的导向和激励作用。

此次调整主要涉及三方面内容：一是充实了资金使用效益的评价内容，新增“贫困县退出”等指标，引导推动各地在资金使用效益上下功夫，进一步加强“指挥棒”作用。二是提高了抽查项目数量，增加了抽查的广度和深度，使对工作成效的评价更加客观准确。三是加强对突出问题的扣分力度，建立严重问题不得评优的机制，强化了标尺作用。

财政部表示，将会同国务院扶贫办等部门，加强政策培训，严格按要求组织好年度绩效评价工作，不断提升财政专项扶贫资金绩效管理水平。

两部门：做好贫困县涉农资金整合试点彻底放权到位

中国新闻网，2019 年 3 月 13 日

近日，财政部、国务院扶贫办联合印发《关于做好 2019 年贫困县涉农资金整合试点工作的通知》（以下简称《通知》），要求各地彻底放权到位，取消限制统筹整合的各项规定，着力治理对整合试点支持不坚决甚至软抵制的问题。

《通知》要求，准确把握政策，杜绝借整合之名乱作为。在 832 个连片特困地区县和国家扶贫开发工作重点县开展整合试点；同时，明确列出整合资金支出的负面清单：包括但不限于村级办公场所、卫生室、文化室、文化广场（乡村舞台）、学校等公共服务设施，大中型基础设施建设，医疗保障，购买各类保险，偿还债务或垫资等；具体“负面清单”由省级财政、扶贫部门商有关部门研究制定并按程序报省扶贫开发领导小组审定。

《通知》明确，彻底放权到位，取消限制统筹整合的各项规定。要求各地着力治理对整合试点支持不坚决甚至软抵制的问题，对查实的典型案件坚决予以曝光并追究责任；加强脱贫攻坚规划与部门专项规划、约束性任务的有效衔接，但不得以部门专项规划、约束性任务为由限制贫困县统筹整合资金，不得考核贫困县约束性任务完成情况；对已脱贫摘帽县的资金增幅保障等相

关政策要求，由省级财政、扶贫部门商有关部门研究制定并按程序报省扶贫开发领导小组审定。

《通知》指出，要坚持现行脱贫标准，抓实整合方案。要求各省认真指导贫困县根据县级脱贫攻坚规划、年度脱贫任务和巩固脱贫需要，按要求规范编制年度整合方案，切实提高实质整合比例，尽可能将整合资金“大类间打通”“跨类别使用”；在县级脱贫攻坚项目库中选择项目，将符合现有目标标准的农业生产发展和农村基础设施建设项目纳入整合方案。

《通知》提出，加强监督管理，强化对贫困县的督促指导。要求各地切实强化主体责任；同时要求各省认真指导贫困县用好用足整合试点政策，督促贫困县提前谋划、科学统筹，促进资金形成有效支出，切实解决“钱等项目”、项目实施缓慢等闲置问题；指导贫困县梳理做实整合项目资金管理台账，扎实做好资金整合基础工作；并且全面落实公告公示制度，加大宣传力度，主动接受社会监督。

防止挤占挪用扶贫资金，财政部将加大查处力度

第一财经，2019 年 3 月 7 日，邵海鹏

一些地方出现虚报冒领、挤占挪用扶贫资金的现象，该怎么办？

针对这一问题，3 月 7 日，在十三届全国人大二次会议记者会上，财政部副部长程丽华称，将在不断完善制度和机制的同时，重点采取两个方面的措施：一方面，要全面公开。另一方面，要监督问责。

她提到，公开是最好的“防腐剂”，财政部将全面公开省市县扶贫资金分配结果，乡村两级扶贫项目安排和资金使用情况也一律要公告公示，自觉接受社会各界监督。

此外，财政部将与有关部门协作，对扶贫资金管理使用情况加强监督检查，对违规违纪问题发现一起、处理一起、问责一起、曝光一起，坚决防止扶贫资金被挤占挪用。

这是财政部又一次在全国两会期间就这一问题进行回应。

在 2018 年两会期间，时任财政部副部长胡静林称，下一步，财政部将主要采取两方面措施：一是要进一步完善制度，堵塞制度和管理上的漏洞。二是继续加大查处力度。2018—2021 年，每一年都将把扶贫专项资金作为检查的重点。对违纪违规问题，发

现一起、查处一起、问责一起、曝光一起。

财政扶贫资金的每一分钱，原本都应该花在“刀刃”上，用到老百姓的“心坎”里，虽然近年来各地各部门进一步强化资金规范管理和监督检查，阶段性减贫任务超额完成，违法违规问题发生率逐年下降，群众满意度提高，但是虚报冒领、挤占挪用和浪费财政扶贫资金的问题仍有发生。

监管难问题较为突出的背后，源于扶贫资金量大、面广、点多、线长，项目和资金申报审核涉及多个环节，管理链条长等原因。

2018 年，国务院扶贫开发领导小组明确，将当年作为脱贫攻坚作风建设年，集中力量解决扶贫领域存在的责任落实不到位、工作措施不精准、工作作风不扎实、资金管理使用不规范，以及形式主义、官僚主义和腐败等突出问题。

财政部、国务院扶贫办曾经于 2017 年 3 月到 5 月组织开展了财政扶贫资金专项检查，发现了一批违法违规问题，本着“零容忍”态度已进行了严肃处理，做到发现一起、查处一起，绝不姑息。

2019 年是打赢脱贫攻坚战攻坚克难的关键一年，程丽华称，财政部将继续把脱贫攻坚摆在突出重要位置，全力支持脱贫攻坚决战决胜。对于财政资金对脱贫攻坚的支持，她提到三点：加大投入、突出重点、加强管理。

程丽华说，财政部 2019 年拟安排专项扶贫资金 1261 亿元，同比增长 18.9%，这是连续 4 年保持 200 亿元的增量。

一方面调整优化行业扶贫资金投向，进一步强化对贫困地区义务教育、基本医疗、住房安全和饮水安全的投入保障。统筹运用财税政策工具，调动企业、社会积极性，推动形成大扶贫格局。

另一方面，扶贫资金进一步向“三区三州”以及其他贫困人口多、贫困发生率高、脱贫难度大的深度贫困地区倾斜，其他相关转移支付和债务限额的分配也继续向贫困地区尤其是深度贫困地区倾斜。

此外，财政部还将加快扶贫资金动态监控机制建设，实时动态监控各级各类扶贫资金，对扶贫项目资金实施全过程绩效管理，更好发挥财政投入的脱贫成效。

脱贫攻坚再加力

——2018 年财政脱贫攻坚工作综述

中国财经报，2019 年 2 月 14 日，张曦文

■ 中央财政专项扶贫资金规模 2018 年达到 1061 亿元，连续三年保持 200 亿元增量。

■ 2018 年，全国 832 个贫困县整合涉农资金超过 3000 亿元。

■ 2018 年中央财政安排 1401 亿元，支持各地统筹做好贫困户政策性兜底保障。

■ 中央财政在现有扶贫投入不减的基础上，2018—2020 年拟新增安排深度贫困地区脱贫攻坚资金 2140 亿元，其中“三区三州”1050 亿元。

2018 年是全面贯彻党的十九大精神开局之年，是打赢脱贫攻坚战三年行动的开局之年。财政作为国家治理的基础和重要支柱，积极履行脱贫攻坚政治责任——成立财政部脱贫攻坚领导小组，统筹研究、协调推进和督促落实财政扶贫重点工作；发挥扶贫投入的主体和主导作用，多渠道增加扶贫开发投入；聚焦深度贫困地区，集中资源啃“硬骨头”……通过实施一系列高含金量的政策、有力的行动和措施，推动财政扶贫开发水平不断提升，为打赢脱贫攻坚战提供了有力支撑。

将脱贫攻坚作为重大政治责任扛在肩上

在过去的2018年，财政部在脱贫攻坚战中的一大举措是成立脱贫攻坚领导小组。从领导成员看，党组书记、部长刘昆担任组长，农业司、预算司、办公厅等部内24个司局主要负责同志为成员。从职责分工看，领导小组统筹研究、协调推进和督促落实财政扶贫重点工作，下设办公室负责具体推动工作，各成员单位按照职责分工，主动研究财政扶贫的有关政策和问题，加强与部内司局、部门和地方的沟通，密切配合，相互支持，形成推动财政扶贫工作合力。

这一年，财政部党组高度重视脱贫攻坚工作，将其作为重大政治责任扛在肩上，及时部署学习习近平总书记关于扶贫工作的重要论述，抓好中央脱贫攻坚决策部署落实，要求财政干部牢固树立"四个意识"，提高政治站位，切实增强对打赢脱贫攻坚战重要性、艰巨性、紧迫性的认识，认真履行好财政脱贫攻坚职责。

这一年，财政部党组贯彻落实中央关于打赢脱贫攻坚战的决定，关于打赢脱贫攻坚战三年行动的指导意见和关于支持深度贫困地区脱贫攻坚的实施意见，明确任务分工，层层压实责任。完善财政部贯彻落实习近平总书记重要讲话精神工作机制，狠抓落实工作。积极配合中央第十巡视组对财政部党组开展的脱贫攻坚专项巡视，自觉将配合开展专项巡视作为提升"两个维护"能力、更好落实脱贫攻坚政治责任的有力督促和推动，认真查找问题、改进工作，进一步提升财政扶贫开发工作水平。印发《财政部贯彻落实打赢脱贫攻坚战三年行动指导意见的实施方案》，实化细化财政脱贫攻坚政策措施，对今后三年财政脱贫攻坚做出部署，从总体要求、投入保障、精准扶持措施、保障措施等4个方面，实化细化了 17 项财政脱贫攻坚政策要求和政策举措，对财政部内各单位、驻各地专员办、地方各级财政部门履行脱贫攻坚职责提出明确要求。

“这是继制定《指导意见》重要政策措施部内分工方案、出台《财政部关于全面加强脱贫攻坚期内各级各类扶贫资金管理的意见》后，财政部支持打赢脱贫攻坚战三年行动的又一有力举措。”财政部脱贫攻坚领导小组办公室主任吴奇修表示。

多渠道集中财力脱贫攻坚

打赢脱贫攻坚战，资金投入是基本保障，其中财政投入发挥着主体和主导作用。这一年，中央财政继续将脱贫攻坚作为财政支出优先保障的重点，多渠道增加扶贫开发投入。

从投入渠道看，中央财政加大对贫困地区的一般性转移支付力度，引导相关专项转移支付向贫困地区和贫困人口倾斜。如将脱贫攻坚支出作为县级基本财力保障机制奖补资金的测算分配因素；加大老少边转移支付力度；引导有助于脱贫的农业、教育、医疗、交通、生态等专项转移支付向贫困地区、贫困人口倾斜；积极拓宽财政扶贫投入渠道，安排专项彩票公益金 20 亿元用于支持贫困革命老区小型生产性公益设施建设；核定 2018 年分地区地方政府债务新增限额时，明确要求各地优化债务资金，重点支持脱贫攻坚；指导督促东部地区继续做好东西部扶贫协作工作，支持中央企业贫困地区产业投资基金和贫困地区产业发展基金发挥作用。

从投入力度看，相关资金增速充分体现了脱贫攻坚在财政支出中的优先保障位置。如持续大幅增加中央财政专项扶贫资金规模，2018 年达到 1061 亿元，较上年增长 23.2%，实现连续 3 年保持 200 亿元增量。

除了增量资金外，中央财政还瞄向存量资金。在前两年整合试点的基础上，财政部这一年继续深入推进贫困县涉农资金整合试点，将其作为强化资金投入保障的重点工作。会同国务院扶贫办对 2017 年整合试点进行了全面总结和绩效评价，印发《关于 2017 年贫困县涉农资金整合试点工作推进情况的通报》，对 22 个试点省工作推进情况进行了分类排序和通报。针对绩效评价发现的问题，印发了《关于做好 2018 年贫困县涉农资金整合试点工作的通知》，对进一步抓好整合试点提出了明确要求，重点督促各地严格按照规定的范围和要求推进试点；落实“省负总责”要求，进一步提高整合的深度和质量；完善贫困县年度整合方案，找出“坚之所在”，排出轻重缓急，优先解决突出短板和重点问题，推动试点深入有序开展。2018 年，全国 832 个贫困县整合涉农资金超过 3000 亿元。

全方位支持打赢脱贫攻坚战

这一年，财政部贯彻落实精准扶贫精准脱贫基本方略，积极支持做好行业扶贫相关工作，支持全方位打赢脱贫攻坚战。

在产业扶贫方面，通过农业生产发展等资金，支持贫困地区结合实际统筹使用，因地制宜发展优势特色产业；协同推进生态扶贫工作，利用生态资源加快旅游扶贫等产业发展；支持开展电子商务进农村综合示范，拓展农民电商增收脱贫渠道；支持贫困地区有序开展资产收益扶贫，帮助贫困群众更多地分享产业扶贫红利。

在教育扶贫方面，中央财政高度重视农村义务教育，安排 360.5 亿元支持地方全面改善贫困地区薄弱学校基本办学条件；支持地方稳步推进贫困地区农村义务教育阶段学生营养改善计划，为体现精准扶贫，提高资金使用效益，从 2018 年春季学期起按照各省学生实际在校平均天数核定下达中央补助资金；扩大特岗教师招聘规模，优先满足连片特困地区县和国家扶贫开发工作重点县需求，继续支持实施中小学幼儿园教师国家级培训计划，并向贫困县倾斜；支持地方扩大普惠性学前教育资源，健全幼儿资助制度，帮助农村贫困家庭幼儿接受学前教育；落实完善普通高中、中职、高校家庭经济困难学生国家资助政策，并实行中央与地方学生资助经费分担机制，分担比例向中西部地区倾斜。新增投入“三区三州”教育脱贫攻坚资金30亿元，体现对深度贫困地区的倾斜支持。

在社会保障方面，加强农村低保制度与扶贫开发政策衔接，2018年，中央财政安排困难群众救助补助资金1401亿元，支持各地统筹做好贫困户政策性兜底保障，资金分配重点向贫困程度深的地区倾斜；将“三区三州”四类重点对象存量危房改造任务一次性全部安排，并增加深度贫困地区任务因素，提高对深度贫困地区省份的户均补助水平；提高城乡居民养老保险基础养老金最低标准；支持各地扶残助残，支持中西部开展农村贫困残疾人实用技术培训；继续通过增加一般性转移支付，对各地建立实施残疾人两项补贴制度给予支持。

此外，财政部还大力支持推进就业扶贫、健康扶贫、科技扶贫、文化扶贫、金融扶贫；改善贫困地区基础设施条件；落实关心关爱扶贫干部相关政策；支持推动国际减贫领域双向合作……多方面、多渠道、多层次确保脱贫攻坚取得实效。

这一年，财政部还积极通过税收政策引导社会力量支持脱贫攻坚。联合税务总局印发《关于公益性捐赠支出企业所得税税前结转扣除有关政策的通知》，明确企业用于包括扶贫在内的慈善活动和公益事业捐赠支出，符合相关政策规定的准予结转三年扣除；配合修改个人所得税法，进一步完善关于扶贫等公益性捐赠支出的税前扣除政策，并完善对金融扶贫、小微企业、重点群体创业就业的税收优惠政策，鼓励金融机构参与脱贫攻坚、小微企业带动创业就业；印发《财政部关于贯彻落实支持脱贫攻坚税收政策的通知》，系统梳理了支持脱贫攻坚的各项税收政策，要求各级财政部门提高政治站位，广泛动员宣传，加强调查研究和督查评估，确保税收政策切实发挥作用。

加强资金监管确保脱贫见实效

扶贫资金是贫困群众的“救命钱”，一分一厘都不能乱花。随着脱贫攻坚战的深入推进，财政部在保持超常规投入的同时，不断加强扶贫资金监管，确保资金用在脱贫攻坚的“刀刃”上，确保脱真贫、真脱贫。出台《财政部关于全面加强脱贫攻坚期内各级各类扶贫资金管理的意见》，创新建立起“1 +4”的扶贫资金管理机制。“1”，即围绕全面加强各级各类扶贫资金管理这个中心任务，进一步理顺各级各类扶贫资金管理体系，确定扶贫资金总台账并强化管理。“4”，即推动建立财政扶贫资金动态监控机制，实施扶贫项目资金全面绩效管理，建立完善扶贫资金项目公开公示制度，做好扶贫资金日常监管和专项核查。

这一年，财政部将探索建立财政扶贫资金动态监控机制，作为提升扶贫资金监管水平的重要抓手。以预算编制为源头，以绩效目标为依据，以支付环节为依托，整合信息系统资源，运用现代信息技术，研究建立财政扶贫资金动态监控体系。出台《财政扶贫资金动态监控工作实施方案》，明确了纳入总台账的 42 项中央财政扶贫资金，动态监控平台开发建设取得阶段性进展。

这一年，财政部部署实施扶贫项目资金全面绩效管理。出台《扶贫项目资金绩效管理办法》，要求各级政府及相关部门建立扶贫项目资金“花钱必问效、无效必问责”的绩效理念，特别是资金使用部门要承担起绩效主体责任，对扶贫项目资金管理各环节实施全流程跟踪，做到预算“编制有目标、执行有监控、事后有评价、结果有应用”。

这一年，财政部建立完善扶贫资金项目公开公示制度。配合国务院扶贫办印发《关于完善扶贫资金项目公告公示制度的指导意见》，要求各地及时公告公示扶贫项目资金安排情况，确保项目在阳光下管理，资金在阳光下运行。同时，积极推动自身公开公示工作，在财政部门户网站设立“扶贫资金政策专栏”，专题公开财政部、有关中央部门和单位制发的扶贫政策、中央财政各项扶贫资金的分配结果以及地方财政支持脱贫攻坚的经验做法。充分发挥新媒体的作用，拓宽财政支持脱贫攻坚信息公开和宣传渠道。督促地方按照“两个一律”公开的要求，公开扶贫项目资金使用管理情况，自觉接受群众和社会监督。

这一年，财政部着力做好扶贫资金日常监管和专项核查。加强对各级各类扶贫资金的日常监管，依法处理检查发现的各类违规违法问题。组织部分财政专员办对“三区三州”所属六省区，开展为期一个月的财政支持脱贫攻坚政策落实情况专项核查。积极配合纪检监察、审计等部门深入开展扶贫领域监督检查工作，支持民主党派中央开展脱贫攻坚民主监督。针对2017年财政扶贫资金专项检查等发现的问题，继续督促各地严肃处理和整改落实，多措并举推动扶贫资金使用安全性、规范性进一步增强。

聚焦深度贫困地区确保同步迈入小康社会

深度贫困地区能否如期脱贫，事关脱贫攻坚战的成败。这一年，财政部贯彻落实党中央、国务院关于打赢深度贫困地区脱贫攻坚硬仗的要求，及时研究提出财政支持深度贫困地区脱贫攻坚的方案，加大对深度贫困地区的倾斜支持。

深度贫困地区中，以“三区三州”简称的西藏、四省藏区、南疆四地州和四川凉山州、云南怒江州、甘肃临夏州是重中之重，共有 135 个深度贫困县。这些地区自然条件差、基础设施和公共服务不足，不少贫困群众的脱贫能力弱、思想观念相对落后，基层组织比较薄弱，贫困发生率高、贫困程度深。

“在‘三区三州’之外，全国还有 199 个深度贫困县。这些深度贫困地区是我们的工作重点。”国务院扶贫办主任刘永富说。

为啃下这些最难啃的“硬骨头”，中央财政在现有扶贫投入不减的基础上，2018—2020 年拟新增安排深度贫困地区脱贫攻坚资金 2140 亿元，其中“三区三州”1050 亿元。同时，要求省级财政进一步盘活脱贫攻坚存量资金，加大省本级财政对“三区三州”脱贫攻坚的投入力度，避免资金投入上的挤出效应。

在项目资金安排上，财政部要求地方各级财政部门强化预算约束和导向作用，会同相关部门因地制宜区分轻重缓急确定项目并安排资金，重点瞄准与脱贫攻坚联系最密切的“短板”，注重培育带动贫困群众持续脱贫的增收产业；加强资金与方案设计、项目安排的衔接，改进资金使用和项目实施方式，更多采用生产奖补、劳务补助等方式，调动贫困群众脱贫积极性，增强内生动力。

不忘初心，投身脱贫攻坚主战场

脚下沾有多少泥土，心中就沉淀多少真情。定点扶贫是脱贫攻坚社会动员体系的重要内容，也是“专项扶贫 + 行业扶贫 + 社会扶贫”大扶贫格局的重要组成部分。

这一年，财政部把定点扶贫工作作为财政扶贫重点工作，与其他脱贫攻坚工作统筹推进。财政部领导先后 5 次召开会议专题研究定点扶贫工作。完善财政部定点扶贫工作领导小组工作机制，充实增加 6 家领导小组成员单位。财政部部长刘昆等 4 位部党组成员先后带队赴定点扶贫县考察调研，了解脱贫进展情况，加强工作指导。

选派扶贫工作队是加强基层扶贫工作的有效组织措施。按照“尽锐出战”的要求，财政部目前在湖南平江、云南永胜两县选派了 5 名扶贫挂职干部和 2 名驻村第一书记，与两省财政厅选派的 2 名干部共同组建扶贫工作队，增强定点帮扶合力。在财政部的指导下，扶贫工作队认真落实定点扶贫年度工作要点，加大政策支持力度，分类制定帮扶举措，帮助两个定点县培育特色产业、劳务输出就业、加强技能培训、开展干部培训、吸引社会力量帮扶。

“帮扶工作队的同志们走出机关，扎根基层，不辞辛苦，全力以赴推动两县脱贫攻坚，发挥了财政部联系定点县的桥梁纽带作用，工作深入扎实，成绩可圈可点。”在 2018 年 7 月召开的财政部定点扶贫工作会议上，财政部副部长程丽华对部定点扶贫工作队的工作表示肯定。

“他们是平江扶贫开发的领路人，他们是平江脱贫攻坚的实干家。”平江县县委书记汪涛评价道。基层干部群众中，“财政部定点扶贫工作队”也已经形成品牌，耳熟能详。

这一年，财政部搭建起包括部定点扶贫工作领导小组工作机制等 7 大机制在内的帮扶工作体系，尤其是在脱贫攻坚过程中创新的“四级财政纵向联动机制”，成为财政部定点扶贫工作中一道亮丽的风景。财政部积极发挥党建引领脱贫攻坚的作用，部内 10 家单位党组织结对帮扶定点扶贫县 10 个村级党组织，帮助建强村级组织班子，通过结对帮扶帮助贫困村脱贫。

一枝一叶总关情。财政人深知，要打赢脱贫攻坚战，必须作风过硬！这一年，财政部认真抓好扶贫领域作风问题专项治理。

印发《财政部开展扶贫领域作风问题专项治理实施方案》，并在全国财政系统廉政工作会议上专门部署，要求全体财政干部认真落实习近平总书记关于开展作风问题专项治理的重要指示精神，强化责任担当，转变工作作风，坚决支持打赢打好脱贫攻坚战，以作风建设新成果推动财政扶贫工作再上新台阶。

贫困之冰，非一日之寒；破冰之功，非一春之暖。2019 年的脱贫攻坚，要在质量上下功夫，着力提高脱贫质量和实效，让精准扶贫精准脱贫的各项措施扎实落地。财政部将继续坚持将脱贫攻坚摆到突出重要位置，一鼓作气，全力支持打赢脱贫攻坚战。继续优化财政支出结构，加大扶贫投入力度，并向深度贫困的地区倾斜，深入推进贫困县涉农资金整合试点，强化脱贫攻坚投入保障；聚焦脱贫攻坚领域薄弱环节，着力支持解决“三保障”和饮水安全等突出问题，改善贫困地区、贫困群众发展条件，帮助贫困群众通过产业、就业增收，切实落实好财政支持打赢脱贫攻坚战三年行动各项举措。全面加强各类扶贫资金管理，进一步完善扶贫资金动态监控机制，推进扶贫项目资金全面绩效管理，强化对扶贫资金的日常管理和问题整改，提升扶贫资金使用管理水平。深入持续推进扶贫领域作风建设，认真开展脱贫攻坚专项巡视，发现问题整改，扎实做好财政部定点扶贫工作，以良好的作风、务实的行动履行好财政脱贫攻坚政治责任。

财政部召开全国财政系统脱贫攻坚专项巡视整改工作推进会强调，各级财政部门要以专项巡视整改为契机

——全力支持夺取脱贫攻坚决战决胜

中国财经报，2019 年 2 月 28 日，岳闻

2 月 25 日，财政部召开全国财政系统脱贫攻坚专项巡视整改工作推进会，深入学习贯彻习近平总书记关于脱贫攻坚专项巡视重要讲话精神，部署做好脱贫攻坚专项巡视整改工作。部党组书记、部长刘昆讲话。部党组成员、副部长程丽华主持会议，并传达国务院扶贫开发领导小组脱贫攻坚专项巡视整改工作电视电话会议精神。

会议指出，做好脱贫攻坚巡视整改工作是践行“两个维护”的具体行动、是践行以人民为中心发展思想的具体内容、是确保夺取脱贫攻坚决战决胜的紧迫要求。各级财政部门要深入学习贯彻习近平总书记关于扶贫工作重要论述，自觉对标对表党中央关于脱贫攻坚的部署要求，认真对照中央巡视组反馈的问题和建议，不折不扣做好专项巡视整改工作。

会议要求，2019 年是打赢脱贫攻坚战的关键一年，各级财政部门要从增强“四个意识”、落实“两个维护”的政治高度来认识整改工作，强化政治担当，部党组书记是第一责任人，部内各

单位和各省财政部门主要负责同志要亲自抓，班子成员按照分工具体抓。做实整改任务，对照任务分工，逐一明确整改措施和完成期限，各项整改措施要与打赢脱贫攻坚战三年行动计划结合起来一体推进，地方财政部门要积极配合抓好整改措施的落实落地。健全工作机制，实行牵头落实制度、整改进展定期报告和销号制度，扎实有序整改。强化监督问责，自觉接受监督，对不担当不作为的及时进行组织调整，对涉嫌违规违纪违法的严肃处理，典型问题公开曝光，坚决维护党中央权威和巡视公信力，确保整改效果。

会议强调，各级财政部门要以专项巡视整改为契机，全力支持夺取脱贫攻坚决战决胜。要强化组织领导和工作力量，强化脱贫攻坚投入保障，强化财政扶贫政策的精准性和有效性，强化扶贫资金监管，确保扶贫资金安全高效使用，让贫困群众真正受益。

财政部党组成员，部机关各司局副处级以上干部，在京部属单位领导班子成员，京外部属单位和财政部驻各地专员办主要负责人在财政部主会场参加会议。各省、自治区、直辖市、计划单列市财政厅（局）、新疆生产建设兵团财政局，京外部属单位副处级以上干部，专员办全体干部，财政部选派平江、永胜两县工作的扶贫挂职干部和驻村第一书记在视频分会场参加会议。

全力支持脱贫攻坚决战决胜

中国财经报，2019 年 3 月 12 日，李忠峰

财政部将继续把脱贫攻坚摆在突出重要位置，通过加大投入、突出重点、加强监管，全力支持脱贫攻坚决战决胜。

2016—2019 年，中央财政累计安排补助地方财政专项扶贫资金 3884 亿元，连续 4 年每年增加 200 亿元，年均增长 28.6%。

打赢脱贫攻坚战，小康路上一个都不能少。

2019 年是全面建成小康社会的关键之年。财政部副部长程丽华表示，财政部将继续把脱贫攻坚摆在突出重要位置，通过加大投入、突出重点、加强监管，全力支持脱贫攻坚决战决胜。

2016—2019 年，中央财政累计安排补助地方财政专项扶贫资金 3884 亿元，连续 4 年每年增加 200 亿元，年均增长 28.6%。

脱贫攻坚扎实推进

2018 年，脱贫攻坚在取得决定性进展基础上，继续迈出重大步伐。农村贫困人口减少 1386 万，易地扶贫搬迁 280 万人。

2018 年，中央财政安排补助地方专项扶贫资金 1061 亿元，较上年增长 23.2%。同时，在核定地方政府债务新增限额时，充分考虑脱贫攻坚因素，2018 年，明确用于扶贫的债务资金规模达到 1091 亿元。

2018—2020 年，中央财政拟新增安排深度贫困地区脱贫攻坚

资金 2140 亿元，其中“三区三州”1050 亿元，并将支持“三区三州”的增量资金细化分解到具体地区。同时，要求省级财政相应加大投入，避免形成“挤出效应”。

在加大投入的同时，2016 年，开始启动实施贫困县涉农资金整合试点。2017 年，整合试点推广至全国 832 个贫困县。2016—2018 年，贫困县累计整合涉农资金超过 9000 亿元，推动形成了“多个渠道引水、一个龙头放水”的扶贫投入新格局。

此外，我国还通过税收政策引导社会力量支持脱贫攻坚。财政部牵头研究制定了支持脱贫攻坚的系列税收政策，明确企业用于包括扶贫在内的慈善活动和公益事业捐赠支出，符合相关政策规定的准予结转三年扣除；制定易地扶贫搬迁税收优惠政策，进一步落实重点群体创业就业税收政策；等等。

全国人大代表、宁夏回族自治区财政厅厅长陈春平说，在脱贫攻坚方面，中央财政在投入力度不断加大的同时，加大涉农资金整合力度、加强资金监管，靶向更加精准，聚焦深度贫困地区发力。2018 年，中央补助宁夏专项扶贫资金 21.6 亿元，增长 17%。

全国人大代表、吉林省财政厅厅长谢忠岩表示，2018 年，吉林财政全力以赴支持脱贫攻坚。围绕推进“两不愁、三保障”和落实六个精准等扶贫政策要求，2018 年财政专项扶贫资金增幅达 21.8%。全省全面推进贫困县涉农资金整合试点，实施“大专项 + 任务清单”管理模式，逐步将权力和责任落实到县，为基层深入开展涉农资金整合创造条件。

在一系列强有力措施保证下，深度贫困地区脱贫攻坚步伐加快。“三区三州”脱贫攻坚实施方案年度任务全面完成，全年共减少贫困人 133 万人，贫困发生率下降 6.4 个百分点。

决胜全面小康财政多方面发力

“安徽财政多方面发力，坚决支持打赢脱贫攻坚战。”全国人大代表、安徽省财政厅厅长罗建国接受记者采访时说。

2018 年，安徽省市县财政专项扶贫投入达 88.5 亿元，同比增长 37.1%；统筹债券投入 31 亿元、存量资金 12.8 亿元用于脱贫攻坚。32 个贫困县完成整合资金 143.2 亿元。同时，制定完善 28 项财政支持措施。聚焦深度贫困地区和淮河行蓄洪区，安排 3.5 亿元支持行蓄洪区和 9 个深度贫困县脱贫攻坚。实施资产收益扶贫民生工程，全年新建项目 2097 个，带动 52.5 万贫困人口人均增收 478.7 元。

罗建国告诉记者，安徽还落实扶贫资金支出通报调度机制，加强项目库建设，将扶贫资金与项目一体推进，克服“钱等项目”难题。截至 2018 年年底，全省专项扶贫资金支出 98.1%，高于国家要求 6.1 个百分点。同时，建立“大扶贫”资金管理格局，启动扶贫资金动态监控系统建设；全部实施扶贫项目资金绩效管理，在规定时间内完成了资金分配、绩效目标录入等工作。

全国政协委员、新疆维吾尔自治区政府党组成员、财政厅厅长弯海川接受记者采访时表示，自治区财政在资金监管上聚焦发力。自治区收到中央资金后，必须 30 日内下达，地州必须 5 日内下达，县级扶贫开发领导小组批复支付计划后，必须 3 日内支付资金，否则就严肃追责。同时，建立 22 个深度贫困县精准脱贫动态监管系统，提供扶贫数据支撑和信息咨询服务；建立常态化监督检查机制，每拨付一笔资金，同时下达跟踪监管单，对资金的拨付使用情况进行全程监管。此外，加强扶贫资金绩效管理，按照全方位、全过程、全覆盖、全监督的要求，对 62 项扶贫资金实施绩效管理，把评价结果与资金安排挂钩。

河北省财政厅厅长高云霄介绍，河北省省级安排专项扶贫资金实现大幅提升，并指导市县调整优化预算全力给予保障；制定河北省《扶贫项目资金绩效管理实施办法》，推动落实资金支付“四方联签联审”、公告公示等制度，研发构建扶贫资金动态监控系统，并制定《扶贫资金监督管理追责办法》，架起扶贫资金管理使用“高压线”，财政部向全国进行了推广。

财政部有关负责人表示，2019 年，财政部坚持问题导向，强化责任落实，提高脱贫质量，确保再减少农村贫困人口 1000 万以上、实现 300 个左右贫困县摘帽，基本完成“十三五”易地扶贫搬迁规划建设任务。

2019 年，中央财政拟安排专项扶贫资金 1261 亿元，增长 18.9%，增量用于深度贫困地区；相关转移支付和债务限额分配继续向深度贫困地区倾斜；深入实施产业、就业、教育、健康、社保扶贫，解决好实现“两不愁三保障”面临的突出问题；继续推进贫困县涉农资金整合试点，促进扶贫资金精准投放和使用。

2018 年，财政部全面加强各级各类扶贫资金管理。探索建立财政扶贫资金动态监控机制取得阶段性进展；实施扶贫项目资金全面绩效管理，会同相关部门研究起草《扶贫项目资金绩效管理办法》，初步建立了扶贫资金“花钱必问效、无效必问责”的管理机制。2018 年，约 11 万个扶贫项目实施绩效管理，资金超过 8000 亿元。

程丽华表示，对于扶贫资金监管，要在不断完善制度和机制的同时，一方面，全面公开省市县扶贫资金分配结果，乡村两级扶贫项目安排和资金使用情况也要一律公告公示；另一方面，财政部将与有关部门协作，对扶贫资金管理使用情况加强监督检查，对违规违纪问题发现一起、处理一起、问责一起、曝光一起，坚决防止扶贫资金被挤占挪用。

2019 年，中央财政将加快建设扶贫资金动态监控机制，实时动态监控各级各类财政扶贫资金。对扶贫项目资金实施全过程绩效管理，坚决防止被挤占挪用。

一是有关部门和资金使用单位在编制年度部门预算、单位预算时，科学合理测算扶贫项目资金需求，设定扶贫项目资金绩效目标。未按照要求设定绩效目标的项目，原则上不得纳入扶贫项目库，不得申请相关预算。

二是预算执行中，有关部门应当建立扶贫项目资金绩效目标执行监控机制，组织资金使用单位定期对预算和绩效目标执行情况进行跟踪分析。要充分利用信息化手段，开展绩效目标执行监控。

三是预算执行终了，有关部门应当组织资金使用单位开展绩效自评。各级财政和扶贫部门根据需要，选择重点项目开展绩效评价。

除财政专项扶贫资金外，中央财政还不断加大对贫困地区的转移支付力度，通过农业、生态、教育、医疗、社会保障、普惠金融等转移支付，支持推进产业扶贫、生态扶贫、教育扶贫、健康扶贫、兜底保障、金融扶贫等工作；通过中央基建投资等支持改善贫困地区基础设施和生产生活条件。

“我们要扎实推进财政扶贫资金动态监控系统建设，尽快实现对各级各类扶贫资金的实时动态监控。”罗建国表示，推进扶贫项目资金全面实施绩效管理，要加强绩效目标审核、执行监控和事后评价，强化资金使用部门和单位的绩效管理责任。配合审计、纪检监察工作，始终保持扶贫资金监管高压态势。对借扶贫名义变相举债搞其他项目建设的，依法依规予以从严从重处理。

弯海川表示，2019 年，新疆着力加快扶贫资金支出进度，强化扶贫资金支出进度管理机制，建立旬报、月调度制度；对扶贫资金管理使用过程中出现的弄虚作假，截留、挪用、挤占和擅自改变资金用途等方面的问题，及时发现和纠正，并严肃追责问责，确保到 2020 年新疆贫困群众同全国各族人民一道进入全面小康社会。

财政部举办“贫困地区财政干部脱贫攻坚政策培训班”

中国财经报，2019 年 4 月 23 日，李忠峰

财政部脱贫攻坚领导小组办公室、财政部干部教育中心日前在北京国家会计学院联合举办贫困地区财政干部脱贫攻坚政策培训班。有关方面负责人就当前脱贫攻坚形势和任务，财政专项扶贫资金管理及贫困县涉农资金整合政策，扶贫项目资金绩效管理，义务教育、基本医疗、住房安全和饮水安全（“3 + 1”）财政政策保障，财政支持金融扶贫政策，强化扶贫资金监管等内容进行了政策解读。

财政部脱贫攻坚领导小组办公室有关负责人表示，2019 年是新中国成立 70 周年，也是脱贫攻坚战决战决胜的关键一年。财政部 3 月连续召开了全国财政系统脱贫攻坚专项巡视整改工作推进会和脱贫攻坚工作视频会，又紧锣密鼓举办培训班，对全国 832 个贫困县财政干部进行系统的脱贫攻坚政策培训，目的就在于进一步统一思想认识，提高工作能力，帮助贫困地区财政干部全面准确把握脱贫攻坚政策和资金管理要求，以学促知，以知促行，更好地为打赢打好脱贫攻坚战贡献力量。

这位负责人强调，财政系统的干部要带头深入学习贯彻习近平总书记关于扶贫工作的重要论述，进一步强化政治担当，立足

职能职责，切实增强责任感、紧迫感，拿出决战决胜的精神状态，鼓劲加油、滚石上山，坚决打赢脱贫攻坚战。财政部门作为各级扶贫开发领导小组副组长单位，要切实抓好脱贫攻坚投入保障，在中央和省级投入持续增加的同时，市县要落实“大扶贫”格局，统筹各方面的扶贫资金，凝聚涉农资金整合等财税政策，突出重点，合力攻坚，补齐短板；要切实提高财政扶贫政策落实的精准性和有效性，按照“精准扶贫、精准脱贫”基本方略要求，瞄准建档立卡贫困人口、贫困村，因人、因村、因致贫原因施策，不搞“大水漫灌”，确保项目安排精准、资金使用精准、脱贫成效精准；要切实加强各类扶贫资金监管，加强财务基础工作，把好政策关、数字关、文字关，将绩效管理要求贯彻预算管理全过程，落实好资金监管主体责任，坚决防止贪污侵占、截流私分、挪用套取、虚报冒领等问题；要切实推进各单位的定点帮扶工作，发挥财政部门特点，强化工作落实，帮助帮扶对象如期脱贫。

河南省郸城市财政局副局长张传亮接受记者采访时表示，这次培训内容聚焦当前脱贫攻坚重点，既有理论解读也有实操案例，很有针对性；培训对象覆盖基层，减少了分级传达的偏差风险，更有利于政策的落地生根。

安徽省寿县财政局局长赵成凤告诉记者：“这次培训班非常好，详细解读了资金管理以及金融、水利、社会保障等脱贫攻坚政策，对于我本人来说，很多内容都是解疑释惑。”

来自中西部 22 个省份财政厅（局）扶贫部门业务骨干、财政部驻中西部 22 个省份专员办业务骨干、全国 832 个国定贫困县分管扶贫工作的县财政局负责同志近 900 人分两期参加了培训。

确保每一分钱都用到群众身上

——惠民惠农财政补贴资金“一卡通”专项治理综述

中国财经报，2019 年 12 月 7 日，刘明中

近年来，我国惠民惠农财政补贴力度不断加大，大量资金直接汇入受益群众专门开设的银行卡、存折等支付工具。采用这种“一卡通”的方式发放财政补贴资金，对方便服务群众起到了积极作用。

然而，部分地区“一卡通”的使用管理存在诸多漏洞：“政出多门”“卡出多行”等现象屡禁不止；贪污侵占、虚报冒领、截留挪用补贴资金等问题时有发生，从而导致惠民惠农补贴政策的执行效果打了折扣，不仅降低了群众的获得感和满足感，也严重损害了党和政府的形象。

国务院领导同志对此高度重视，作出重要批示。为贯彻落实国务院领导同志的重要批示精神，财政部、农业农村部、民政部、人力资源社会保障部、审计署、国务院扶贫办、银保监会 7 部委于 2019 年 4—9 月组织开展了惠民惠农财政补贴资金“一卡通”专项治理。

聚焦违规问题　出实招整改

据财政部监督评价局相关负责人透露，本次专项治理聚焦惠

民惠农财政补贴资金管理问题，目标是摸清财政补贴“钱从哪里来”“发到哪里去”“发了多少”；着力整治“政出多门”“卡出多行”“人卡分离”等管理问题，及时处理虚报冒领、截留挪用、贪污侵占等违规违纪行为。对专项治理中发现的突出问题和共性问题，举一反三，拿出实招进行整改规范，确保每一分钱都用到群众身上。

据悉，此次专项治理遵循三项原则：一是以点带面，以查促改。每个省份选择1—2个有代表性的地市，以县级自查为重点，通过省级抽查传导压力，边清查边整治，推动各省份摸清情况，规范管理。二是因地制宜，便利群众。对“一卡通”管理不搞全国“一刀切”，由各地按照“整合资金项目、理顺发放渠道、确保群众知用、及时足额到位”的要求，自行选择最让群众满意的方式。三是分工协作，形成合力。建立多部委联席工作机制，各部门按职能明确分工，共享信息，加强配合。

这位负责人表示，此次“一卡通”专项治理工作意义重大：

一是体现了以人民为中心的发展思想。惠民惠农财政补贴归根结底是一项针对人民群众的利民政策，只有对“一卡通”使用管理中的问题开展专项治理，才能确保财政补贴资金都用到群众身上，确保政策落实落地。

二是助力全面从严治党。“千里之堤，溃于蚁穴。”面对党内作风问题，既要“打虎”也要注重“拍蝇”，小贪小腐日积月累也会造成无法估量的后果。惠民惠农财政补贴资金数量大，项目多，涵盖面广，在层层下达的过程中容易出现“雁过拔毛”的现象。此次专项治理着力整治群众身边的腐败问题，向人民群众周围的不正之风和腐败问题亮剑，可以肃清党内不良之风，纯洁党内风气。

三是为打赢脱贫攻坚战保驾护航。通过专项治理查处“一卡通”使用管理过程中的各类问题，可以确保补贴资金尤其是扶贫资金精准、高效、安全使用，实现阳光扶贫、廉洁扶贫，进而为脱贫攻坚工作添砖加瓦。

“三步走”稳健推进专项治理

为深入挖掘惠民惠农财政补贴资金发放过程中的问题，本次专项治理的范围涵盖 2017—2018 年中央、省、市、县各类惠民惠农财政补贴资金（不含社会保险和教育类资金）“一卡通”管理情况和资金管理使用发放情况。治理内容主要包括检查、清理、纠正和规范三项问题：一是政策落实、资金管理不到位问题；二是“一卡通”办理、发放和使用不规范问题；三是违法违规问题。

这位负责人强调，在实际工作开展过程中，各省还可以结合当地实际适当增加治理内容。整个专项治理工作分为“三步走”：

第一阶段是部署启动阶段，通过召开全国专项治理工作布置视频会，由 7 部委联合启动专项治理工作。

第二阶段是县级自查和省级抽查阶段。在这一阶段中，各省市区有重点地选择几个地市对辖区内各县（市、区）组织开展自查，县级按照治理内容组织开展广泛的到村到户摸底调查，全面排查问题。之后各省市区由省级财政部门牵头，对县级自查情况进行抽查，对自查走过场、摸排不到位、发现问题偏少的县、乡予以重点关注。同时，针对自查抽查发现的问题，各省市区也要及时做出整改。

第三阶段是部委抽查和总结规范阶段。财政部、审计署等部委根据各省区市专项治理情况，制定方案进行抽查，对治理工作进行进一步核实验收。结合本次专项治理工作成果，完善顶层设计，规范治理措施，建立长效机制。

专项治理卓有成效

本次“一卡通”专项治理覆盖全国 31 个省份、半数以上县区，治理范围广泛，查找问题深入，投入人力众多。治理工作一经启动就引起了全国各省市区的高度重视，多个省份的党委、政府领导同志对此项工作作出重要批示，将近半数的省份将自查范围扩展到全省所有县，形成全面自查的高压态势。

各地在落实专项治理的过程中，充分调动各相关部门参与，压实各方责任，形成齐抓共管的工作合力，共同推动专项治理扎实有序开展，确保人民群众切实感受到财政补贴资金带来的获得感与满足感。

在各地区各部门的共同努力下，“一卡通”专项治理工作卓有成效。这位负责人对此进行了点评：

积极整改，严肃处理各类问题。根据自查、抽查和调研核查发现的问题，各省份立行立改，通过追缴收回、返还发放等方式对大量违规使用的资金进行了整治，确保资金合规有效使用。此外，专项治理期间，不少存在问题的党员干部主动向纪检监察部门说明情况，体现了专项治理的宣传震慑效果。

认真梳理，汇总整合补贴清单。通过本次“一卡通”专项治理，很多省份对当地的各类补贴项目进行了重新梳理、整合，按照补贴的类别并结合自身实际整理出了各自的补贴清单，真正做到了让人民群众知道“钱从哪里来”“发了多少”。同时，厘清了资金发放流程，确保资金在“阳光”下高效运行。

因地制宜，创新完善治理措施。很多省份根据自身的实际情况，因地制宜采取了相应的治理措施进一步规范“一卡通”使用管理的流程，尤其是在信息化技术日益精进的大环境下，很多有条件的地区开始寻求创新，尝试将互联网、大数据等技术融入财政补贴资金发放、监管等多个环节中，形成了各具特色的治理措施。

为进一步巩固“一卡通”专项治理的成果，在全国范围内加大治理力度，建立长效机制，推动专项治理走向深入，本报将配合财政部监督评价局推出6篇专项治理典型稿件。这位负责人表示，在借鉴稿件中提到的典型经验做法的基础上，各省应结合自身实际，开发出一套符合当地需求的治理措施，从而落实好惠民惠农财政补贴资金的合理合规发放，让人民群众切实感受到补贴政策带来的幸福感。

中央财政全力支持脱贫攻坚决战决胜

中国财经报，2019 年 12 月 26 日，张曦文

从全村“最倒霉”的贫困户到最有名的致富能手，今年 40 岁的张子银从没像现在这么舒心。

张子银家住安徽省阜阳市正午镇吴寨村。3 年前，他因病致贫，无法从事重体力的劳作，家里的积蓄也因治病被花光。如今，他以土地入股，变身大棚基地的小股东，并承包种植大棚，产销八仙花。股东分红和花卉销售两份稳稳的收入，让张子银靠自己的双手甩掉了贫困的帽子，成功转型为村里的致富榜样。

像张子银一样，2019 年又有不少贫困群众迎来了新生活。国务院扶贫办主任刘永富近日表示，预计到 2019 年年底，全国 95% 左右现行标准的贫困人口将实现脱贫，90% 以上的贫困县将实现摘帽，再经过 2020 年一年的努力，中华民族千百年来的绝对贫困问题将得到历史性解决。

在脱贫攻坚、攻坚拔寨的关键阶段，财政部 2019 年继续把脱贫攻坚摆在突出、重要位置，全力保障资金投入，针对薄弱环节补短板，加强扶贫资金监管，全力支持脱贫攻坚决战决胜。

加大投入　突出重点

2019 年，中央财政继续加大对贫困地区的一般性转移支付力度，引导有助于脱贫的农业、教育、医疗、交通、生态等转移支

付向贫困地区、贫困人口倾斜。中央财政专项扶贫资金比 2018 年同口径增加 200 亿元，增长 18.85%，连续 4 年保持 200 亿元的增量，地方各级财政也切实加大了扶贫投入力度。2016 年以来，财政部会同国务院扶贫办等部门持续推进贫困县涉农资金整合工作，支持 832 个贫困县开展涉农资金统筹整合试点，3 年整合各类涉农资金超过 9000 亿元。

脱贫攻坚，啃的是“硬骨头”，趟的是“深水区”，打的是“攻坚战”。

山川阻隔、地理限制，导致云南省怒江傈僳族自治州泸水市鲁掌镇浪坝寨村的产业一直处于“小散弱”的尴尬境地，销售农产品十分艰难。为此，浪坝寨村转变思路发展乡村互联网电商经济，探索“党支部 + 合作社 + 电商 + 农户”的发展模式。如今的浪坝寨村已成为小有名气的“网红村”。“农村 + 电商”不仅改变着祖辈们传统的商品交易模式，也让全村人的生活方式悄然发生了改变。

贫困程度深、基础条件差、致贫原因复杂……像怒江州这样的深度贫困地区，是决定脱贫攻坚战能否打赢的关键。数据显示，目前“三区三州”还有贫困人口 172 万人，贫困发生率 8.2%，“三区三州”以外的 199 个深度贫困县还有贫困人口 467 万人，贫困发生率 5.6%。

为支持贫困地区尽快补齐脱贫攻坚短板，财政部认真贯彻落实习近平总书记“三个新增”的重要指示精神，突出扶贫投入重点，在 2019 年中央财政新增的 200 亿元专项扶贫资金中，有 135 亿元用于支持“三区三州”深度贫困地区脱贫攻坚。同时，加大对革命老区脱贫攻坚的支持力度，鼓励革命老区率先脱贫；支持东部省份扶贫改革试验区探索创新，为做好脱贫攻坚与乡村振兴的衔接积累经验。

2019 年中央财政专项扶贫资金继续按照因素法分配，并将巩固脱贫成效作为测算因素，资金切块下达到省，资金项目的审批权限完全下放到县级。地方可结合扶贫开发工作实际，因地制宜、因户施策确定中央财政专项扶贫资金使用范围。

精准施策　聚焦硬任务

到 2020 年确保全部贫困人口实现不愁吃穿，义务教育、基本医疗和住房安全有保障，是农村贫困人口脱贫的基本要求和核心指标。

针对一些地区“三保障”和饮水安全方面存在的问题和薄弱环节，财政部及时调整完善了相关政策措施，支持地方做好义务教育、基本医疗、住房安全和饮水安全工作。

在义务教育方面，从 2019 年秋季学期起，将家庭经济困难非寄宿生纳入生活补助范围。2019 年将贫困地区农村义务教育学生营养膳食补助标准统一为每生每天 4 元。

在基本医疗方面，中央财政主要通过医疗救助补助资金资助贫困人口参加基本医疗保险，并对符合条件对象的个人自负医疗费用给予补助。2016—2019 年，中央财政下达医疗救助补助资金 889.96 亿元，支持各地资助困难群众参加基本医疗保险、对困难群众难以负担的基本医疗自付费用给予补助、开展疾病应急救助、提高深度贫困地区农村贫困人口医疗保障水平。

在住房安全方面，财政部、住房城乡建设部将全国剩余的建档立卡贫困户等 4 类重点对象存量危房改造任务一次性全部下达，要求各地 2020 年 6 月底前全部竣工。同时，将“三区三州”等深度贫困地区的 4 类重点对象危房改造补助标准在全国户均 1.4 万元的基础上每户提高 0.2 万元。

在饮水安全方面，“十三五”期间，中央财政已通过中央基建投资安排资金220亿元支持农村饮水安全巩固提升工程，在此基础上，拟于2019—2020年继续安排农村饮水安全巩固提升工程资金60亿元，重点解决深度贫困地区建档立卡贫困人口饮水安全问题及饮用水氟超标问题。2019年，中央财政还通过水利发展资金安排14.5亿元，首次将农村饮水工程维修养护纳入中央财政补助范围。

在定点扶贫工作中，财政部针对湖南平江县和云南永胜县两个定点扶贫县，发挥中央国家机关扶贫的优势，拓宽思路，精准施策。财政部党组把定点扶贫工作纳入重要议事日程，多次召开定点扶贫专题会议和定点扶贫工作推进会，研究帮扶工作，采取多种方式帮助提高定点扶贫县资金使用管理水平和效益。

脱贫攻坚不仅是政府的责任，也是全社会共同的任务。为此，财政部积极运用税收优惠、财政补贴、贷款贴息等政策工具，调动企业、社会参与脱贫攻坚积极性。系统梳理支持脱贫攻坚的税收优惠政策，进一步完善和明确企业、个人用于扶贫等公益性捐赠的所得税优惠政策。

加强监管“好钢用在刀刃上”

扶贫资金是贫困群众的“救命钱”“保命钱”和减贫脱贫的“助推剂”，如何管好、用好这宝贵的资金？2019年，财政部加强管理，加快扶贫资金动态监控机制建设，对扶贫项目资金实施全过程绩效管理，确保“好钢用在刀刃上”。

财政部充分发挥各地监管局作用，做好贫困县涉农资金整合试点情况核查及财政专项扶贫资金巡视、审计发现问题整改情况核查等日常监管工作。聚焦深度贫困地区扶贫资金使用情况，组织各地监管局对“三区三州”等深度贫困地区财政支持脱贫攻坚政策落实情况开展专项核查，督促财政支持脱贫攻坚政策措施落到实处。

财政部以预算编制为源头，以绩效目标为依据，以支付环节为依托，整合信息系统资源，初步建立扶贫资金动态监控平台。目前，28 个省份均已完成监控平台部署，330 多个地市、2900 多个县（区）已上线操作使用。

为加强资金监管，财政部认真落实扶贫资金项目公告公示制度，组织财政部各地监管局开展财政支持脱贫攻坚政策落实情况专项核查，督促各地认真抓好脱贫攻坚成效考核中发现的问题的整改，积极配合全国人大等部门对扶贫资金政策的监督。通过多措并举，扶贫资金使用的安全性、规范性明显提升。

按照党中央、国务院关于加强扶贫资金绩效管理的决策部署，财政部会同有关部门研究制定并报请国务院办公厅转发《扶贫项目资金绩效管理办法》。各级财政部门全力推动扶贫项目资金实施全过程绩效管理，建立扶贫资金“花钱必问效、无效必问责”的管理机制。截至 2018 年年底，全国 28 个省份共完成约 11 万个扶贫项目的绩效目标填报工作，涉及扶贫资金约 8000 多亿元。2019 年 5 月底，扶贫项目绩效自评工作已经全部完成，基本实现扶贫项目产出和效果的可视化，为提高扶贫资金使用效益奠定了坚实基础。

财政部出台的《财政部门财政扶贫资金违规管理责任追究办法》明确，对存在以弄虚作假手段骗取、套取财政扶贫资金，或贪污、挪用财政扶贫资金等问题的相关财政部门及其工作人员实施责任追究。

财政部：专项扶贫资金连续4年每年净增200亿元

新京报网，2019年7月18日，李傲

近日，财政部脱贫攻坚领导小组负责人就近期财政脱贫攻坚重点工作和热点问题接受了媒体采访，2019年安排中央专项扶贫资金1261亿元，连续4年每年净增200亿元。

近年来，中央财政加大对贫困地区的一般性转移支付力度，引导有助于脱贫的农业、教育、医疗、交通、生态等转移支付向贫困地区、贫困人口倾斜。其中，2019年安排中央专项扶贫资金1261亿元，连续4年每年净增200亿元。此外，推动加大东西扶贫协作力度，2018年东部9省市全年投入财政帮扶资金177亿元，是上年的1.3倍。

为切实加强资金监管，初步建立扶贫资金动态监控平台。目前，28个省份均已完成监控平台部署，330多个地市、2900多个县（区）已上线操作使用。

为实施绩效管理，建立扶贫资金“花钱必问效、无效必问责”的管理机制。截至2018年年底，全国28个省份共完成约11万个扶贫项目的绩效目标填报工作，涉及扶贫资金约8000多亿元。2019年5月底扶贫项目绩效自评工作已经全部完成。

为完善财税政策支持，2016年以来，财政部会同国务院扶贫办等部门持续推进贫困县涉农资金整合工作，支持 832 个贫困县开展涉农资金统筹整合试点，整合力度逐步加大，管理使用逐步规范，整合成效逐步凸显，三年整合各类涉农资金超过 9000 亿元。

对于一些地区“三保障”和饮水安全方面还存在薄弱环节，财政部坚持问题导向，及时调整完善了相关政策措施，支持地方进一步做好义务教育、基本医疗、住房安全和饮水安全工作。

义务教育方面，调整完善学生生活补助政策。从 2019 年秋季学期起，将家庭经济困难非寄宿生纳入生活补助范围。调整完善贫困地区学生营养膳食补助政策，将贫困地区农村义务教育学生营养膳食补助标准由中央与地方分别制定，为每人每天 4 元。

基本医疗方面，中央财政主要通过医疗救助补助资金资助贫困人口参加基本医疗保险，并对符合条件对象的个人自负医疗费用给予补助。2016—2019 年，中央财政下达医疗救助补助资金 889.96 亿元。

住房安全方面，2019 年财政部、住房城乡建设部将全国剩余的建档立卡贫困户等四类重点对象存量危房改造任务一次性全部下达，要求各地确保于 2019 年年底前全部开工，2020 年 6 月底前全部竣工。进一步加大对“三区三州”等深度贫困地区的倾斜支持力度，将其四类重点对象危房改造补助标准在全国户均 1.4 万元的基础上每户提高 0.2 万元。

饮水安全方面，“十三五”期间，中央财政已通过中央基建投资安排资金 220 亿元支持农村饮水安全巩固提升工程，重点解决贫困地区、贫困人口饮水安全问题。在此基础上，中央财政拟于 2019—2020 年通过调整中央基建投资水利专项投资结构，继续安排农村饮水安全巩固提升工程资金 60 亿元，重点解决深度贫困地区建档立卡贫困人口饮水安全问题及饮用水氟超标问题。

2019 年中央财政通过水利发展资金安排 14.5 亿元，首次将农村饮水工程维修养护纳入中央财政补助范围，对约 10 万处农村饮水工程开展维修养护，覆盖约 1.13 亿人。

对于基层扶贫资金使用管理不规范、扶贫资金挤占挪用、资金使用不够精准等问题，财政部将组织各地监管局和地方财政部门做好财政支持脱贫攻坚政策落实情况监督工作，督促各地落实好扶贫资金各项管理制度。重点组织开展惠民惠农财政补贴资金“一卡通”专项治理，坚决斩断伸向惠民惠农尤其是扶贫资金的“黑手”。

2019 年 10 月底前建成贫困地区农副产品网络销售平台

新京报网，2019 年 8 月 20 日，杨亦静

近日，财政部、国务院扶贫办、供销合作总社印发了《政府采购贫困地区农副产品实施方案》（以下简称《方案》），《方案》指出，在 2019 年 10 月底前，建成贫困地区农副产品网络销售平台，要求以国家级贫困县特别是深度贫困地区为重点，以促进贫困地区农副产品销售、建档立卡贫困户增收为目标，充分运用政府采购政策鼓励动员各级预算单位等通过优先采购、预留采购份额的方式，采购贫困地区农副产品，助力打赢脱贫攻坚战。

方案任务目标

《方案》要求 2019 年 10 月底前，建成集“交易、服务、监管”于一体的贫困地区农副产品网络销售平台（以下简称网络销售平台），实现贫困地区农副产品在线展示、网上交易、物流跟踪、在线支付、产品追溯的一站式聚合。

2019 年 10 月底前，编制国家级贫困县重点扶贫产品供应商名录，首批贫困地区农副产品入驻网络销售平台，鼓励各级预算单位通过网络销售平台先行启动贫困地区农副产品采购工作。建立政府采购政策支持消费扶贫数据库，启动政府采购贫困地区农

副产品采购交易数据统计工作。

自2020年起，各级预算单位通过网络销售平台全面启动贫困地区农副产品采购工作，财政部、国务院扶贫办依托网络销售平台定期统计和通报采购情况。动态更新和丰富完善供应商名录，推动全社会广泛参与贫困地区农副产品采购工作，网络销售平台逐步向非政府采购领域拓展。

三大重点工作

加强贫困地区农副产品货源组织。贫困县扶贫部门在本地区党委、政府领导下做好农副产品货源组织工作，向省级扶贫部门推荐本地区农副产品和带贫能力强、产品质量好、有诚信的企业、合作社、家庭农场等市场主体，并对拟推荐的市场主体带贫益贫成效进行审核，出具相关证明。贫困县要引导本地区市场主体按照市场需求发展本地区特色优势产业，打造区域公共品牌，实现贫困地区农副产品产地、质量等可追溯。有关省（区、市）扶贫办要结合本地区脱贫攻坚实际，会同有关部门对贫困县推荐的农副产品及市场主体进行审核，并向国务院扶贫办报送本地区重点扶贫农副产品和供应商建议名录。名录要向深度贫困地区倾斜，优先支持参与全国民营企业“万企帮万村”行动的市场主体。

搭建贫困地区农副产品销售平台。供销合作总社按照财政部、国务院扶贫办的有关要求，依托现有平台改造建设运营网络销售平台（网址：www.fupin832.com）。网络销售平台实行“零收费”。除按商业原则由平台代收的通道费、第三方服务费及履约保证金外，不向供应商收取入场费、平台使用费等相关费用，不向预算单位收取交易服务费。

组织引导预算单位购买贫困地区农副产品。各级财政部门负责汇总预算单位预留贫困地区农副产品采购比例等信息，指导本级预算单位采购贫困地区农副产品。各预算单位要加强农副产品采购工作的计划安排，按照预留比例通过网络销售平台采购贫困地区农副产品，严格按照合同约定支付货款，不得拖欠。鼓励各级预算单位工会组织通过网络销售平台采购工会福利、慰问品等。有关单位工会采购金额纳入本单位扶贫统计范围。鼓励承担定点帮扶任务的中央企业和地方国有企业预留一定采购比例，通过网络销售平台采购贫困地区农副产品。国务院扶贫办依托消费扶贫数据库统计、汇总各地区、各单位采购情况，作为其参与消费扶贫的重要依据。

五项工作机制

组织保障机制。财政部、国务院扶贫办会同供销合作总社等有关部门统筹推进贫困地区农副产品采购工作。各省级财政部门、扶贫部门要会同供销等有关部门建立协作机制，明确责任，形成合力，统筹推进、指导、协调本地区贫困地区农副产品采购工作。

利益联结机制。各级扶贫部门要把促进贫困地区农副产品销售、增加建档立卡贫困户收入作为主要目标，建立完善建档立卡贫困户和供应商之间的利益联结机制。对带贫益贫效果弄虚作假的供应商，将取消供应商资格，情节严重的对所在贫困县和省份进行通报。

宣传引导机制。各级财政部门、扶贫部门要做好本级预算单位培训指导工作，加强政府采购支持脱贫攻坚政策与成效宣传，鼓励和引导各级预算单位加大采购贫困地区农副产品力度。

激励约束机制。财政部和国务院扶贫办将定期对预算单位购买贫困地区农副产品、有关省份推进政府采购支持脱贫攻坚、供应商带贫益贫等情况进行通报。对工作积极、成效明显的预算单位和地方，予以通报表扬。对存在弄虚作假、以次充好、扰乱市场行为的供应商取消入驻和上架资格。情节严重的限制或取消其推荐本地区农副产品和市场主体的资格。

监督举报机制。发现平台或供应商有违法违规、虚假瞒报等情况，可及时向国务院扶贫办消费扶贫工作专班和“12317”监督举报电话举报。国务院扶贫办将委托第三方开展核查评估，组织专家、媒体等开展暗访。

财政部：加快建立财政扶贫资金动态监控机制

证券日报网，2019 年 3 月 28 日，包兴安

近日，财政部召开全国财政系统脱贫攻坚工作视频会，学习贯彻习近平总书记关于扶贫工作的重要论述和党中央、国务院近期脱贫攻坚有关重要会议精神，总结 2018 年财政脱贫攻坚工作，安排部署今明两年财政脱贫攻坚重点工作。部党组书记、部长、部脱贫攻坚领导小组组长刘昆同志讲话，部党组成员、副部长、部脱贫攻坚领导小组副组长刘伟同志主持会议，新疆、四川、安徽、山东四省区财政厅负责同志作交流发言。

会议强调，要深学笃行习近平总书记关于扶贫工作的重要论述，按照学懂、弄通、做实的要求，始终坚持用习近平总书记关于扶贫工作的重要论述武装头脑、指导实践、推动工作；始终以习近平总书记关于扶贫工作的重要论述为指引，履行好脱贫攻坚投入保障、扶贫资金监管、提供财税政策支持及相关统筹协调、定点帮扶等职责任务。

会议指出，2018 年以来，各级财政部门落实党中央重大决策部署扎实有力，财政脱贫攻坚工作取得新进展。组织领导和工作落实机制不断健全。各级财政部门建立了脱贫攻坚领导小组或工作协调机制，进一步充实财政扶贫工作力量。工作部署不断深

化，作风建设持续强化。各级财政扶贫投入不断加大。投入总量不断增加，投入重点更加突出，“大扶贫”格局逐渐形成。财政扶贫政策措施不断完善。深化贫困县涉农资金整合，规范易地扶贫搬迁融资方式，支持做好行业扶贫工作，有序推进定点扶贫工作。扶贫资金管理水平不断提升。财政扶贫资金动态监控平台建设取得阶段性进展，推进扶贫项目资金全面绩效管理，不断强化扶贫资金监督管理。

会议强调，2019 年是新中国成立 70 周年，是脱贫攻坚决战决胜的关键一年。各级财政部门要进一步强化政治担当，立足职能职责，扎实做好今明两年财政脱贫攻坚工作。一是切实抓好三年行动实施方案的贯彻落实。进一步细化实化政策举措，坚守脱贫攻坚现行目标标准，合理确定脱贫时序，因地制宜实施扶贫项目，强化对落实情况的跟踪督促。二是切实抓好脱贫攻坚投入保障。按打攻坚战的要求切实保障投入，健全投入保障机制，多渠道加大扶贫开发投入，各地要用好贫困县涉农资金整合政策，提高贫困县统筹安排扶贫资金能力，将深度贫困地区作为扶贫投入保障的重中之重，重点保障好义务教育、基本医疗、住房安全和饮水安全（“3 +1”）资金需求。三是切实抓好各级各类扶贫资金管理。严格落实资金监管主体责任，加快建立财政扶贫资金动态监控机制，全面落实扶贫项目资金绩效管理要求。四是切实抓好脱贫攻坚组织保障。按照“尽锐出战”的要求，进一步加强脱贫攻坚工作力量。

财政部党组成员、副部长、部脱贫攻坚领导小组副组长余蔚平同志、邹加怡同志，驻部纪检监察组有关负责同志，部脱贫攻坚领导小组全体成员单位副处级以上干部在财政部主会场参加会议。各省、自治区、直辖市、计划单列市财政厅（局）领导班子成员及相关处室负责同志，财政部驻各地专员办领导班子成员及相关处室负责同志，市县财政部门负责同志在视频分会场参加会议。

2018 年

脱贫攻坚增量投入聚焦“三区三州”
财政部督促各地用好“粮草军需”

财政部网站，2018 年 3 月 27 日，财政部农业司

为贯彻落实习近平总书记在深度贫困地区脱贫攻坚座谈会上关于“三个新增”的重要指示，着力强化对“三区三州”（“三区”是指西藏、新疆南疆四地州、四省藏区；“三州”是指甘肃临夏州、四川凉山州、云南怒江州）等深度贫困地区的脱贫攻坚投入保障，2018—2020 年，财政部将在保证现有扶贫投入不减的基础上，新增安排深度贫困地区脱贫攻坚资金 2140 亿元，其中“三区三州”1050 亿元。通过增加财政专项扶贫资金、教育医疗保障资金等相关转移支付，加大重点生态功能区转移支付、农村危房改造补助资金、中央基建投资、车购税收入补助地方资金、县级基本财力保障机制奖补资金对深度贫困地区的倾斜力度。

为确保投入的“粮草军需”在各地精准脱贫攻坚战中最大限度地发挥作用，近日，财政部印发了《关于支持“三区三州”脱贫攻坚有关工作的通知》，将支持“三区三州”的脱贫攻坚增量资金细化分解到具体地区，并对资金使用管理工作作出部署，明确提出四方面要求。

一是要求各地把握好精准扶贫与区域发展的关系，资金安排进一步瞄准建档立卡贫困人口。把握好短期脱贫和长期致富的关

系，着眼长远搞规划，立足当前抓重点。把握好普遍性和特殊性的关系，避免简单叠加政策，造成政策的“悬崖效应”。

二是要求省级财政进一步盘活脱贫攻坚存量资金，确保2018—2020年每年投入所辖“三区三州”的存量资金规模原则上不低于2017年的规模；确保中央财政分配的增量资金按要求落实到位；同时加大省本级财政对“三区三州”脱贫攻坚的投入力度。指导帮助深度贫困地区剖析主要致贫原因，梳理重点项目和资金需求，做好规划与资金的衔接。加大干部培训力度，强化脱贫攻坚的绩效观念和成本意识。

三是要求地方各级财政部门强化预算的约束和导向作用，会同相关部门因地制宜区分轻重缓急确定项目并安排资金，重点瞄准与脱贫攻坚联系最密切的基本公共服务和基础设施“短板”，注重培育带动贫困群众持续脱贫的增收产业。加强资金与方案设计、项目安排的衔接，改进资金使用和项目实施方式，更多采用生产奖补、劳务补助等方式，调动贫困群体脱贫积极性，增强内生动力。

四是要求各地进一步健全资金监管机制，落实资金项目公告公示制度，全面加强扶贫资金绩效管理，加大违法违规问题查处力度，严格落实问题整改和问责制度，形成扶贫资金监管的高压态势。开展好扶贫领域腐败和作风问题专项治理，以严的要求和实的作风，不折不扣抓好各项脱贫攻坚政策落实。

让扶贫资金“扶”到根上

中国纪检监察报，2018 年 6 月 13 日，盛明

近日，财政部、国务院扶贫办、国家发展改革委联合下发《扶贫项目资金绩效管理办法》（以下简称《办法》），对扶贫项目资金实施全过程绩效跟踪，实行资金使用部门和单位自我管理和外部监管相结合，赋予基层精准施策更大自主权。

在脱贫攻坚向纵深推进的关键时间节点，《办法》的出台可谓恰逢其时。因为，从这几年各地通报的典型案例来看，把“黑手”伸向贫困群众“救命钱”的不在少数，有些问题还十分触目惊心。比如，个别单位私自克扣、截留贫困群众的救济款，要么是用于公款吃喝，要么是进了私人腰包；个别干部优亲厚友、任性用权，扶贫资金想给谁就给谁、想怎么用就怎么用，公平公正公开的原则成了摆设；有的干部被别有用心之人“围猎”，以虚设项目、虚报材料的方式，联手企业套取国家扶贫补贴。凡此种种，扶贫资金“扶”不到根上、“到”不了点上，势必会大大影响扶贫政策的落地，最终阻碍的是脱贫攻坚的质量和进程。

据财政部数据显示，2018 年中央财政预算安排补助地方财政专项扶贫资金 1060.95 亿元，比 2017 年同口径增加 200 亿元。前不久，财政部安排拨付中央财政专项扶贫资金 322.64 亿元。加上 2017 年 10 月提前下达的 738.31 亿元，截至 4 月底，2018 年中央财政补助地方财政专项扶贫资金 1060.95 亿元已全部拨付完

成，比上年提早了近两个月。如何让这些扶贫资金用到位，是对各级政府的考验，也是对制度设计的挑战。

对此，《办法》有着鲜明的问题导向和目标导向，强调“市县级财政部门要对扶贫项目相关资金预算的编制、执行、决算实施全过程绩效管理，绩效管理情况将被纳入省级扶贫开发领导小组对市县扶贫工作考核内容”。这既压实了财政部门的监管责任，也把资金使用情况纳入整个扶贫考核的大盘子，倒逼各级党委政府对扶贫资金使用情况真抓真管。

“《办法》的出台，从制度设计上为扶贫资金的使用管理戴上了‘紧箍’，将有效解决扶贫资金落地过程中的‘变通’‘变异’现象，让党和国家的‘阳光雨露’洒到每一名贫困群众身上。”《办法》的问世，让江西省景德镇市昌江区纪委副书记、区监委副主任熊艳梅感慨颇多。

制度的最大效应在于落实，《办法》也是如此。这就需要各级党委和政府要真正弄懂精髓、吃透精神，在关注资金投入和使用过程的同时，更加注重精准脱贫绩效目标的实现程度，聚焦提高脱贫质量和减贫效果。而作为扶贫资金的监管部门，财政部门要从源头把关，把事中监管做实做细，切实让扶贫资金用到实处、用出效果。

当然，对那些违反制度规定的人和事，有关部门要把党纪国法立起来、严起来，对在资金绩效管理中出现的违法违规行为，必须依法依规进行处理，用严厉的问责、严肃的处理、严明的纪律，让制度带上“电”，成为“硬杠杠”。如此，群众的救命钱才能真正达到“雪中送炭”之效。

刘昆：充分发挥财政职能作用
坚决支持打好三大攻坚战

求是，2018 年第 15 期

财政部部长刘昆在《求是》杂志撰文称，充分发挥财政职能作用，坚决支持打好三大攻坚战。财政是国家治理的基础和重要支柱。打好防范化解重大风险、精准脱贫、污染防治三大攻坚战事关国家发展全局，对决胜全面建成小康社会意义重大，财政部门责无旁贷。

以下为财政部长刘昆求实杂志发文全文。

打好防范化解重大风险、精准脱贫、污染防治的攻坚战是以习近平同志为核心的党中央为决胜全面建成小康社会作出的重大决策部署。2018 年 4 月，习近平总书记主持召开中央财经委员会第一次会议，明确提出了打好三大攻坚战的思路和举措。财政部门要认真学习贯彻习近平总书记重要指示要求，深刻领会打好三大攻坚战的深远意义，充分发挥财政职能作用，坚决支持打好三大攻坚战。

一、支持打好三大攻坚战是财政部门的重要职责使命

财政是国家治理的基础和重要支柱。打好防范化解重大风险、精准脱贫、污染防治三大攻坚战事关国家发展全局，对决胜

全面建成小康社会意义重大，财政部门责无旁贷。

支持打好三大攻坚战是财政部门履职尽责的应有之义。党的十八大以来，在以习近平同志为核心的党中央坚强领导下，党和国家事业取得历史性成就、发生历史性变革。当前，打好三大攻坚战是决胜全面建成小康社会必须跨越的重大关口，将为建设社会主义现代化强国奠定坚实基础。财政部门在决胜全面建成小康社会、实现中华民族伟大复兴中国梦的进程中肩负着重要职责，必须紧紧围绕新时代中国特色社会主义发展的战略安排，增强跨越关口的信心决心，统筹当前与长远，保持财政工作和财政政策的连续性，增强前瞻性，优化财政资源配置，采取更有力更有效的举措，坚决支持打好三大攻坚战。

支持打好三大攻坚战是财政部门践行以人民为中心发展思想的内在要求。我国社会主要矛盾已经转化为人民日益增长的美好生活需要和不平衡不充分的发展之间的矛盾，这对财政工作提出了新的更高要求。打好三大攻坚战，既是解决发展不平衡不充分问题的客观需要，也是满足人民日益增长的美好生活需要的必然要求。财政取之于民，用之于民。财政部门在打好三大攻坚战中，要全面落实以人民为中心的发展思想，抓住人民群众最关心最直接最现实的利益问题，突出财政的公共性和公平性，完善财税制度安排，有效发挥防范化解重大风险、消除贫困、改善生态环境质量的职能作用，不断增强人民群众的获得感、幸福感、安全感。

支持打好三大攻坚战是财政部门推动实现高质量发展的重大任务。我国经济发展进入新时代，基本特征是经济已由高速增长阶段转向高质量发展阶段。打好三大攻坚战，是破解发展难题、实现经济高质量发展的现实需要。财政部门要牢固树立新发展理念，按照高质量发展的要求，坚持标本兼治、疏堵结合、循序渐进，完善制度和强化管理并重，坚决守住不发生系统性风险的底线；充分发挥政府投入的主体和主导作用，完善财政脱贫攻坚政策体系，集中发力补齐短板；围绕环境整治和生态建设的重点领域、关键环节做好资金保障，落实和完善促进绿色发展的各项财税政策，把生态环境优势转变为发展优势。

二、坚持底线思维，支持打好防范化解重大风险攻坚战

打好防范化解重大风险攻坚战，重点是防控金融风险。地方政府债务风险防控，关系到地方财政稳健运行和实体经济健康发展，关系到金融市场稳定和经济社会发展大局。党的十八大以来，财政部门始终绷紧财政可持续这根弦，积极贯彻落实预算法，推动加快建立规范的地方政府举债融资机制，强化限额管理和预算管理，开展债务风险评估和预警，建立债务风险应急处置机制，构建债务风险常态化监督机制，依法查处问责违法违规融资担保行为，覆盖地方政府债务管理各个环节的“闭环”管理体系逐步形成。当前，地方政府债务风险总体可控。截至 2017 年年末，全国地方政府债务余额 16.47 万亿元，控制在全国人大批准的 2017 年地方政府债务限额 18.82 万亿元之内，债务率低于国际通行的 100%—120% 警戒线。同时，有的地方继续违法违规变相举债，风险隐患不容忽视。

习近平总书记强调，我们既要有防范风险的先手，也要有应对和化解风险挑战的高招；既要打好防范和抵御风险的有准备之战，也要打好化险为夷、转危为机的战略主动战。应对地方政府债务风险，财政部门必须坚持底线思维，坚持稳中求进，抓住主要矛盾，开好“前门”、严堵“后门”，坚决刹住无序举债之风，牢牢守住不发生系统性风险的底线。一是严控法定限额内地方政府债务风险。地方政府依法一律采取发行政府债券方式规范举

债。合理确定地方政府债务限额，稳步推进专项债券管理改革，保障地方合法合理融资需求。二是着力防控地方政府隐性债务风险。一方面，坚决遏制隐性债务增量。坚决制止违法违规融资担保行为，严禁以PPP、政府投资基金、政府购买服务等名义变相举债。加强风险源头管控，硬化预算约束，严格项目审核，管控金融“闸门”，决不允许以新增隐性债务方式上新项目、铺新摊子。另一方面，积极稳妥化解存量隐性债务。坚持谁举债谁负责，严格落实地方政府属地管理责任。督促地方树立过紧日子的思想，通过盘活各类资金资产化解存量隐性债务，高负债地区要大力压减项目建设支出、“三公”经费以及其他一般性支出。要加强监督问责，从严整治举债乱象，对违法违规融资担保行为发现一起，查处一起，问责一起，并予以曝光。

三、坚持精准理念，支持打好精准脱贫攻坚战

农村贫困人口脱贫是全面建成小康社会最艰巨的任务。党的十八大以来，以习近平同志为核心的党中央对扶贫开发作出一系列重大部署，财政部门认真落实精准扶贫精准脱贫基本方略，完善资金和政策体系，大力支持脱贫攻坚。2013—2017年中央财政累计安排补助地方专项扶贫资金2786.88亿元，年均增长22.7%；省级及以下财政扶贫资金投入也大幅增长。在全国832个国家扶贫开发工作重点县和连片特困地区县全面推开涉农资金整合试点，将一部分涉农资金配置权完全下放到贫困县，由贫困县根据脱贫需要因地制宜统筹使用。狠抓财政扶贫资金监管，组织开展专项检查，坚决查处资金使用管理中存在的违纪违规问题。5年来，全国累计减贫6800多万人，贫困地区群众生产生活条件显著改善，脱贫攻坚取得了决定性进展。当前，脱贫攻坚进入最后攻坚阶段，剩下的3000万左右农村贫困人口，很多是特

殊贫困群体，现有贫困大多集中在深度贫困地区，脱贫攻坚面临的挑战依然巨大，需要解决的突出问题依然不少。

习近平总书记指出，脱贫攻坚时间紧、任务重，必须真抓实干、埋头苦干。财政部门要按照党中央、国务院关于打赢脱贫攻坚战三年行动的决策部署，坚持现行扶贫标准，聚焦深度贫困地区和特殊贫困群体，全力以赴支持打赢脱贫攻坚战。一是抓好投入保障。继续增加财政专项扶贫资金规模。加大对贫困地区的一般性转移支付力度，相关专项转移支付进一步向贫困地区、贫困人口倾斜。贯彻落实“三个新增”要求，做好 2018—2020 年中央财政支持深度贫困地区脱贫攻坚的资金安排，重点支持“三区三州”。二是把握精准要义。深入推进贫困县涉农资金整合试点，落实试点明确的放权改革要求，支持贫困县因地制宜推进脱贫攻坚。坚守脱贫攻坚现行目标与标准，既不降低标准影响脱贫攻坚质量，也不盲目提高标准，避免“福利陷阱”和“悬崖效应”。发挥财政预算的约束和导向作用，会同相关部门区分轻重缓急安排扶贫项目和资金。瞄准建档立卡对象，精准使用扶贫资金，确保贫困人口受益。三是强化绩效理念。全面加强各级各类扶贫资金管理，构建扶贫资金动态监控机制，建立扶贫资金总台账，将用于脱贫攻坚的财政资金全部纳入台账，实行精细化管理，解决实时监管到项目、到人、到企业的“最后一公里”问题。落实《扶贫项目资金绩效管理办法》，全面升级扶贫项目资金预算绩效管理流程，推动建立“花钱必问效，无效必问责”的机制。

四、坚持绿色发展，支持打好污染防治攻坚战

良好生态环境是实现中华民族永续发展的内在要求，是增进民生福祉的优先领域。党的十八大以来，以习近平同志为核心的党中央深刻总结人类文明发展规律，以前所未有的力度推动生态

文明建设。财政部门坚持绿色发展理念，着力在增投入、转方式、建机制上下功夫。5年来，中央财政调整支出结构，向绿色发展、环境保护、生态修复等重点领域倾斜，累计投入1.16万亿元，年均增长15.7%，远高于同期中央财政支出9.5%的增幅；创新支持方式，注重整体协同推进，支持开展流域横向生态补偿试点，推动地区间联防联控，探索统筹山水林田湖草等自然生态各要素开展整体修复；落实污染者责任，完善税收、政府采购、资源有偿使用、生态补偿等制度体系，促进生态环境治理的成本在政府与市场主体之间合理分摊，生态环保资金已经实现绩效管理全覆盖。同时也要看到，我国环境污染仍然严重，生态环境压力居高不下，提供优质生态产品的能力仍然不足，打好污染防治攻坚战任务艰巨。

习近平总书记指出，生态环境是关系党的使命宗旨的重大政治问题，也是关系民生的重大社会问题。财政部门要认真学习领会习近平总书记在中央财经委员会第一次会议和全国生态环境保护大会上的重要讲话精神，坚持问题导向，针对薄弱环节，加大财政支持力度，确保党中央关于污染防治各项决策部署落到实处。一是统筹增量和存量。加大资金投入，2018年中央财政安排大气、水、土壤三项污染防治资金合计405亿元，比2017年增长19%，投入力度是近年来最大的。对现有支持污染防治的各项资金和其他相关专项进行梳理，结合绩效评价情况，加大资金结构调整力度，增加用于污染防治重点工作的投入。二是聚焦重点发力。围绕"到2020年使主要污染物排放总量大幅减少，生态环境质量总体改善"的目标，完善相关财税政策，支持打赢蓝天保卫战，打好柴油货车污染治理、城市黑臭水体治理、渤海综合治理、长江保护修复、水源地保护、农业农村污染治理攻坚战等标志性重大战役。中央财政扩大支持北方地区清洁取暖的试点城市范围，中央国有资本经营预算加大对污染防治的投入。相关政策要更加注重源头防治，推进调整“四个结构”，推动做到“四减四增”。三是兼顾当前和长远。大力推进重点生态功能区转移支付、横向生态补偿机制、生态环境监测执法、财政事权和支出责任划分等制度建设，完善生态环境保护长效机制。健全以改善环境质量为核心的资金分配机制，集中财力确保管用有效的重点污染治理事项顺利推进。

三大攻坚战是以习近平同志为核心的党中央确立的三场硬仗，事关决胜全面建成小康社会、事关亿万人民福祉，必须坚决打赢打好。财政部门要深入贯彻习近平新时代中国特色社会主义思想和党的十九大精神，牢固树立“四个意识”，切实做到“两个坚决维护”，自觉从党中央工作大局出发，增强使命感紧迫感，充分发挥职能作用，紧紧抓住重点任务，全力以赴抓好落实，坚决支持打好三大攻坚战，为决胜全面建成小康社会作出新的更大贡献。

中央财政给扶贫资金松绑采取负面清单方式，不再对资金支出范围作具体要求

人民日报，2018 年 3 月 25 日，李丽辉

财政部近日对《财政专项扶贫资金管理办法》进行了修订，新办法将于 2017 年 3 月 31 日起施行。财政部农业司有关负责人就新办法的相关内容进行了解读。

这位负责人介绍，新办法主要在以下几个方面进行了修订：

——按照精准扶贫、精准脱贫要求，坚持以目标和结果为导向的原则，完善资金分配办法，使资金逐步向脱贫攻坚主战场聚焦。

——改进了资金支出范围。为体现脱贫攻坚的实际需求，避免因规定过细束缚地方操作，新办法不再对中央财政专项扶贫资金支出范围作具体要求，而是采取了负面清单方式，明确了资金不得支出的范围，包括不得用于行政事业单位基本支出，交通工具及通信设备，各种奖金、津贴和福利补助，弥补企业亏损，修建楼堂馆所等。

——改革了资金使用管理方式。与原《办法》关于“各地应根据扶贫开发工作的实际情况，逐步将项目审批权限下放到县级”的规定相比，新《办法》进一步改革资金管理方式，明确提出中央财政专项扶贫资金项目审批权限下放到县级，强化地方对中央财政专项扶贫资金的管理责任。

财政部：2018—2020 年新增安排脱贫攻坚资金 2140 亿元

人民网，2018 年 3 月 28 日，孙博洋

日前，记者从财政部农业司了解到，2018—2020 年，财政部将在保证现有扶贫投入不减的基础上，新增安排深度贫困地区脱贫攻坚资金 2140 亿元，其中“三区三州”1050 亿元。

据了解，此次脱贫攻坚资金重点支持的“三区三州”具体为，“三区”是指西藏、新疆南疆四地州、四省藏区；“三州”是指甘肃临夏州、四川凉山州、云南怒江州。

据悉，财政部将通过增加财政专项扶贫资金、教育医疗保障资金等相关转移支付，加大重点生态功能区转移支付、农村危房改造补助资金、中央基建投资、车购税收入补助地方资金、县级基本财力保障机制奖补资金对深度贫困地区的倾斜力度。

据了解，为确保投入的“粮草军需”在各地精准脱贫攻坚战中最大限度地发挥作用，近日，财政部印发了《关于支持“三区三州”脱贫攻坚有关工作的通知》，将支持“三区三州”的脱贫攻坚增量资金细化分解到具体地区，并对资金使用管理工作作出部署，明确提出了以下四方面的要求：

一是要求各地把握好精准扶贫与区域发展的关系，资金安排进一步瞄准建档立卡贫困人口。把握好短期脱贫和长期致富的关

系，着眼长远搞规划，立足当前抓重点。把握好普遍性和特殊性的关系，避免简单叠加政策，造成政策的“悬崖效应”。

二是要求省级财政进一步盘活脱贫攻坚存量资金，确保2018—2020年每年投入所辖“三区三州”的存量资金规模原则上不低于2017年的规模；确保中央财政分配的增量资金按要求落实到位；同时加大省本级财政对“三区三州”脱贫攻坚的投入力度。指导帮助深度贫困地区剖析主要致贫原因，梳理重点项目和资金需求，做好规划与资金的衔接。加大干部培训力度，强化脱贫攻坚的绩效观念和成本意识。

三是要求地方各级财政部门强化预算的约束和导向作用，会同相关部门因地制宜区分轻重缓急确定项目并安排资金，重点瞄准与脱贫攻坚联系最密切的基本公共服务和基础设施“短板”，注重培育带动贫困群众持续脱贫的增收产业。加强资金与方案设计、项目安排的衔接，改进资金使用和项目实施方式，更多采用生产奖补、劳务补助等方式，调动贫困群体脱贫积极性，增强内生动力。

四是要求各地进一步健全资金监管机制，落实资金项目公告公示制度，全面加强扶贫资金绩效管理，加大违法违规问题查处力度，严格落实问题整改和问责制度，形成扶贫资金监管的高压态势。开展好扶贫领域腐败和作风问题专项治理，以严的要求和实的作风，不折不扣抓好各项脱贫攻坚政策落实。

财政部、国务院扶贫办要求
抓好贫困县涉农资金整合试点

人民日报，2018 年 4 月 9 日，李丽辉

财政部、国务院扶贫办近日发布通知，要求各地做好贫困县涉农资金整合试点工作，严格按照规定的范围和标准推进，进一步抓好实施方案编制和落地，进一步加强整合资金和项目管理。从 2018 年起，对试点贫困县计划整合资金规模占纳入整合范围资金规模的比例不作统一要求。

通知明确，开展整合试点的范围，是全国 832 个连片特困地区县和国家扶贫开发工作重点县（含已脱贫摘帽县）。试点贫困县整合的中央财政资金，不得突破国办发〔2016〕22 号文件规定的 20 大项资金范围。各省自行确定的其他试点县，可利用地方各级财政资金自主开展探索。

试点贫困县要紧紧围绕脱贫目标，坚持现行脱贫标准，在农业生产发展和农村基础设施建设范围内安排支出，避免面面俱到和借整合之名“乱作为”。超出上述范围和标准的应及时予以调整，抓紧修订不符合要求的相关文件、办法、方案等。

进一步加强整合资金和项目管理，坚持将整合资金项目审批权限完全下放到县，由试点贫困县根据年度脱贫任务及巩固脱贫成效需要，用好用足整合试点政策，实事求是确定年度计划整合资金规模，在“因需而整”的前提下做到“应整尽整”。

拨付完成2018年千亿元专项扶贫资金

人民日报，2018年5月5日，李丽辉

2018年，中央财政预算安排补助地方财政专项扶贫资金1060.95亿元，比2017年同口径增加200亿元。近日，财政部安排拨付中央财政专项扶贫资金322.64亿元。加上2017年10月提前下达的738.31亿元，截至4月底，1060.95亿元已全部拨付完成，比上年提早了近两个月，为各地加快预算执行进度、打好精准脱贫攻坚战创造了有利条件。

2018年，财政部将新增安排的200亿元资金全部用于支持深度贫困地区脱贫攻坚。其中，安排120亿元新增资金用于支持“三区三州”脱贫攻坚，并明确除中央财政安排给“三区三州”的新增资金外，“三区三州”所在省份要按照不低于2017年的资金规模，保障“三区三州”投入力度；其他省份也要统筹安排资金，加大对深度贫困地区脱贫攻坚的支持力度。财政部要求，各地财政部门要按照国务院有关文件精神，积极支持832个国家扶贫开发工作重点县和连片特困地区县统筹整合使用资金，资金使用要与脱贫成效紧密挂钩。同时，要进一步加快资金拨付进度，强化资金监管，因地制宜巩固脱贫成效，确保脱贫质量，切实提高资金使用效益。

截至 2017 年年底全国整合贫困县涉农资金 3286 亿元

人民日报，2018 年 5 月 22 日，李丽辉

记者从财政部获悉：2017 年以来，我国积极推进贫困县涉农资金整合试点工作，试点已推广至全部 832 个国家扶贫开发工作重点县和连片特困地区县，并鼓励试点贫困县尽可能在“大类间打通”“跨类别使用”，做到“应整尽整”。截至 2017 年年底，全国已整合各级财政涉农资金 3286 亿元，占计划整合规模的 98.7%，已完成支出资金规模 2935 亿元。

为使整合试点政策落地，进一步提高脱贫实效，财政部会同有关部门采取了一系列工作措施，从工作机制建立、管理制度建设、资金增幅保障、资金整合进度、资金支出进度等方面分类对各省整合试点推进情况进行了通报，督促各地坚持问题导向。

同时，加强对整合试点工作的跟踪指导。通过跟踪调研等方式，及时掌握全国整合试点进展情况。开展贫困县涉农资金整合专项督查工作，将整合试点工作情况纳入 2017 年财政扶贫资金专项检查范围，对中西部 22 个省份开展重点检查。深入了解整合试点政策落实情况，总结经验，分析问题，推动整合试点工作。依据评价结果，中央财政首次安排奖励资金，对整合试点成

效较好的 8 省每省奖励 8000 万元。

目前，涉农资金整合力度逐步加大，管理使用逐步规范，创新改革逐步深化，整合成效逐步凸显，为贫困县因地制宜精准扶贫精准脱贫提供了有力支撑。

中央财政提前下达新年专项扶贫资金

人民日报，2018年11月28日，李丽辉

2019年是脱贫攻坚战“啃硬骨头”的关键一年，也是大多数贫困县实现脱贫摘帽的收官之年。近日，中央财政提前下达全国28个省（自治区、直辖市）2019年中央财政专项扶贫资金预算909.78亿元，约占2018年中央财政专项扶贫资金1060.95亿元的86%，以进一步提高地方预算完整性，加快支出进度，帮助地方提前谋划和打赢脱贫攻坚战。

在此次提前下达的909.78亿元预算资金中，安排资金120亿元，继续重点支持西藏、四省藏区、南疆四地州和四川凉山彝族自治州、云南怒江傈僳族自治州、甘肃临夏回族自治州等深度贫困地区，并将资金分解到具体区、州。财政部要求，各地要继续支持深入推进贫困县涉农资金整合工作，按照国办文件等要求，开展贫困县涉农资金整合试点的省（自治区、直辖市），安排贫困县的资金增幅不得低于该项资金平均增幅。分配给贫困县的资金一律采取“切块下达”，资金项目审批权限完全下放到县，不得指定具体项目或提出与脱贫攻坚无关的任务要求。各地要严格按照有关文件精神和要求，提前谋划，切实管好用好财政专项扶贫资金，确保资金精准高效使用。

易地扶贫搬迁税收优惠政策明确

人民日报，2018 年 12 月 19 日，李丽辉

财政部、国家税务总局发布通知，为贯彻落实《中共中央国务院关于打赢脱贫攻坚战三年行动的指导意见》，助推易地扶贫搬迁工作，2018 年 1 月 1 日至 2020 年 12 月 31 日，对易地扶贫搬迁实行有关税收优惠政策。

通知明确，对易地扶贫搬迁贫困人口按规定取得的住房建设补助资金、拆旧复垦奖励资金等与易地扶贫搬迁相关的货币化补偿和易地扶贫搬迁安置住房，免征个人所得税。对易地扶贫搬迁贫困人口按规定取得的安置住房，免征契税。

对易地扶贫搬迁项目实施主体（以下简称项目实施主体）取得用于建设安置住房的土地，免征契税、印花税。对安置住房建设和分配过程中应由项目实施主体、项目单位缴纳的印花税，予以免征。对安置住房用地，免征城镇土地使用税。在商品住房等开发项目中配套建设安置住房的，按安置住房建筑面积占总建筑面积的比例，计算应予免征的安置住房用地相关的契税、城镇土地使用税，以及项目实施主体、项目单位相关的印花税。

2017 年我国 832 个贫困县整合涉农资金超 3000 亿元

新华社，2018 年 2 月 16 日，韩洁、胡璐

记者从财政部了解到，我国从 2016 年开始试点的贫困县涉农资金整合改革，目前已扩大到全部 832 个连片特困地区县和国家扶贫开发工作重点县，2017 年实际整合涉农财政资金超过 3000 亿元。

2016 年 4 月，国务院办公厅印发《关于支持贫困县开展统筹整合使用财政涉农资金试点的意见》，拉开了贫困县涉农资金整合改革的大幕。

财政部副部长胡静林介绍，贫困县涉农资金整合是指，将纳入整合范围的相关财政涉农资金的配置权、使用权完全下放到试点贫困县，由贫困县依据当地脱贫攻坚规划，在农业生产发展和农村基础设施建设的范围内，区分轻重缓急，统筹安排使用。

这一改革是扶贫领域“放管服”改革的一项重要内容，旨在解决扶贫资金和项目安排“碎片化”等问题，为地方因地制宜推进精准脱贫提供了有力支撑。

财政部数据显示，截至 2017 年 12 月 31 日，2017 年全国 832 个贫困县计划整合资金规模 3330 亿元，已实际整合 3286 亿元，已完成支出 2935 亿元。

胡静林表示，2018 年，财政部将进一步深入推进贫困县涉农资金整合工作。鼓励各地加大实质性整合力度，尽可能将纳入整合范围的各类资金在“大类间打通”、“跨类别使用”，进一步提高整合的深度和质量，为脱贫攻坚提供投入保障。坚持现有脱贫标准，对标脱贫攻坚目标，聚焦贫困人口和贫困区域，优先解决突出短板和重点问题，进一步提升脱贫成效。同时，全面梳理和总结过去两年试点经验，坚持问题导向，进一步规范和加强整合资金使用管理，规范做好方案编制、制度修订、项目选择、项目实施、预算调整等工作，确保整合试点政策“好箭射中靶心”。

中央拨付 2018 年财政专项扶贫资金 1060 多亿元

新华社，2018 年 5 月 4 日，张弛、郁琼源

财政部 4 日发布消息称，财政部近日安排拨付中央财政专项扶贫资金 322.64 亿元，加上 2017 年 10 月提前下达的 738.31 亿元，截至 4 月底，2018 年中央财政补助地方专项扶贫资金 1060.95 亿元已全部拨付完成，比 2017 年同口径增加 200 亿元。

据财政部有关负责人介绍，财政部将新增的 200 亿元资金全部用于支持深度贫困地区脱贫攻坚。其中，120 亿元新增资金用

于支持“三区三州”脱贫攻坚，并明确除中央财政安排给“三区三州”的新增资金外，“三区三州”所在省份要按照不低于2017年的资金规模，保障“三区三州”投入力度；其他省份也要统筹安排资金，加大对深度贫困地区脱贫攻坚的支持力度。

这位负责人说，各地财政部门要按照国务院有关文件精神，积极支持832个国家扶贫开发工作重点县和连片特困地区县统筹整合使用资金，资金使用要与脱贫成效紧密挂钩。同时，要进一步加快资金拨付进度，强化资金监管，因地制宜巩固脱贫成效，确保脱贫质量，切实提高资金使用效益。

两部门规范贫困县涉农资金试点避免面面俱到和“乱作为”

中国经济网，2018 年 4 月 8 日

据财政部网站消息，财政部、国务院扶贫办近日下发《关于做好 2018 年贫困县涉农资金整合试点工作的通知》（以下简称《通知》）。《通知》要求严格按照规定的范围和标准推进整合试点工作。开展整合试点的范围是全国 832 个连片特困地区县和国家扶贫开发工作重点县（含已脱贫摘帽县）。试点贫困县整合的中央财政资金不得突破国办发〔2016〕22 号文件规定的 20 大项资金范围。各省自行确定的其他试点县，可利用地方各级财政资金自主开展探索。试点贫困县要紧紧围绕脱贫目标，坚持现行脱贫标准，在农业生产发展和农村基础设施建设范围内安排支出，避免面面俱到和借整合之名“乱作为”。超出上述范围和标准的应及时予以调整，抓紧修订不符合要求的相关文件、办法、方案等。

《通知》表示，要进一步抓好实施方案编制和落地。试点贫困县扶贫开发领导小组要主动研究和积极推动整合试点工作，按要求组织编制年度资金统筹整合使用实施方案（以下简称“实施方案”）。实施方案要瞄准年度脱贫攻坚目标任务，找出“坚之所在”，排出轻重缓急，将资金落实到具体项目并根据资金实际

投向明确每个项目的责任部门。整合资金要优先保障贫困人口直接受益的产业发展资金需求。

认真落实《国务院关于探索建立涉农资金统筹整合长效机制的意见》（国发〔2017〕54号）和国办发〔2016〕22号文件规定，加强脱贫攻坚规划与部门专项规划、约束性任务的有效衔接。一方面，要将专项规划或约束性任务中贫困人口受益、脱贫成效明显的项目纳入实施方案。另一方面，如出现部门专项规划或约束性任务与脱贫攻坚规划不一致的情况，应当区分具体情况研究处理，原则上以脱贫攻坚规划为准。

县扶贫开发领导小组要及时将审定后的实施方案报省级扶贫开发领导小组备案。其中，2018年年初实施方案原则上在3月31日前完成报备；实施过程中确需调整实施方案的，只允许调整一次且须重新履行县级审查和省级备案程序，原则上在8月31日前完成报备。省级扶贫开发领导小组要组织对实施方案进行审核并书面反馈报备意见。对实施方案编制不实或不符合政策规定的，要及时反馈试点县限期修改并重新报备。对报备同意的方案，以省级扶贫开发领导小组文件形式通报相关部门。

《通知》强调，进一步加强整合资金和项目管理。坚持将整合资金项目审批权限完全下放到县，由试点贫困县根据年度脱贫任务及巩固脱贫成效需要，用好用足整合试点政策，实事求是确定年度计划整合资金规模，在“因需而整”的前提下做到“应整尽整”。从2018年起，对试点贫困县计划整合资金规模占纳入整合范围资金规模的比例不作统一要求。同时，切实防止和严厉查处“完成年度脱贫任务存在明显资金缺口却‘应整不整’”等问题。试点贫困县要加大实质性整合力度，尽可能将纳入整合范围的各类资金在“大类间打通”“跨类别使用”，进一步提高整合的深度和质量，并按照有关规定及时规范做好预算调整工作。

试点贫困县要高度重视和积极防范扶贫领域融资风险，不得通过明股实债、PPP 和政府购买服务形式举借债务以及开展其他形式的违规融资，坚决遏制形成地方政府隐性债务。

实施方案确定的计划整合资金，依据试点贫困县统筹整合使用财政涉农资金具体办法（以下简称“资金管理办法”）使用管理，与脱贫成效紧密挂钩，切实惠及建档立卡贫困人口。试点贫困县要将整合资金尽快分解下达到责任部门或项目主体，督促其加快项目实施并切实加强资金使用管理，避免资金闲置、浪费或挪用。责任部门对整合资金支出进度及使用绩效承担主体责任。认真落实财政扶贫项目资金绩效管理及项目库建设、公告公示制度等要求，强化绩效目标管理，加强项目论证和储备，落实资金监管责任，提高资金使用效益，做到阳光扶贫、廉洁扶贫。在县扶贫开发领导小组统一部署下，及时认真做好整合试点的项目验收工作，探索开展部门联合验收。

脱贫攻坚期内，已脱贫摘帽县继续执行整合试点政策，资金统筹整合使用要与巩固脱贫成效紧密挂钩，尤其要重点保障用于产业发展的资金需求。省级分配给已脱贫摘帽县的资金增幅不作统一规定，但应切实保障已脱贫摘帽县巩固脱贫成效资金需求。

同时，《通知》表示要进一步强化省负总责。省级要加强对整合试点工作的培训宣传、检查督促、调研指导（其中，培训和宣传每年不少于 1 次；调研每季度不少于 1 次）。创新培训和宣传方式，提高培训、宣传及调研质量，使干部群众全面准确理解整合试点政策，形成支持和推进工作的合力。坚持问题导向，对整合试点政策措施理解和执行有偏差、落实不到位的，要及时纠偏和督促整改。各省要把推动整合试点各项政策落实纳入扶贫领域作风问题专项治理的内容，着力治理对整合试点支持不坚决甚至软抵制的问题，对查实的典型案件，要坚决予以曝光，严肃追究责任。

从 2018 年起，整合试点工作进展统计数据调整为每季度上报一次，即分别在 4 月 15 日、7 月 15 日、10 月 15 日及次年 1 月 15 日前，由省级财政、扶贫部门联合向财政部、国务院扶贫办报送。试点贫困县财政、扶贫部门通过扶贫信息系统上报数据，省级财政、扶贫部门共同进行审核，确保数据准确、完整、真实。仅须报送 832 个试点贫困县的数据，不得上报本省自行开展试点县的数据。上报统计数据口径须与各试点贫困县报备的实施方案保持一致。切实减轻基层负担，不得要求村级填表报数。

国务院办公厅转发《扶贫项目资金绩效管理办法》

经济日报，2018 年 5 月 29 日

日前，国务院办公厅转发财政部、国务院扶贫办、国家发展改革委《扶贫项目资金绩效管理办法》（以下简称《办法》），自印发之日起施行。

为深入学习贯彻习近平新时代中国特色社会主义思想和党的十九大精神，落实《中共中央 国务院关于打赢脱贫攻坚战的决定》和 2017 年中央经济工作会议、中央农村工作会议、打好精准脱贫攻坚战座谈会会议精神，切实加强财政扶贫项目资金管理，落实资金监管责任，提高资金使用效益，《办法》对扶贫项目资金绩效管理工作作出全面部署。

《办法》明确，扶贫项目资金是指各级政府及其部门为如期实现脱贫目标，支持脱贫攻坚项目（含对个人和家庭的补助项目）的各类财政资金，包括全部或者部分用于产业扶贫、易地扶贫搬迁、就业扶贫、危房改造、教育扶贫、健康扶贫、生态扶贫、基本医疗、社会救助、农村基础设施建设以及光伏扶贫、旅游扶贫、文化扶贫等项目资金。扶贫项目资金绩效管理应遵循目标导向、注重效果，统一部署、分工负责，全程跟踪、创新管理，压实责任、减轻负担的原则。

《办法》要求，市县级财政部门应当会同有关部门依照职责，对扶贫项目相关资金预算的编制、执行、决算实施全过程绩效管理。一是有关部门和资金使用单位在编制年度部门预算、单位预算时，科学合理测算扶贫项目资金需求，设定扶贫项目资金绩效目标。未按照要求设定绩效目标的项目，原则上不得纳入扶贫项目库，不得申请相关预算。财政部门应加强对扶贫项目绩效目标审核，并将绩效目标随预算一同批复。二是预算执行中，有关部门应当建立扶贫项目资金绩效目标执行监控机制，组织资金使用单位定期对预算和绩效目标执行情况进行跟踪分析。要充分利用信息化手段，开展绩效目标执行监控。三是预算执行终了，有关部门应当组织资金使用单位开展绩效自评。各级财政和扶贫部门根据需要，选择重点项目开展绩效评价。

《办法》提出，绩效自评结果和抽查结果应当作为有关部门和单位改进管理、调整财政支出方向和安排以后年度预算的重要依据。各级财政和扶贫部门的绩效评价结果作为以后年度财政资金分配的重要依据。绩效目标、绩效自评和绩效评价结果等绩效信息要依法予以公开。

《办法》还对扶贫项目资金绩效管理工作情况考核，以及绩效管理过程中发现的违法违规行为处理作出了明确规定。

扶贫资金：花钱必问效　无效必问责

经济日报，2018 年 6 月 3 日，曾金华、董碧娟

近年来，中央和地方财政加大脱贫攻坚投入，发挥了政府投入在脱贫攻坚中的主体和主导作用。随着脱贫攻坚工作不断深入，新情况不断出现，客观上对扶贫资金管理提出了新的更高要求。将绩效管理这一提高国家治理水平的重要方式应用到扶贫领域，能为我国扶贫事业增添亮丽一笔——

国务院办公厅近日转发财政部、国务院扶贫办、国家发展改革委《扶贫项目资金绩效管理办法》（以下简称《办法》），以切实加强财政扶贫项目资金管理，落实资金监管责任，提高资金使用效益。

实施扶贫项目资金绩效管理有什么重要意义？扶贫项目资金绩效管理如何开展？党的十九大提出的“全面实施绩效管理”如何推进？就相关问题，记者采访了财政部有关司局负责人和专家。

提升资金使用效率和效果

党中央、国务院高度重视扶贫资金绩效管理工作，2017 年中央经济工作会议和 2018 年《政府工作报告》明确提出“加强扶贫资金绩效管理”。

“近年来，中央和地方财政加大脱贫攻坚投入，发挥了政府

投入在脱贫攻坚中的主体和主导作用。”财政部有关司局负责人表示。

据统计，近年来中央和地方财政加大脱贫攻坚投入，发挥了政府投入在脱贫攻坚中的主体和主导作用。仅中央财政专项扶贫资金一项，2013—2017 年累计补助地方 2787 亿元，年均增长 22.7%。在加大投入力度的同时，各级财政部门切实加强资金监管，不断提升扶贫资金使用效益，为实现精准脱贫，提高脱贫质量提供了有力保障。

“随着脱贫攻坚工作不断深入，新情况和新问题不断出现，客观上对扶贫资金管理提出了新的更高要求，但基层加强扶贫资金绩效管理缺乏有效手段，扶贫项目绩效目标不够明确，迫切需要全面实施绩效管理。”这位负责人说。

扶贫项目资金范围是什么？《办法》规定，是指各级政府及其部门为如期实现脱贫目标，支持脱贫攻坚项目（含对个人和家庭的补助项目）的各类财政资金，包括全部或者部分用于产业扶贫、易地扶贫搬迁、就业扶贫、危房改造、教育扶贫、健康扶贫、生态扶贫、基本医疗、社会救助、农村基础设施建设以及光伏扶贫、旅游扶贫、文化扶贫等项目资金。

《办法》明确，扶贫项目资金绩效管理应遵循目标导向、注重效果，统一部署、分工负责，全程跟踪、创新管理，压实责任、减轻负担的原则。“加强扶贫项目资金绩效管理，提升扶贫资金的使用效率和效果，是提高脱贫质量和实现国家精准脱贫目标的关键措施，对打赢脱贫攻坚战具有重要意义。”财政部有关司局负责人表示。

该负责人分析，绩效管理坚持目标导向，注重精准脱贫绩效目标的实现程度，聚焦提高脱贫质量和减贫效果，有利于瞄准贫困人口精准帮扶，做到扶真贫、真扶贫、真脱贫。对扶贫项目资金实施全过程绩效跟踪，实行资金使用部门自我管理和外部监管相结合，赋予基层精准施策更大自主权，有利于充分调动贫困地区干部群众的积极性和创造性，增强贫困人群自我发展能力，切实提高扶贫成果可持续性，让贫困人群有更多的获得感。

“我国扶贫事业对中国乃至世界贡献卓著，将绩效管理这一提高国家治理水平的重要方式应用到扶贫领域，能为我国扶贫事业增添亮丽的一笔。”中央财经大学中国公共财政与政策研究院院长乔宝云说。

绩效信息依法予以公开

扶贫项目资金绩效管理如何开展？《办法》要求，市县级财政部门应当会同有关部门依照职责，对扶贫项目相关资金预算的编制、执行、决算实施全过程绩效管理。

具体而言，首先是部门和单位在编制年度部门预算、单位预算时，科学合理测算扶贫项目资金需求，编制扶贫项目资金绩效目标。财政部门应加强绩效目标审核，并将绩效目标随预算一同批复。

其次，执行中建立扶贫项目资金绩效目标执行监控机制，充分利用信息化手段，资金使用单位定期对预算和绩效目标执行情况跟踪分析，及时纠偏。

再次，预算执行终了，资金使用单位开展绩效自评，并根据需要选择重点项目开展绩效评价。

《办法》规定，绩效自评结果和抽查结果应当作为有关部门和单位改进管理、调整财政支出方向和安排以后年度预算的重要依据。各级财政和扶贫部门的绩效评价结果作为以后年度财政资金分配的重要依据。绩效目标、绩效自评和绩效评价结果等绩效信息要依法予以公开。

财政部有关司局负责人表示，扶贫项目资金绩效目标和绩效评价结果公开，有利于倒逼部门和资金使用单位提高资金使用绩效。

“通过扶贫项目资金预算绩效管理流程再造，推动建立‘花钱必问效、无效必问责’的绩效管理机制，有利于落实资金使用单位的主体责任，切实提高财政扶贫项目资金配置和使用效益，确保扶贫资金花的高效、用得安全，为打赢脱贫攻坚战提供制度支撑。”这位负责人说。

乔宝云认为，《办法》的问责机制十分清晰，明确市县级有关部门和资金使用单位未按照要求设定绩效目标的项目，原则上不得纳入扶贫项目库，不得申请相关预算；市县级财政部门应当加强监控结果应用，发现问题的，应当及时予以处理；问题严重的，应当及时收回或暂缓拨付财政资金。“这样有利于将扶贫项目资金绩效管理落到实处。”他说。

采取措施全面实施绩效管理

全面实施绩效管理，就是紧紧围绕提升财政资金使用效益，将绩效理念和方法深度融入预算编制、执行和监督全过程。

党的十六届三中全会提出了要建立预算绩效评价体系，从中央到地方在绩效管理方面都做了积极有益的探索，尤其党的十八大以来绩效管理的步伐进一步加快。党的十九大报告提出，“建立全面规范透明、标准科学、约束有力的预算制度，全面实施绩效管理”。

“实行扶贫项目资金绩效管理，是落实党的十九大报告关于全面实施绩效管理部署的重要举措。”乔宝云认为，此次改革围绕支持脱贫攻坚项目的各类财政资金系统性地实施绩效管理，这一创新举措对于进一步推动我国绩效预算改革具有重要意义。

乔宝云表示，过去十几年里，我国绩效预算改革取得了较大进展。“绩效预算改革在规范财政支出范围、提升财政资金使用效率、建立绩效管理机制、树立政府绩效意识等方面取得了一定成效，初步形成从投入到产出、效果、影响诸多方面的创新框架。”他说。

2018年的预算报告对全面实施绩效管理作出了部署，包括制定全面实施绩效管理的指导性文件；逐步将绩效管理涵盖所有财政资金，并深度融入预算编制、执行、监督全过程；强化预算绩效目标管理，优化绩效目标设置，完善绩效目标随同预算批复下达机制；等等。

此前，财政部预算司副司长王新祥在财政部一季度财政收支情况新闻发布会上表示，“在巩固前期政策措施的基础上，继续采取有力措施推进预算绩效管理”。

据悉，在扩大管理范围方面，将逐步覆盖一般公共预算、政府性基金预算、国有资本经营预算、社会保险基金预算的所有资金和项目。在强化全过程管理方面，以绩效目标为龙头，将绩效理念和方法深度融入预算编制、执行、结果各环节。在拓展管理对象方面，预算绩效管理对象由项目为主向政策、部门整体支出拓展，由对地方转移支付为主向地方财政综合运行拓展。

“以全面实施绩效管理为切入点，充分利用绩效管理与财税体制改革其他方面的良好互动，将大力推动建立现代财政制度和国家治理现代化进程。”乔宝云说。

更多真金白银“上山下乡”

经济日报，2018 年 11 月 13 日，董碧娟、陆敏

这一年来，不论是财政支农的优先保障，还是农村普惠金融的加速发展，财政优先保障、金融重点支持、社会积极参与的多元投入格局正在加快形成。在“钱”的流向上，中西部地区和贫困地区没有被落下，一直是投入的重点。

四川宜宾市规模 100 亿元的乡村振兴发展基金，总规模 50 亿元的广州增城乡村振兴产业基金，总规模达 1000 亿元的海南省乡村振兴发展基金……这些基金的纷至沓来，只是我国不断创新乡村振兴投入模式、构建多元投入格局的积极实践之一。

钱从哪里来，这个“三农”工作中躲不过的问题，在乡村振兴战略实施一年来，不断获得创新解答。

优先保障聚力增效

“乡村振兴战略是党和国家的一项重大战略，离不开真金白银的投入。”财政部农业司司长、国务院农村综合改革办公室主任吴奇修此前表示，要建立健全乡村振兴战略财政投入保障制度，创新投融资机制，拓宽资金筹集渠道，加快形成财政优先保障、金融重点倾斜、社会积极参与的多元投入格局，确保财政投入与乡村振兴目标任务相适应。

据统计，2013—2017 年，仅农林水支出项目，全国一般公共

预算累计安排就超过 8 万亿元。2018 年以来，各级财政不断完善财政支农投入稳定增长机制，坚持把农业农村作为财政支出的优先保障领域。

针对财政支农资金多头管理、交叉重复、使用分散等问题，我国大力推动支持相关资金从预算编制环节真正实现源头整合，最大限度发挥资金合力。

2017 年年底，国务院出台《关于探索建立涉农资金统筹整合长效机制的意见》，提出到 2018 年实现农业发展领域行业内涉农专项转移支付的统筹整合。到 2019 年，基本实现农业发展领域行业间涉农专项转移支付和涉农基建投资的分类统筹整合。

财政部、国务院扶贫办 2018 年 3 月发布《关于做好 2018 年贫困县涉农资金整合试点工作的通知》，提出将整合资金项目审批权限完全下放到县，从 2018 年起，对试点贫困县计划整合资金规模占纳入整合范围资金规模的比例不作统一要求。

2017 年以来，财政部会同国务院扶贫办将贫困县涉农资金整合试点推广至全部 832 个国家扶贫开发工作重点县和连片特困地区县，并鼓励试点贫困县尽可能在“大类间打通”“跨类别使用”，做到“应整尽整”。

为加强涉农资金的源头整合，我国还不断完善“大专项 + 任务清单”的管理模式。大专项是指农业发展领域涉农专项转移支付和基建投资。任务清单是指根据各大专项应当保障的政策内容设置的任务。专家认为，这一模式可以确保中央宏观调控与地方自主统筹平衡兼顾，提高资金使用效率。

2018 年 9 月出台的《财政部贯彻落实实施乡村振兴战略的意见》（以下简称《意见》）为财政支农再次指明了方向。《意见》明确，要坚持优先发展、压实责任，推进财政事权和支出责任划分改革，明确和强化各级政府“三农”投入责任，层层传导压力，推动责任落实，促进农业农村优先发展。

积极做好增量文章

“财政支持乡村振兴战略实施，除了加大资金投入力度，做好总量、存量文章，还要发挥好引导作用，撬动金融和社会资本，做好增量文章。”中国财政科学研究院财政与国家治理研究中心副主任、研究员申学锋告诉记者。

专家建议，要研究调整完善土地出让收入使用范围，进一步提高用于农业农村的投入比例。此外，要创新资金筹措机制，推动将跨省域补充耕地指标交易和城乡建设用地增减挂钩节余指标省域调剂所得收益全部用于巩固脱贫攻坚成果和实施乡村振兴战略。

农业信贷担保体系在不断健全。据统计，截至 2017 年 11 月底，全国已有 29 个省（自治区、直辖市）及 4 个计划单列市组建了省级农担公司，并以办事处、分公司等形式设立市县分支机构 189 个。各省农担公司共计实现在保余额 263.5 亿元，在保项目个数 39001 个，平均每个担保项目金额 67.56 万元，主要担保对象是农业适度规模经营主体。其中，北京、重庆的业务规模对资本金放大比例超过 2 倍。

为有效发挥财政资金杠杆功能，带动农业领域投资，财政部会同相关单位设立现代种业基金、贫困地区产业发展基金、中国海外农业投资开发基金、中国农垦产业发展基金 4 只投资基金。比如，农垦基金计划规模 500 亿元左右，首期规模 100 亿元，其中，中央财政出资 20 亿元，其他社会资本出资 80 亿元。

各地也在不断探索，让财政资金发挥更大的撬动作用。比如，江苏常州市设立农业企业贷款保证保险专项资金，建立“政、银、保”三方合作模式，通过财政补贴保费的方式，撬动银行对符合条件企业发放保证保险贷款。四川资阳市完善扶贫小额信贷贴息政策，对向扶贫对象提供小额信用贷款的金融机构或保险公司，给予最高5%的贴息。

在财政支持乡村振兴上，必须突出重点，明确方向。“乡村振兴战略是一个系统工程，是一揽子解决方案，要做的工作纷繁复杂，财政在实际工作中应避免‘眉毛胡子一把抓’，紧紧围绕中央要求，突出重点领域和关键环节。”申学锋认为，要紧抓农民增收这个核心，加快构建促进农民持续较快增收的长效政策机制，把农业的增值收益更多留在农村、留给农民，建设产业兴旺的现代乡村。

金融支农不断创新

近年来，我国不断健全适合农业农村特点的农村金融体系，把更多金融资源配置到农村经济社会发展的重点领域和薄弱环节，更好满足乡村振兴多样化金融需求。

7月2日，银保监会发布《充分发挥主发起人制度优势 更好推进村镇银行服务乡村振兴战略》，积极引导主发起人把培育发展好村镇银行作为落实党中央乡村振兴战略的重要举措。此外，进一步完善村镇银行支农支小监测考核体系，引导村镇银行的设立重点向中西部地区、农村金融服务薄弱地区，特别是向贫困地区倾斜。

9月17日，银保监会启动首批“多县一行”制村镇银行试点，以加大对中西部和老少边穷地区金融资源投入，有针对性地解决欠发达地区单独组建村镇银行法人无法实现商业可持续经营的突出困难，提高金融服务覆盖面和可得性。根据试点安排，此次15个省份“多县一行”制村镇银行试点，可覆盖43个村镇银行空白县（市、旗），其中28个属于国定贫困县和连片特困地区县。

各金融机构也马不停蹄不断创新。中国农业银行三农政策与业务创新部副总经理王兆阳称："农村'普惠金融'已成为中国银行业当前着力拓展的方向。农村'普惠金融'就是要消除身份、贫富、居住场所等差异性带来的金融服务不平等，让所有人享受到均等有效的金融产品和服务。"据他介绍，中国农业银行近年来不断推进农村惠普金融工作，通过开展农户小额贷款业务、减费让利、农村基础性金融服务等，实施金融精准扶贫，满足农户差异化融资需求。

据中国建设银行总行普惠金融部副总经理李晓芳介绍，建设银行近年来运用金融科技助力小微企业发展，推进以电子化、数据化、智慧化为主要特征的金融服务创新，从而提升批量获客能力，培育业务增长动能。

财政部下达2018年中央专项彩票公益金支持革命老区脱贫攻坚资金20亿元

中国证券网，2018 年 7 月 5 日

7 月 5 日从财政部获悉，为贯彻落实《中共中央 国务院关于打赢脱贫攻坚战的决定》精神，改善贫困革命老区生产条件，促进贫困群众脱贫增收，推动贫困革命老区精准扶贫、精准脱贫，近日，财政部下达 2018 年中央专项彩票公益金支持革命老区脱贫攻坚资金 3.8 亿元，加上 2017 年 10 月提前下达的 16.2 亿元，至此，2018 年预算安排的中央专项彩票公益金支持革命老区脱贫攻坚资金 20 亿元已全部下达。

该项资金按照县均 2000 万元的支持规模，用于支持革命老区贫困村村内小型生产性公益设施建设。按照《国务院办公厅关于支持贫困县开展统筹整合使用财政涉农资金试点的意见》（国办发〔2016〕22 号）有关要求，纳入整合试点范围的革命老区县，可根据本地脱贫攻坚规划，统筹整合使用此项资金；未纳入整合试点范围的贫困革命老区县，继续按照“十三五”期间中央专项彩票公益金支持贫困革命老区小型生产性公益设施建设有关要求进行管理。

财政部要求，各地要按照《中央专项彩票公益金支持贫困革命老区脱贫攻坚资金管理办法》（财农〔2018〕21 号）以及财政

部关于进一步加强预算执行管理和支持深度贫困地区脱贫攻坚的有关要求，及时分配下达资金，切实加强资金监管，强化资金绩效管理，做好资金和项目的公告公示工作。

财政部相关部门负责人解读《扶贫项目资金绩效管理办法》

——为打赢脱贫攻坚战提供资金管理制度支撑

中国财经报，2018 年 6 月 2 日，齐小乎

近日，《扶贫项目资金绩效管理办法》（以下简称《办法》）出台并产生广泛反响。财政部相关部门负责人表示，《办法》出台的初衷，就是要通过扶贫项目资金预算绩效管理流程再造，落实资金使用单位的主体责任，切实提高财政扶贫项目资金配置和使用效益，确保扶贫资金花得高效、用得安全，为打赢脱贫攻坚战提供制度支撑。

据介绍，近年来，中央和地方财政加大脱贫攻坚投入，仅中央财政专项扶贫资金一项，2013—2017 年累计补助地方 2787 亿元，年均增长 22.7%。在加大投入力度的同时，各级财政部门切实加强资金监管，不断提升扶贫资金使用效益，为实现精准脱贫，提高脱贫质量提供了有力保障。随着脱贫攻坚工作的不断深入，新情况和新问题不断出现，客观上对扶贫资金管理提出了新的更高要求，但基层加强扶贫资金绩效管理缺乏有效手段，扶贫项目绩效目标不够明确，迫切需要全面实施绩效管理。

这位负责人指出，加强扶贫项目资金绩效管理，提升扶贫资金的使用效率和效果，是提高脱贫质量和实现国家精准脱贫目标

的关键措施，对打赢脱贫攻坚战具有重要意义。一是绩效管理坚持目标导向，注重精准脱贫绩效目标的实现程度，聚焦提高脱贫质量和减贫效果，有利于瞄准贫困人口精准帮扶，做到扶真贫、真扶贫、真脱贫。二是对扶贫项目资金实施全过程绩效跟踪，实行资金使用部门自我管理和外部监管相结合，赋予基层精准施策更大自主权，有利于充分调动贫困地区干部群众的积极性和创造性，增强贫困人群自我发展能力，切实提高扶贫成果可持续性，让贫困人群有更多的获得感。

《办法》要求，市县级财政部门应当会同有关部门依照职责，对扶贫项目相关资金预算的编制、执行、决算实施全过程绩效管理。一是部门和单位在编制年度部门预算、单位预算时，科学合理测算扶贫项目资金需求，编制扶贫项目资金绩效目标。财政部门应加强绩效目标审核，并将绩效目标随预算一同批复。二是执行中建立扶贫项目资金绩效目标执行监控机制，充分利用信息化手段，资金使用单位定期对预算和绩效目标执行情况进行跟踪分析，及时纠偏。三是预算执行终了，资金使用单位开展绩效自评，并根据需要选择重点项目开展绩效评价。绩效评价结果应当作为有关部门改进管理、调整财政支出方向和安排以后年度预算的重要参考依据。四是推动扶贫项目资金绩效目标和绩效评价结果公开，倒逼部门和资金使用单位提高资金使用绩效。

聚焦提高脱贫质量和减贫效果 财政部首次对 845 个国家扶贫县开展扶贫资金管理培训

中国财经报，2018 年 7 月 7 日，张思楠

日前，来自全国 845 个扶贫县财政部门的相关负责人分两批接受了关于《扶贫项目资金绩效管理办法》的培训。

距离国务院办公厅转发财政部、国务院扶贫办、国家发展改革委《扶贫项目资金绩效管理办法》不到一个月时间，财政部预算司、农业司和中华会计函授学校就联手完成了上述培训，这也是财政部首次开展覆盖全部扶贫县财政负责人员的培训。

预算司预算绩效管理处处长郑涌在给学员们解读办法时表示，将预算绩效管理理念引入到扶贫项目资金管理中，就是要瞄准贫困人口精准帮扶的效果，做到真扶贫、扶真贫，真脱贫，在扶贫工作中建立花钱必问效，无效必问责的机制。为解决目前一些地区在扶贫项目管理上存在的绩效意识薄弱，重投入、轻管理，重支出、轻绩效的问题，各级财政部门应当在统一思想认识的基础上，对扶贫项目资金预算的编制、执行、决算实施全过程绩效管理。其中，要加强对扶贫绩效目标的审核，将相关项目的必要性、可行性以及与资金的匹配程度等作为审核重点。此外，在预算执行中，财政部门应当充分利用技术手段，对绩效目标和执行情况进行“双监控”，真正做到对扶贫资金绩效的全过程管

理。预算执行完毕后，资金使用单位的绩效自评结果作为信息的反馈应当纳入有关部门和单位改进管理、调整财政支出方向和安排以后年度预算的重要依据。针对精准脱贫绩效目标的实现程度，各级财政部门和扶贫部门要加强结果应用和信息公开，建立行之有效的激励约束机制，将绩效管理纳入扶贫工作考核、对绩效管理过程中的违法违规行为及时进行处理等。

农业司扶贫处副处长梁昊表示，加强扶贫项目资金绩效管理、提升扶贫资金的使用效率和效果，是提高脱贫质量和打赢脱贫攻坚战的关键措施。近年来，中央和地方财政持续加大脱贫攻坚投入，发挥了财政投入在脱贫攻坚中的主体和主导作用，但目前一些基层地区还存在着虚报冒领、违规下达、扶贫资金管理不精细等影响脱贫质量的现象，迫切需要全面实施绩效管理。具体而言，在扶贫项目资金绩效管理中，财政部门和扶贫部门要坚持目标导向，聚焦提高脱贫质量和减贫效果，对扶贫项目资金实施全过程绩效跟踪，实行资金使用部门自我管理和外部监管相结合，赋予基层精准施策更大的自主权，充分调动扶贫干部的积极性。此外，财政部门要充分利用动态监控信息系统，将扶贫项目资金绩效目标及指标嵌入系统中，实现对扶贫资金管理的有效监控和实时预警。

加大扶贫资金管理力度　确保扶贫效果达标

中国经济时报，2018 年 7 月 9 日

为了使扶贫项目资金能够在打赢脱贫攻坚战中发挥最大作用，扶贫项目资金的管理就显得尤为重要。近日，财政部会同国务院扶贫办、国家发展改革委召开扶贫项目资金绩效管理工作视频会议，贯彻落实《扶贫项目资金绩效管理办法的通知》精神，加强扶贫项目资金绩效管理，提高资金使用效率和脱贫成效，确保打赢脱贫攻坚战。

近年来，中央和地方财政加大了脱贫攻坚的投入力度。2013—2017 年累计补助地方达到 2787 亿元，年均增长 22.7%。2018 年 4 月，财政部安排拨付中央财政专项扶贫资金 322.64 亿元，加上 2017 年 10 月提前下达的 738.31 亿元，截至 4 月底，2018 年中央财政补助地方专项扶贫资金已达 1060.95 亿元。

但是，在 2017 年财政部、国务院扶贫办组织开展的财政扶贫资金专项检查中，发现了一批违法、违规问题，涉及虚报冒领、挤占挪用、违规招投标、盲目决策浪费资金、精准扶贫贯彻落实不到位等方面。当时追回被虚报冒领、挤占挪用等扶贫资金 7.3 亿元，对 231 人追究党纪政纪责任，通报及诫勉谈话 201 人，移送司法机关 14 人。

扶贫项目资金绩效管理简单来说就是监督扶贫项目资金如何尽可能高效地利用和发挥扶贫带贫效果。事实上，对扶贫项目资

金绩效管理，此前不少地方也都进行了不少积极的有益探索，在很大程度上确保了财政扶贫专项资金的快速投入使用，高效发挥作用。

至于为何扶贫项目资金使用还是出现了不少问题？一方面是因为扶贫资金量大、面广、点多、线长，项目和资金申报审核涉及多个环节，管理链条长等原因，监管难问题较为突出。另一方面是近年来，中央和地方扶贫政策密集出台，但基层相应的配套工作没有同步跟上。有的地方脱贫攻坚项目库建设滞后，项目储备不足，存在盲目上项目问题，造成资金闲置，项目效益低下。

为此，2018 年 6 月出台的《扶贫项目资金绩效管理办法》将绩效管理这一提高国家治理水平的重要方式应用到扶贫领域，提出一方面要绩效管理坚持目标导向，注重精准脱贫绩效目标的实现程度，聚焦提高脱贫质量和减贫效果。另一方面要对扶贫项目资金实施全过程绩效跟踪，实行资金使用部门自我管理和外部监管相结合，赋予基层精准施策更大自主权。

而此次三部门召开的会议主要目的是为了加大《扶贫项目资金绩效管理办法》的落实力度。会议要求一是要落实基本要求，做到“两个全覆盖”。即资金范围“全覆盖”和管理过程“全覆盖”。二是落实责任分工，处理好“三个关系”。即处理好中央和地方的关系、处理好财政部门与行业部门的关系、处理好年度资金绩效评价与项目资金绩效管理的关系。三是落实精准导向，完善扶贫项目资金管理机制。一方面，扶贫项目安排要坚持现行脱贫目标和标准。另一方面，扶贫资金安排要瞄准薄弱环节，解决突出问题。

此外，在监管方面，会议还提出加快建立扶贫资金动态监控机制。依托平台建立扶贫资金总台账，实行精细化管理，全面了解资金安排、拨付进度，跟踪项目实施和绩效目标实现情况，建立预警机制、合理设置预警指标，及时发现资金使用管理中存在的问题。深入推进贫困县涉农资金整合试点。省级有关部门要切实落实总体责任，加强跟踪指导，及时整改纠偏，不能“一放了之”。

从上述会议内容可以看出，2018 年政府加大了对扶贫资金管理和监管的力度。要想让扶贫项目资金发挥最大作用，杜绝出现各式各样的问题，除了加大项目资金的管理力度，监管方面要引入第三方的监管制度，也就是《扶贫项目资金绩效管理办法》提出的外部监管。

外部监管要重视和发挥两方面力量，一方面是独立的科研机构的力量。比如，一些大学中由教师带领的调查团队，因其与扶贫项目资金无利益关系，科研水平又高，对项目资金效果能够进行客观、公正的评价。另一方面是贫困群众的力量。作为扶贫的受益者，贫困群众是最熟悉情况和最有权的发言者，让他们参与到扶贫项目资金绩效管理的评价当中来，在绩效评价的可信性、公平性和真实性上，无疑会得到一定的提升。

脱贫攻坚战最后三年：实施五大保障 年均减贫1000万人

21世纪经济报道，2018年8月21日，宋兴国

脱贫攻坚路线图和时间表正式划定。

据新华社消息，8月19日，《中共中央、国务院关于打赢脱贫攻坚战三年行动的指导意见》（以下简称《意见》）正式对外发布。

《意见》明确了最后三年脱贫攻坚的任务目标和工作要求，更加明确了通过“五个一批”脱贫的主要方式：发展生产脱贫一批、易地搬迁脱贫一批、生态补偿脱贫一批、发展教育脱贫一批、社会保障兜底一批，确保现行标准下农村贫困人口实现脱贫、消除绝对贫困，确保贫困县全部摘帽。

“为了做好综合性保障扶贫工作，《意见》也提出了一系列的政策举措”，8月20日，在解读《意见》时，国务院扶贫开发领导小组办公室副主任欧青平指出，这具体包括加强养老保障、深入实施健康扶贫工程、保障住房安全、推进农村低保和扶贫开发两项制度衔接、保障义务教育五大方面。

还有3000万贫困人口

据了解，党的十八大以来，我国贫困人口减少6853万，贫

困县摘帽 100 多个。但未来三年，还有 3000 万左右农村贫困人口需要脱贫，越往后难度越大，平均每年需要减贫 1000 万人以上。

据欧青平介绍，这 3000 多万建档立卡贫困人口中大多数都是老病残等特殊群体。按照建档立卡的数据，当前建档立卡贫困户中因病因残致贫比例分别超过 40%、14%。65 岁以上的老年人的比例超过 16%。

如何才算脱贫“摘帽”？

“核心指标是贫困发生率要低于 2%。”中国社会科学院农村发展研究所研究员李国祥表示。

中央农村工作领导小组办公室副主任韩俊则在解读《意见》时称，现在的脱贫攻坚工作，衡量贫困人口是不是脱贫的标准是“两不愁、三保障”，即不愁吃、不愁穿，义务教育、基本医疗、住房安全有保障。

其中，《意见》也提出，要实现贫困地区基本公共服务主要领域指标接近全国平均水平。据了解，这些领域指标涵盖了交通、电力、住房、饮水、人居环境、教育、保险等多个方面。

具体来看，韩俊指出，《意见》从完善顶层政策设计、强化政策措施、加强统筹协调三个层面，布置相关工作。

完善顶层设计层面，《意见》强调各项政策要聚焦深度贫困地区和特殊贫困群体，要着力改善贫困地区的发展条件、着力解决深度贫困地区群众的特殊困难，着力加大对深度贫困地区各项政策的倾斜力度。

强化政策措施层面，《意见》提出要从 10 个方面强化各项到村到户到人的精准帮扶举措。这 10 个方面是：加大产业扶贫力度，全力推进就业扶贫，深入推动易地扶贫搬迁，加强生态扶贫，着力实施教育脱贫攻坚行动，深入实施健康扶贫工程，加快推进农村危房改造，强化综合性保障扶贫，开展贫困残疾人脱贫行动，开展扶贫扶志行动。

其中，《意见》提出要从4个方面加快补齐贫困地区基础设施的短板，即加快实施交通扶贫行动 ，大力推进水利扶贫行动，大力实施电力和网络扶贫行动，大力推进贫困地区农村人居环境整治。

加强统筹协调层面，《意见》提出要加强和改善党对脱贫攻坚工作的领导，加强财政、金融、土地、人才和科技等各个方面的支撑保障，动员全社会力量合力攻坚。

财政、金融、土地保障攻坚

一直以来，扶贫“钱从哪里来”，“钱能用多久”的问题备受关注。

一位四川三州地区的乡镇干部告诉21世纪经济报道记者，虽然在扶贫资金支持下，他所在的乡镇在草莓种植等特色农业上有所发展，但相关种植业的大棚建设、土地平整等前期投入大且盈利周期长，需要相对长期的政府补贴才能运转，当地农民对资金能否长期支持存在疑问。

而此次《意见》也给出了更为详细的答案，未来三年，将通过财政、金融和土地三方面政策支持，为脱贫攻坚提供支撑保障。

在财政投入方面，《意见》提出，要健全与脱贫攻坚相适应的投入保障机制，坚持增加政府扶贫投入与提高资金使用效益并重，支持贫困地区围绕现行脱贫目标，尽快补齐脱贫攻坚短板。具体来看，文件提出要加大财政专项扶贫资金转移支付支持力度、赋予贫困县更充分的资源配置权、全面加强各类扶贫资金项目绩效管理、建立县级脱贫攻坚项目库等多个方面。

在金融扶贫方面，《意见》提出，加强扶贫再贷款使用管理，优化运用扶贫再贷款发放贷款定价机制，引导金融机构合理合规增加对带动贫困户就业的企业和贫困户生产经营的信贷投放。具体来看，《意见》提出了创新产业扶贫信贷产品和模式、规范扶贫小额信贷发放、加强扶贫信贷风险防范、支持贫困地区金融服务站建设、支持贫困地区开发特色农业险种、扩大贫困地区涉农保险保障范围等多方面要求。

而在土地政策支持方面，《意见》提出，深度贫困地区开展城乡建设用地增减挂钩可不受指标规模限制，将建立深度贫困地区城乡建设用地增减挂钩节余指标跨省域调剂使用机制。

实际上，2018 年 3 月，国务院办公厅印发了《跨省域补充耕地国家统筹管理办法》（以下简称《统筹办法》）和《城乡建设用地增减挂钩节余指标跨省域调剂管理办法》（以下简称《调剂办法》），确立了跨省域的耕地占补平衡机制和跨省域的城乡建设用地增减挂钩节余指标流转机制。

根据上述办法，在耕地跨省补充过程中，中央财政将相关经费预算，下达承担补充任务的省份。标准为补充耕地每亩 5 万元（其中水田每亩 10 万元），补充耕地标准粮食产能每亩每百公斤 1 万元。而指标跨省调剂时，贫困地区所在的省份调出价格，复垦为一般耕地的每亩 30 万元，复垦为高标准农田的每亩 40 万元。

这些资金被要求全部用于巩固脱贫攻坚成果和支持实施乡村振兴战略。农业部农村经济研究中心研究员廖洪乐表示，这对扶贫攻坚将起到改善作用，“尤其对于文件强调的边远贫困地区来说，耕地开发潜力更大，这是其区别于沿海地区或景区的一个优势。”

2017 年

用新发展理念引领财政支农事业

人民日报“人民要论”，2017 年 1 月 23 日，吴奇修

农业是经济社会稳定发展的基础与保障。党的十八大以来，习近平同志高度重视“三农”工作，对农业农村改革、统筹城乡发展、脱贫攻坚等作出一系列重要论述，指明了农业农村改革发展的方向、突破口和着力点。在经济发展新常态下，发挥财政对农业农村改革发展的推动作用，应以创新、协调、绿色、开放、共享的新发展理念为引领，全面落实党的强农惠农富农政策，确保农业基础稳固、农村和谐稳定、农民安居乐业。

创新财政支农政策体系和体制机制，推进农业供给侧结构性改革

经过多年发展，我国农业已步入由传统农业向现代农业跨越的关键时期，这同时也是各方面矛盾的凸显期。习近平同志指出，新形势下，农业主要矛盾已经由总量不足转变为结构性矛盾；推进农业供给侧结构性改革，提高农业综合效益和竞争力，是当前和今后一个时期我国农业政策改革和完善的主要方向。推进农业供给侧结构性改革，要求创新财政支农体制机制，更好发挥财政资金的引导作用，提高农产品供给的质量和效率。

调整完善财政支农政策体系。多年来，我国对农业农村发展给予有力财政支持，保证了粮食连年高位增产。经济发展新常态

下，必须进一步调整和完善现有财政支农政策体系。应妥善处理政府与市场、生产与消费、增产与增收、资源消耗与环境保护等关系，建立以绿色生态为导向的农业补贴制度，进一步推动农作物良种补贴、种粮农民直接补贴和农资综合补贴“三合一”，支持耕地地力保护和粮食适度规模经营；深化农产品价格形成机制改革，坚持市场化改革和保护农民利益并重，进一步完善最低收购价政策；针对当前农业发展中的问题，合理调整支农投向，及时修正相关政策目标，坚决取消与改革目标相悖、不合时宜的政策措施；建立粮食主产区利益补偿机制，坚持产粮大县奖励政策。

探索创新财政支农体制机制。农业要发展，投入是关键。中央始终把农业农村作为财政支出的优先保障领域，确保农业农村投入只增不减。然而，我国财政支农资金管理部门分散，缺乏相关政策的退出机制，造成一些临时措施常态化、短期措施长期化。解决这一问题，必须探索创新财政支农体制机制。应围绕补齐农业农村短板促进形成多元化投入格局，更好发挥财政资金“四两拨千斤”作用，将更多金融活水引入农业农村；围绕提高涉农资金使用效益完善涉农资金管理机制，进一步下放项目审批权限；围绕确保涉农资金安全加强公众监督，加大资金监管力度，建立以结果为导向的资金分配激励机制。

发挥财政资金的支撑和引导作用，促进城乡协调发展

协调发展就是要增强发展的平衡性，促进各区域各领域各方面协同配合、一体发展。习近平同志强调，要采取有力措施促进城乡协调发展，加快欠发达地区发展，积极推进城乡发展一体化和城乡基本公共服务均等化。为此，应充分发挥财政资金的支撑和引导作用，促进城乡协调发展和农村一二三产业协调发展。

合理配置公共产品和服务，加快推进城乡发展一体化。城乡发展差距较大是全面建成小康社会必须解决的难点问题。解决这一问题，关键在于打破城乡二元结构，提高城乡发展一体化水平。习近平同志指出，“要把解放和发展农村社会生产力、改善和提高广大农民群众生活水平作为根本的政策取向，加快形成以工促农、以城带乡、工农互惠、城乡一体的工农城乡关系”。为此，应发挥财政政策作用，推动城乡居民基本权益平等化、城乡公共服务均等化、城乡居民收入均衡化、城乡要素配置合理化、城乡产业发展融合化。要把工业和农业、城市和乡村作为一个整体统筹谋划，促进城乡在规划布局、要素配置、产业发展、公共服务等方面相互融合、共同发展；高度重视农村基础设施建设和社会事业发展，推动基本公共服务向农村延伸，不断提高农村公共服务水平。

创新财政投入方式，促进农村一二三产业协调发展。农村一二三产业协调发展是提高农业综合效益、促进农民增收的关键。为此，应通过贴息、政府与社会资本合作等方式，帮助农村地区引入新技术、新业态，促进农产品精深加工和农村服务业发展，延伸农业产业链。优化财政资金投入和使用方式，推动供销合作社与新型农业经营主体有效对接；培育具有国际竞争力的大型现代农业企业集团；充分发挥农垦企业的资金、技术及管理优势，把农垦企业建成农村产业融合发展的重要带动力量。

构建财政支持农业可持续发展的政策体系，推动农业绿色发展

绿色发展是顺应自然、保护自然的必然要求，也是调结构、转方式、实现可持续发展的必然选择。习近平同志指出，建设生态文明，关系人民福祉，关乎民族未来。财政支农工作要把支持农业可持续发展和生态建设摆在重要位置，构建相应政策体系，

积极推动农业绿色发展。

调整财政奖补政策，助推农业发展方式转变。在资源环境约束日益趋紧的背景下，如何加快转变农业发展方式，确保粮食等重要农产品有效供给，实现绿色发展和资源永续利用，是必须破解的现实难题。为此，应加强政策扶持，加快构建“镰刀弯”地区粮经饲统筹、农牧结合、种养加一体、产业融合的现代农业产业体系；农机购置补贴政策应更加注重以绿色生态为导向，发挥农业机械化对农业可持续发展的支撑作用；逐步建立支持休耕轮作的财政政策，在政府引导、农民自愿的基础上探索推动农业休养生息；积极支持耕地保护与质量提升，支持开展重金属污染耕地修复，实施地下水超采综合治理；继续支持推广应用秸秆还田腐熟、施用生物有机肥等土壤有机质提升措施，支持东北黑土地保护利用。

财政补助更加注重农、林、水、气资源的有效利用与保护。农、林、水、气资源是粮食和生态安全的基础。加强农、林、水、气资源的有效利用与保护，是农业绿色发展的题中应有之义。为此，应支持实施新一轮草原生态保护补助奖励政策，有针对性地调整完善相关政策措施，并扩大政策实施范围；适当提高补奖标准，落实好新一轮退耕还林还草政策，加强林业重点工程建设，支持天然林保护二期工程；用好林业补助资金，加快造林绿化进程，加大森林生态效益补偿力度，加强自然保护区建设与管理；积极支持水资源空间格局优化、水土流失治理，加强水利建设，提高防汛抗洪、抢险救灾资金的保障和响应速度；积极支持气象建设，不断完善气象灾害应急响应和应急管理体系。

完善财政支持措施，提高农业对外开放水平

我国是全球第一大农产品进口国、第二大农产品贸易国，农业发展已经深度融入国际市场。习近平同志指出，要善于用好两个市场、两种资源，适当增加进口和加快农业走出去步伐。新形势下，确保粮食等重要农产品供给安全，必须树立战略思维和全球眼光，完善相关财政支持措施，不断提高农业对外开放水平。

优化农产品进出口格局，推动农业贸易健康发展。农业贸易是补充国内市场需求、促进农业结构调整、推进农业现代化的重要途径。新形势下，应及时调整完善财政支农政策，推动农业贸易健康发展。要在确保粮食等重要农产品供给安全的前提下，加大对特色优势农产品和高附加值农产品出口的支持力度，提高农业效益，增加农民收入；支持适度进口国内紧缺农产品，缓解土地、资源和环境压力，为我国农业休养生息和生态文明建设创造条件；优化重要农产品进口的全球布局，加快形成互利共赢的稳定经贸关系。

支持农业走出去，加强与相关国家的农业合作。加强国际交流与合作对于推进农业现代化至关重要。应抓住“一带一路”建设的契机，推动我国农业走出去，加强与沿线国家合作。为此，要利用多种资金渠道，在国家规划指导下支持并推动境外农业产业合作区建设，提高我国农业企业国际竞争力；发挥双边、多边合作基金作用，积极支持农业对外合作与交流项目顺利开展；健全保险体系，研究建立符合我国国情的对外农业合作保险制度。

提高财政支持实效，实现农民共享发展成果

共享是中国特色社会主义的本质要求。习近平同志强调，“共享理念实质就是坚持以人民为中心的发展思想，体现的是逐步实现共同富裕的要求。”推动广大农民共享发展成果，要通过更有效的财政支农制度安排，紧紧抓住发展现代农业、增加农民收入、建设社会主义新农村三大任务，使农民群众在共享发展中有更多获得感。

做好财政支持打赢脱贫攻坚战的各项工作。打赢脱贫攻坚战是促进全体人民共享改革发展成果、实现共同富裕的重大举措。当前，扶贫开发已经到了攻克最后堡垒的阶段。做好财政支持打赢脱贫攻坚战的各项工作，要持续加大财政扶贫投入，强化扶贫资金监管，提高财政扶贫工作成效；健全财政扶贫政策体系，重点抓好支持贫困县开展统筹整合使用财政涉农资金试点工作，探索完善财政涉农资金供给机制；创新财政扶贫机制，支持地方探索资产收益扶贫；结合生态保护脱贫，国家重大生态工程在项目和资金安排上进一步向贫困地区倾斜。

完善支持农民收入增长政策体系，持续促进农民增收。小康不小康，关键看老乡。促进农民增收是农业农村工作的重要任务。为此，要健全农业补贴政策，改革农产品价格形成机制，进一步增加农民经营性收入；增加农民培训补助经费，同时完善培训体系、提高培训效率，培育新型职业农民；发挥好村级公益事业一事一议财政奖补资金的作用，完善村级组织运转经费保障政策，扶持村级集体经济发展，推动政府行政管理、村民民主自治与农村社会组织有效衔接和良性互动。

中央财政给扶贫资金松绑

人民日报，2017 年 3 月 25 日，李丽辉

财政部近日对《财政专项扶贫资金管理办法》进行了修订，新办法将于 2017 年 3 月 31 日起施行。财政部农业司有关负责人就新办法的相关内容进行了解读。

这位负责人介绍，新办法主要在以下几个方面进行了修订：

——按照精准扶贫、精准脱贫要求，坚持以目标和结果为导向的原则，完善资金分配办法，使资金逐步向脱贫攻坚主战场聚焦。

——改进了资金支出范围。为体现脱贫攻坚的实际需求，避免因规定过细束缚地方操作，新办法不再对中央财政专项扶贫资金支出范围作具体要求，而是采取了负面清单方式，明确了资金不得支出的范围，包括不得用于行政事业单位基本支出，交通工具及通信设备，各种奖金、津贴和福利补助，弥补企业亏损，修建楼堂馆所等。

——改革了资金使用管理方式。与原《办法》关于“各地应根据扶贫开发工作的实际情况，逐步将项目审批权限下放到县级”的规定相比，新《办法》进一步改革资金管理方式，明确提出中央财政专项扶贫资金项目审批权限下放到县级，强化地方对中央财政专项扶贫资金的管理责任。

扶贫资金绩效评价有了新要求

人民日报，2017 年 9 月 20 日，曲哲涵、吴秋余

为适应脱贫攻坚新形势和财政资金绩效管理新要求，更加准确地衡量财政专项扶贫资金绩效，财政部、国务院扶贫办近日修订印发《财政专项扶贫资金绩效评价办法》，对脱贫攻坚期内财政专项扶贫资金分配、使用、管理等工作绩效的评价作出全面规定。

修订的主要变化包括：将聚焦精准作为绩效评价的基本原则，新增“贫困人口减少”“精准使用情况”指标；针对一些地方财政专项扶贫资金支出进度较慢问题，提高“资金拨付进度”和“资金结转结余率”指标的权重；加强对信息公开和监督检查执行的考核，强化各地资金监管责任的落实；资金绩效评价结果纳入省级党委和政府扶贫工作成效考核，并作为财政专项扶贫资金分配的因素之一。同时，明确将违纪违法使用资金情况作为扣分指标等。

2017 年贫困县涉农资金整合试点范围将覆盖全部贫困县

新华社，2017 年 2 月 17 日，郁琼源

2017 年是脱贫攻坚承上启下、全面突破的关键一年，也是贫困县涉农资金整合试点深入推进、全面推开的重要一年。记者 16 日从财政部了解到，2017 年试点范围将推开到全部贫困县。

财政部、国务院扶贫办近日印发《关于做好 2017 年贫困县涉农资金整合试点工作的通知》，提出在全面总结 2016 年整合试点的基础上，将试点范围推开到全部 832 个国家扶贫开发工作重点县和连片特困地区县。各省（自治区、直辖市）自行确定的其他试点贫困县，可利用地方各级财政资金自主开展探索。

通知要求，各省区市要督促和指导试点贫困县加快方案编制工作，2017 年方案编制及报备工作在 2017 年 3 月 31 日前完成。对于纳入整合范围的各项中央财政涉农资金（含提前下达资金），分配给试点贫困县的资金增幅不得低于该项资金的平均增幅，资金一律采劝切块下达"，不得指定具体项目或提出与脱贫攻坚无关的任务要求。

通知明确，2017 年，各省区市要创造条件加大力度，鼓励试点贫困县推动实质整合，即根据脱贫攻坚实际需要，尽可能将纳入整合范围的各类资金在"大类间打通""跨类别使用"。试点

贫困县要将整合资金尽快分解下达到责任部门或项目主体，加快项目实施并切实加强资金使用管理。尚未制定印发统筹整合使用财政涉农资金具体办法的试点贫困县，要在 2017 年 3 月 31 日前制定办法并以县级人民政府文件印发。

此外，通知提出要充分发挥示范带动作用，建立完善工作协调机制，认真做好 2016 年度收尾工作。2016 年整合统筹的资金应于 2017 年 6 月底前全部完成支出，并将资金落实到具体项目或补助补贴对象上，切实加快项目进度，防止以拨代支。

中央财政支持农业供给侧结构性改革和脱贫攻坚

新华社，2017 年 6 月 15 日，郁琼源、申铖

记者 15 日从财政部了解到，为贯彻落实中央一号文件精神，确保增加农业农村投入，经国务院批准，财政部近日发文通知地方财政部门，建议在 2017 年债务限额内安排不少于 1200 亿元，由地方政府统筹支持推进农业供给侧结构性改革和脱贫攻坚。

财政部表示，根据中央一号文件确定的农业供给侧结构性改革的重点任务，建议地方安排不少于 600 亿元债务资金支持农业结构调整和农业节水两项工作。

其中，300 亿元债务支持农业结构调整，主要用于优势特色产业相关基础设施建设，推进各地优势特色产业提质增效，促进提档升级，把地方土特产和小品种做成带动农民增收的大产业。另外 300 亿元债务支持农业节水，重点支持《大型灌区续建配套与节水改造实施方案（2016—2020 年）》《中型灌区节水配套改造规划》《“十三五”新增 1 亿亩高效节水灌溉面积实施方案》等农业节水规划的实施。

此外，为拓宽扶贫资金来源，中央财政在 2017 年增加安排 200 亿元使财政专项扶贫资金规模达到 861 亿元的基础上，建议地方安排不少于 600 亿元债务资金支持脱贫攻坚，促进贫困村基

础设施建设，改善贫困村生产生活条件。

财政部表示，各地要结合实际情况，将地方政府债务额度优先用于推进农业供给侧结构性改革和脱贫攻坚等重点工作，并切实做好政府债务举借工作，强化政府债务项目管理，加强债务资金监管，发挥好政府债务资金的引导和撬动作用。

中央财政拨付 2017 年财政专项扶贫资金 860 亿元

央视网，2017 年 6 月 8 日，温晓

近日，财政部安排拨付中央财政专项扶贫资金 307.01 亿元，加上 2016 年 10 月提前下达的 553.94 亿元，截至目前，2017 年预算安排补助地方中央财政专项扶贫资金 860.95 亿元已全部拨付地方。

财政部表示，依据新的《中央财政专项扶贫资金管理办法》，中央财政专项扶贫资金用于支持扶贫发展、少数民族发展、以工代赈、国有贫困农场扶贫、国有贫困林场扶贫、“三西”农业建设等方面。资金分配向西部地区、贫困革命老区、贫困民族地区、贫困边疆地区和连片特困地区倾斜，聚焦脱贫攻坚主战场，分配给中西部 22 个省份的资金规模占总规模的比例达到 97.4%。

同时，认真落实习近平总书记关于“要把深度贫困地区作为区域攻坚重点”的重要指示精神和国务院扶贫开发领导小组工作部署，进一步加大了对西藏和四省藏区、南疆四地州、凉山、怒江、临夏等深度贫困地区，民族地区的支持力度。落实《省级党委和政府扶贫开发工作成效考核办法》《国务院办公厅关于对真抓实干成效明显地方加大激励支持力度的通知》《中央财政专项扶贫资金管理办法》《财政专项扶贫资金绩效评价办法》等有关

规定，加大奖励力度，共安排奖励资金58.4亿元，分别对省级党委和政府扶贫工作成效考核、财政专项扶贫资金绩效评价、贫困县涉农资金整合试点工作成效评价结果较好的省份予以奖励。

财政部要求，各地要认真贯彻落实《中共中央 国务院关于打赢脱贫攻坚战的决定》等文件精神，切实管好用好财政专项扶贫资金，将资金项目审批权限下放到县，支持贫困县统筹整合使用资金，在确保资金安全的前提下，加快资金拨付进度，切实提高资金使用效益。

扶贫资金绩效有了更准“标尺”衡量

经济日报，2017 年 9 月 25 日，曾金华

近日，财政部、国务院扶贫办修订印发《财政专项扶贫资金绩效评价办法》（以下简称《办法》），对脱贫攻坚期内财政专项扶贫资金分配、使用、管理等工作绩效的评价作出全面规定，将于 9 月 30 日起施行。据介绍，《办法》贯彻落实精准扶贫、精准脱贫基本方略，不仅关注“投入多少钱”，更注重“花得好不好”。

聚焦精准　突出成效

2008 年，财政部和国务院扶贫办印发了《财政专项扶贫资金绩效考评试行办法》。财政部数据显示，2017 年中央和地方财政专项扶贫资金规模超过 1400 亿元。

“党的十八大以来，党中央、国务院对新时期脱贫攻坚工作作出一系列重要部署，对财政专项扶贫资金绩效评价工作提出了更高要求。”财政部农业司负责人表示，因此，有必要对原办法和评价指标进行修订和完善，用更加准确、公正的“标尺”来衡量财政专项扶贫资金绩效。

该负责人表示，“《办法》将聚焦精准作为绩效评价的基本原则，新增‘扶贫人口减少’‘精准使用情况’指标，重点考核脱贫成效，督促各地资金安排瞄准建档立卡贫困户、项目实施与

脱贫成效紧密挂钩”。

中国财政科学研究院研究员王泽彩认为，《办法》着眼于财政扶贫的新形势、新目标和新任务，构建财政专项扶贫资金绩效评价制度框架体系，对规范和加强财政专项扶贫资金管理具有重要意义。

发挥“指挥棒”作用

评价结果运用是发挥绩效评价“指挥棒”作用的重要手段。

财政部农业司负责人介绍，中央财政专项扶贫资金绩效评价结果的运用，目前主要有以下几种形式：将财政专项扶贫资金绩效评价结果纳入省级党委和政府扶贫开发工作成效考核，并通过中央财政专项扶贫资金，对工作成效考核综合评价好的省份进行奖励；将绩效评价结果作为财政专项扶贫资金分配的因素之一，对绩效评价结果为优秀和良好的省份，分东、中、西部给予差别化奖励；依据财政专项扶贫资金绩效评价结果（贫困县涉农资金整合成效得分），对贫困县涉农资金整合成效好的省份进行奖励。

《办法》按照国务院办公厅关于支持贫困县开展统筹整合使用财政涉农资金试点的政策要求，将整合资金使用成效纳入评价体系。“在落实精准扶贫、精准脱贫基本方略时，要求财政专项扶贫资金安排更加贴近贫困地区和贫困人口实际需求，进一步打破限制资金使用的束缚，突出资金精准使用的要求。”王泽彩说。

推进绩效目标管理

为保障扶贫资金的精准使用，《办法》明确要求加强财政专项扶贫资金绩效目标管理。

“考虑到脱贫攻坚期还有 3 年多时间，中西部省份资金规模大、项目数量多等情况，本着循序渐进的原则，《办法》要求从

2018 年起，辽宁、江苏、浙江、福建、山东、广东等东部 6 省份，开展财政专项扶贫资金绩效目标管理工作，率先探索积累经验，中西部省份也要选择未纳入贫困县涉农资金整合试点的若干县开展试点，结合实际逐步推进。”财政部农业司负责人说。

“全面推行项目支出绩效目标管理，财政专项扶贫资金应先受关注。评价指标中资金使用效果占比最大，体现出绩效评价的成果导向。资金投入、资金拨付、资金监管等指标设置有利于引导各地加大投入、规范管理，加强信息公开和使用监管。”王泽彩说。

五部委联手促进扶贫小额信贷发展

经济参考报，2017 年 8 月 18 日，刘丽

记者 8 月 17 日从银监会网站获悉，银监会、财政部、人民银行、保监会和国务院扶贫办五部委联合印发了《关于促进扶贫小额信贷健康发展的通知》（银监发〔2017〕42 号）（以下简称“通知”）。通知强调，各单位要加强统计监测和评估考核，做好政策宣传解读，确保贫困户真正把握“免担保、免抵押、基准利率放贷、财政贴息”等政策要点。

通知指出，扶贫小额信贷是为建档立卡贫困户量身定制的金融精准扶贫产品，其政策要点是“5 万元以下、3 年期以内、免担保免抵押、基准利率放贷、财政贴息”。扶贫小额信贷要始终精确瞄准建档立卡贫困户，银行业金融机构要加大对信用良好、有贷款意愿、有就业创业潜质、有技能素质和一定还款能力的建档立卡贫困户支持力度。对已经脱贫的建档立卡贫困户，在脱贫攻坚期内保持扶贫小额信贷支持政策不变，力度不减。各地扶贫部门要加强对扶贫小额信贷和贴息对象的审查，在县乡村三级公告公示，防止非建档立卡贫困户“搭便车”。要将信用水平和还款能力作为发放扶贫小额信贷的主要参考标准，发放过程要符合法律法规和信贷管理规定，借款合同要明确贷款资金用途，坚持户借、户还，切实防范冒名借款、违规用款等问题。

值得一提的是，通知特别提及要将扶贫小额信贷精准用于贫

困户发展生产或能有效带动贫困户致富脱贫的特色优势产业，不能用于建房、理财、购置家庭用品等非生产性支出，更不能将扶贫小额信贷打包用于政府融资平台、房地产开发、基础设施建设等。各银行业金融机构在探索将扶贫小额信贷资金用于有效带动贫困户致富脱贫的特色优势产业过程中，必须坚持贫困户自愿和贫困户参与两项基本原则，使贫困户融入产业发展并长期受益，提高贫困户脱贫内生发展动力。

业内人士分析称，总体来看，此次通知对于推进小额信贷有很大的政策支持和鼓励。比如通知特别提及应稳妥办理无还本续贷业务，对于贷款到期仍有用款需求的贫困户，支持银行业金融机构提前介入贷款调查和评审，脱贫攻坚期内，在风险可控的前提下，可以无须偿还本金，办理续贷业务。

“此外，对于不良贷款问题，通知也表示要适当提高不良贷款容忍度。对于银行业金融机构扶贫小额信贷不良率高出自身各项贷款不良率年度目标 2 个百分点以内的，可以不作为监管部门监管评价和银行内部考核评价的扣分因素。”上述人士称，这些举措都表明国家对于促进扶贫小额信贷健康发展有着很大的决心。

财政部：2017年涉农资金整合试点范围推开到全部贫困县

中国新闻网，2017年2月16日

据财政部网站消息，财政部、国务院扶贫办近日印发《关于做好2017年贫困县涉农资金整合试点工作的通知》（以下简称《通知》）。《通知》要求，在全面总结2016年整合试点的基础上，将试点范围推开到全部832个国家扶贫开发工作重点县和连片特困地区县。

《通知》指出，各省（自治区、直辖市，以下简称省）自行确定的其他试点贫困县，可利用地方各级财政资金自主开展探索。纳入整合范围的中央财政涉农资金，严格限制在国办发〔2016〕22号文件规定的中央层面20大项资金范围内，超出此范围的应及时予以调整。各地结合实际，明确纳入整合范围的本级财政涉农资金，进一步加大统筹整合力度。

《通知》明确，加快编制2017年资金统筹整合使用方案。2016年已开展试点的贫困县和2017年新增试点县均应编制2017年资金统筹整合使用方案，并按程序报省级扶贫开发领导小组备案。省级扶贫开发领导小组应及时将报备的试点贫困县资金统筹整合使用方案汇总后向有关部门通报，作为各部门加强指导、监督问责的重要依据。各省要督促和指导试点贫困县加快方案编制工作，2017 年方案编制及报备工作在 2017 年 3 月 31 日前完成。

《通知》指出，加大资金保障力度和支出进度。各省要加大对试点贫困县的倾斜支持力度，为整合试点提供资金保障。对于纳入整合范围的各项中央财政涉农资金（含提前下达资金），分配给试点贫困县的资金增幅不得低于该项资金的平均增幅，资金一律采劝切块下达"，不得指定具体项目或提出与脱贫攻坚无关的任务要求。试点贫困县要根据实际情况，提高计划整合资金规模占纳入整合范围资金规模的比例，做到"应整尽整"。2017 年，各省要创造条件加大力度，鼓励试点贫困县推动实质整合，即根据脱贫攻坚实际需要，尽可能将纳入整合范围的各类资金在"大类间打通""跨类别使用"。

《通知》提到，要充分发挥示范带动作用。各省财政、扶贫部门要对整合试点工作开展经常性调研和督导，及时发现操作层面遇到的具体问题，分析解决整合试点中的共性问题。着力加强对示范县的跟踪指导，总结典型案例，提炼可复制、可推广的成功模式。通过专题培训班、工作简报、媒体宣传等多种形式，解读整合试点政策，交流推广典型经验。加大对工作成效好、资金使用效益高的试点贫困县的资金奖励力度。

中央财政为精准扶贫提供有力保障

中国财经报，2017 年 3 月 8 日，张曦文

2017 年的政府工作报告指出，贫困地区和贫困人口是全面建成小康社会最大的短板。要深入实施精准扶贫精准脱贫，2017 年再减少农村贫困人口 1000 万以上，完成易地扶贫搬迁 340 万人。中央财政专项扶贫资金增长 30% 以上。加强集中连片特困地区、革命老区开发，改善基础设施和公共服务，推动特色产业发展、劳务输出、教育和健康扶贫，实施贫困村整体提升工程，增强贫困地区和贫困群众自我发展能力。推进贫困县涉农资金整合，强化资金和项目监管。创新扶贫协作机制，支持社会力量参与扶贫。切实落实脱贫攻坚责任制，实施最严格的评估考核，严肃查处假脱贫、“被脱贫”、数字脱贫，确保脱贫得到群众认可、经得起历史检验。

为落实上述举措，2017 年中央财政安排补助地方专项扶贫资金 861 亿元，比 2016 年增加 200 亿元，增长 30.3%，用于支持落实精准扶贫、精准脱贫基本方略。统筹安排农业、教育、社保、医疗等领域用于扶贫的资金，进一步加大支持打赢脱贫攻坚战的投入力度，切实发挥政府投入在扶贫开发中的主体和主导作用。加快改善贫困地区基础设施和基本公共服务，加大产业、教育、健康扶贫支持力度。全面推进贫困县涉农资金整合试点。开展扶贫资金专项检查。

打赢这场扶贫攻坚战，财政扶贫力度仍在不断加大。在过去的 2016 年，中央财政大幅增加了扶贫支出，积极完善财政扶贫开发政策，大力推进贫困县涉农资金整合，突出抓好重点工作，切实加强资金管理，为加快脱贫攻坚步伐提供了有力支撑。

国务院扶贫办主任刘永富近日在接受媒体采访时提供的一组数据，较好诠释了财政扶贫取得的显著成效。2016 年，中央财政对脱贫攻坚的投入创历史新高，全年安排专项扶贫资金 667 亿元，比 2015 年增长 43.4%；在全国 961 个县（其中贫困县 792 个）启动实施贫困县涉农资金整合试点，纳入整合范围的各级财政资金规模共计 3200 亿元，惠及建档立卡贫困人口 3000 多万人；贫困地区金融扶贫贷款余额 24878 亿元，2017 年新增 8181 亿元，累计发放扶贫小额信贷 2833 亿元，支持了 802 万贫困户，累计发放扶贫再贷款 1127 亿元。同时，发行易地扶贫搬迁金融债 726 亿元。

在各项财政扶贫举措中，中国财政科学研究院院长刘尚希尤为看重统筹整合使用财政涉农资金。中央财政会同相关部门创新支持贫困县开展统筹整合使用财政涉农资金试点，通过统筹整合使用财政涉农资金形成“多个渠道引水、一个龙头放水”的扶贫投入新格局，极大地提高了资金使用精准度和效益，助推按期完成脱贫攻坚任务。他分析说，近年来财政支农投入逐年加大，但涉农资金多头下达、零敲碎打、平均用力、“撒胡椒面”等问题日益突出，在农业基础设施建设特别是农田水利建设方面，发展改革、财政、农业、国土、水利、农业综合开发、烟草等部门都各自有相应的项目，资金使用分散或重复，效益不显著。整合财政涉农资金，保障贫困县集中资源打赢脱贫攻坚战，释放出财政资金更加精准扶贫的积极信号。

中国财政科学研究院副院长王朝才近日在接受记者采访时

说："要实施精准扶贫，前提是要了解致贫原因的多样性，提高扶贫工作的针对性、灵活性。要把权利下放到各地，只有当地才最知道自己需要什么，最了解扶贫'病根'在何处，才能更好地对症下药。贫困县开展统筹整合使用财政涉农资金试点，更有利于如期打赢脱贫攻坚战。"

他对记者说，过去财政扶贫资金使用效益不高，除了扶贫资金"跑、冒、滴、漏"等原因外，一些扶贫方式也影响了资金的使用效益。比如，国家统一安排的某些扶贫措施，没有考虑到地方的实际情况，药不对症，扶贫自然扶不到点上去，白白浪费资金。因此，扶贫定位很重要。精准扶贫就是要采取多种方式参与到扶贫中去，把资金下放到地方基层，让他们督促并加强财政资金管理，从而提高扶贫效率、效益，使有限的扶贫资源得到更加有效、合理的运用，并发挥其杠杆效应。

中国社会科学院城乡规划研究院研究员长子中认为，虽然中央的扶贫项目、扶贫资金、扶贫技术让一大批困难户彻底脱贫，并走在建设小康家园的征途上，但也在一定程度上让一些贫困户懒散惯了，靠惯了政府和社会，发展致富的主动性不足。群众是脱贫的主体，扶贫先扶志，治穷先治懒。要教育引导群众"脱贫先立志、致富靠自己"，积极发现和扶持脱贫致富典型，让贫困群众受到启迪，增强信心，激发内生动力，增强造血功能与内生能力，努力早日脱贫。只有充分激发他们自身强烈的致富愿望，精准扶贫才能取得事半功倍的效果。

2017 年，脱贫攻坚任重道远。

专项扶贫资金加码誓要啃下“硬骨头”

中国经济日报，2017 年 6 月 9 日，童彤

近日，财政部安排拨付中央财政专项扶贫资金 307.01 亿元，加上 2016 年 10 月提前下达的 553.94 亿元，截至目前，2017 年预算安排补助地方中央财政专项扶贫资金 860.95 亿元已全部拨付地方。值得强调的是，这一数据相较于 2016 年增加 200 亿元，增长 30.3%。

根据有关要求，中央专项扶贫资金将用于支持扶贫发展、少数民族发展、以工代赈、国有贫困农场扶贫、国有贫困林场扶贫、“三西”农业建设等方面。资金分配向西部地区、贫困革命老区、贫困民族地区、贫困边疆地区和连片特困地区倾斜，聚焦脱贫攻坚主战场，分配给中西部 22 个省份的资金规模占总规模的比例达到 97.4%。

另一个惹眼的数据同样值得关注，即在中央专项扶贫资金大幅提升的同时，地方财政资金也保持了上涨。统计显示，有扶贫任务的 28 个省（自治区、直辖市）省级财政专项扶贫资金规模达到 540 亿元左右。中央与地方扶贫资金相加，2017 年中央和地方财政专项扶贫资金规模超过 1400 亿元。

笔者以为，不断加码的专项扶贫资金正是有意对外释放这样一个信号：伴随 2020 年全面建成小康社会目标时间点的临近，扶贫脱贫任务日益严峻，借助不断加码的专项扶贫资金，就是要

啃下贫困“硬骨头”，让全面小康货真价实，其决心可见一斑。

众所周知，2020年是我国全面建成小康社会的最终时限。全面小康的实现需要经济社会各个领域的均衡发展。然而，贫困问题当前正成为我国社会发展的致命短板，因此，必须坚定不移地推动脱贫目标的达成，方可让全面小康的实现彰显出本质意义。近年来，扶贫脱贫领域从未间断的政策部署就是在不断地对外加深这样的认识。

然而，有必要认清的形势是，扶贫、脱贫绝非易事，我国想要实现这样的宏伟目标注定困难重重。尤其是正处在转型调整的经济新常态背景下，在扶贫工作已经取得阶段性成绩的基础上，尚未实现脱贫的任务领域注定都是难啃的“硬骨头”。

无论是扶贫任务的部署还是实现各个脱贫目标，都离不开真金白银的投入。伴随专项扶贫资金的大力投入，客观印证着政府作为公共服务的提供主体，正在拿出更多财政资金投向贫困地区，以确保贫困地区和贫困人口的住房、教育、医疗等公共服务指标都得到全面提升。

需要强调的是，解决贫困问题是需要较大投入的，这些投入包括财物、人力、技术、管理、时间等，切不可荒废了巨大投入，因此，在有关政策设计和工作安排上，必须确保国家和社会有限的资源用好、提高效率和提升效果，努力形成良好稳定的发展、扶贫和脱贫的良性机制，按部就班地确保目标达成。毕竟，兑现我国的脱贫目标，对于国内外均衡发展而言，均堪称意义重大。

中央财政利用地方债务额度支持脱贫攻坚

中国证券报，2017 年 6 月 16 日，刘丽靓

据财政部网站 15 日消息，近日财政部发文通知地方财政部门，建议在 2017 年债务限额内安排不少于 1200 亿元，由地方政府统筹支持推进农业供给侧结构性改革和脱贫攻坚。

财政部指出，根据 2017 年中央一号文件确定的农业供给侧结构性改革的重点任务，建议地方安排不少于 600 亿元债务资金支持农业结构调整和农业节水两项工作。其中：300 亿元债务支持农业结构调整，主要用于优势特色产业相关基础设施建设，推进各地优势特色产业提质增效，促进提档升级，把地方土特产和小品种做成带动农民增收的大产业；300 亿元债务支持农业节水，重点支持《大型灌区续建配套与节水改造实施方案（2016—2020 年）》《中型灌区节水配套改造规划》《“十三五”新增 1 亿亩高效节水灌溉面积实施方案》等农业节水规划的实施。

同时，在 2017 年增加安排 200 亿元使财政专项扶贫资金规模达到 861 亿元的基础上，建议地方安排不少于 600 亿元债务资金支持脱贫攻坚，促进贫困村基础设施建设，改善贫困村生产生活条件。

2016 年

楼继伟：支持做好补齐短板
坚决打赢脱贫攻坚战

中国财经报，2016 年 10 月 29 日

财政部党组以“支持做好补齐短板工作坚决打赢脱贫攻坚战”为主题召开中心组“两学一做”专题学习研讨会，深入学习习近平总书记扶贫开发重要战略思想，深刻领会党中央、国务院决策部署，进一步增强思想自觉和行动自觉，做好财政支持打赢脱贫攻坚各项工作。

财政部党组书记、部长楼继伟在发言中指出，习近平总书记关于新时期扶贫开发的重要战略思想，是他在 40 多年工作经历中，通过不断思考、探索、总结逐步形成的，体现了中国特色扶贫开发理论的最新成果，是新时期脱贫攻坚的基本方略，也是做好当前及今后一个时期扶贫开发工作的科学指南和根本遵循。全体财政干部要深入学习领会习近平总书记扶贫开发重要战略思想，增强打赢脱贫攻坚的责任感和使命感，坚持精准扶贫、精准脱贫基本方略，切实履行好财政支持脱贫攻坚的重要职责。

楼继伟强调，贯彻落实党中央、国务院决策部署，支持打赢脱贫攻坚战，重点要抓好以下几项工作。

一是不断完善综合扶贫投入机制，强化财政扶贫开发投入。要继续优化财政支出结构，宁肯少上一些大项目，也要确保扶贫

投入明显增加。中央财政专项扶贫资金增长幅度要体现加大脱贫攻坚力度的要求，中央财政一般性转移支付、各类涉及民生的专项转移支付，要进一步向贫困地区倾斜。对于涉及“五个一批”精准扶贫工程的转移支付，包括农业生产发展、基础设施建设、生态保护以及教育、社会保障等基本公共服务方面的转移支付，要在继续向中西部倾斜的基础上，进一步突出贫困因素的考虑，加大对贫困地区、贫困人口的支持，帮助解决他们面临的突出困难。

二是完善财政综合扶贫政策体系，加强各项脱贫政策的协调配合。推进脱贫攻坚是各级政府、各部门的共同责任。财政部各司局要根据《中共中央国务院关于打赢脱贫攻坚战的决定》的分工，从讲政治的高度，认真抓好落实。要牢固树立和坚持财政综合扶贫的理念，依靠各类转移支付，共同加大对贫困地区、贫困人口的综合扶持，着力加快贫困地区基础设施建设，改善贫困地区生产生活环境。扶持产业发展的有关政策要注重吸收贫困群众的参与，帮助贫困群众受益。要统筹考虑贫困地区生态环境保护、治理和当地群众脱贫致富，探索生态扶贫的新路子，让用于重点生态功能区的生态补偿资金更多惠及贫困人口。要重视教育在阻断贫困代际传递方面的作用，改善贫困地区办学条件，健全家庭经济困难学生资助政策体系。着眼帮助贫困家庭孩子掌握一技之长，通过转移就业实现脱贫。对于完全或部分丧失劳动能力的贫困人口，主要靠社会保障政策来托底，必须提前研究做好制度性安排，有效衔接农村低保和扶贫两项制度。发挥财政投入的杠杆作用，依托市场化实施主体撬动金融资本、社会资本，支持实施好易地扶贫搬迁工程。要督促地方强化资金监管措施，严格项目实施主体举债，避免市场化主体的经营性风险由政府兜底。

三是创新财政扶贫投入使用机制，提升财政资金使用效益。

《关于支持贫困县开展统筹整合使用财政涉农资金试点的意见》把纳入统筹整合范围的财政涉农资金的配置、使用权完全赋予贫困县，为贫困县贯彻落实精准扶贫、精准脱贫基本方略，真正因人因地施策推动脱贫攻坚创造了更好的条件。财政部相关司局要提高认识、积极配合，做好“放管服”的文章。要继续多渠道增加扶贫开发投入，为资金整合提供财政保障。

资金分配时要加大对贫困地区、贫困人口的倾斜支持力度，对于积极开展资金整合的贫困县，下一年度安排的财政涉农资金增幅原则上要高于该项资金的平均增幅，不让改革者吃亏。同时加快预算执行进度，为地方统筹整合使用相关资金创造条件。要加强和联系部门的沟通，协调各部门加大对贫困县统筹整合资金试点的支持，充分授权，完善制度，取消限制资金统筹整合使用的相关规定，为整合资金“松绑”。督促指导贫困县依据脱贫攻坚规划，在县级扶贫开发领导小组的领导下，统筹使用好相关涉农资金，发挥好各专业部门的优势，加快项目实施。加大监管力度，构建多元化监管机制，完善绩效评价和责任考核办法。创新公开公示的形式，增强信息传递的有效性，便于贫困群众深度参与和社会广泛监督，防止贫困县乱作为。在加强资金统筹整合使用的同时，要积极创新扶贫资金使用方式，提升资金使用效益。要积极发挥财政投入的引导作用，通过贷款贴息、以奖代补、先建后补等多种形式，撬动金融资本、社会资本支持脱贫攻坚。

四是充分调动贫困群众积极性，注重帮助贫困群众通过自身努力脱贫。既要对贫困人口实施更大力度的精准扶持，又要防止出现“养懒人”的局面。设计扶贫开发政策时，要尊重扶贫对象的主体地位，各类扶贫项目和扶贫活动都要紧紧围绕贫困群众的需求来进行，支持贫困群众探索创新脱贫方式方法。要深入贫困群众，问需于民、问计于民，重视发挥广大基层干部群众的首创精神。

楼继伟指出，受多方面因素影响和国内外条件变化，我国经济发展仍面临一些突出矛盾和问题，财政收入潜在增长率下降，支出刚性增长的趋势没有改观，支出结构僵化、资金使用效益不高问题依然突出。在这种大背景下，为脱贫攻坚等重大民生工作提供财力保障，要求我们更加坚定地深化财税体制改革，推动加快完善可持续的制度机制。财政部要坚决贯彻落实党中央、国务院关于脱贫攻坚的决策部署，以更加饱满的精神、更加积极的行动，履行好财政支持脱贫攻坚的重要职责，为如期实现脱贫攻坚目标、确保全面建成小康社会做出新的贡献。

一场“刀刃向内”的自我革命

——财政部副部长胡静林详解贫困县涉农资金整合

新华社，2016 年 6 月 27 日，韩洁、沈翀

2016 年 4 月，国务院办公厅印发《关于支持贫困县开展统筹整合使用财政涉农资金试点的意见》。5 月，全国支持贫困县开展统筹整合使用财政涉农资金试点电视电话会议召开。

贫困县涉农资金整合对打赢脱贫攻坚战意义何在？此轮整合有何亮点？如何推进？财政部副部长胡静林就此接受了新华社记者采访。

基层：知道哪儿疼，没法开方抓药

打赢脱贫攻坚战，资金保障是关键。近年来，中央财政认真贯彻落实党中央、国务院关于打赢脱贫攻坚战的决策部署，多渠道增加扶贫开发投入，逐步构建了针对贫困地区、贫困人口的财政综合扶贫政策体系。

胡静林介绍，初步统计，2015 年中央财政用于支持贫困地区、贫困人口农业生产及改善生产生活条件、发展社会事业等综合扶贫投入近 5000 亿元。就财政专项扶贫资金而言，2016 年安排补助地方资金规模达到 660. 95 亿元，比 2015 年增长 43. 4%。地方财政也较大幅度增加了扶贫投入。

“从某种程度讲，贫困县并‘不差钱’，关键是要管好用好各类财政资金。”胡静林说。

他指出，在扶贫投入规模不断增加的同时，贫困地区涉农资金使用管理仍面临不少问题。比如，“基层最知道自己哪儿疼，却没法开方抓药”，上下权责不匹配，贫困县没有项目安排和资金使用自主权；此外，“打酱油的钱不能买醋”，项目和资金“碎片化”安排使用，“专款专用”制约了精准扶贫措施的落地。

扶贫投入：多个渠道引水，一个龙头放水

财政专项扶贫资金、现代农业生产发展资金、农业综合开发补助资金……国办文件列出了近 20 项可以整合使用的中央支农资金。

胡静林说，此次试点核心就是要加大涉农资金整合力度，给予贫困县更多的自主权，最终形成“多个渠道引水、一个龙头放水”的扶贫投入新格局。

我国目前有 832 个连片特困地区县和国家扶贫开发工作重点县。根据部署，2016 年要选择不少于 1/3 的贫困县开展试点。2017 年，试点推广到全部贫困县。

“贫困地区涉农资金整合是一次意义深远的重大改革，力度前所未有。”胡静林说，这次改革是在国务院扶贫开发领导小组的直接领导和强力推动下实施的，此次试点对政府部门来说是一场“刀刃向内”的自我革命，中央部门不仅要把资金、项目审批权限交给贫困县，而且要花更大精力，加强管理和服务，是各部门推进“放管服”的重要体现。

他指出，这一试点也是推进精准扶贫、精准脱贫的重要举措。要实现精准，就必须下放权限，必须打破束缚，改变资金“碎片化”状况，通过科学的规划和有效的项目平台，确保资金

投向最重要的方向、最关键的环节、最准确的对象。

贫困县：重点做好“接”和“用”

在胡静林看来，推进贫困县财政涉农资金整合，一方面有关部门要舍得放手，做好“放管服”的文章；另一方面，贫困县作为实施主体，重点要做好“接”和“用”的文章，敢于接、接得住、接得好，推动工作重心从“要到钱”向“花好钱”转变。

胡静林说，以往财政涉农资金整合以“拼盘式”为主，整合难以彻底，基层担心整合后部门不给钱，担心“打酱油的钱买醋”被追责，个别的还以此为借口不作为。这次涉农资金改革目标更精准、决心更大、条件更好。

他介绍，目前，纳入整合的资金范围已明确并授权贫困县自主使用。审计署专门发文，明确“对继续限定财政涉农资金具体用途或干扰统筹整合使用的，要坚决查处、坚决曝光”。财政部也将从资金分配方面为整合提供有力的资金和制度保障，让积极推进资金整合的贫困县在资金分配上能够得到更好的支持。

胡静林介绍，不少地方对贫困县整合涉农资金积极性很高，如江西省把 58 个原中央苏区和连片特困县（市、区）全部纳入此次统筹整合实施范围；甘肃省提出省级部门“三管三不管”（“管总量不管结构、管任务不管项目、管监督不管实施”），将资金切块下达到县；湖北提出“八个不得”的整合纪律，用负面清单制度防范贫困县“乱作为”。

加强监管考核：避免“一放就乱、一管就死”

资金安全关乎改革成效。胡静林说，贫困县统筹整合财政涉农资金，核心是将大规模资金项目的审批权限下放。如果忽视监管，简单地“一放了之”就有可能出现“一放就乱”的问题。

因此，试点重点要做好监管和考核工作。

一是要全面实行公开公示制度，主动接受监督，进一步创新公开公示方式，准确有效传递信息，便于群众接受和社会监督。

二要加大监督检查力度。贫困县对涉农资金管理监督负首要责任，贫困村第一书记、驻村工作队、村委会也要深度参与。对监督不到位的，要严肃追责。

三要强化绩效考核。要把脱贫成效作为衡量整合成果的主要标准，考核结果要通报，建立奖优罚劣的机制。

推进财政涉农资金整合　提高脱贫攻坚工作成效

人民日报，2016 年 5 月 11 日

全国支持贫困县开展统筹整合使用财政涉农资金试点电视电话会议 10 日在北京召开，国务院副总理、国务院扶贫开发领导小组组长汪洋出席会议并讲话。他强调，支持贫困县统筹整合使用财政涉农资金，是提高财政资金配置效率、保障脱贫攻坚资金需求的关键之举。要认真贯彻党中央、国务院决策部署，支持贫困县以脱贫攻坚规划为引领，以重点扶贫项目为平台，将财政涉农资金捆绑集中使用，提高扶贫精准度和有效性，为打赢脱贫攻坚战提供有力保障。

汪洋强调，支持贫困县整合财政涉农资金，是推进精准扶贫精准脱贫的要求，也是深化“放管服”改革的重要内容。中央、省（区、市）、市（地）级要将财政安排用于农业生产发展和农村基础设施建设等方面的资金，纳入整合范围，允许试点贫困县统筹使用，集中用于脱贫攻坚各项工作。要继续增强贫困县的财政保障能力，加大对贫困县倾斜支持力度，各部门要着力做好资金监管和政策服务。试点贫困县要科学编制脱贫攻坚规划，确定重点扶贫项目和建设任务，完善资金整合使用具体方案和决策程序，创新资金使用机制，履行好资金管理监督首要责任，全面提高脱贫成效。

从“要到钱”到“花好钱”（打好脱贫攻坚战）

人民日报，2016 年 6 月 29 日，李丽辉

2016 年 4 月，国务院办公厅印发了《关于支持贫困县开展统筹整合使用财政涉农资金试点的意见》，明确优化财政涉农资金供给机制，保障贫困县集中资源打赢脱贫攻坚战。目前试点工作已经启动，就此次试点的政策目标以及统筹整合使用的资金范围等情况，财政部副部长胡静林接受了本报记者采访。

改革财政涉农资金管理机制，赋予贫困县更多自主权

胡静林介绍，近年来，中央财政多渠道增加扶贫开发投入，逐步构建了针对贫困地区、贫困人口的财政综合扶贫政策体系。初步统计，2015 年中央财政用于支持贫困地区、贫困人口农业生产及改善生产生活条件、发展社会事业等综合扶贫投入近 5000 亿元。仅财政专项扶贫资金，中央财政 2016 年安排补助地方资金规模达到 660.95 亿元，比 2015 年增长 43.4%，地方财政也较大幅度增加了扶贫投入。可以说，在财力上脱贫攻坚的资金是有保障的。

在扶贫投入不断加大的同时，贫困地区涉农资金使用管理仍面临不少问题。比如，上下权责不匹配，贫困县没有项目安排和

资金使用自主权；“打酱油的钱不能买醋”，项目和资金安排使用“碎片化”，制约了精准扶贫措施的落地。

“此次试点的核心目标，就是要改革财政涉农资金管理机制，最大程度地赋予贫困县资金使用自主权，形成‘多个渠道引水、一个龙头放水’的扶贫投入新格局。”胡静林表示，通过加大统筹整合力度，支持贫困县把专项扶贫资金、相关涉农资金和社会帮扶资金捆绑集中使用，用于解决突出问题，强化薄弱环节。

2016 年，在连片特困地区县和国家扶贫开发工作重点县范围内，各省区市可优先选择领导班子强、工作基础好、脱贫攻坚任务重的贫困县开展试点。从目前情况看，全国已经有超过 1/3 的贫困县纳入了试点，2017 年将推广到全部贫困县。

统筹整合拆掉“隔栏”，中央层面 20 大项涉农资金可用于扶贫

近年来，财政部门开展了多层次、多形式的涉农资金整合工作，取得了阶段性成效。一些地方通过整合不同渠道和项目的资金，形成一定的合力，实现“各炒一盘菜、共办一桌席”的效果。但这种整合仍以“拼盘式”为主，难以从根本上解决涉农资金使用分散、效率不高的问题。

“此次财政涉农资金整合，一个重大突破是拆掉了资金项目的‘隔栏’，将各路资金汇集到一个池子里，由县里统一安排使用。”胡静林解释说，改革的一个基本原则是“渠道不变，充分授权”，即中央和省市级有关部门仍按照原渠道下达财政涉农资金，但属于整合范围的资金项目，审批权限则完全下放到贫困县。也就是说，这些资金项目下达到县里后，资金可以捆绑使用，怎么安排全由县里“做主”。

根据规定，目前可以进行统筹整合使用的资金范围，包括各级财政安排用于农业生产发展和农村基础设施建设等方面资金。

在中央层面，主要有财政专项扶贫资金、农田水利设施建设和水土保持补助资金、现代农业生产发展资金等20大项。

“这些资金整合到一起，试点县可以根据实际情况‘跨界’使用，这样就从根本上解决了‘打酱油的钱不能买醋’的问题，有利于提高财政资金效率。”胡静林表示，基层最知道自己哪儿疼，开方抓药也就更准，这是落实精准扶贫、精准脱贫基本方略的必然要求。教育、医疗、卫生等社会事业方面资金，也要结合脱贫攻坚任务和贫困人口变化情况，完善资金安排使用机制，精准有效使用资金。

同时，这也是推进简政放权、放管结合、优化服务改革的必然要求。中央部门按照权责一致原则，把资金、项目审批权限交给试点贫困县，不仅不能在背后“牵线拽绳”，而且要花更大精力加强管理和服务。这实质上是政府部门“刀刃向内、自我革命”，通过下放资金和项目审批权限，打破条条块块的束缚，确保资金投向最重要的方向、最关键的环节、最准确的对象。

让资金落到实处、花出效益，避免一放就乱、一管就死

统筹整合使用涉农资金，对贫困县来说约束少了，但也意味着责任更重了。权限下放到贫困县后，如何让这些资金落到实处、花出效益，避免一放就乱、一管就死？

胡静林认为，贫困县作为实施主体，重点要做好“接”和“用”的文章，对财政涉农资金要敢于接、接得住接得好，推动工作重心从“要到钱”向“花好钱”转变。试点效果不仅要看整合了多少资金，更要看脱贫成效。

试点贫困县要科学编制脱贫攻坚规划，确定重点扶贫项目和建设任务，履行好资金管理监督首要责任，全面提高脱贫成效。在选择扶贫项目时，要充分尊重贫困群众的意愿，积极推广群众

民主议事决策机制，优先安排贫困人口参与积极性高、意愿强烈的扶贫项目，有条件的可吸收贫困村、贫困户代表参与项目评选和建设管理。全面实行公开公示制度，主动接受监督，对监督不到位的，要严肃追责。

同时，积极创新财政涉农资金使用机制。贫困县要积极探索开展产业扶贫、资产收益扶贫等机制创新，借鉴易地扶贫搬迁筹资模式，通过政府和社会资本合作、政府购买服务、贷款贴息、设立产业发展基金等有效方式，充分发挥财政资金引导作用和杠杆作用，撬动更多金融资本、社会帮扶资金参与脱贫攻坚。

“在国务院扶贫开发领导小组的直接领导和大力推动下，中央有关部门正在研究制定相关具体措施，为贫困县整合财政涉农资金创造条件。”胡静林表示，截至目前，审计署、林业局、水利部、农业部、扶贫办、国家农业综合开发办公室等部门已经研究起草或出台了支持试点的政策文件，推动脱贫攻坚规划与部门专项规划的有效衔接。财政部、扶贫办会同有关部门建立了中央层面支持贫困县开展统筹整合使用财政涉农资金试点的工作协调机制，通过工作协调机制，研究解决试点过程中遇到的问题，不断完善试点支持政策。

2016 年中央和省级财政专项扶贫资金投入首超千亿元

人民日报，2016 年 12 月 18 日，李丽辉

2016 年以来，中央财政围绕“补短板、调结构、转方式、促改革”，突出农业供给侧结构性改革，支持优化农业生产布局，大力推进精准扶贫，增强农业农村发展活力，推进农业可持续发展取得积极进展。

试点涉农资金配置权下放给贫困县

位于太行山区的河北省阜平县，全县贫困村占比为 78.5%。近年来，阜平县安排 2 亿元财政专项资金，将发展食用菌作为重点扶贫产业。目前全县已建成 329 个大棚，覆盖贫困户 3000 多户，户均增收 2 万余元。“到 2017 年，全县优质食用菌生产基地面积将达 3.2 万亩，实现 4.4 万贫困户全覆盖。”阜平县财政局的同志介绍。

2016 年，全国脱贫攻坚战全面展开，中央和省级财政专项扶贫资金投入首次超过 1000 亿元。其中，中央财政安排补助地方财政扶贫资金 660.95 亿元，较 2015 年增长 43.4%。中央财政农业农村投入的新增资金，重点用于扶贫开发，主要向中西部农村贫困地区倾斜。

同时，开展贫困县涉农资金整合试点，将一部分财政涉农资金的配置权，完全下放给处于脱贫攻坚第一线的贫困县，由贫困县根据脱贫攻坚需要，自主统筹使用，促进精准扶贫、精准脱贫。截至 11 月初，全国 22 个试点省份共确定试点县 961 个，其中片区县和重点县 792 个，占全国 832 个片区县和重点县的 95.19%。

支持耕地地力保护和适度规模经营

“按照中央一号文件精神，2016 年农业‘三项补贴’改革全面推开，明确以绿色生态为导向，加强耕地地力保护，促进适度规模经营。”财政部农业司司长、国务院农村综合改革办公室主任吴奇修介绍，2016 年，中央财政共拨付农业支持保护补贴资金 1442 亿元，支持耕地地力保护和适度规模经营。

在全国范围内，将农作物良种补贴、种粮农民直接补贴、农资综合补贴合并为“农业支持保护补贴”，进一步调整完善农业“三项补贴”政策方向。对于普通农户，鼓励主动保护耕地地力，加强了农业生态资源保护意识；对于种粮大户等新型经营主体，通过这次政策调整获得了信贷担保、贷款贴息、重大技术推广与服务等方式的支持，更好地调动他们的种粮积极性；对于基层部门工作，统一农业“三项补贴”资金的审核和发放程序，降低了政策实施成本。

中国农业大学中国农村政策研究中心对 5 个试点省 10 个县、20 个行政村、309 户农民进行了实地调查，结果显示，94.15% 的农户表示接受农业“三项补贴”改革，对补贴资金调整表示理解，平均满意度达到 83.7%。

同时，中央财政继续加强农业资源保护和农林生态修复，进一步优化农业生产布局，并发挥市场机制作用，完善农产品市场调控制度。

加大投入力度，支持农村发展

河北是典型的资源型缺水省份，地下水超采量和超采面积，占到全国的1/3。2016年，中央财政安排试点补助资金71亿元，加大力度支持对河北省地下水超采区综合治理试点。试点工作自启动以来，在农业节水压采方面取得了初步成效，部分地区地下水水位降速减缓，个别地区出现回升。

2016年，中央财政加大投入力度，支持扩大重金属污染耕地修复治理等试点，大力促进农业、农村废弃物综合利用等生态友好型农业发展，促进“土地转绿”。中央财政还安排农业综合开发资金404亿元，集中力量建设高标准农田。

在推动美丽乡村建设、扶持集体经济发展方面，2016年中央财政安排资金224.05亿元，继续实施一事一议财政奖补政策，推动村级公益事业发展。中央财政安排资金29.45亿元，继续组织实施了一批“村庄美、产业兴、农民富、可持续”的美丽乡村建设项目。

为解决新型农业经营主体“融资难”“融资贵”问题，2016年中央财政安排230亿元，继续用于支持粮食适度规模经营，重点支持建立健全全国农业信贷担保体系，力争用3年时间建成政策性、独立性、专注于农业、覆盖全国的农业信贷担保体系。

2016 年中央扶贫资金补助地方部分已全部拨付

经济日报，2016 年 7 月 20 日报，曾金华

财政部今天发布消息称，截至目前，2016 年中央财政扶贫资金补助地方部分已全部拨付地方。

据悉，2016 年，中央财政贯彻落实《中共中央国务院关于打赢脱贫攻坚战的决定》精神，按照精准扶贫、精准脱贫的有关要求，大幅度增加财政扶贫资金投入规模，预算安排中央财政扶贫资金补助地方部分 660.95 亿元，比 2015 年增长 43.4%。

财政部表示，资金分配过程中，大幅增加绩效评价和扶贫成效奖励资金规模，安排易地扶贫搬迁贷款财政贴息，积极支持贫困少数民族扶贫、以工代赈、国有贫困农场扶贫、国有贫困林场扶贫、“三西”建设等工作。

按照《国务院办公厅关于支持贫困县开展统筹整合使用财政涉农资金试点的意见》和《国务院扶贫开发领导小组关于改革财政专项扶贫资金管理机制的意见》等文件规定，财政部要求地方切实将扶贫资金项目审批权限下放到县，推进资金精准使用。

两部门发文要求
及时分解下达财政涉农资金

经济日报，2016 年 11 月 2 日，曾金华

财政部和国务院扶贫办今天发布通知，进一步推进贫困县统筹整合使用财政涉农资金工作，加强对贫困县涉农资金整合的监督管理。

根据通知，各省份在收到纳入整合范围的各项中央财政涉农资金（含提前下达资金）后，要及时将资金分解下达到县，其中分配给贫困县的资金增幅不得低于该项资金平均增幅，资金一律采取“切块下达”，不得指定具体项目或提出与脱贫攻坚无关的任务要求。

两部门规定，纳入整合范围的涉农资金按原渠道下达到县后，贫困县区分中央、省、市各级各类资金并详细记录预算指标来源，根据经报备的资金统筹整合使用方案安排预算，将调整后的预算下达给实际使用单位，按实际用途列相应支出科目，在预算指标账中记录有关资金用途调整情况，并相应做好预决算说明和解释工作，如实反映资金实际使用情况。

财政部部署贫困县涉农资金整合加大资金保障力度

中国新闻网，2016 年 11 月 1 日

据财政部网站消息，财政部近日发布《关于进一步做好贫困县涉农资金整合工作有关事项的通知》（以下简称《通知》）。《通知》要求，加大资金保障力度，各省在收到纳入整合范围的各项中央财政涉农资金（含提前下达资金）后，要及时将资金分解下达到县，其中分配给贫困县的资金增幅不得低于该项资金平均增幅，资金一律采取“切块下达”，不得指定具体项目或提出与脱贫攻坚无关的任务要求。

《通知》要求，一是加快制定资金统筹整合使用方案。贫困县脱贫攻坚规划和资金统筹整合使用方案是贫困县开展资金统筹整合工作和各部门加强指导、监督问责的重要依据。各省（自治区、直辖市）要督促贫困县进一步完善脱贫攻坚规划，确保规划项目与本县脱贫攻坚需求相一致、与统筹整合资金规模相匹配、与部门重点任务相衔接。依据县级脱贫攻坚规划，加快制定贫困县资金统筹整合使用方案并按程序报省级扶贫开发领导小组备案。贫困县资金统筹整合使用方案要翔实具体，分年度分项目提出建设任务、补助标准、资金规模、筹资方式、绩效目标、时间进度等，做到可操作、可考核。贫困县资金统筹整合使用方案制

定及报备工作在2016年11月30日前完成。

二是加快制定资金管理办法。各省份要指导贫困县依据资金统筹整合使用方案，加快制定统筹整合使用财政涉农资金具体办法（以下简称资金管理办法）并以县级人民政府文件印发，对统筹整合的所有资金进行统一规范管理。资金管理办法要覆盖资金分配、使用、管理、监督的全过程，明确部门分工、操作程序、资金用途、监管措施、绩效评价等。根据资金实际投向，确定相应的责任部门，责任部门围绕脱贫攻坚任务目标，根据行业规范及要求具体实施项目和使用管理资金并对资金绩效负责。县级扶贫开发领导小组依据资金管理办法组织项目验收、绩效评价和监督检查。资金管理办法在2016年12月31日前出台。

三是加大资金保障力度。各省份在收到纳入整合范围的各项中央财政涉农资金（含提前下达资金）后，要及时将资金分解下达到县，其中分配给贫困县的资金增幅不得低于该项资金平均增幅，资金一律采取“切块下达”，不得指定具体项目或提出与脱贫攻坚无关的任务要求。纳入整合范围的涉农资金按原渠道下达到县后，贫困县区分中央、省、市各级各类资金并详细记录预算指标来源，根据经报备的资金统筹整合使用方案安排预算，将调整后的预算下达给实际使用单位，按实际用途列相应支出科目，在预算指标账中记录有关资金用途调整情况，并相应做好预决算说明和解释工作，如实反映资金实际使用情况。

四是健全工作协调机制。地方各级财政和扶贫部门要在各级扶贫开发领导小组的统一领导下，主动研究贫困县涉农资金整合工作的有关政策和问题，做好政策解释、沟通协调工作，充分发挥扶贫开发领导小组的议事协调作用，努力推动整合工作。各省份要认真落实“省负总责”的要求，切实加强对贫困县涉农资金整合工作的督促和指导。省级要制定指导贫困县开展涉农资金整合的工作方案，细化工作要求，规范运作流程、明确时间节点，建立奖罚机制。脱贫攻坚期内，各省份每年要适时举办贫困县涉农资金整合专题培训班，通过培训，讲透政策，反映问题，交流经验。培训要坚持问题导向，力戒形式主义，增强针对性和指向性，培训内容要层层传达，抓好落地。各省要利用多种形式加大宣传力度，提高宣传实效，营造共同推进整合的良好氛围。各省要建立工作简报制度，积极向财政部、国务院扶贫办报送工作进展情况。省级培训、宣传、信息报送的情况纳入年度绩效评价。

五是抓好示范带动。在推动面上工作的同时，各省份要选择若干领导重视、整合资金量大、脱贫攻坚任务重的县作为示范县（示范县个数不少于贫困县总数的 20%），加强跟踪指导，探索积累经验。深入实地调研，发现、反映和解决共性问题。建立统计分析制度，及时掌握进展情况，督促加快工作进度。提炼可复制、可推广的成功模式，组织经验交流，适时面上推广。

六是建立工作进度通报制度。为督促各地加快推进贫困县涉农资金整合工作，财政部、国务院扶贫办将根据工作机制建立、管理制度建设、资金增幅保障、已整合资金占比、资金支出进度、项目完成情况等因素，定期对各省份贫困县涉农资金整合工作推进情况进行分类排序和通报。通报以财政部、国务院扶贫办联合发文形式印发，发各省份财政厅、扶贫办并抄送省级人民政府。综合排序情况将作为年度绩效评价的重要依据，中央财政通过财政专项扶贫资金对整合成效好的省予以奖励。各省份也应结合实际，建立对贫困县工作进度的通报制度。

2015 年

2014 年中央财政安排扶贫资金 433 亿元

人民日报，2015 年 4 月 2 日，李丽辉

财政部发布 2014 年财政专项扶贫开发工作情况。针对财政扶贫资金使用管理中存在的突出问题，2014 年以来，中央财政从资金分配机制、使用机制和监管机制三个方面，提出了多项改革措施，为打好扶贫攻坚战提供制度保障。

2014 年，中央财政安排扶贫资金 433 亿元，其中补助地方财政扶贫资金 424 亿元，均较 2014 年增长 10%，新增部分主要用于连片特困地区。同时，地方财政的扶贫资金投入也实现了较快增长。

中央财政扶贫资金中安排少数民族发展资金 41 亿元，比 2014 年增长 10%。少数民族发展资金的持续投入，进一步缓解了民族地区的突出贫困问题。

中央财政从财政扶贫资金中专门安排 10 亿元，开展试点集中力量解决突出贫困问题。试点支持河北等 11 省份优先解决一批政治影响大、问题较为迫切、脱贫带动效果好的贫困问题。

2014 年，财政部会同国务院扶贫办进一步完善了财政扶贫资金绩效评价指标体系，对各地全面开展绩效评价，将评价结果在全国范围内通报。同时，引导金融资本、社会资本支持农村扶贫开发，充分发挥财政资金的放大效应。从财政扶贫资金中安排 2 亿元，支持开展小额扶贫信贷试点，探索在放大财政资金投入规模的同时，提升对扶贫对象的精确瞄准水平。

中国加大力度支持“老少边穷”地区

人民日报海外版，2015 年 12 月 9 日，李丽辉

2015 年，中央财政完善一般性转移支付增长机制，重点增加对革命老区、民族地区、边疆地区、贫困地区等的转移支付力度，支持上述地区增强发展能力，改善人民生活。

2015 年，中央财政安排革命老区转移支付 78 亿元，补助对象是对中国革命作出重大贡献、财政较为困难的连片老区县（市、区）。下达民族地区转移支付 582 亿元，支持民族地区加快发展，实现了对所有少数民族地区的全覆盖，并建立了转移支付资金稳定增长机制。安排边境地区转移支付 136 亿元，补助陆地边境事务、海洋管理事务等方面。安排 467 亿元扶贫资金，主要投向国家确定的连片特困地区和扶贫开发工作重点县、贫困村。

财政部：2014 年安排扶贫资金增长 10%

经济日报，2015 年 4 月 2 日，曾金华

财政部 1 日发布消息表示，2014 年中央财政安排扶贫资金 433 亿元，其中补助地方财政扶贫资金 424 亿元，均较 2014 年增长 10%，新增部分主要用于连片特困地区，较好地完成了全年财政专项扶贫工作任务。在宏观经济下行压力较大，财政收支矛盾突出的背景下，财政扶贫资金的稳定增长为推进农村扶贫攻坚提供了有力保障。

据悉，2014 年，中央财政推动改革财政扶贫资金管理机制，完成中央深化改革重点任务。针对财政扶贫资金使用管理中存在的突出问题，从资金分配机制、使用机制和监管机制 3 个方面，提出了多项改革措施。此外，财政部会同相关部门推进多方面的改革创新，积极引导金融和社会资本支持农村扶贫开发。下放扶贫贷款财政贴息资金管理权限，不再单独对各地下达贴息资金额度，地方政府可根据当地扶贫贷款运行情况，统筹使用财政扶贫资金自主加大扶贫贷款贴息力度。

460亿元扶贫资金拨付完毕

经济日报，2015年7月21日，崔文苑

今天从财政部获悉：中央财政近日下拨扶贫资金138.9亿元，支持农村贫困地区扶贫开发。

2015年中央财政预算安排扶贫资金补助地方部分460.9亿元，比2014年增长8%，主要包括发展资金370.1亿元，少数民族发展资金40亿元，以工代赈资金41亿元，“三西”（“宁夏西海固，甘肃定西、河西”简称）资金3亿元，国有贫困林场扶贫资金4.2亿元，国有贫困农场扶贫资金2.6亿元。“截至目前，所有资金已拨付完毕。”财政部农业司有关负责人称。

该负责人表示，2015年中央财政继续加大扶贫开发投入力度，重点支持集中连片特殊困难地区扶贫攻坚。同时，创新扶贫资金使用机制，探索开展资产收益扶贫试点，继续开展支持地方集中力量解决突出贫困问题试点。此外，还将大力支持少数民族贫困地区扶贫开发，完善少数民族特色村寨保护与发展试点政策，促进人口较少民族发展，继续做好以工代赈、国有贫困农场和林场扶贫、“三西”建设等工作。

优化财政支出：为攻坚提供有力支撑

经济日报，2015 年 11 月 27 日，曾金华

打赢脱贫攻坚战，需要强化政策保障，健全脱贫攻坚支撑体系，加大财政扶贫投入力度。中央财政如何在做好扶贫开发工作中发挥重要作用？日前，《经济日报》记者采访了财政部农业司有关负责人。

“近年来，中央财政进一步完善财政综合扶贫政策体系，持续加大财政扶贫开发投入力度，着力推进改革创新，提升财政扶贫开发水平，为推进农村扶贫攻坚提供了有力支持。”财政部农业司有关负责人说。

农村扶贫开发是一项系统工程，涉及贫困地区经济社会发展和贫困人口生产生活的方方面面。中央财政贯彻落实《中国农村扶贫开发纲要（2011—2020 年）》精神，多渠道增加扶贫开发投入，逐步构建和完善了针对贫困地区和贫困人口的财政综合扶贫政策体系，包括加大对贫困地区的一般性转移支付力度，引导教育、医疗、社会保障等涉农民生类专项转移支付向贫困地区和贫困人口倾斜，持续增加财政专项扶贫资金投入等。

据初步统计测算，近年在全国 832 个国家扶贫开发工作重点县和连片特困地区县一般预算支出中，80% 来自上级补助及返还，充分体现中央及省级财政在转移支付方面对贫困地区的倾斜支持，切实增强了贫困地区财力保障水平。

“财政综合扶贫投入渠道的建立和体系的不断完善，对强化财政扶贫投入、整合与统筹扶贫资源发挥了重要的支撑和引导作用。”有关负责人说。

近年来，中央财政通过优化财政支出结构，不断加大了财政专项扶贫资金投入，对贫困地区、贫困群众实施有针对性的扶持。

财政专项扶贫资金是中央财政预算安排最直接扶持贫困群众改善生产生活条件和提高发展脱贫能力的资金，是政府专项扶贫的有力支撑。据统计，2011—2015年，中央财政累计安排财政专项扶贫资金1898.37亿元，年均增长14.5%。同时，拓宽扶贫开发投入渠道，安排专项彩票公益金50.25亿元，用于支持贫困革命老区推进农村扶贫开发。

“在经济下行压力较大、财政收支矛盾突出的背景下，财政专项扶贫资金的持续增长，支持实施了一批效果突出的减贫项目，促进缓解了一批突出贫困问题，为推进农村扶贫攻坚提供了坚实支撑。”有关负责人说。

在加大投入力度的同时，中央财政不断创新财政专项扶贫工作机制，包括稳步推进“县为单位、整合资金、整村推进、连片开发”试点，探索连片推进扶贫攻坚的经验；通过奖励机制引导规范贫困村互助资金发展，针对贫困群众贷款难问题，帮助贫困群众缓解生产资金困难；落实精准扶贫、精准脱贫要求，支持地方探索开展资产收益扶贫试点，将财政用于贫困地区产业发展和基础设施建设的投入，所形成的资产，量化折股配置给贫困群众，帮助贫困群众培育稳定的资产收益。

此外，财政部牵头组建了贫困地区产业发展基金，基金注册资本28亿元，探索利用市场机制推进贫困地区产业发展。

扶贫资金要规范、高效地使用，有赖于完善的制度保障。

“中央财政在加大扶贫投入力度的同时，不断加强制度建设，并针对财政专项扶贫资金使用管理中的问题，改革财政专项扶贫资金管理机制。”有关负责人说。

加快推进农村扶贫攻坚，财政投入是基础支撑，资金安全是重要保障。“中央财政将落实改革财政专项扶贫资金管理机制的要求，会同扶贫等部门进一步加强财政专项扶贫资金项目的监督管理。”财政部农业司有关负责人表示，在扶贫资金项目审批权限下放的背景下，督促地方切实承担起资金监管的主体责任。

同时，财政部门还将全面落实扶贫资金、项目公告公示制，增强资金使用的透明度；探索利用第三方机构的力量，引导发挥群众监督、社会监督的作用，保障财政专项扶贫资金安全有效使用。

五部委精准实施易地扶贫
力争“十三五”完成1000万人口搬迁

每日经济新闻，2015年12月9日，胡健

中国扶贫进程可谓快马加鞭。

12月8日，国家发改委网站消息，发展改革委、扶贫办会同财政部、国土资源部、人民银行五部门联合印发《“十三五”时期易地扶贫搬迁工作方案》（以下简称《方案》）。

《方案》以改革创新为主线，明确了“十三五”时期易地扶贫搬迁工作的总体要求、搬迁对象与安置方式、建设内容与补助标准、资金筹措、职责分工、政策保障等，是新一轮易地扶贫搬迁工作的行动指南。

财经评论员李文海告诉《每日经济新闻》记者，扶贫已经成为全面建成小康社会的最重要质量指标，扶贫工作也进入攻坚期，伴随将近四十年的改革开放进程，仍然挣扎于贫困线的人口一般都有难克服的自然、历史等现实条件约束，易地搬迁是一个良方。

强化搬迁成效监督考核

12月7日晚，《中共中央国务院关于打赢脱贫攻坚战的决定》公布。这份指导当前和今后一个时期中国脱贫攻坚任务的纲

要性文件，详细阐述了未来的脱贫攻坚之策。

该决定认为，确保到 2020 年农村贫困人口实现脱贫，是全面建成小康社会最艰巨的任务。为此，决定从总体要求、总体目标以及具体举措等方面对该任务作了详尽规定。

关于脱贫攻坚战的总体目标，决定指出，到 2020 年，稳定实现农村贫困人口不愁吃、不愁穿，义务教育、基本医疗和住房安全有保障。实现贫困地区农民人均可支配收入增长幅度高于全国平均水平，基本公共服务主要领域指标接近全国平均水平。

同时特别提到，确保中国现行标准下农村贫困人口实现脱贫，贫困县全部摘帽，解决区域性整体贫困。

此次五部委的《方案》提出，“十三五”时期要坚持群众自愿、积极稳妥方针，坚持与新型城镇化相结合，对居住在“一方水土养不起一方人”地方的建档立卡贫困人口实施易地搬迁，加大政府投入力度，创新投融资模式和组织方式，完善相关后续扶持政策，强化搬迁成效监督考核，努力做到搬得出、稳得住、有事做、能致富，确保搬迁对象尽快脱贫，从根本上解决生计问题。

据《每日经济新闻》记者了解，从 2013 年年底开始，以实施精准扶贫为核心，全面开展贫困识别，已对几千万贫困人口全部建档立卡，为瞄准帮扶对象精准发力奠定了基础。

适当提高投资补助标准

在目标设定上，《方案》明确，力争“十三五”期间完成 1000 万人口搬迁任务，与全国人民一道同步进入全面小康社会。

《方案》指出，“十三五”时期易地扶贫搬迁对象主要是居住在深山、石山、高寒、荒漠化、地方病多发等生存环境差、不具备基本发展条件，以及生态环境脆弱、限制或禁止开发地区的农村建档立卡贫困人口，优先安排位于地震活跃带及受泥石流、滑坡等地质灾害威胁的建档立卡贫困人口。

五部委还明确，“十三五”时期易地扶贫搬迁投资将通过增加中央预算内投资规模、调整地方政府债务结构、加大专项建设基金支持力度、引导农户自筹资金以及由有关金融机构发放长期低息贷款等多渠道筹集解决。

考虑到不同区域地方政府的筹资能力，为进一步体现扶贫政策的精准性，“十三五”时期将适当提高中央预算内投资补助标准，并实行区域差异化补助政策。

此外，按照“保障基本”的原则，《方案》对中央补助的建档立卡贫困户人均住房建设面积设定了限制标准。

除《方案》外，相关部委也将扶贫工作的重要性前置，财政部部长楼继伟指出，完成五中全会确定的目标任务，对更好发挥财政职能作用提出了新的更高要求，特别是要下大气力推动破解制约如期全面建成小康社会的重点难点问题，支持做好补齐短板工作。

国土资源部也已将脱贫攻坚列为“十三五”重点工作。国土资源部在最新一次会议上明确，抓紧完善扶贫开发用地政策，对贫困县专项安排年度新增建设用地指标以及允许将城乡建设用地增减挂钩指标在省域范围内使用，增加的土地收益全部用于扶贫等。

李文海分析说，目前人力成本上升已经成为我国经济增速缓行的主要原因，而我国最后的人口红利就在贫困地区，扶贫本身也是为后续经济续航能力做储备，包括易地扶贫在内的组合举措将形成规模效应，无论对短期拉动基建投资还是长期合理人口格局安排都有好处。

亮点一：

强化搬迁成效监督考核，努力做到搬得出、稳得住、有事做、能致富，确保搬迁对象尽快脱贫，从根本上解决生计问题。

亮点二：

搬迁投资将通过增加中央预算内投资规模、调整地方政府债务结构、加大专项建设基金支持力度、引导农户自筹资金以及由金融机构发放长期低息贷款等多渠道筹集解决。

我国财政扶贫专项资金投入逐年增加助力国家级贫困县

中国财经报，2015 年 9 月 20 日，董夕琳

近年来，我国中央财政扶贫专项资金以平均每年超过 100 亿元的速度在增加。

国家级贫困县的正式审批工作于 1986 年年底开始。按 1985 年人均收入低于 150 元的标准确立了 331 个贫困县，以防止扶贫资金的分散使用。1994 年分税制改革后再次提高标准，对人均纯收入低于 400 元的全部纳入国家级贫困县的范畴。

据了解，从 1995 年开始，扶贫办对集中连片贫困地区定义为扶贫工作重点县而单独划列出来，从此建立了一个“国家扶贫工作重点县”，简称国家级贫困县，由此财源贫乏、财政自给能力低的贫困地区得到相当规模的财政资金补贴。在此基础上，国务院扶贫办第一次正式提出标准，要求 1992 年年人均纯收入超过 700 元的，一律退出国家级贫困县名单。因此，国家级贫困县的数量也随之增加至 592 个，占比约为 19.7%。

总的来看，中国针对贫困人口的扶贫专项资金投入逐年增加，规模不断扩大。近几年来，中央财政扶贫专项资金以平均每年超过 100 亿元的速度在增加，为重点贫困县提供了巨额财力补贴。

截至 2013 年年底，全国近 3000 个县市区，国家级贫困县只有 592 个。2013 年，中央财政专项扶贫投入为 406 亿元，较 2008 年的 197 亿元，翻了两倍还多。“只要入选，每个县平均都可以获得数以千万甚至上亿元的补贴，这些财政补贴往往是一个贫困县全年财政收入总额的一倍甚至是好几倍之多。”平均来看，光中央财政专项扶贫资金，每个贫困县每年就可以获得 3000 万—5000 万元的中央补助。同时，一旦入选贫困县，与之相伴随的各种附加政策优惠和税费减免则会更多。